ZEW Wirtschaftsanalysen

Schriftenreihe des ZEW

Band 98

Michael Schröder

Die Eignung nachhaltiger Kapitalanlagen für die Vermögensanlage von Stiftungen

  Nomos

Die Deutsche Nationalbibliothek verzeichnet diese Publikation in
der Deutschen Nationalbibliografie; detaillierte bibliografische Daten
sind im Internet über http://www.d-nb.de abrufbar.

Habilitation: Universität Stuttgart 2009

ISBN 978-3-8329-5662-2

1. Auflage 2010
© Nomos Verlagsgesellschaft, Baden-Baden 2010. Printed in Germany. Alle Rechte,
auch die des Nachdrucks von Auszügen, der fotomechanischen Wiedergabe und der
Übersetzung, vorbehalten. Gedruckt auf alterungsbeständigem Papier.

Vorwort

Die ökonomische Analyse der Vermögensverwaltung von deutschen Stiftungen ist ein noch wenig erforschtes Gebiet. Im Gegensatz zu den zahlreichen juristischen Studien haben finanzwirtschaftliche Untersuchungen noch immer Seltenheitswert. Die folgende Arbeit, die 2009 als Habilitationsschrift für Betriebswirtschaftslehre an der Universität Stuttgart angenommen wurde, versucht dazu beizutragen, diese Lücke zu schließen.

Ich möchte mich ganz besonders bei meinem wissenschaftlichen Mentor Professor Dr. Henry Schäfer (Universität Stuttgart) bedanken. Ihm habe ich die Anregung zu diesem Thema und wichtige Impulse für einzelne Fragestellungen zu verdanken. Professor Dr. Heinz Rehkugler (Universität Freiburg) und Professor Dr. Marco Wilkens (Universität Eichstätt-Ingolstadt) danke ich herzlich für die Übernahme der beiden zusätzlichen Gutachten.

Einige Teile dieser Studie wurden über das Projekt „Analyse der Eignung nachhaltiger Kapitalanlagen für die Vermögensanlage von Stiftungen" finanziert, das die Deutsche Bundesstiftung Umwelt (DBU) bewilligte. Ich hoffe, dass die Ergebnisse dieses Projektes, der Habilitationsarbeit selbst und zukünftigen Projekten einen signifikanten positiven Beitrag für die Vermögensverwaltung von Stiftungen leisten können.

Besonders hilfreich für die erfolgreiche Fertigstellung meiner Habilitationsschrift war die intensive und inspirierende Forschungsorientierung im Zentrum für Europäische Wirtschaftsforschung (ZEW) Mannheim, die das Arbeitsklima maßgeblich prägt.

Bei meiner Frau, Anke Walendzik, möchte ich mich für anregende Diskussionen und die angenehme Arbeitsatmosphäre zuhause sehr herzlich bedanken.

Michael Schröder   Mannheim, Februar 2010

Inhaltsverzeichnis

A Einleitung ... 17

B Rechtliche und betriebswirtschaftliche Anforderungen an die Vermögensverwaltung von Stiftungen ... 25

   B.1 Rechtliche Rahmenbedingungen der Vermögensanlage ... 26
      B.1.1 Stiftungsrechtliche Bestimmungen ... 26
      B.1.2 Steuerrechtliche Bestimmungen ... 32
   B.2 Betriebswirtschaftliche Beurteilung von nachhaltigen Kapitalanlagen aus der Sicht von Stiftungen ... 34
      B.2.1 Nachhaltige Kapitalanlagen im Ziel-Mittel-System von Stiftungen ... 35
      B.2.2 Indirekter Einfluss auf das Unternehmensverhalten ... 45
      B.2.3 Nachhaltige Kapitalanlagen und Stiftungen: Status-quo des Marktes und der Struktur der Stiftungsvermögen ... 49

C Quantitative Analyse der Anlagestrategien von Stiftungen: Darstellung der Strategien, Konstruktion des Simulationsmodells und Performancemessung ... 55

   C.1 Anlagestrategien von Stiftungen ... 56
      C.1.1 Optimale Anlagestrategien ... 56
      C.1.2 Beschreibung der simulierten Anlagestrategien ... 68
   C.2 Das Simulationsmodell ... 73
      C.2.1 Eigenschaften der verwendeten Zeitreihen ... 74
      C.2.2 Beschreibung des ökonometrischen Simulationsmodells ... 80
   C.3 Methoden der Performancemessung ... 90

D Quantitative Analyse der Anlagestrategien von Stiftungen: Die Ergebnisse der Simulationen ... 99

   D.1 Reine Geldmarktanlage ... 100
   D.2 Kombination von Aktien und Anleihen ... 102
      D.2.1 Statische Anlagestrategien ... 103
      D.2.2 Buy-and-Hold-Anlagestrategien ... 112
      D.2.3 Statische Anlagestrategien mit weltweiter Aktiendiversifikation ... 115
   D.3 Statische und dynamische Absicherungsstrategien ... 119

		D.3.1	Absicherung des Aktienportfolios mit Put-Optionen	120

D.3.1 Absicherung des Aktienportfolios mit Put-Optionen — 120

D.3.2 Absicherung mit der Methode der Constant Proportion Portfolio Insurance (CPPI) — 136

D.4 Analyse der Ausschüttungen — 148

D.4.1 Ausschüttungen entsprechend den geltenden Regeln für deutsche Stiftungen — 149

D.4.2 Ausschüttungen entsprechend der US-Regel (5% pro Jahr) — 158

E Portfolio-Management nachhaltiger Kapitalanlagen für Stiftungen — 171

E.1 Unternehmensnachhaltigkeit und wirtschaftlicher Erfolg: Eine empirische Untersuchung für europäische Unternehmen — 172

E.1.1 Literaturüberblick — 174

E.1.2 Methodik — 182

E.1.3 Beschreibung der Daten — 186

E.1.4 Empirische Ergebnisse und Schlussfolgerungen — 193

E.2 Analyse der Renditeverteilungen von SRI-Aktienanlagen — 197

E.2.1 Performancevergleich: Nachhaltige versus konventionelle Anlagen — 198

E.2.2 Weitere Eigenschaften der Renditeverteilungen — 215

E.2.3 Simulationsanalysen von nachhaltigen Aktienanlagen — 223

F Zusammenfassung, Schlussfolgerungen und Ausblick — 235

Literaturverzeichnis — 245

Anhang: Vorschriften zur Vermögensverwaltung in den Landesstiftungsgesetzen — 255

Abbildungsverzeichnis

Abbildung 1: Darstellung der drei Kointegrationsgrafen 84
Abbildung 2: Verteilung des nominalen Vermögens bei 1 und 5 Jahren
Anlagedauer: Aktienquote = 100% 109
Abbildung 3: Vergleich der nominalen Vermögensverteilungen von Aktien
Welt mit Aktien Deutschland, Anlagedauer 5 Jahre, Portfoliostruktur:
100% Aktien 118
Abbildung 4: Histogramm des Put-Optionspreises, Prognosehorizont 5 Jahre 122
Abbildung 5: Nominale Vermögensverteilung *mit* und *ohne* Put-Optionen,
Aktienquote = 100%, Anlagedauer 1 Jahr 124
Abbildung 6: Vergleich der nominalen Vermögensverteilungen einer
100%igen Aktienanlage: ohne Absicherung, At-the-money-Put-
Optionen und Wertsicherungsstrategie, Anlagedauer 5 Jahre 133
Abbildung 7: Vergleich der nominalen Vermögensverteilungen: CPPI
($m = 6$) versus statische Strategie, Anlagedauer 1 Jahr 147
Abbildung 8: Vergleich der nominalen Vermögensverteilungen: CPPI
($m = 6$) versus At-the-money-Put-Optionsstrategie, Anlagedauer 1 Jahr 148
Abbildung 9: Verteilung der nominalen jährlichen Ausschüttungen für
Geldmarkt-, Anleihe- und Aktien-Portfolios, Anlagedauer 5 Jahre 154
Abbildung 10: Vergleich der nominalen Vermögensverteilung bei
Anwendung entweder der deutschen oder der US-Ausschüttungsregel,
Anlagedauer 5 Jahre 164
Abbildung 11: Vergleich der Verteilung der nominalen jährlichen
Ausschüttungen bei Anwendung der deutschen und der US-
Ausschüttungsregel, Aktienanteil = 100%, Anlagedauer 5 Jahre 166
Abbildung 12: Nachhaltigkeitsmatrix Bank Sarasin 203
Abbildung 13: t-Werte für α für rollierende 3-Jahres-Intervalle für das
Differenzportfolio (*Inv minus Nicht-Inv*) 208
Abbildung 14: Vergleich der nominalen Vermögensverteilungen von DJSI
Weltindex und MSCI Welt, Anlagedauer: 1 Jahr 228
Abbildung 15: Vergleich der nominalen Vermögensverteilungen von NAI-
Index und MSCI Welt, Anlagedauer: 1 Jahr 229

Tabellenverzeichnis

Tabelle 1: Übersicht zu Landesstiftungsgesetzen und Vermögensverwaltung 28
Tabelle 2: Überblick zu den originären Zeitreihen 75
Tabelle 3: Überblick zu den berechneten Zeitreihen 76
Tabelle 4: Ergebnisse des Augmented Dickey-Fuller (ADF)-Tests 78
Tabelle 5: Ergebnisse des Philips-Perron (PP)-Tests 79
Tabelle 6: Ergebnisse der Kointegrationstests (Johansen-Test) 83
Tabelle 7: Simulierte Variablen: Inflation, Zinsen, Dividendenrenditen 88
Tabelle 8: Simulierte Variablen: Anleiheindex, Aktienindizes, Volatilitäten 88
Tabelle 9: Risiko und Performance einer reinen Geldmarktanlage, Anlagedauer 1 und 5 Jahre 101
Tabelle 10: Vermögensverteilungen einer reinen Geldmarktanlage, Anlagedauer 1 und 5 Jahre 101
Tabelle 11: Risiko und Performance der statischen Anlagestrategie für deutsche Aktien, Anlagedauer 1 Jahr, Benchmark = nominale Werterhaltung 104
Tabelle 12: Nominale Vermögensverteilung der statischen Anlagestrategie für deutsche Aktien, Anlagedauer 1 Jahr 104
Tabelle 13: Risiko und Performance der statischen Anlagestrategie für deutsche Aktien, Anlagedauer 1 Jahr, Benchmark = reale Werterhaltung 105
Tabelle 14: Reale Vermögensverteilung der statischen Anlagestrategie für deutsche Aktien, Anlagedauer 1 Jahr 106
Tabelle 15: Risiko und Performance der statischen Anlagestrategie für deutsche Aktien, Anlagedauer 5 Jahre, Benchmark = nominale Werterhaltung 108
Tabelle 16: Nominale Vermögensverteilung der statischen Anlagestrategie für deutsche Aktien, Anlagedauer 5 Jahre 108
Tabelle 17: Risiko und Performance der statischen Anlagestrategie für deutsche Aktien, Anlagedauer 5 Jahre, Benchmark = reale Werterhaltung 111
Tabelle 18: Reale Vermögensverteilung der statischen Anlagestrategie für deutsche Aktien, Anlagedauer 5 Jahre 111
Tabelle 19: Risiko und Performance einer Buy-and-Hold-Anlagestrategie für deutsche Aktien, Anlagedauer 1 Jahr, Benchmark = nominale Werterhaltung 113
Tabelle 20: Nominale Vermögensverteilung einer Buy-and-Hold-Anlagestrategie für deutsche Aktien, Anlagedauer 1 Jahr 113
Tabelle 21: Risiko und Performance einer Buy-and-Hold-Anlagestrategie für deutsche Aktien, Anlagedauer 5 Jahre, Benchmark = nominale Werterhaltung 114
Tabelle 22: Nominale Vermögensverteilung einer Buy-and-Hold-Anlagestrategie für deutsche Aktien, Anlagedauer 5 Jahre 114

Tabelle 23: Risiko und Performance der statischen Anlagestrategie für Aktien Welt, Anlagedauer 1 Jahr, Benchmark = nominale Werterhaltung   116
Tabelle 24: Nominale Vermögensverteilung der statischen Anlagestrategie für Aktien Welt, Anlagedauer 1 Jahr   116
Tabelle 25: Risiko und Performance der statischen Anlagestrategie für Aktien Welt, Anlagedauer 1 Jahr, Benchmark = reale Werterhaltung   117
Tabelle 26: Reale Vermögensverteilung der statischen Anlagestrategie für Aktien Welt, Anlagedauer 1 Jahr   117
Tabelle 27: Nominale Vermögensverteilung der statischen *Put-Optionsstrategie* für deutsche Aktien, Anlagedauer 1 Jahr   123
Tabelle 28: Risiko und Performance der statischen *Put-Optionsstrategie* für deutsche Aktien, Anlagedauer 1 Jahr, Benchmark = nominale Werterhaltung   125
Tabelle 29: Risiko und Performance der statischen *Put-Optionsstrategie* für deutsche Aktien, Anlagedauer 1 Jahr, Benchmark = reale Werterhaltung 126
Tabelle 30: Reale Vermögensverteilung der dynamischen *Put-Optionsstrategie* für deutsche Aktien, Anlagedauer 1 Jahr   127
Tabelle 31: Risiko und Performance der statischen *Put-Optionsstrategie* für deutsche Aktien, Anlagedauer 5 Jahre, Benchmark = nominale Werterhaltung   127
Tabelle 32: Nominale Vermögensverteilung der statischen *Put-Optionsstrategie* für deutsche Aktien, Anlagedauer 5 Jahre   128
Tabelle 33: Risiko und Performance der *Wertsicherungsstrategie* für deutsche Aktien, Anlagedauer 1 Jahr, Benchmark = nominale Werterhaltung   129
Tabelle 34: Nominale Vermögensverteilung der *Wertsicherungsstrategie* für deutsche Aktien, Anlagedauer 1 Jahr   130
Tabelle 35: Risiko und Performance der *Wertsicherungsstrategie* für deutsche Aktien, Anlagedauer 1 Jahr, Benchmark = reale Werterhaltung 131
Tabelle 36: Reale Vermögensverteilung der *Wertsicherungsstrategie* für deutsche Aktien, Anlagedauer 1 Jahr   132
Tabelle 37: Nominale Vermögensverteilung der *Wertsicherungsstrategie* für deutsche Aktien, Anlagedauer 5 Jahre   134
Tabelle 38: Risiko und Performance der *Wertsicherungsstrategie* für deutsche Aktien, Anlagedauer 5 Jahre, Benchmark = reale Werterhaltung   134
Tabelle 39: Reale Vermögensverteilung der *Wertsicherungsstrategie* für deutsche Aktien, Anlagedauer 5 Jahre   135
Tabelle 40: Risiko und Performance einer CPPI-Strategie für deutsche Aktien, Anlagedauer 1 Jahr, Benchmark = nominale Werterhaltung, $m = 6$ 139
Tabelle 41: Nominale Vermögensverteilung einer CPPI-Strategie für deutsche Aktien, Anlagedauer 1 Jahr, $m = 6$ 140

Tabelle 42: Risiko und Performance einer CPPI-Strategie für deutsche
Aktien, Anlagedauer 1 Jahr, Benchmark = nom. Werterhaltung, $m = 10$ 141
Tabelle 43: Nominale Vermögensverteilung einer CPPI-Strategie für
deutsche Aktien, Anlagedauer 1 Jahr, $m = 10$ 141
Tabelle 44: Risiko und Performance einer CPPI-Strategie für deutsche
Aktien, Anlagedauer 1 Jahr, Benchmark = nom. Werterhaltung, $m = 20$ 142
Tabelle 45: Nominale Vermögensverteilung einer CPPI-Strategie für
deutsche Aktien, Anlagedauer 1 Jahr, $m = 20$ 143
Tabelle 46: Vergleich von Risiko und Performance: statische Strategien, At-
the-money-Put-Optionen und CPPI mit jeweils gleichem Aktienanteil,
Anlagedauer 1 Jahr, Benchmark = nominale Werterhaltung,
Portfoliozusammensetzung: Aktien Deutschland und Geldmarkt 144
Tabelle 47: Verteilung der Vermögensverteilungen: statische Strategien, At-
the-money-Put-Optionen und CPPI mit jeweils gleichem Aktienanteil,
Anlagedauer 1 Jahr, Portfoliozusammensetzung: Aktien Deutschland
und Geldmarkt 145
Tabelle 48: Ausschüttungen bei Geldmarktanlage (2/3 der laufenden Erträge) 150
Tabelle 49: Risiko und Performance der Ausschüttungen bei einer statischen
Anlagestrategie, Anlagedauer 1 Jahr, Benchmark = Ausschüttungen
Geldmarktanlage 151
Tabelle 50: Verteilung der *nominalen* Ausschüttungen bei einer statischen
Anlagestrategie, Anlagedauer 1 Jahr 151
Tabelle 51: Verteilung der *realen* Ausschüttungen bei einer statischen
Anlagestrategie, Anlagedauer 1 Jahr 152
Tabelle 52: Risiko und Performance der Ausschüttungen (p.a.) bei einer
statischen Anlagestrategie, Anlagedauer 5 Jahre, Benchmark =
Ausschüttungen Geldmarktanlage 153
Tabelle 53: Verteilung der *nominalen* Ausschüttungen (p.a.) bei einer
statischen Anlagestrategie, Anlagedauer 5 Jahre 153
Tabelle 54: Verteilung der *nominalen* Ausschüttungen bei einer Put-
Optionsstrategie (at the money), Anlagedauer 1 Jahr 155
Tabelle 55: Verteilung der nominalen Ausschüttungen bei einer
Wertsicherungsstrategie, Anlagedauer 1 Jahr 156
Tabelle 56: Verteilung der *nominalen* Ausschüttungen bei einer
Wertsicherungsstrategie, Anlagedauer 5 Jahre 157
Tabelle 57: Nominale Vermögensverteilung einer Geldmarktanlage bei
Ausschüttung nach der US-Regel (5% p.a.) 158
Tabelle 58: Ausschüttungen bei Geldmarktanlage (US-Regel: 5% p.a.) 159
Tabelle 59: Nominale Vermögensverteilung der statischen Anlagestrategie
für deutsche Aktien bei Ausschüttung nach der US-Regel (= 5% p.a.),
Anlagedauer 1 Jahr 160

Tabelle 60: Risiko und Performance der statischen Anlagestrategie für deutsche Aktien bei Ausschüttung nach der US-Regel (= 5% p.a.), Anlagedauer 1 Jahr, Benchmark = nominal — 160

Tabelle 61: Risiko und Performance der statischen Anlagestrategie für deutsche Aktien bei Ausschüttung nach der US-Regel (= 5% p.a.), Anlagedauer 1 Jahr, Benchmark = real — 161

Tabelle 62: Reale Vermögensverteilung der statischen Anlagestrategie für deutsche Aktien bei Ausschüttung nach der US-Regel (= 5% p.a.), Anlagedauer 1 Jahr — 161

Tabelle 63: Risiko und Performance der statischen Anlagestrategie für deutsche Aktien bei Ausschüttung nach der US-Regel (= 5% p.a.), Anlagedauer 5 Jahre, Benchmark = nominal — 162

Tabelle 64: Nominale Vermögensverteilung der statischen Anlagestrategie für deutsche Aktien bei Ausschüttung nach der US-Regel (= 5% p.a.), Anlagedauer 5 Jahre — 163

Tabelle 65: Reale Vermögensverteilung der statischen Anlagestrategie für deutsche Aktien bei Ausschüttung nach der US-Regel (= 5% p.a.), Anlagedauer 5 Jahre — 165

Tabelle 66: Risiko und Performance der Ausschüttungen bei Anleihe-Aktienportfolios und Anwendung der US-Regel (= 5% p.a.), Anlagedauer 5 Jahre, Benchmark = Ausschüttungen Geldmarktanlage — 167

Tabelle 67: Verteilung der *nominalen* Ausschüttungen bei einer statischen Anlagestrategie und Anwendung der US-Regel (= 5% p.a.), Anlagedauer 5 Jahre — 167

Tabelle 68: Verteilung der *realen* Ausschüttungen bei einer statischen Anlagestrategie und Anwendung der US-Regel (= 5% p.a.), Anlagedauer 5 Jahre — 168

Tabelle 69: Risiko und Performance der dynamischen Put-Optionsstrategie für deutsche Aktien bei Ausschüttung nach der US-Regel (= 5% p.a.), Anlagedauer 5 Jahre, Benchmark = nominal — 168

Tabelle 70: Überblick zu den *Gewinnvariablen* ($X_{i,t}$) — 188

Tabelle 71: Überblick zu den *erklärenden Variablen* — 190

Tabelle 72: Bivariate Korrelationen zwischen den Variablen — 191

Tabelle 73: Ergebnisse für Log Tobin's Q — 194

Tabelle 74: Ergebnisse für Tobin's Q — 194

Tabelle 75: Ergebnisse für Return on Assets (ROA) — 195

Tabelle 76: Ergebnisse für Return on Capital (ROC) — 195

Tabelle 77: Investierbares versus nichtinvestierbares Aktienuniversum: USA — 205

Tabelle 78: Investierbares versus nichtinvestierbares Aktienuniversum: Europa — 206

Tabelle 79: α-Parameter für Branchen- und Unternehmensratings — 207

Tabelle 80: Performanceanalyse von SRI-Aktienindizes — 212

Tabelle 81: Makroökonomische Sensitivitäten von SRI-Indizes 217
Tabelle 82: Makroökonomische Sensitivitäten der Sarasin-Portfolios USA 217
Tabelle 83: Makroökonomische Sensitivitäten der Sarasin-Portfolios Europa 218
Tabelle 84: Ergebnisse der Investmentstil-Analyse mit der Methode von
 Sharpe (1992) für den Gesamtzeitraum 221
Tabelle 85: Ergebnisse der Investmentstil-Analyse mit der Methode von
 Sharpe (1992), Februar 2001 bis Juni 2006 221
Tabelle 86: Analyse der Sektorstruktur der SRI-Indizes 223
Tabelle 87: Vergleich der Dividendenrenditen 225
Tabelle 88: Nominale Vermögensverteilung statischer Anlagestrategien mit
 SRI-Indizes, Anlagedauer 1 Jahr 226
Tabelle 89: Risiko und Performance statischer Anlagestrategien mit SRI-
 Indizes, Anlagedauer 1 Jahr, Benchmark = nominale Werterhaltung 227
Tabelle 90: Nominale Vermögensverteilung einer statischen Put-Strategie mit
 SRI-Indizes, Anlagedauer 1 Jahr 231
Tabelle 91: Risiko und Performance einer statischen Put-Strategie mit SRI-
 Indizes, Anlagedauer 1 Jahr, Benchmark = nominale Werterhaltung 232

A Einleitung

Die meisten gemeinnützigen deutschen Stiftungen widmen sich Aufgaben in den Bereichen Bildung, Wissenschaft, Soziales und Umwelt.[1] Die Förderung dieser Aufgaben wird durch eine entsprechende zweckorientierte Verwendung der Erträge aus der Vermögensverwaltung durchgeführt. Der Bereich der Ertragsverwendung ist allerdings in der Regel strikt getrennt vom Bereich der Vermögensverwaltung, in dem die Erträge der Stiftung erwirtschaftet werden.

Durch diese Trennung kann es vorkommen, dass eine Stiftung Aktien eines Unternehmens erwirbt, dessen Aktivitäten dem Satzungszweck der Stiftung entgegengesetzt sind. Beispielsweise könnte eine Stiftung, die sich in ihrer Satzung für den Umweltschutz oder die Förderung des Friedens zwischen den Nationen einsetzt, in ihrer Kapitalanlage Aktien eines Unternehmens erwerben, das besonders umweltschädlich produziert oder Waffen herstellt.

Diese stilisierten Beispiele zeigen, dass die Trennung der Bereiche der Ertragsverwendung und der Ertragserwirtschaftung zu einem Konflikt führen kann. Die Stiftung könnte in solchen Fällen ihre satzungsmäßigen Ziele in höherem Maß erfüllen, wenn sie bei der Entscheidung über ihre Kapitalanlage nur Aktien oder Anleihen solcher Unternehmen auswählt, deren Aktivitäten zumindest nicht im Widerspruch zum Satzungszweck stehen oder ihn im günstigsten Fall sogar noch fördern. Dies ist eines der zentralen Themen, die Gegenstand dieser Studie sind.

Allgemeiner formuliert soll untersucht werden, ob sich sogenannte nachhaltige Kapitalanlagen für die Vermögensverwaltung von deutschen Stiftungen eignen. Als nachhaltige Kapitalanlagen werden solche Anlageobjekte bezeichnet, die einen Auswahlprozess durchlaufen haben, der sich an sozialen, ethischen und ökologischen Kriterien orientiert.[2] In Europa stellt diese Form der Kapitalanlage derzeit noch ein relativ kleines Segment dar: Ende 2007 waren nach Eurosif (2008) ca. 512 Mrd. Euro in nachhaltigen Kapitalanlagen investiert, wobei alleine in Norwegen etwa 171 Mrd. Euro Anlagen in diesem Segment durchgeführt wurden, gefolgt von den Niederlanden mit 69,4 Mrd. und Großbritannien mit 67,4 Mrd. Euro.[3] In den Vereinigten Staaten betrugen 2003 die Investitionen in

---

1   Vgl. Bundesverband Deutscher Stiftungen (2008a). Danach widmen sich mehr als 30% der Stiftungen sozialen Zwecken, knapp 15% dem Bereich Bildung und Erziehung, mehr als 10% Wissenschaft und Forschung sowie ungefähr 5% dem Umweltschutz. Siehe dazu auch Anheier (2003: 65-70), der eine Übersicht zum Stiftungswesen in Deutschland gibt.

2   Ein Überblick zur historischen Entwicklung dieser Anlagekategorie findet sich beispielsweise in Schäfer (2003: Kapitel 1) sowie in Renneboog et al. (2008a: 1725). Für weitere Informationen hierzu siehe Kapitel B.2.1.

3   Es zeigt sich, dass nachhaltige Kapitalanlagen vor allem im nördlichen Europa eine relativ große Rolle spielen. In Norwegen, den Niederlanden, Großbritannien, Schweden (56,8 Mrd. Euro) und Dänemark (45,7 Mrd. Euro) werden laut Eurosif (2008) zusammen etwa 410 Mrd. Euro in diesem Kapitalmarktsegment investiert, dies sind 80% aller in Europa getätigten nachhaltigen Kapitalanlagen. Für detailliertere Angaben siehe B.2.3.

nachhaltigen Kapitalanlagen 2143 Mrd. US-Dollar und damit 11% der Assets under Management (Social Investment Forum (2007)). Bis Ende 2007 ging dieser Betrag allerdings wieder leicht auf etwa 2098 Mrd. US-Dollar zurück.

Vor allem in den USA wird unter den Begriffen „Mission Related Investing" und „Program Related Investing" diskutiert, ob nachhaltige Kapitalanlagen eine größere Rolle in der Vermögensanlage von Stiftungen spielen sollten und wie sie in die gesamte Anlagestrategie eingebettet werden können. Mission bzw. Program Related Investing umfasst dabei prinzipiell alle Arten von Kapitalanlagen, die dazu geeignet sind, einen inhaltlichen (und nicht nur einen finanziellen) Beitrag zur Erfüllung der Ziele einer Stiftung zu leisten.[4] Auch in Europa und speziell in Deutschland hat eine solche Diskussion begonnen. Die US-amerikanischen Erfahrungen mit dieser Ausrichtung der Kapitalanlagen könnten auch für deutsche Stiftungen wegweisend sein und das Interesse an nachhaltigen Kapitalanlagen verstärken.

Das Ziel der vorliegenden Studie ist eine umfassende Beurteilung nachhaltiger Kapitalanlagen für *gemeinnützige* deutsche Stiftungen. Da fast alle Stiftungen in Deutschland gemeinnützig sind, bedeutet diese Festlegung keine Einschränkung der Analyse.[5] Die Untersuchung bezieht sich vorwiegend auf Kapitalstiftungen. Dies sind solche Stiftungen, bei denen die dauerhafte Erfüllung des Stiftungszwecks durch eine entsprechende Verwendung der Erträge aus der Vermögensverwaltung sichergestellt wird. Davon abzugrenzen sind Anstaltsstiftungen, bei denen der Satzungszweck im dauerhaften Betrieb einer gemeinnützigen Einrichtung, beispielsweise eines Krankenhauses oder eines Pflegeheims besteht. Anstaltsstiftungen verfügen typischerweise nur über ein relativ geringes frei verfügbares Vermögen. Soweit ein solches frei verfügbares Vermögen wie bei einer Kapitalstiftung vorhanden ist, beziehen sich die Analysen der Studie auch auf Anstaltsstiftungen.[6]

---

4   Vgl. zum Beispiel Cooch et al. (2007), Emerson et al. (2004) und Grantcraft (2006). Die Unterschiede zwischen den beiden Anlagekategorien liegen darin begründet, ob eher eine marktübliche Rendite angestrebt wird („Mission Related Investing", MRI) oder ob die Kapitalanlage einen stärker ausgeprägten Zuwendungscharakter aufweist („Program Related Investing", PRI), vgl. Grantcraft (2006: 19f). Die Kapitalanlagen umfassen grundsätzlich alle Arten von Anlagen, sowohl mit Fremd- als auch mit Eigenkapitalcharakter. In Kapitel B.2.1 wird ausführlicher auf PRI und MRI sowie ihre Bedeutung für deutsche Stiftungen eingegangen.
5   Nach Hartmann (2005a: 381) sind etwa 95% aller Stiftungen in Deutschland gemeinnützig.
6   Seifart und v. Campenhausen (2009: 173ff) teilen die Stiftungen noch differenzierter ein in Kapitalstiftungen, Anstaltsstiftungen, Unternehmensträgerstiftungen, Funktionsträgerstiftungen sowie in Förderstiftungen und operative Stiftungen (S. 640). Den größten Spielraum bei der Gestaltung von Vorgehensweisen bei der Zweckerfüllung und der Mittelverwendung weisen die operativen Stiftungen auf, da sie die Erträge aus ihrem Vermögen unmittelbar zur Erfüllung des Stiftungszwecks einsetzen, indem sie entsprechende Vorhaben in Eigenregie durchführen. Förderstiftungen betreiben dagegen eine indirekte Art der Zweckerfüllung, indem sie Dritten die Möglichkeit der Durchführung geeigneter Projekte geben. Anheier (2003: 53) gibt auf Basis von Bundesverband Deutscher Stiftungen (2001) und Sprengel (2001) an, dass zwischen 61% und 66% der deutschen Stiftungen Förderstiftungen und etwa 22% bzw. 21% operative Stiftungen sind, die restlichen 17% bzw. 13% sind sowohl als Förderstiftung als auch operativ tätig.

Ausgangspunkt der Untersuchungen der vorliegenden Studie ist eine Darstellung und Bewertung der rechtlichen und ökonomischen Rahmenbedingungen der Vermögensverwaltung von gemeinnützigen Stiftungen in Kapitel B. Aus dem Stiftungsrecht sowie aus den steuerrechtlichen Bestimmungen zur Erlangung und Aufrechterhaltung der Gemeinnützigkeit ergeben sich Anlagerestriktionen, die für die Vermögensverwaltung von Stiftungen relevant sind.[7] Diese Restriktionen werden ausführlich in Kapitel B.1 beschrieben und dienen als zentrale Vorgaben für die quantitativen Analysen von Anlagestrategien in den Kapiteln C, D und E. Kapitel B.2 dient der *betriebswirtschaftlichen* Beurteilung von nachhaltigen Kapitalanlagen aus der Perspektive von gemeinnützigen Stiftungen. Dabei wird in B.2.1 insbesondere der Frage nachgegangen, unter welchen Bedingungen die Investition in nachhaltige Kapitalanlagen für Stiftungen ökonomisch sinnvoll ist. Die Analyse differenziert dabei nach zwei Phasen: *vor* der Gründung und *nach* der Gründung der Stiftung. In der Vor-Gründungsphase legt der Stifter in der Satzung sowohl die Ziele der Stiftung als auch die Anlagerichtlinien fest, nach der Gründung bildet die Satzung den Rahmen, innerhalb dessen das Stiftungsmanagement agieren kann.

In B.2.2 wird erörtert, ob und wie stark sich die Nachfrage von Investoren nach nachhaltigen Kapitalanlagen über die Finanzmärkte auf das Verhalten der Unternehmen auswirkt. Hierbei geht es um die Frage, welchen Einfluss Stiftungen mit ihrer Kapitalanlage auf die Eigen- und Fremdkapitalkosten von Unternehmen und damit indirekt auf die Unternehmensstrategie ausüben können. Kapitel B.2.3 stellt schließlich den Status-quo der Anlagestruktur von Stiftungen dar und gibt einen internationalen Marktüberblick in Bezug auf nachhaltige Kapitalanlagen.

Ein zentrales Thema der vorliegenden Studie ist die Analyse und Bewertung von *Anlagestrategien* für Stiftungen. Unter Berücksichtigung der in Kapitel B erörterten rechtlichen, steuerlichen und betriebswirtschaftlichen Rahmenbedingungen werden *stochastische Simulationen* von ausgewählten Anlagestrategien mit Hilfe eines ökonometrischen Modells vorgenommen. Die Simulationsergebnisse dienen dazu, die Wirkungen der unterschiedlichen Anlagestrategien in Bezug auf das *Vermögen* und die *laufenden Ausschüttungen* der Stiftungen zu bewerten. Die methodischen Grundlagen, insbesondere die Auswahl der geeigneten Anlagestrategien und die Erstellung des ökonometrischen Simulationsmodells, werden in Kapitel C erarbeitet.

In einem ersten Schritt (Kapitel C.1.1) werden die Zielfunktion sowie die Nebenbedingungen der Vermögensanlage von gemeinnützigen Stiftungen aus finanzwirtschaftlicher Perspektive beschrieben. Auf Basis verschiedener statischer und dynamischer Optimierungsansätze ergeben sich unterschiedliche optimale Anlagestrategien von Stiftungen, die detailliert dargestellt werden. Darauf auf-

---

7 Zusätzlich kann auch die Stiftungssatzung Anlagerestriktionen enthalten. Diese dürfen allerdings nicht dazu führen, dass die Stiftung den satzungsmäßigen Stiftungszweck nicht mehr dauerhaft erfüllen kann. Vgl. zum Beispiel Hüttemann und Schön (2007: 28 und 35).

bauend werden in C.1.2 diejenigen Anlagestrategien definiert, die im weiteren Verlauf der Studie mit Hilfe von Simulationen untersucht werden. Der Fokus dieser Anlagestrategien ist zunächst auf *konventionelle* Kapitalanlagen, bestehend aus Aktien, Anleihen und Geldmarkt, ausgerichtet. Der Grund dafür ist, dass nur für konventionelle Anlageobjekte hinreichend lange Zeitreihen verfügbar sind, die die Schätzung des ökonometrischen Simulationsmodells möglich machen. In Kapitel E wird daran anknüpfend untersucht, ob und inwieweit die Verwendung *nachhaltiger* Kapitalanlagen anstelle von konventionellen Anlageobjekten für Stiftungen sinnvoll ist.

Die Konstruktion des ökonometrischen Simulationsmodells, das für die quantitative Analyse und Bewertung der Anlagestrategien verwendet wird, erfolgt in Kapitel C.2. Nach der Untersuchung der Eigenschaften der verwendeten Zeitreihen werden die Herleitung des ökonometrischen Modells sowie dessen Eigenschaften in allen Einzelheiten dargestellt. Das Simulationsmodell ist ein *Vector Error Correction*-Modell mit drei Kointegrationsbeziehungen und insgesamt zehn Gleichungen, mit denen die stochastischen Eigenschaften von Aktien- und Anleihekursen, Zinsen, Dividendenrenditen, Aktienindexvolatilitäten und der Inflationsentwicklung abgebildet werden. Eine weitere Differenzierung erfolgt nach Aktienanlagen mit den Schwerpunkten Deutschland und Welt. Dieses Modell ist Grundlage der Ergebnisse, die in den Kapiteln D und E.2.3 beschrieben und diskutiert werden.

Kapitel C.3 schließlich widmet sich der Herleitung eines statistischen Instrumentariums, mit dem die Simulationsergebnisse bewertet werden können. Es zeigt sich, dass für Stiftungen aufgrund der stiftungs- und steuerrechtlichen Restriktionen sogenannte *Downside-Risk-Maße* besonders geeignet sind, um Risiko und Performance von Anlagestrategien zu untersuchen. Aus der Vielzahl möglicher Risiko- und Performancemaße werden auf Basis theoretischer Überlegungen sowie der rechtlichen Vorgaben drei Risiko- und vier Performancemaße definiert, die für die anschließende Bewertung der Anlagestrategien eingesetzt werden.

In Kapitel D werden die Ergebnisse der Simulationen ausgewählter Anlagestrategien dargestellt und hinsichtlich der Vorteilhaftigkeit für die Vermögensverwaltung von Stiftungen bewertet. In den Kapiteln D.1 und D.2 stehen verschiedene *statische Anlagestrategien* im Mittelpunkt. Neben einer reinen Geldmarktanlage werden Kombinationen aus Aktien und Anleihen mit festen Portfoliogewichten sowie Buy-and-Hold-Portfolios untersucht. Außerdem wird ein Vergleich zwischen einer nur auf Deutschland ausgerichteten und einer weltweiten Aktienanlage durchgeführt. Dies dient dazu, die konkreten Vorteile einer weltweiten Diversifikation gegenüber einer Anlage in deutschen Aktien für Stiftungen zu quantifizieren.

Kapitel D.3 widmet sich der empirischen Analyse statischer und dynamischer *Absicherungsstrategien*. Dabei werden Absicherungsmaßnahmen unter Verwendung von Put-Optionen sowie die Methode der Constant Proportion Portfolio

Insurance (CPPI) untersucht. Die vorhergehenden Kapitel B.1 und C.1 ergeben, dass es für Stiftungen aus theoretischen Gründen sinnvoll ist, das Risiko der Kapitalanlagen zu vermindern. Die in Kapitel D.3 durchgeführten Analysen sollen zeigen, ob die ausgewählten Absicherungsstrategien tatsächlich in der Lage sind, die risikoadjustierte Performance im Vergleich zur Situation ohne Portfolioabsicherung zu verbessern und welche der Strategien dabei zu bevorzugen ist.

Während sich die bisherigen Untersuchungen des Kapitels D auf die Wirkungen der Anlagestrategien bezüglich des *Stiftungsvermögens* beziehen, wird in D.4 untersucht, welche Effekte für die Höhe und Verteilung der *Ausschüttungen* der Stiftungen zu erwarten sind. Da das Ausmaß der Zielerreichung von Kapitalstiftungen vor allem durch die Höhe der Ausschüttungen bestimmt wird, ist für die Bewertung einer Anlagestrategie nicht nur die Verteilung des Vermögens relevant, sondern auch diejenige der dazugehörenden Ausschüttungen. Dabei wird zunächst angenommen, dass die nach dem deutschen Steuerrecht maximal mögliche Thesaurierung in Höhe von einem Drittel der laufenden Erträge durchgeführt wird (Kapitel D.4.1). Dies entspricht dem Standardfall deutscher Stiftungen, der auch den vorangegangenen Simulationen von Kapitel D zugrunde liegt. Anschließend wird (in D.4.2) untersucht, wie sich eine Ausschüttung entsprechend der in den USA geltenden Regel in Höhe von 5% des Vermögens auf die Verteilung des Vermögens und der Ausschüttungen auswirken würde und welche Konsequenzen sich daraus für die Vorteilhaftigkeit der verschiedenen Anlagestrategien im Vergleich zur heute üblichen Ausschüttungspraxis deutscher Stiftungen ergeben.

In Kapitel E werden zentrale Fragestellungen des *Portfolio-Managements* nachhaltiger Kapitalanlagen für Stiftungen thematisiert, wobei die Beurteilung der *Performance* relativ zu konventionellen Benchmarks im Vordergrund steht. Die Analysen dieses Kapitels sollen zeigen, in welchem Ausmaß sich die Renditeverteilungen von nachhaltigen und konventionellen Kapitalanlagen voneinander unterscheiden. Dies dient insbesondere dazu, die Frage zu klären, ob die in den vorangegangenen Kapiteln für konventionelle Kapitalanlagen erzielten Resultate zur Vorteilhaftigkeit von Anlagestrategien von Stiftungen auf nachhaltige Anlagen übertragbar sind.

Die in E.1 durchgeführte Untersuchung widmet sich den Zusammenhängen zwischen dem wirtschaftlichem Erfolg, gemessen anhand üblicher betriebswirtschaftlicher Erfolgskennziffern, und dem Nachhaltigkeitsengagement von Unternehmen. Neben einer umfassenden Darstellung und Bewertung der theoretischen und empirischen Literatur wird eine *Panelanalyse* für europäische Unternehmen durchgeführt. Die Ergebnisse von E.1 sollen zeigen, ob sich Unternehmen, die sich durch besonders nachhaltiges Wirtschaften auszeichnen, hinsichtlich ihres ökonomischen Erfolges von anderen Unternehmen unterscheiden. Auf Basis von Theorien des strategischen Managements, insbesondere des Resource-based View of the Firm, können Hypothesen abgeleitet werden, die auf einen positiven Zusammenhang hinweisen. Demgegenüber lässt vor allem die neoklassische Unternehmenstheorie eine negative Beziehung zwischen Unternehmensgewinnen und ethisch, sozial und ökologisch ausgerichtetem Unternehmensengagement vermuten.

Außerdem liefern die Resultate von Kapitel E.1 wichtige zusätzliche Informationen zur Interpretation der Ergebnisse des darauf folgenden Kapitels E.2, das sich mit der quantitativen Analyse der Renditeverteilungen von nachhaltigen Aktienanlagen befasst. E.2 konzentriert sich dabei insbesondere auf die Frage, ob und inwieweit die *Performance* nachhaltiger Kapitalanlagen von derjenigen konventioneller Anlagen abweicht. Auf der Grundlage der schon vorhandenen, vorwiegend empirischen Literatur werden ergänzende und vertiefende ökonometrische Untersuchungen durchgeführt, deren Resultate mit Bezug auf die im vorangegangenen Kapitel E.1 gefundenen ökonomischen Zusammenhänge interpretiert werden. Eine statistische Analyse des Investmentstils ausgewählter Nachhaltigkeitsindizes, die weitere Unterschiede zwischen konventionellen und nachhaltigen Aktienanlagen analysiert, schließt sich in E.2.2 an.

Den Abschluss von Kapitel E bilden Simulationen mit nachhaltigen Aktienindizes, bei denen verschiedene Anlagestrategien für Stiftungen mit und ohne Absicherungsmaßnahmen des Portfoliowertes berücksichtigt werden. Dieses Kapitel E.2.3 verbindet die quantitative Analyse der Renditeverteilungen *nachhaltiger* Kapitalanlagen mit den in Kapitel D untersuchten Anlagestrategien (mit und ohne Portfolioabsicherung) für gemeinnützige Stiftungen. Dabei wird untersucht, inwieweit Anlagestrategien unter Verwendung nachhaltiger Aktienindizes zu ähnlichen Resultaten für die Performance führen wie konventionelle Aktienindizes. Die Simulationen dienen insbesondere dazu, den relativ großen Nutzen von Absicherungsmaßnahmen, der sich als Schlussfolgerung aus D.3 ergibt, auch in Bezug auf nachhaltige Kapitalanlagen zu untersuchen.

In Kapitel F werden die wichtigsten Resultate der Studie sowie die sich daraus ergebenden Folgerungen für die Anlagepolitik von Stiftungen zusammengefasst und diskutiert. Ebenso wird auf wichtige, noch offene Fragen im Themenbereich von nachhaltigen Kapitalanlagen und Vermögensverwaltung von Stiftungen hingewiesen.

Die folgende schematische Darstellung verdeutlicht die Fragestellungen und Untersuchungslinien der vorliegenden Studie und zeigt die wesentlichen Verbindungen zwischen den einzelnen Kapiteln auf:

Oberthema der Studie: Vermögensverwaltung von Stiftungen und nachhaltige Kapitalanlagen

– Rechtliche und betriebswirtschaftliche Rahmenbedingungen des Vermögensmanagements (B)
– Anlagestrategien für Stiftungen (C.1)
– Festlegung des Analyseinstrumentariums: ökonometrisches Simulationsmodell, Performancemessung (C.2 und C.3)
– Durchführung der Simulationen und Darstellung der Simulationsergebnisse für konventionelle und nachhaltige Kapitalanlagen (D.1 bis D.4, E.2.3)

- Beurteilung nachhaltiger Kapitalanlagen auf Unternehmensebene und in Bezug auf die Performance von Finanzanlagen (E.1, E.2)
- Schlussfolgerungen für das Vermögensmanagement von Stiftungen (F)

Eine analoge Darstellung wird ebenfalls zu Beginn eines jeden Hauptkapitels durchgeführt, um einen schnellen Überblick zu den zentralen Themen zu gewährleisten.

B Rechtliche und betriebswirtschaftliche Anforderungen an die Vermögensverwaltung von Stiftungen

Der Kernbestandteil einer Stiftung ist ökonomisch gesehen ihr Vermögensbestand, dessen Erträge im Sinne der Stiftungssatzung zu verwenden sind. So stellen Seifart und v. Campenhausen (2009: 268) fest: „Das Vermögen der Stiftung ist die materielle Grundlage ihrer Geschäftstätigkeit." Die Aufgabe der Vermögensverwaltung stellt daher eine zentrale Managementfunktion innerhalb der Stiftung dar, die entscheidend ist für die Erreichung der in der Satzung formulierten Stiftungsziele. Die Vermögensverwaltung von Stiftungen unterliegt verschiedenen gesetzlichen Anlagerestriktionen, die sich auf die Zusammensetzung des Vermögens und die Verwendung der Erträge auswirken. Für gemeinnützige Stiftungen sind die Bestimmungen der Ausgabenordnung (AO) von zentraler Bedeutung, da deren Einhaltung über den Status der Gemeinnützigkeit entscheidet.

Im Mittelpunkt von Kapitel B.1 steht die Darstellung der stiftungs- und steuerrechtlichen Bestimmung für die Vermögensverwaltung von gemeinnützigen Stiftungen und die Herleitung der relevanten Anlagerestriktionen. Dadurch wird der rechtliche Rahmen abgesteckt, innerhalb dessen sich die Vermögensverwaltung bewegen darf. Dieser Rahmen stellt eine wesentliche Bedingung für die weitergehende Analyse der Anlagestrategien von gemeinnützigen Stiftungen dar, die in den nachfolgenden Kapiteln B.2, C, D und E.2 durchgeführt wird.

In Kapitel B.2 wird analysiert, wie nachhaltige Kapitalanlagen aus betriebswirtschaftlicher Sicht für Stiftungen zu beurteilen sind. Im ersten Abschnitt B.2.1 steht die Frage im Vordergrund, wie sich nachhaltige Kapitalanlagen in das *Ziel-Mittel-System* von Stiftungen einfügen. Dabei wird eine Unterscheidung getroffen zwischen zwei Phasen im Lebenszyklus einer Stiftung: Zunächst wird die Phase *vor* Gründung der Stiftung betrachtet, in der im Zuge der Erstellung der Satzung die Ziele und Anlagerichtlinien der Stiftung festgelegt werden, in einem zweiten Schritt wird die Phase *nach* der Gründung der Stiftung betrachtet, in der das Stiftungsmanagement die satzungsmäßigen Zwecke möglichst weitgehend zu erreichen versucht.

Der Abschnitt B.2.2 widmet sich ausführlich einer wichtigen Frage des Ziel-Mittel-Systems von Stiftungen, die im Abschnitt B.2.1 zuvor bereits erwähnt wird: Können Stiftungen durch ihre Investition in nachhaltige Kapitalanlagen erreichen, dass sich das Verhalten von Unternehmen stärker an sozialen, ethischen und ökologischen Zielen ausrichtet? Basierend auf den bislang publizierten theoretischen Ansätzen werden Ableitungen bezüglich der praktischen Bedeutung von Stiftungen als institutioneller Anlegergruppe gemacht. In Abschnitt B.2.3 wird schließlich die vorhandene Anlagestruktur von Stiftungen beschrieben, wobei ein besonderer Fokus auf nachhaltige Kapitalanlagen gelegt wird. Die Ergebnisse von Kapitel B bilden insgesamt die rechtlichen und betriebswirtschaftlichen Grundlagen für die quantitative Analyse nachhaltiger Kapitalanlagen für die Vermögensanlage von Stiftungen, die Inhalt der danach folgenden Kapitel ist.[8]

Schematischer Aufbau von Kapitel B:
Rahmenbedingungen des Vermögensmanagements von Stiftungen
– Allgemeine rechtliche Restriktionen aus dem Stiftungs- und Steuerrecht (B.1)
– Betriebswirtschaftliche Beurteilung von nachhaltigen Kapitalanlagen für Stiftungen (B.2): Zulässigkeit, Einfluss auf die Zielerreichung, Einfluss auf das Verhalten von Unternehmen

B.1 Rechtliche Rahmenbedingungen der Vermögensanlage

B.1.1 Stiftungsrechtliche Bestimmungen

Eine Stiftung ist eine juristische Person, deren allgemeine Rechtsgrundlagen in §§ 80–88 BGB geregelt sind. Vorgaben für die Vermögensverwaltung ergeben sich hieraus jedoch nicht. § 80 BGB verweist auf die Zuständigkeit der Bundesländer bei der Genehmigung einer Stiftung. In den Stiftungsgesetzen der Länder sind weitergehende Regelungen für die Vermögensanlage zu finden, deren zentrale Aussagen zu Vermögenserhaltung, Vermögensverwaltung sowie Ertragsverwendung in Tabelle 1 zusammengefasst sind.[9] Lediglich die Stiftungsgesetze von Brandenburg und Mecklenburg-Vorpommern machen keinerlei Ausführungen zum Stiftungsvermögen und dessen Verwaltung.

Alle Landesstiftungsgesetze, die Vorschriften zur Vermögensanlage enthalten, legen fest, dass der *Bestand des Stiftungsvermögens* zu erhalten ist (siehe Spalte 2, Tabelle 1). Diese Bestimmung ist damit eine konstitutive Vorgabe für das Vermögensmanagement. In acht Stiftungsgesetzen wird noch der verstärkende Zusatz „ungeschmälert" beigefügt. Das sächsische Stiftungsgesetz ist in dieser Hinsicht besonders weitgehend und fordert, dass das Vermögen der Stiftung wertmäßig und in seiner Ertragskraft zu erhalten ist. In den Stiftungsgesetzen von Rheinland-Pfalz und Hamburg wird diese Regelung hingegen abgeschwächt, in-

---

[8] Kapitel B beabsichtigt keine umfassende Beschreibung und Analyse der rechtlichen und betriebswirtschaftlichen Grundlagen von Stiftungen, sondern konzentriert sich auf die für die Vermögensverwaltung und speziell die für die Beurteilung nachhaltiger Kapitalanlagen relevanten Bereiche. *Umfassende Darstellungen* der rechtlichen Rahmenbedingungen von Stiftungen finden sich in Seifart und v. Campenhausen (2009) sowie in Bertelsmann Stiftung (2003) und Strachwitz und Mercker (2005). Die beiden zuletzt aufgeführten Publikationen gehen detailliert auf die betriebswirtschaftlichen Fragen des Managements von Stiftungen ein. Ein Vergleich mit dem Stiftungsrecht der anderen europäischen und einiger außereuropäischer Staaten findet sich in Hopt und Reuter (2001).

[9] Im Anhang am Ende der vorliegenden Studie werden die relevanten Regelungen aller aktuell geltenden Landesstiftungsgesetze im Wortlaut wiedergegeben. Die 3. Auflage des Stiftungsrechts-Handbuchs von Seifart und v. Campenhausen (2009), die für die Beantwortung zahlreicher stiftungs- und steuerrechtlicher Fragen in Kapitel B als Referenz dient, basiert ebenfalls auf dem aktuellen Stand der Landesstiftungsgesetze.

sofern die Stiftungen dieser Länder das Vermögen „möglichst ungeschmälert" zu erhalten haben.

In der Fachliteratur ist allerdings umstritten, was genau unter Bestandserhaltung zu verstehen ist. Während Carstensen (1996a, 1996b, 2003, 2005) sowie Seifart und v. Campenhausen (2009: 280) von einer *realen* Werterhaltung ausgehen, finden sich auch Interpretationen (beispielsweise Hüttemann, 1998; Reuter, 2005; Hüttemann und Schön, 2007), die zwar prinzipiell einen Ausgleich inflationsbedingter Wertminderung für wichtig halten, aber keine strikte Kaufkrafterhaltung des Vermögens fordern. Die Stiftungsaufsicht scheint sich dagegen vorwiegend an einer nominalen Erhaltung des Vermögenswertes zu orientieren.[10] In Hüttemann und Schön (2007: 21ff) wird darauf hingewiesen, dass es keine allgemeingültige gesetzliche Pflicht zur Kaufkrafterhaltung gibt und dass es letztlich Entscheidung des Stiftungsvorstandes ist, inwieweit er einen Ausgleich für einen Kaufkraftverlust des Vermögens anstrebt.

Hinter der Diskussion um *reale* oder *nominale* Werterhaltung verbirgt sich ein potenzieller Konflikt zwischen zeitnaher Verwendung der Erträge und der Erhaltung des Vermögens, da bei der Durchführung einer realen Werterhaltung unter Umständen ein größerer Teil der Erträge als Ausgleich inflationsbedingter Vermögensminderungen thesauriert werden müsste. Im Rahmen der Analysen dieser Studie werden die ökonomischen Konsequenzen von beiden Definitionen der Werterhaltung entsprechend berücksichtigt.

In Bezug auf die *Vermögensverwaltung* bestimmen die meisten Landesstiftungsgesetze, dass diese eine nachhaltige und dauerhafte Erfüllung des Stiftungszwecks gewährleisten soll (siehe Spalte 3, Tabelle 1). Die Vermögensverwaltung muss zur Erfüllung des Stiftungszwecks einerseits hinreichend hohe Erträge erwirtschaften, andererseits sollten große Risiken, die den Erhalt des Stiftungsvermögens bedrohen, vermieden werden.[11] Generell wird in der Literatur die Forderung nach einer „sicheren" Vermögensanlage vor allem als Hinweis auf eine ausreichende Diversifikation verstanden (siehe Schindler, 2003: 299).

Bestimmungen zu einzelnen Anlageformen liegen hingegen nicht vor.[12] Damit die Stiftung ihren Stiftungszweck erfüllen kann, muss sie jedoch ausreichende *laufende Vermögenserträge* (also zum Beispiel Dividenden, Zins- und Mieteinnahmen) erwirtschaften.

---

10 Vgl. Richter (2004: 12) und Schindler (2003: 300). Das neue Hamburgische Stiftungsgesetz vom 14. Dezember 2005 ist explizit auf eine *reale* Werterhaltung ausgerichtet. Darauf weisen die „Hinweise zur Errichtung einer Stiftung" und die Mustersatzung der Hamburger Justizbehörde hin.
11 Vgl. beispielsweise Reuter (2005: 654) und Richter (2004: 15).
12 Eine oft zitierte Einschränkung, die früher bestand, ist die Anlage in sogenannten mündelsicheren Wertpapieren, die beispielsweise das Bayerische Stiftungsgesetz noch bis Ende 1995 gefordert hatte. Vgl. Wachter (2002: 4f).

Tabelle 1: Übersicht zu Landesstiftungsgesetzen und Vermögensverwaltung

Land	Vermögenserhaltung	Vermögensverwaltung	Ertragsverwendung
Baden-Württemberg	Bestand ist zu erhalten.	Nachhaltige und dauerhafte Erfüllung des Stiftungszwecks. Sparsame und wirtschaftliche Verwaltung.	–
Bayern	Bestand ist ungeschmälert zu erhalten.	Sichere und wirtschaftliche Verwaltung. Diese hat gewissenhaft und sparsam zu erfolgen.	Verwendung für Stiftungszweck. Zur Erhaltung des Vermögenswertes ist Thesaurierung möglich. Diese kann von der Aufsicht angeordnet werden, wenn das Vermögen erheblich geschwächt ist.
Berlin	Bestand ist ungeschmälert zu erhalten.	–	–
Brandenburg: keine Vorgaben bezüglich der Vermögensverwaltung von Stiftungen			
Bremen	Bestand ist ungeschmälert zu erhalten.	Ordnungsmäßige Verwaltung des Vermögens. Dauerhafte und nachhaltige Erfüllung des Stiftungszwecks soll erreicht werden. Möglichst geringe Verwaltungskosten.	Verwendung nur für den Stiftungszweck und Deckung der Verwaltungskosten, Bildung angemessener Rücklagen zur Erhaltung des Vermögenswertes.
Hamburg	Stiftungsvermögen ist möglichst ungeschmälert zu erhalten.	Dauernde und nachhaltige Erfüllung des Stiftungszwecks. Sichere und ertragbringende Anlage. Umschichtungen zulässig.	Soweit die Satzung nichts anderes bestimmt: Erträge für den Stiftungszweck und die Deckung der Verwaltungskosten verwenden. Rücklagen können gebildet werden.
Hessen	Bestand ist ungeschmälert zu erhalten.	Nachhaltige und dauerhafte Erfüllung des Stiftungszwecks.	Verwendung nur entsprechend dem Stiftungszweck.
Mecklenburg-Vorpommern: keine Vorgaben bezüglich der Vermögensverwaltung von Stiftungen			
Niedersachsen	Bestand ist ungeschmälert zu erhalten.	Ordnungsmäßige Verwaltung, Verwaltungskosten auf Mindestmaß beschränken.	Verwendung ausschließlich für den Stiftungszweck. Rücklagen möglich, wenn es die Satzung vorsieht, und zum Ausgleich von Verlusten.
Nordrhein-Westfalen	Bestand ist ungeschmälert zu erhalten.	Nachhaltige Verwirklichung des Stiftungszwecks. Vermögensumschichtungen zulässig nach den Regeln ordentlicher Wirtschaftsführung.	Erträge für den Stiftungszweck und die Deckung der Verwaltungskosten verwenden, außer die Satzung sieht anderes vor.

Tabelle 1: (Fortsetzung)

Land	Vermögens-erhaltung	Vermögensverwaltung	Ertragsverwendung
Rheinland-Pfalz	Bestand ist möglichst ungeschmälert zu erhalten.	Dauernde und nachhaltige Erfüllung des Stiftungszwecks. Umschichtungen nach den Regeln ordentlicher Wirtschaftsführung zulässig.	Erträge für den Stiftungszweck und die Deckung der Verwaltungskosten verwenden, außer die Satzung sieht anderes vor. Rücklagen möglich für die nachhaltige Erfüllung des Stiftungszwecks.
Saarland	Bestand ist ungeschmälert zu erhalten.	Ziel ist die Erfüllung des Stiftungszwecks. Ordnungsmäßige und wirtschaftliche Verwaltung.	Erträge für den Stiftungszweck, die Deckung der Verwaltungskosten sowie die Bildung angemessener Rücklagen verwendbar.
Sachsen	Bestand ist wertmäßig und in seiner Ertragskraft zu erhalten.	Dauerhafte und nachhaltige Erfüllung des Stiftungszwecks. Sparsame und wirtschaftliche Verwaltung.	–
Sachsen-Anhalt	Bestand ist zu erhalten.	Dauerhafte und nachhaltige Erfüllung des Stiftungszwecks. Sparsame und wirtschaftliche Verwaltung. Regeln ordentlicher Wirtschaftsführung.	–
Schleswig-Holstein	Bestand ist zu erhalten.	Dauerhafte und nachhaltige Erfüllung des Stiftungszwecks.	Erträge für den Stiftungszweck und die Deckung der Verwaltungskosten verwenden. Bildung von Rücklagen möglich zur Erhaltung des Vermögens. Aufsicht kann Thesaurierung bei erheblichem Vermögensverlust anordnen.
Thüringen	Bestand ist zu erhalten.	Dauerhafte und nachhaltige Erfüllung des Stiftungszwecks. Sparsame und wirtschaftliche Verwaltung. Regeln ordentlicher Wirtschaftsführung.	–
Thüringen, Gesetzentwurf 2008	Bestand ist zu erhalten.	Dauerhafte und nachhaltige Erfüllung des Stiftungszwecks. Sparsame und wirtschaftliche Verwaltung. Regeln ordentlicher Wirtschaftsführung.	Erträge für den Stiftungszweck und die Deckung der Verwaltungskosten verwenden.

Anmerkungen: Die Tabelle basiert auf einer Auswertung der Landesstiftungsgesetze. Die relevanten Teile der Stiftungsgesetze sind auszugsweise im Kapitel „Anhang: Vorschriften zur Vermögensverwaltung in den Landesstiftungsgesetzen" im Wortlaut dokumentiert. Dort sind auch die detaillierten Quellenangaben aufgeführt. Die aktuellen Versionen der Stiftungsgesetze sind von der Homepage des Bundesverbandes der Deutschen Stiftungen www.stiftungen.org im Abschnitt „Stifter & Stiftungen", Unterabschnitt „Recht und Steuern" abrufbar.

Das Vermögen der Stiftung darf daher nicht ausschließlich aus Anlageobjekten bestehen, die keine laufenden Erträge abwerfen, wie dies beispielsweise bei unbebauten Grundstücken, Gold oder Aktien, die keine Dividenden ausschütten, der Fall ist.[13]

In den meisten Stiftungsgesetzen der Länder finden sich darüber hinaus weitere, sehr allgemeine Bestimmungen, wie etwa die, dass die Vermögensverwaltung „sparsam und wirtschaftlich" oder „gewissenhaft und sparsam" zu erfolgen hat, dass die Verwaltungskosten möglichst gering sein sollten oder dass die Regeln einer „ordentlichen Wirtschaftsführung" bzw. einer „ordentlichen Verwaltung des Vermögens" einzuhalten sind. Hüttemann und Schön (2007) bestätigen den weiten Spielraum des Stiftungsvorstandes bei der Kapitalanlage und zeigen, dass es über die sehr allgemeinen Vorschriften wie insbesondere hinsichtlich einer möglichst breiten Diversifikation und damit der Vermeidung größerer Einzelrisiken keine konkreten Anlagerichtlinien für Stiftungen gibt. Auch die in sechs Landesstiftungsgesetzen enthaltene Vorgabe einer „ordnungsmäßigen Verwaltung" oder einer „ordentlichen Wirtschaftsführung" enthält keine zusätzlichen Vorgaben für das Stiftungsmanagement. Nach Hüttemann und Schön (2007: 32) „handelt der Vorstand folglich ordnungsmäßig, wenn er diejenige Vermögensanlage wählt, die er im Interesse der nachhaltigen Erfüllung der Stiftungszwecke für erforderlich halten darf".

Nach Seifart und v. Campenhausen (2009: 287f) wird darüber hinaus eine sogenannte „Anlagepolitik der ruhigen Hand" empfohlen, also die stetige Verfolgung einer langfristig ausgerichteten Anlagestrategie, bei der die Erträge aus Substanzwerten imVordergrund stehen und nicht mögliche Gewinne durch häufige Vermögensumschichtungen.

Die Stiftungsgesetze von Hamburg, Nordrhein-Westfalen und Rheinland-Pfalz erlauben explizit *Umschichtungen des Vermögens*. Auch wenn die anderen Stiftungsgesetze Umschichtungen nicht direkt erwähnen, ist davon auszugehen, dass Umschichtungen generell erlaubt sind, da dies für die Kapitalanlage eine notwendige Voraussetzung ist.[14] Dadurch ist das Vermögensmanagement in der Lage, auf veränderte Rahmenbedingungen der Kapitalmärkte und speziell der Rendite- und Risikoerwartungen von Anlageobjekten durch Änderung der Vermögensstruktur zu reagieren. Wenn durch diese Umschichtungen Gewinne entstehen, dann müssen diese Gewinne, da sie nicht zum laufenden Ertrag gehören, nicht ausgeschüttet werden, sondern steigern das Vermögen der Stiftung.[15]

---

13   Vgl. Carstensen (2005: 92) sowie Hüttemann und Schön (2007: 10f).
14   Vgl. Carstensen (1996a: 75f und 79f), Richter (2004: 14), Hüttemann und Schön (2007: 16f) sowie Seifart und v. Campenhausen (2009: 292). In der Satzung kann der Stifter davon abweichende Regelungen treffen und festlegen, dass einzelne Gegenstände des Vermögens, wie zum Beispiel eine bestimmte Immobilie, nicht veräußert werden dürfen, vgl. Carstensen (2005: 93f).
15   Vgl. Hüttemann (1998: 78f), Seifart und v. Campenhausen (2009: 293) und Richter (2004: 14). Hüttemann (1998: 79, Fn. 73) sieht dann eine andere Situation als gegeben an, wenn der Stifter in der Satzung festschreibt, dass das Wertpapiervermögen „entsprechend einer gewerblichen Tätig-

Es bleibt allerdings unklar, ob und inwieweit Gewinne aus Vermögensumschichtungen immer dem Vermögen hinzugerechnet werden *müssen*. So könnte eine erfolgreiche Vermögensverwaltung zu einer dauerhaften Zunahme des Vermögens führen, und zwar auch über das Gebot der (realen oder nominalen) Bestandserhaltung hinaus. In diesem Fall könnte die Stiftung die für die Bestandserhaltung nicht benötigten Gewinne auch zeitnah ausschütten.[16]

Weitere wichtige Regelungen zum Vermögensmanagement betreffen die *Verwendung der laufenden Erträge* von Stiftungen. Neun von 16 Stiftungsgesetzen machen hierzu Ausführungen. In allen neun Gesetzen ist vorgeschrieben, dass die Erträge für den Stiftungszweck zu verwenden sind.

Zum Verständnis dieser Regelung ist es notwendig, zwischen dem Stiftungsvermögen (auch als „Grundstock" bezeichnet) und den Erträgen aus diesem Vermögen zu unterscheiden.[17] Für Stiftungen gilt ein sogenanntes *Admassierungsverbot*. Demnach dürfen die Erträge aus dem Vermögen grundsätzlich nicht zur Steigerung des Vermögens selbst verwendet werden, sondern nur für die Erfüllung des Stiftungszwecks.

Ein Ausnahmefall kann vorliegen, wenn das Stiftungsvermögen vermindert wurde, oder zur Sicherstellung einer nachhaltigen Erfüllung des Stiftungszwecks. Nach den Stiftungsgesetzen von Baden-Württemberg, Bremen, Niedersachsen, Rheinland-Pfalz, Saarland und Schleswig-Holstein ist die Bildung von Rücklagen zulässig, um Vermögensverluste auszugleichen. Die Stiftungsgesetze von Bayern und Schleswig-Holstein sehen sogar vor, dass die Stiftungsaufsicht eine Thesaurierung vorschreiben kann, wenn das Vermögen erheblich gemindert ist.

Es ist allerdings in der Literatur umstritten, ob die Stiftung in jedem Fall einen Vermögensverlust durch Ertragsthesaurierung ausgleichen darf, da dann die Erträge zeitweise überhaupt nicht mehr oder nur in stark vermindertem Maße für den eigentlichen Stiftungszweck zur Verfügung stehen würden.[18]

Zusammengefasst bedeuten die stiftungsrechtlichen Vorgaben, dass eine Stiftung ihr Vermögen möglichst real, zumindest aber nominal erhalten sollte. Ein Ausgleich für Vermögensverluste, zu denen auch inflationsbedingte Verminderungen des Vermögens gehören können, kann gegebenenfalls durch Thesaurierung der Erträge vorgenommen werden. Die Erträge aus dem Vermögen sind

---

keit laufend umgeschichtet werden soll". In diesem Fall werden nach Hüttemann auch Gewinne aus Umschichtungen dem zeitnah zu verwendenden Ertrag zugerechnet.

16 Weitere Ausführungen zu dieser Fragestellung finden sich in den Kapiteln D.4.1 und D.4.2.
17 Die juristische Definition von Erträgen findet sich in §§ 99–100 BGB. Erträge sind danach die Früchte und Nutzungen einer Sache oder eines Rechts. Beispiele sind Zinsen, Dividenden und Mieteinnahmen.
18 Vgl. Hüttemann (1998: 82), Rödel (2004: 757) und Seifart und v. Campenhausen (2009: 295), die zu dem Ergebnis kommen, dass eine zwangsweise Ausschüttungssperre im Falle von Vermögensverlusten abzulehnen ist. Sie bevorzugen hingegen eine fallweise Abwägung. Sie widersprechen damit explizit Carstensen (vgl. Carstensen, 2003: 538, sowie dessen frühere Veröffentlichungen 1996a, b), der es für angebracht hält, dass jeder Vermögensverlust durch Ertragsthesaurierung ausgeglichen wird.

zeitnah im Sinne des Stiftungszwecks zu verwenden, nicht jedoch das Vermögen selbst.[19] Außerdem ist das Stiftungsmanagement gehalten, eine langfristig ausgerichtete Strategie zu verfolgen sowie das Vermögen wirtschaftlich und sparsam zu verwalten.

B.1.2 Steuerrechtliche Bestimmungen

Gemeinnützige Stiftungen sind in der laufenden Besteuerung von der Körperschaftsteuer und der Gewerbesteuer befreit.[20] Die Aufrechterhaltung der Gemeinnützigkeit ist für gemeinnützige Stiftungen eine wesentliche Nebenbedingung des Stiftungsmanagements, die durch die Einhaltung der entsprechenden Regelungen der Abgabenordnung (AO) erreicht werden kann.[21] Falls das Steuerrecht im Widerspruch zum Stiftungsrecht steht, dann sollte die Stiftung zur Erhaltung der Gemeinnützigkeit die steuerrechtlichen Bestimmungen auf jeden Fall einhalten.[22]

Die relevanten Bereiche der AO sind die §§ 51 bis 68. Von besonderer Bedeutung für die Vermögensverwaltung von Stiftungen ist ebenfalls der Anwendungserlass zur Abgabenordnung (AEAO).

Für das Verständnis der steuerrechtlichen Bestimmungen ist die Unterscheidung zwischen dem ideellen Bereich und der Vermögensverwaltung essentiell.[23] Dem ideelle Bereich zugeordnet werden diejenigen Einnahmen, die dem eigentlichen Stiftungszweck unmittelbar zugutekommen sollen wie zum Beispiel Spenden, Schenkungen und Erbschaften. Dieser Bereich ist generell steuerbefreit.

Ebenfalls steuerbefreit ist in der Regel die Vermögensverwaltung, jedenfalls solange sie von der Finanzverwaltung nicht als wirtschaftlicher Geschäftsbetrieb eingestuft wird.[24] Als – allerdings recht unscharfes – Kriterium für eine steuerbefreite Vermögensverwaltung gilt, dass die Umschichtung von Vermögenswerten und die Verwertung der Vermögenssubstanz nicht in den Vordergrund tritt. Nach Carstensen (2005) und Hartmann (2005b), die sich insbesondere auf die neueste Rechtsprechung des Bundesfinanzhofs (BFH) stützen, gefährdet auch ein häufi-

---

19 „Die Inanspruchnahme des Grundstockvermögens ist in den meisten Stiftungsgesetzen ausdrücklich untersagt" (Seifart und v. Campenhausen, 2009: 286).
20 Hinzu kommen weitere Steuervergünstigungen, insbesondere hinsichtlich der Erbschafts- und Schenkungssteuer bei der Gründung der Stiftung sowie die Anwendung des halben Umsatzsteuersatzes bei der laufenden Besteuerung. Nach Richter et al. (2008: 4 und 12) werden sich die Unternehmensteuerreform sowie die Abgeltungsteuer nicht auf die *gemeinnützige Vermögensverwaltung* von Stiftungen auswirken. Umfassende Darstellungen des Stiftungssteuerrechts für gemeinnützige Stiftungen finden sich in Seifart und v. Campenhausen (2009: § 43) sowie in Strachwitz und Mercker (2005: Kapitel 5), eine Kurzfassung in Richter (2003).
21 Siehe beispielsweise Seifart und v. Campenhausen (2009: 286).
22 Vgl. Augsten und Schmidt (2003: 8) und Hüttemann (1998: 91)
23 Vgl. Ernst & Young et al. (2003) und Neuhoff (2005: 457ff). Der Bundesfinanzhof unterscheidet danach in seiner Rechtsprechung die folgenden vier Bereiche: (1) ideeller Bereich, (2) Vermögensverwaltung, (3) Zweckbetrieb und (4) wirtschaftlicher Geschäftsbetrieb.
24 Vgl. Hartmann (2005b).

ger An- und Verkauf von Wertpapieren oder die teilweise Fremdfinanzierung des Wertpapiergeschäfts in der Regel *nicht* die Steuerbefreiung. Die Vermögensverwaltung von Stiftungen wird daher durch das Steuerrecht nicht daran gehindert, ein professionell ausgerichtetes Portfolio-Management durchzuführen.

Einschränkungen in der Vermögensverwaltung ergeben sich hinsichtlich dynamischer Anpassungen des Portfolios. So darf eine Stiftung nur in eingeschränktem Maße Rücklagen bilden, ohne die Steuerbefreiung zu verlieren.[25] Besonders relevant ist hier die freie Rücklage nach § 58 Nr. 7a Hs. 1 AO. In diese Rücklage darf pro Jahr maximal ein Drittel des Überschusses aus Einnahmen abzüglich Kosten aus der Vermögensverwaltung eingestellt werden.[26] Dies betrifft somit alle Zuflüsse von Dividenden, Zinsen, Mieten und anderen Erträgen, die aus Kapitalanlagen resultieren. Die anderen zwei Drittel der Differenz aus Einnahmen und Kosten der Vermögensanlage müssen zeitnah zur Erfüllung des Stiftungszwecks ausgegeben werden.

Die freie Rücklage dient dazu, ganz allgemein die Leistungsfähigkeit der Stiftung zu erhalten und auch eingetretene Verluste aus der Kapitalanlage auszugleichen. Sie kann auch für den Ausgleich inflationsbedingter Wertminderung dienen. Diese Rücklage muss nicht aufgelöst werden und darf dauerhaft dem Vermögen hinzugefügt werden (vgl. Thiel, 1998: 7). Demselben Zweck, einen Ausgleich für eingetretene Verluste und Inflationsausgleich zu schaffen, dienen auch realisierte Gewinne aus der Vermögensverwaltung, da diese Gewinne steuerrechtlich nicht ausgeschüttet werden müssen und dem Vermögen hinzugefügt werden dürfen.[27]

Der Anwendungserlass zur AO führt zu einer zusätzlichen Einschränkung des intertemporalen Verlustausgleichs im Bereich der Vermögensverwaltung.[28] Dabei wird eine Vorschrift, die vorher nur für den wirtschaftlichen Geschäftsbetrieb galt, auch auf die Vermögensverwaltung ausgedehnt. Unschädlich für die Gemeinnützigkeit sind zum einen sogenannte Anlaufverluste, also Verluste die relativ kurz nach dem Kauf der Vermögensanlage entstehen und innerhalb von drei Jahren wieder ausgeglichen werden. Zum anderen dürfen Mittel, die dem ideellen Bereich zustehen, nur in dem Umfang zum Ausgleich eines Vermögensverlustes verwendet werden, wie in den vorangegangenen sechs Jahren Erträge an den ideellen Bereich gegeben wurden. Auch der Ausgleich eines Verlustes mit Mitteln des ideellen Bereichs innerhalb eines Jahres ist nicht steuerschädlich. Außerdem ist es der Stiftung möglich, ein Darlehen aufzunehmen, das den Ver-

---

25 Eine umfassende aktuelle Darstellung aller Rücklagen, die nach § 58 AO für Stiftungen zulässig sind, findet sich in F. Schröder (2007).
26 F. Schröder (2007: 7f).
27 Vgl. AEAO Tz. 28 von § 55 Abs. 1 Nr. 5 AO. Realisierte Gewinne aus Vermögensumschichtungen werden in einer Umschichtungsrücklage verbucht, vgl. Doppstadt (2005: 572).
28 Vgl. Augsten und Schmidt (2003), Hüttemann (2002) und Müller (2004), die Bezug nehmen auf AEAO Tz. 4 bis 9 von § 55 Abs. 1 Nr. 1 AO.

mögensverlust ausgleicht, sofern der Zins- und Tilgungsdienst aus der Vermögensverwaltung geleistet wird.[29]

Die Bedingungen, unter denen ein Verlustausgleich die Gemeinnützigkeit nicht gefährdet, können im Widerspruch zu den stiftungsrechtlichen Vorschriften in Bezug auf die Erhaltung des Stiftungsvermögens stehen. Wenn ein erheblicher Vermögensverlust eingetreten ist, dann kann beispielsweise nach den Stiftungsgesetzen von Bayern und Schleswig-Holstein ein Ausgleich des Verlustes durch die Verwendung laufender oder zukünftiger Erträge durch die Stiftungsaufsicht angeordnet werden, während das Steuerrecht nur eine eingeschränkte Thesaurierung zulässt.[30] Die steuerrechtlichen Vorschriften stellen in solchen Fällen zusätzliche Einschränkungen für die intertemporale Optimierung des Vermögens dar.

B.2 Betriebswirtschaftliche Beurteilung von nachhaltigen Kapitalanlagen aus der Sicht von Stiftungen

Wie sind nachhaltige Kapitalanlagen im Rahmen der Vermögensanlage von Stiftungen betriebswirtschaftlich zu beurteilen und, insbesondere, kommt nachhaltigen Kapitalanlagen eine besondere Bedeutung hinsichtlich der Erfüllung der Stiftungsziele zu, die diese positiv von konventionellen Anlageobjekten unterscheiden? Weitere Untersuchungen von Kapitel B.2.1 beziehen sich darauf, ob und unter welchen Bedingungen gemeinnützige Stiftungen in nachhaltige Kapitalanlagen investieren dürfen und auf welche Weise sie eine solche Anlageentscheidung im Rahmen des deutschen Stiftungs- und Steuerrechts umsetzen können. Bezüglich der Ausrichtung von Stiftungen auf die Förderung nachhaltigen Wirtschaftens und die Möglichkeiten, ein solches Ziel zu erreichen, wird danach unterschieden, ob die Stiftung schon gegründet ist oder ob sie sich in der Phase vor der Gründung befindet, in der im Rahmen der Festlegung der Satzung sowohl die Stiftungszwecke als auch die Anlagerichtlinien vom Stifter bestimmt werden können.

In B.2.2 steht die Frage im Mittelpunkt, ob und wie stark Stiftungen durch ihre Entscheidung für nachhaltige Kapitalanlagen das Verhalten von Unternehmen beeinflussen können. Dabei werden die Ergebnisse theoretischer Modelle beschrieben, die untersuchen, welchen Einfluss eine entsprechende Kapitalanlage über die Nachfrage nach Aktien und Unternehmensanleihen auf die Eigenkapital- und Fremdkapitalkosten der Unternehmen ausübt.

---

29 Weitere Details des Anwendungserlasses zur AO und deren Interpretation finden sich in Augsten und Schmidt (2003), Hüttemann (2002) und Müller (2004).
30 Siehe hierzu auch Hüttemann und Schön (2007: 69) sowie Rödel (2004: 758), der allerdings hierbei keine unbedingte Gefahr für die Gemeinnützigkeit der Stiftung sieht, da die Mittel für den Verlustausgleich nicht dem ideellen Bereich entnommen werden, sondern aus dem Bereich der Vermögensverwaltung stammen.

Kapitel B.2.3 widmet sich schließlich der Darstellung des Status-quo des Vermögens und der Anlagestruktur von deutschen Stiftungen sowie des Marktes für nachhaltige Kapitalanlagen.

B.2.1 Nachhaltige Kapitalanlagen im Ziel-Mittel-System von Stiftungen

Im Mittelpunkt der Analysen dieses Kapitels steht die Bedeutung nachhaltiger Kapitalanlagen für das *Vermögensmanagement* von gemeinnützigen Stiftungen. Darüber hinaus wird untersucht, ob und inwieweit nachhaltige Kapitalanlagen und die damit beabsichtigte Förderung von nachhaltigem Wirtschaften auch Bestandteil der satzungsmäßigen *Stiftungszwecke* sein können.

Die Anlage des Vermögens in nachhaltigen Kapitalanlagen ist für Stiftungen prinzipiell interessant, weil dadurch Synergieeffekte zwischen der Vermögensanlage und der Erfüllung des Stiftungszwecks entstehen und Konflikte zwischen der Mittelerwirtschaftung und der Mittelvergabepolitik vermieden werden können.

Nachhaltige Kapitalanlagen sind definiert als Anlageobjekte, deren Auswahl hauptsächlich nach ethischen, ökologischen und sozialen Kriterien erfolgt. Dies ist die gängige Definition, die sich in der Literatur und der Praxis durchgesetzt hat.[31] Es gibt zahlreiche weitere Bezeichnungen dieser Anlagekategorie, die weitgehend synonym verwendet werden, allerdings auch auf teilweise unterschiedliche Schwerpunkte bei den Auswahlkriterien hinweisen wie zum Beispiel ethische, sozialverträgliche, grüne oder ökologische Kapitalanlagen. In den Vereinigten Staaten findet sich üblicherweise die Bezeichnung „Socially Responsible Investments", abgekürzt SRI. Eng verwandt ist auch der Begriff der „Corporate Social Responsibility" (CSR) und der daran anknüpfenden Ratings, die auch zur Auswahl von „nachhaltig wirtschaftenden Unternehmen" für die Kapitalanlage und entsprechende Produkte wie zum Beispiel Nachhaltigkeitsfonds verwendet werden.[32]

Ein großer Teil der gemeinnützigen Stiftungen in Deutschland engagiert sich in den Bereichen Bildung, Soziales und Umwelt.[33] Dadurch scheint sich eine relativ große Nähe zwischen den Stiftungszielen und den Kriterien zu ergeben, die bei

---

31 Schäfer (2003) und Renneboog et al. (2008a: 1725) geben einen Überblick zur historischen Entwicklung dieser Anlagekategorie.
32 Vgl. Schäfer (2005). Nach Bassen et al. (2005) umfasst CSR als Kernbestandteil den Bereich des nachhaltigen Wirtschaftens und außerdem diejenigen Unternehmensaktivitäten, die sich unter „Corporate Citizenship" zusammenfassen lassen. Unter letzterem versteht man „die gesellschaftsbezogenen Aktivitäten eines Unternehmens und deren strategische Ausrichtung auf Unternehmensziele" (Bassen et al., 2005: 234). Enge Bezüge bestehen weiterhin zum Bereich der Corporate Governance (vgl. Bassen et al., 2005: 234f; Beltratti, 2005b, sowie Schäfer und Lindenmayer, 2005: 26).
33 Nach Schätzungen des Bundesverbandes Deutscher Stiftungen (2005) widmen sich mehr als 30% der Stiftungen sozialen Zwecken, knapp 15% dem Bereich Bildung und Erziehung, mehr als 10% Wissenschaft und Forschung sowie etwa 5% dem Umweltschutz. Siehe hierzu auch Anheier (2003), der eine Übersicht zum Stiftungswesen in Deutschland gibt.

der Auswahl ökologisch, sozial oder ethisch ausgerichteter Kapitalanlagen angewandt werden. Ein wesentlicher Vorteil einer Anlage des Stiftungsvermögens in nachhaltigen Kapitalanlagen könnte also darin bestehen, dass dadurch die Erreichung des Stiftungszieles unterstützt wird.

Dieser Vorteil könnte auf *zweifache* Weise eintreten. Zum einen kann die gezielte Auswahl von Anlageobjekten im Sinne der Stiftungsziele dazu führen, dass der Zielerreichungsgrad über die Vergabe der Stiftungsmittel hinaus noch weiter erhöht wird.[34] Beispiele hierfür sind die Anlage in Unternehmen, die alternative Energieerzeugung (Wasserkraft, Solarenergie etc.) betreiben, wenn es das Ziel der Stiftung ist, umweltfreundlichere Methoden der Energieerzeugung zu fördern oder die Vergabe eines zinsgünstigen Darlehens zum Aufbau eines Microfinance-Fonds (vgl. Grantcraft, 2006: 14), mit dessen Hilfe Kredite an kleine Firmen in Entwicklungsländern vergeben werden, wenn der Stiftungszweck darin besteht, die sozialen Bedingungen in Entwicklungsländern durch Beiträge für den Aufbau kleiner mittelständischer Unternehmer zu verbessern.

Zum anderen kann durch die Vermeidung bestimmter Anlageobjekte ein Konflikt zwischen den Stiftungszielen und der Vermögensanlage vermieden werden. Eine Stiftung, die sich beispielsweise für Völkerverständigung einsetzt, wird kaum Aktien eines Unternehmens kaufen wollen, das Waffen produziert; eine sozial engagierte Stiftung wäre sicherlich einem sehr ernsten Zielkonflikt ausgesetzt, wenn sie in ein Unternehmen investierte, das seine Produkte unter Einsatz von Kinderarbeit herstellt.

Diese zwei Arten von Beziehungen zwischen nachhaltigen Kapitalanlagen und Stiftungszielen – *Synergieeffekte* und *Vermeidung von Zielkonflikten* – korrespondieren mit der Vorgehensweise von Ratingagenturen, Banken und Fondsgesellschaften bei der Auswahl geeigneter Anlageobjekte. Bei diesem Auswahlprozess wird das vorhandene Anlageuniversum durch nichtfinanzielle Kriterien eingeschränkt, wobei sogenannte *positive* und *negative Filter* eingesetzt werden.

Der *negative* Filterprozess führt dazu, dass bestimmte Unternehmen, die zum Beispiel in der Produktion von unerwünschten Produkten engagiert sind, aus dem Anlageuniversum herausgenommen werden.[35] Ein *positives* Filterverfahren besteht hingegen darin, bestimmte Unternehmen, die sich durch erwünschte Charakteristika auszeichnen, in das Anlageuniversum aufzunehmen oder besonders hoch zu gewichten.[36]

---

34 In den Vereinigten Staaten werden diese Themen unter den Begriffen „Program Related Investing" und „Mission Related Investing" schon seit einigen Jahren diskutiert. Vgl. zum Beispiel Cooch et al. (2007), Emerson et al. (2004) und Grantcraft (2006) sowie die weiteren Ausführung weiter unten in B.2.1.

35 Übliche negative Filterkriterien sind Herstellung und/oder Vertrieb von Waffen, Alkohol, Tabak, Atomenergie, Pornografie oder Glücksspiel. Vgl. beispielsweise Renneboog et al. (2008a: 1728f).

36 Häufig verwendete Positivkriterien sind geringe Emissionen von Schadstoffen, geringer Ressourcenverbrauch, nichtdiskriminierende Einstellungspolitik bei der Personalrekrutierung, Gewährleistung guter Arbeitsplatzbedingungen, gesellschaftliches Engagement und Maßnahmen zur Korruptionskontrolle. Vgl. beispielsweise Renneboog et al. (2008a: 1728f).

Ein Fonds kann entweder nur einen Positiv- oder nur einen Negativfilter anwenden. In der Regel werden jedoch beide Filterverfahren kombiniert eingesetzt. Im Einzelnen kann die Vorgehensweise von Ratingagenturen und Fondsgesellschaften allerdings recht unterschiedlich sein, sodass es für eine Stiftung wichtig ist, die einzelnen Ratingkriterien sowie die Abläufe und Strukturen des Auswahlprozesses genau zu betrachten.[37]

Neben erwünschten Effekten auf die Beziehung zwischen den Zielen und der Vermögensanlage von Stiftungen könnten durch die Konzentration auf ökologisch, ethisch und sozial motivierte Kapitalanlagen möglicherweise auch unerwünschte Begleiterscheinungen auftreten. Ernst & Young et al. (2003) empfehlen explizit, keine Anlagen in nachhaltigen Kapitalanlagen durchzuführen, da dadurch anlage- und förderpolitische Ziele der Stiftung vermischt würden. Als Folge könnten Interessenkonflikte zu Problemen bei der Vermögensanlage führen. Außerdem würde das Anlageuniversum bei einer engen Definition von Nachhaltigkeit zu sehr eingeschränkt, „sodass keine ausgewogene Risikostreuung mehr möglich ist" (Ernst & Young et al., 2003: 58). Bei einer weiten Definition würde hingegen „der Ausschluss einzelner Aktien in einer stark arbeitsteiligen Wirtschaft sehr willkürlich" sein.

Das zentrale Argument von Ernst & Young et al. (2003) ist die mögliche Vermischung von anlage- und förderpolitischen Zielen. Wenn dieses Argument zutrifft, dann bedeutet es, dass eine Stiftung durch nachhaltige Kapitalanlagen weniger Mittel erwirtschaftet, als es ohne diese spezielle Auswahl der Anlageobjekte möglich wäre. Sie könnte als Folge auch weniger Mittel für ihre satzungsmäßigen Ziele ausgeben. Ein Zielkonflikt könnte dadurch auftreten, dass der Vermögensmanager einer Stiftung zu entscheiden hat, ob er eine vielleicht wenig rentable Anlage in einem besonders nachhaltig wirtschaftenden Unternehmen durchführen soll oder ob er durch eine konventionelle Anlage mit marktüblicher Rendite und damit einer relativ höheren Ausschüttung zu einer stärkeren Erreichung der Stiftungsziele beitragen kann. Dieser Zielkonflikt ist Folge einer unter Umständen verschlechterten Rendite-Risiko-Relation, die durch die Einschränkung des Anlageuniversums zustande kommen kann.

In der Tat führt die Auswahl nachhaltiger Kapitalanlagen zu einer Einschränkung des Anlageuniversums und dies könnte zu einer Verschlechterung der Rendite-Risiko-Relation des Stiftungsvermögens führen.[38] In diesem Falle wären nachhaltige Kapitalanlagen aus finanzwirtschaftlicher Sicht als ineffizient anzu-

---

37 Ausführliche Beschreibungen der Konzepte und Kriterien von Ratingagenturen, Banken und Fondsgesellschaften finden sich in Schäfer (2003), Schäfer et al. (2004), Schäfer und Lindenmayer (2004) sowie Schäfer et al. (2006).

38 Aus finanzwirtschaftlicher Sicht ist bei einem eingeschränkten Anlageuniversum davon auszugehen, dass die Rendite-Risiko-Relation höchstens genauso hoch ist wie im Falle eines vollständigen Anlageuniversums. Denn das Portfolio-Management kann bei vollständigem Anlageuniversum alle Anlagestrategien realisieren, die mit einer Teilmenge der Anlageobjekte durchführbar sind, während dies umgekehrt natürlich nicht möglich ist. Vgl. beispielsweise Schäfer und Schröder (2009b: 117ff).

sehen. Die Folge wäre eine bei gegebenem Risiko geringere durchschnittliche Rendite.

Für den weiteren Fortgang der Argumentation ist es wichtig zu unterscheiden, ob die Förderung nachhaltigen Wirtschaftens über den Stiftungszweck oder die Vermögensanlage angestrebt wird, da sich für beide Fälle ganz unterschiedliche Konsequenzen für das Stiftungsmanagement ergeben.

An dieser Stelle ist es darüber hinaus wichtig, eine Unterscheidung danach zu treffen, ob die Stiftung schon gegründet ist oder sich noch in der Phase vor der Gründung befindet. Im letzteren Fall werden mit der Erstellung der Satzung sowohl die Stiftungszwecke als auch die Anlagerichtlinien festgelegt. Dabei ist es wichtig, die Vorgaben bezüglich Stiftungszweck und Anlagemöglichkeiten aufeinander abzustimmen und beide auf die Förderung nachhaltigen Wirtschaftens auszurichten. Nach der Gründung der Stiftung ist der Entscheidungsspielraum des Stiftungsvorstands dagegen naturgemäß deutlich eingeschränkter, da dieser die in der Satzung definierten Ziele unter Vorgabe bestimmter Anlagevorschriften zu erreichen hat.

Ein Stifter ist bei der Auswahl der *Stiftungsziele* sowie der Vorgaben für die *Vermögensanlage* grundsätzlich frei.[39] Einschränkungen ergeben sich bei den Zielen dadurch, dass nicht alle Ziele den Status der Gemeinnützigkeit erfüllen können. In Bezug auf die Vermögensanlage muss außerdem sichergestellt sein, dass die Vorgaben des Stifters die Erfüllung des Stiftungszwecks nicht zu stark einschränken, das heißt, dass Stiftungszweck und Vermögensausstattung sowie die Vorgaben zur Vermögensbewirtschaftung zueinander passen müssen.[40]

Ein Stifter könnte die Unterstützung nachhaltig wirtschaftender Unternehmen als *Stiftungszweck* in die Satzung aufnehmen. Dieses Ziel kann beispielsweise gefördert werden durch die finanzielle Unterstützung von praxisnahen Forschungsprojekten, deren Erkenntnis bestehenden oder zukünftigen Unternehmen zugutekommen oder die Vergabe von Preisen an besonders nachhaltig wirtschaftende Unternehmen, die wiederum für die Außendarstellung dieser Unternehmen nützlich wären. Eine operativ tätige Stiftung könnte Projekte zur Erforschung von Themen aus dem Bereich der Nachhaltigkeit in eigener Regie durchführen und auf diese Weise den wissenschaftlichen Fortschritt auf diesem Gebiet voranbringen.

Ein wichtiges ökonomisches Ziel einer Anlage in Aktien oder Anleihen nachhaltig wirtschaftender Unternehmen, das eine Stiftung verfolgen könnte, besteht darin, die Eigen- oder Fremdkapitalkosten der entsprechenden Unternehmen zu vermindern, um ihnen damit einen wirtschaftlichen Vorteil zu verschaffen. Die systematische Anlage des Vermögens in nachhaltig wirtschaftende Unternehmen zur Senkung der Eigen- oder Fremdkapitalkosten dieser Unternehmen dürfte je-

---

39 Vgl. Carstensen (2005: 93f), Seifart und v. Campenhausen (2009: 167 und 178) sowie Wachter (2002).
40 Vgl. Seifart und v. Campenhausen (2009: 172ff).

doch kaum Chancen haben, als *gemeinnütziger Stiftungszweck* genehmigt zu werden. Denn die Stiftung würde in diesem Fall in direkte Konkurrenz zu Banken, Venture-Capital- und Private-Equity-Unternehmen sowie anderen Finanzdienstleistern treten. Die direkte Förderung von Existenzgründern oder ein Stiftungszweck, der sich auf die Wirtschaftsförderung konzentriert, werden darüber hinaus als gemeinnützige Aktivitäten von Stiftungen *nicht* anerkannt.[41]

Außerdem läuft eine Stiftung durch Erwerb einer größeren Unternehmensbeteiligung Gefahr, von der Steuerbehörde als wirtschaftlicher Geschäftsbetrieb eingestuft zu werden und den Gemeinnützigkeitsstatus zu verlieren.[42]

Des Weiteren könnte die Stiftung bei Konzentration auf Investitionen in nachhaltig wirtschaftende Unternehmen auch als sogenannte Selbstzweckstiftung beurteilt werden, da die Erträge immer wieder reinvestiert werden und die Stiftung damit nur noch der Vermögensmehrung dient. Eine Selbstzweckstiftung ist jedoch nicht genehmigungsfähig.[43]

Als Spezialfälle der direkten Förderung nachhaltig wirtschaftender Unternehmen scheinen damit nur drei Fälle möglich zu sein. Zum einen könnte eine Anstaltsstiftung, die beispielsweise ein Altenheim, ein Krankenhaus oder eine Hochschule betreibt, darauf achten, dass der Betrieb dieser Einrichtung nach Grundsätzen nachhaltigen Wirtschaftens durchgeführt wird. Zum anderen kann eine Kapitalstiftung, die einen Zweckbetrieb unterhält, bei diesem Betrieb eine nachhaltige Wirtschaftsweise einführen. In beiden Fällen wird es sich in der Regel um eine gemeinnützige Stiftung handeln.

Die dritte Möglichkeit bezieht sich auf sogenannte Unternehmensträgerstiftungen, bei denen die Erhaltung und Förderung eines Wirtschaftsunternehmens im Mittelpunkt steht.[44] Auch in diesem Fall kann das von der Stiftung betriebene Unternehmen nach den Grundsätzen nachhaltigen Wirtschaftens geführt werden. Da es sich dabei allerdings um einen wirtschaftlichen Betrieb handelt, wird die Stiftung nicht den Status der Gemeinnützigkeit erhalten.[45]

In allen drei Fällen könnten die jeweilige Institution, der Zweckbetrieb oder das Wirtschaftsunternehmen, Pilotcharakter für die Branche haben und bei Erfolg möglicherweise zahlreiche Nachahmer finden.

---

41 Vgl. Hartmann (2005a: 383f).
42 Nach Hüttemann (1999: 8f) ist dies immer der Fall, wenn sich die Stiftung an einer *Personengesellschaft* beteiligt. Bei einer Beteiligung an einer *Kapitalgesellschaft* erfolgt eine Einstufung als wirtschaftlicher Geschäftsbetrieb insbesondere dann, wenn die Stiftung einen entscheidenden Einfluss auf die laufende Geschäftsführung ausübt, der über die „normale Wahrnehmung von Eigentümerinteressen" hinausgeht (Seifart und v. Campenhausen, 2009: 290). Wenn sich die Stiftung an einem Venture-Capital- oder Private-Equity-Unternehmen beteiligt, darf sie keinen Einfluss auf die Geschäftsführung der Portfoliogesellschaften ausüben, die Ausübung von Aufsichtsratsfunktionen sei hingegen unproblematisch (vgl. Rodin et al., 2004).
43 Vgl. Seifart und v. Campenhausen (2009: 157 und 437).
44 Zur Unternehmensträgerstiftung siehe Seifart und v. Campenhausen (2009: 175) und Schlüter (2005: 315ff), zu den möglichen Arten von Unternehmensstiftungen siehe Seifart und v. Campenhausen (2009: § 12).
45 Vgl. Augsten und Schmidt (2003).

Zusammenfassend lässt sich somit feststellen, dass die *direkte* Förderung nachhaltig wirtschaftender Unternehmen nur in wenigen Ausnahmefällen der Hauptzweck einer gemeinnützigen Stiftung sein kann. Eine *indirekte* Förderung über die Finanzierung von Forschungsprojekten, die Vergabe von Preisen oder die Durchführung eigener Projekte (im Falle einer operativen Stiftung) dürften somit die wesentlichen Formen von Stiftungsaktivitäten in diesem Bereich sein.

Als Alternative oder ergänzend zu einer entsprechenden Formulierung des Stiftungszwecks könnte der Stifter für die *Vermögensanlage* vorschreiben, dass das Vermögen in nachhaltigen Kapitalanlagen, die nach bestimmten sozialen, ethischen oder ökologischen Kriterien ausgewählt werden, zu investieren ist. Der Stifter kann über eine solche Festlegung des Vermögensmanagements auf nachhaltige Kapitalanlagen die folgenden drei unterschiedlichen Zielsetzungen verfolgen:

– indirekte Einflussnahme auf das Unternehmensverhalten über die Beeinflussung der Eigen- und Fremdkapitalkosten,
– Einflussnahme auf das Unternehmen über die Ausübung von Stimmrechten,
– Vermeidung von Zielkonflikten zwischen Vermögensanlage und Stiftungszweck.

Die *erste* Zielsetzung besteht darin, dass die Stiftung versucht, über ihre Nachfrage für nachhaltige Kapitalanlagen die Kosten von Eigen- und Fremdkapitalfinanzierung von Unternehmen zu verändern und damit Einfluss nehmen will auf das Verhalten der Unternehmen hinsichtlich ethischer, sozialer und ökologischer Kriterien. Diese Fragestellung wird ausführlich in Kapitel B.2.2 anhand theoretischer Modelle diskutiert.

Die *zweite* Zielsetzung, das Verhalten von Unternehmungen durch die Ausübung der den Aktionären zustehenden Stimmrechte zu beeinflussen, ist für Stiftungen problemlos möglich, sofern es sich dabei um die normale Wahrnehmung von Eigentümerinteressen handelt und nicht zum Beispiel um einen direkten Einfluss auf die Geschäftsführung im Rahmen einer Mehrheitsbeteiligung.[46] Bezüglich der Managementansätze für nachhaltige Kapitalanlagen wird zwischen *aktiven* und *passiven* Konzepten unterschieden. Während die letzteren sich auf die zielgerichtete Auswahl der Anlageobjekte beschränken, umfassen aktive Konzepte die Ausübung der Stimmrechte, Managementdialoge (zum Beispiel im Rahmen der Hauptversammlung) und den *kontinuierlichen* kritischen Dialog mit der Geschäftsführung (auch Shareholder Advocacy genannt).[47] Eine weitere Steigerung der Einflussnahme stellt die Kooperation mit anderen Aktionären oder Aktionärsgruppen dar, die in Bezug auf die Stimmrechteausübung ähnliche Ziele und Interessen verfolgen.[48] Dies sind alles Aktivitäten, die grundsätzlich

---

46 Vgl. Seifart und v. Campenhausen (2009: 290). Siehe hierzu auch Fußnote 42.
47 Siehe Schäfer und Schröder (2009b: 112ff). Ausführliche Beschreibungen hierzu finden sich ebenfalls in Eurosif (2006) sowie in Eurosif und Bellagio Forum (2006: 32ff).
48 Vgl. Eurosif und Bellagio Forum (2006: 37ff).

auch gemeinnützigen Stiftungen offenstehen. Als besonders eindrückliches Beispiel lässt sich hier die schweizerische Stiftung *ethos* nennen, die in ihrer Charta explizit die Ausübung von Stimmrechten im Sinne von bestimmten Kriterien der Unternehmensnachhaltigkeit festlegt sowie den Dialog mit Führungsinstanzen der Unternehmen aktiv vorantreiben will.[49]

Die *dritte* Zielsetzung, Vermeidung von Zielkonflikten, wurde schon weiter oben diskutiert und ist relativ einfach über die Verwendung von negativen SRI-Filtern durchführbar. Hierzu bedarf es lediglich einer genauen Identifikation der potenziellen Konfliktfelder zwischen Vermögensanlage und Stiftungszweck und einer entsprechenden Strukturierung des Vermögensanlageprozesses, bei der konfliktträchtige Anlageobjekte systematisch vermieden werden. Ein Problem für die Stiftung könnte dann entstehen, wenn nachhaltige Kapitalanlagen eine geringere risikoadjustierte Rendite aufweisen als konventionelle Anlagen, da die Stiftung dann bei gegebenem Risiko eine geringere Rendite erwirtschaften würde oder aber zur Sicherstellungen einer vorgegebenen Rendite ein höheres Risiko eingehen müsste.

Ein Stifter könnte ganz bewusst eine solche Renditeminderung (bzw. Risikoerhöhung) durch nachhaltige Kapitalanlagen in Kauf nehmen, um damit die Vermögensanlagen stärker auf den Stiftungszweck hin auszurichten,[50] denn der Stifter ist grundsätzlich frei in der Ausgestaltung der Anlagerichtlinien.[51] Wichtig ist jedoch, dass die Vermögensausstattung und die Anlagerichtlinien gewährleisten, dass der Stiftungszweck dauerhaft erfüllt werden kann.[52]

Es ist allerdings nicht klar, ob sich ein Vermögensmanager auch *ohne* eine solche satzungsmäßige Festlegung für eine entsprechend geringere Rendite entscheiden darf. Das Stiftungsrecht fordert vom Vermögensmanager zwar nicht, eine maximale Rendite bei gegebenem Risiko anzustreben (vgl. Schindler, 2003: 297), es reicht vielmehr aus, wenn die gesetzlichen Vorgaben – Erhaltung des Vermögensbestandes und Durchführung einer sicheren und wirtschaftlichen Vermögensverwaltung – eingehalten werden. So stellt Schindler (2003: 298f) fest, dass ein Stiftungsvorstand rechtlich zwar für Vermögensverluste verantwortlich gemacht werden kann, jedoch nicht für entgangene Gewinne. Ein Vermögensmanager, der *bei gegebenem Risiko* jedoch auf Rendite bewusst verzichtet, bewegt sich stiftungsrechtlich zumindest in einer Grauzone.[53] Wachter (2002: 10) fordert daher, dass die Stiftungssatzung „klare und eindeutige Anlagerichtlinien" enthalten soll. Wenn dies bei einer bestehenden Satzung jedoch nicht

---

49 Siehe ethos (2007).
50 Dies ist beim sogenannten „Program Related Investing" der Fall, das weiter unter in diesem Kapitel diskutiert wird.
51 Siehe Carstensen (2005: 93f) und Schindler (2003: 300).
52 Vgl. Hüttemann und Schön (2007: 28 und 35).
53 Nach Dittrich (2009: 20) ist eine Vermögensanlage in nachhaltigen Kapitalanlagen, die *absehbar verlustbringend* sein wird, schädlich für die Gemeinnützigkeit der Stiftung.

der Fall ist, dann empfiehlt es sich, die Anlagestrategie mit der Stiftungsaufsicht abzustimmen, um Haftungsrisiken des Stiftungsmanagements zu vermindern.[54]

Von einem betriebswirtschaftlichen Standpunkt aus betrachtet ist eine Entscheidung für eine Renditeminderung in jedem Fall suboptimal, da eine geringere als die marktübliche Rendite zu einem verminderten Zielerreichungsgrad in Bezug auf das Stiftungsziel führt. Nur in dem Falle, dass die Investition in nachhaltige Kapitalanlagen den Stiftungszweck genauso oder sogar noch stärker fördert als die zielgerichtete Verwendung der Stiftungserträge, würde keine suboptimale Situation vorliegen. Allerdings ist es praktisch kaum zu beurteilen, ob und in welchem Umfang durch die Vermögensanlage eine höhere Zielerreichung bezüglich des Stiftungszwecks wirklich erreicht werden kann. Nur im Falle einer direkten Investition in ein relativ kleines Unternehmen, das sich beispielsweise durch eine besonders nachhaltige Wirtschaftsweise auszeichnet, könnte dieser Nachweis im Einzelfall gelingen, sicherlich aber nicht, wenn die Vermögensanlage mittels eines Investmentfonds durchgeführt wird.

Eine Zwitterstellung zwischen Vermögensanlage und Erfüllung des satzungsmäßigen Stiftungszwecks nehmen die Bereiche des sogenannten „Program Related Investing" (PRI) und „Mission Related Investing" (MRI) ein. Beide Gebiete sind eng miteinander verwandt und beziehen sich auf Kapitalanlagen von Stiftungen, die auf den Stiftungszweck hin ausgerichtet sind, wobei grundsätzlich alle Arten von Kapitalanlagen einbezogen werden.[55] Der zentrale Unterschied zwischen PRI und MRI liegt darin, dass für PRI keine marktüblichen Renditen angestrebt werden, während dies jedoch für MRI in der Regel der Fall ist (vgl. Grantcraft, 2006: 20). PRI und MRI sind sehr umfassend definiert und beinhalten als Teilmenge auch den gesamten Bereich der nachhaltigen Kapitalanlagen (Cooch et al., 2007: 3). Beide Konzepte werden insbesondere in den USA im Rahmen des Vermögensmanagements von Stiftungen diskutiert. Laut Foundation Center (2006: 7) beliefen sich die PRI-Anlagen von US-Stiftungen 2004 auf ca. 236,5 Mrd. US-Dollar und damit etwa auf 0,74% der gesamten Ausschüttungen. Sie spielen damit noch eine relativ kleine Rolle in der Ausschüttungspolitik der Stiftungen in den USA.

Aus der Perspektive deutscher gemeinnütziger Stiftungen gehören MRI-Anlagen, genauso wie alle anderen Kapitalanlagen, die eine marktübliche Rendite anstreben, in den Bereich der Vermögensverwaltung und unterliegen deren Restriktionen. Eine PRI-Anlage hingegen, bei der also bewusst auf einen größeren Teil der Marktrendite verzichtet wird, könnte, wenn sie dem Bereich Vermögensverwaltung zugerechnet würde, als Anlageform *unzulässig* sein. Denn der Stiftungsvorstand investiert in diesem Fall in eine Anlage, von der *absehbar* ist,

---

54 Siehe Rödel (2004: 759) und Dittrich (2009: 20).
55 Siehe Cooch et al. (2007: 2). Einen umfassenden Überblick zu Anlageprodukten, die für MRI-Anlagen geeignet sind und damit grundsätzlich eine Marktrendite anstreben, gibt Institute for Responsible Investment (2007).

dass sie nur eine unterdurchschnittliche Rendite (relativ zum Risiko) erwirtschaftet. Dies könnte im Widerspruch zum Gebot einer „sicheren und wirtschaftlichen" Vermögensverwaltung stehen, da die risikoadjustierte Rendite mit Absicht unterhalb der Effizienzlinie liegt. Eine solche Anlageentscheidung reduziert die laufenden Erträge und damit die für den Stiftungszweck einsetzbaren finanziellen Mittel und gefährdet darüber hinaus langfristig das Gebot der Erhaltung des Vermögensbestandes, da zumindest die Möglichkeit einer *realen* Kapitalerhaltung eingeschränkt wird. Sofern die PRI-Anlage die dauerhafte Erfüllung des Stiftungszwecks jedoch gewährleistet, weil sie zwar unterdurchschnittliche, aber positive Erträge liefert, könnte diese Anlageform vom Stifter durchaus in den Anlagerichtlinien als zulässige oder sogar zu bevorzugende Anlageform festgeschrieben werden.

Anders ist die Einschätzung von PRI-Anlagen, wenn diese dem Bereich der Erfüllung der satzungsmäßigen *Stiftungszwecke* (und nicht der Vermögensanlage) zuzuordnen sind. Ein Stifter könnte beispielsweise in der Satzung festschreiben, dass die Stiftung sich im Bereich Microfinance engagieren soll und zinslose Kredite entweder direkt vergibt oder Microfinance-Institutionen (MFI) Kapital zur Verfügung stellt, die diese an Kreditnehmer – zum Beispiel in Entwicklungsländern – weiterreicht.[56] In diesem Fall übernimmt die Stiftung zum Beispiel das Ausfallrisiko und verzichtet auf einen laufenden Ertrag. Sie erfüllt damit den in der Satzung festgeschriebenen Stiftungszweck und die dafür notwendigen laufenden Erträge werden durch den Bereich der Vermögensverwaltung generiert, der den üblichen Anforderungen an eine „sichere und wirtschaftliche" Vermögensanlage genügt und alle weiteren in B.1 aufgeführten stiftungs- und steuerrechtlichen Anforderungen erfüllt. Wie die Aktivitäten der F.B. Heron Foundation zeigen, muss sich ein Engagement im Bereich Microfinance nicht auf Entwicklungsländer beschränken. So hat diese US-Stiftung beispielsweise den Community Reinvestment Fund (CRF) mit zinsgünstigen Krediten unterstützt, sodass der CRF einen Zweitmarkt für spezielle Kredite für Gemeindeentwicklungsprogramme in Minnesota, USA, installieren konnte (siehe F.B. Heron Foundation, 2004: 4f).

PRI-Anlagen könnten somit auch für deutsche gemeinnützige Stiftungen Teil des satzungsmäßigen *Stiftungszwecks* sein. Zur eindeutigen Abgrenzung vom Bereich der Vermögensanlage sollte dies allerdings in der Satzung entsprechend festgelegt werden. Nachhaltige Kapitalanlagen mit marktüblichen (risikoadjustierten) Renditen, zu denen auch MRI-Anlagen zu zählen sind, gehören hingegen zum Bereich der Vermögensverwaltung.

---

56 Eine Einführung zu Microfinance und eine aktuelle Übersicht zu Marktstrukturen und Marktgröße bietet Dieckmann (2008). Informationen über innovative Finanzprodukte, die auf Microfinance-Krediten aufbauen wie zum Beispiel spezielle Anleihekonstruktionen, Verbriefungen, Kreditgarantien etc., finden sich in World Economic Forum (2006). Eine einführende Darstellung für Microfinance speziell in Bezug auf PRI von US-Stiftungen geben Lewis und Wexler (2007).

Wenn ein Stifter in der Vermögensverwaltung einen Schwerpunkt auf nachhaltige Kapitalanlagen legen möchte, dann kann er dies in den Anlagerichtlinien in der Satzung festlegen. Wenn die entsprechenden Vermögensanlagen eine marktübliche Rendite erwarten lassen, dann kann das Stiftungsmanagement auch *ohne* eine solche Festlegung nachhaltige Kapitalanlagen auswählen, sofern die stiftungs- und steuerrechtlichen Rahmenbedingungen eingehalten werden.

Dies dürfte der Regelfall sein, denn die meisten bisherigen internationalen Untersuchungen zur Performance nachhaltiger Kapitalanlagen zeigen, dass eine Renditeminderung durch die Investition in nachhaltige Kapitalanlagen im Durchschnitt nicht zu befürchten ist. Nachhaltige Kapitalanlagen weisen üblicherweise die gleiche risikoadjustierte Performance auf wie vergleichbare konventionelle Finanzanlagen, teilweise werden für spezielle Vorgehensweisen bei der Konstruktion von SRI-Portfolios sogar höhere risikoadjustierte Renditen nachgewiesen: Derwall et al. (2005) sowie Kempf und Osthoff (2007) finden auf Basis von SRI-Ratings von Innovest bzw. KLD für die USA eine signifikante Outperformance von Portfolios, die systematisch Aktien mit positivem SRI-Rating übergewichten und solche mit negativem Rating untergewichten. Auch die in Kapitel E.2.1 dargestellten Ergebnisse auf Basis eigener Analysen mit den Ratings der Bank Sarasin kommen zu ähnlichen Resultaten. Zu einem Überblick über internationale Studien zur Performance nachhaltiger Kapitalanlagen siehe Schäfer und Stederoth (2002), Schröder (2004 und 2007) und Renneboog et al. (2008a). Eine ausführliche Darstellung der aktuellen Literatur sowie eigener Untersuchungen findet sich in Kapitel E.2.1. Aus den Performancevergleichen lässt sich der Schluss ziehen, dass eine Stiftung durch die Anlage in gut diversifizierte SRI-Fonds das Gebot der „sicheren und wirtschaftlichen Vermögensverwaltung" erfüllen und den Vermögensbestand dauerhaft erhalten kann.

Ein Stifter, der für die Vermögensanlage Investitionen in nachhaltigen Kapitalanlagen vorschreibt, wird daher normalerweise *nicht* mit einer Renditeminderung oder einer Verschlechterung der Rendite-Risiko-Relation rechnen müssen. Sowohl von einem stiftungsrechtlichen als auch einem betriebswirtschaftlichen Standpunkt spricht daher nichts grundsätzlich gegen eine Konzentration des Stiftungsvermögens auf nachhaltige Kapitalanlagen. Dies dürfte sogar dann zutreffen, wenn die Stiftungssatzung eine Investition in nachhaltigen Kapitalanlagen nicht explizit vorsieht.

Ein weiteres Argument gegen nachhaltige Kapitalanlagen (siehe beispielsweise Ernst & Young et al., 2003: 58) besagt schließlich, dass nachhaltige Kapitalanlagen möglicherweise nicht das leisten, was sie versprechen, und tatsächlich keine Auswahl besonders nachhaltig wirtschaftender Unternehmen enthalten, sondern relativ willkürlich bestimmte Unternehmen aus dem Anlageuniversum ausschließen. Das Etikett der „Nachhaltigkeit" würde in diesem Fall nur dazu dienen, eine scheinbar neue Anlagekategorie zu schaffen, ohne aber die dazugehörenden Inhalte zu liefern. Dieser Einwand betrifft die Konzeption und Vorgehensweise bei der Bewertung der Anlageobjekte und ist in dieser pauschalen Form nicht haltbar. Schäfer et al. (2004, 2006) sowie Schäfer und Lindenmayer (2004) beschreiben detailliert die sehr differenzierten Methoden der Rating-Systeme zur Messung von Corporate Social Responsibility. Kempf und Osthoff (2008) zeigen, dass amerikanische SRI-Investmentfonds verglichen mit konventionellen Fonds signifikant mehr in solche Aktien investieren, die ein höheres SRI-Rating aufweisen und Aktien mit relativ niedrigem Rating untergewichten. SRI-Fonds scheinen daher ihre Zielsetzung ernst zu nehmen und SRI-Ratings systematisch in ihrem Anlageentscheidungsprozess und bei der Strukturierung der Fonds umzusetzen.

Eine größere Stiftung hat darüber hinaus die Möglichkeit, den Auswahlprozess selbst zu steuern, indem sie die anzuwendenden Nachhaltigkeitskriterien definiert und mit Hilfe negativer und positiver Filterprozesse anwendet. Dadurch kann die Stiftung gewährleisten, dass die für sie wichtigen Nachhaltigkeitskriterien umgesetzt werden. Das Vermögensmanagement kann sich auch der Informationen von SRI-Ratingagenturen bedienen, die entsprechende Nachhaltigkeitsratings erstellen.[57] Die Deutsche Bundesstiftung Umwelt (DBU) beispielsweise, eine der größten Stiftungen privaten Rechts in Deutschland,[58] hat in ihren internen Anlagerichtlinien festgelegt, dass 80% aller Aktien und Unternehmensanleihen, die im Portfolio enthalten sind, in mindestens einem von vier ausgewählten Nachhaltigkeits-Aktienindizes gelistet sein sollen.[59]

Auf diese Weise können Stiftungen die Struktur ihres in nachhaltigen Kapitalanlagen investierten Vermögens nach den von ihnen ausgewählten SRI-Kriterien festlegen, mit dem Ziel, dass die spezifischen Ausprägungen in Bezug auf Nachhaltigkeit möglichst weitgehend mit dem Stiftungszweck übereinstimmen.

B.2.2 Indirekter Einfluss auf das Unternehmensverhalten

Wie im vorangegangenen Kapitel B.2.1 erörtert, könnten Stiftungen mit ihrem Engagement für nachhaltige Kapitalanlagen das Ziel verfolgen, Einfluss auf das Unternehmensverhalten zu nehmen. Die Stiftung kann dieses Ziel beispielsweise durch eine direkte Beteiligung an einem Unternehmen erreichen, wobei – wie in B.2.1 diskutiert – sich die Frage stellt, ob eine solche direkte Beteiligung von der Steuerbehörde als unternehmerische Tätigkeit interpretiert wird mit der Konsequenz, dass diese Aktivitäten nicht mehr als gemeinnützig anerkannt werden. Unproblematisch ist in dieser Hinsicht die Einflussnahme über die Ausübung der Stimmrechte, die der Stiftung als Aktionär zustehen, sofern es sich um eine Min-

---

[57] Schäfer et al. (2006) geben einen umfassenden internationalen Überblick zu den Anbietern von Nachhaltigkeitsratings und den von ihnen angewandten Methoden.
[58] Nach Bundesverband Deutscher Stiftungen (2008b) war die DBU 2006 mit ca. 1,73 Mrd. Euro Vermögen und Gesamtausgaben in Höhe von ungefähr 50,2 Mio. Euro die sechstgrößte Stiftung privaten Rechts in Deutschland.
[59] Siehe Dittrich (2009: 24). Bei den vier Nachhaltigkeitsindizes handelt es sich um den Dow Jones Sustainability Index (DJSI) für das Eurogebiet, den FTSE4Good-Index Europe, den Ethibel Sustainability Index sowie den ASPI-Index.

derheitsbeteiligung handelt, bei der der Einwand einer erheblichen Einflussnahme auf die Geschäftsführung nicht zutrifft.[60]

Eine Stiftung könnte aber auch das Ziel verfolgen, einen *indirekten* Einfluss auszuüben, indem sie dazu beiträgt, dass sich die Eigenkapital- und Fremdkapitalkosten besonders nachhaltig wirtschaftender Unternehmen vermindern. Außer einer direkten Beteiligung besteht hier die Möglichkeit, über eine Anlage des Vermögens in Aktien, Unternehmensanleihen, Investmentfonds oder Indexprodukten die Eigen- und Fremdkapitalkosten nachhaltig wirtschaftender Unternehmen günstig zu beeinflussen.

Dabei stellt sich die Frage, ob und inwieweit diese Entscheidung für nachhaltige Kapitalanlagen überhaupt eine Wirkung auf die Unternehmen ausüben kann. Die meisten Studien zum Performancevergleich zwischen nachhaltigen und konventionellen Kapitalanlagen kommen zu dem Ergebnis, dass bezüglich der risikoajustierten Rendite kein signifikanter Unterschied erkennbar ist.[61] Dies deutet darauf hin, dass zumindest bislang durch die Anlage in nachhaltigen Kapitalanlagen kein nennenswerter Einfluss auf die Finanzierungsbedingungen der Unternehmen stattgefunden haben dürfte.

Einen anderen Zugang zu dieser Fragestellung bieten einige in den letzten Jahren erschienene Studien, die sich auf theoretischer Ebene damit befassen, welche Veränderungen Kapitalanleger mit einer starken Präferenz für nachhaltige Finanzanlagen auf die Kurse von Aktien und damit die Eigenkapitalkosten ausüben können und wie Unternehmen auf diese geänderten Finanzierungsbedingungen durch eine Änderung ihrer Strategie reagieren.

Im Folgenden werden die wesentlichen Ergebnisse dieser Veröffentlichungen dargestellt und Schlussfolgerungen für den potenziellen Einfluss von Stiftungen gezogen.

Heinkel et al. (2001), Barnea et al. (2005) und, darauf aufbauend, von Arx (2007) sowie Mackey et al. (2007) leiten auf der Basis statischer Gleichgewichtsmodelle ab, wie Investoren, die eine Präferenz für nachhaltiges Wirtschaften haben, die Gleichgewichtskurse für Eigenkapital und den relativen Marktanteil von nachhaltig wirtschaftenden Unternehmen beeinflussen. Vergleichbare Modelle im Rahmen dynamischer Gleichgewichtsansätze wurden von Beltratti (2003, 2005a) entwickelt, der zusätzlich zu Aktien auch Unternehmenskredite berücksichtigt.

Heinkel et al. (2001) und von Arx (2007) unterscheiden zwei Arten von Unternehmen, solche mit hohem bzw. niedrigem Schadstoffausstoß, und zwei Arten von Investoren, solche mit einer besonderen Präferenz für schadstoffarm produzierende Unternehmen und neutral eingestellte Investoren. Die wesentliche Modellerweiterung, die von Arx (2007) vornimmt, besteht darin, dass die Aktien

---

60 Siehe hierzu die Ausführungen im vorangegangenen Kapitel B.2.1.
61 In Kapitel E.2.1 wird diese Thematik mittels einer Übersicht zu den wichtigsten Ergebnissen der Literatur sowie weiterführende eigenen Analysen ausführlich behandelt.

von Unternehmen mit geringem Schadstoffausstoß nicht nur einen anderen erwarteten Ertrag, sondern auch ein verändertes erwartetes Risiko aufweisen. Diese Veränderung der Risiko-Ertrags-Relation ergibt sich in seinem Modell durch den Wechsel in der Schadstoffintensität der verwendeten Produktionstechnologie. Die Veränderung der Risiko-Ertrags-Relation führt dazu, dass sich für die Investoren auf der Portfolioebene ein Einfluss auf das Diversifikationspotenzial ergeben kann, der einen zusätzlichen Anreiz für die Investition in Unternehmen mit hohen oder geringen Schadstoffemissionen darstellt.

Die Studien von Heinkel et al. (2001) und von Arx (2007) sowie auch die auf Heinkel et al. direkt aufbauende Analyse von Barnea et al. (2005) sind ohne Weiteres direkt auf CSR anwendbar, auch wenn sich die Studien terminologisch auf die Höhe der Schadstoffemissionen der Produktionstechnologien beziehen. Dies ist jedoch nur als ein besonderes Beispiel, nicht als eine inhaltliche Abgrenzung zu verstehen. Von Arx (2007) verwendet sogar die Begriffe „Technologien mit geringen Schadstoffemissionen" und „SRI" durchgehend völlig parallel. Daher soll im Folgenden für die Darstellung dieser Studien auch der Bezug zu CSR bzw. Nachhaltigkeit explizit verwendet werden.

In beiden Studien, Heinkel et al. (2001) und von Arx (2007), wird über die Bedingungen für das Marktgleichgewicht abgeleitet, wie sich die Aktienkurse, die Produktionskosten (mit oder ohne besondere Technologie zur Verminderung der Schadstoffemissionen) sowie der relative Anteil der Firmen mit schadstoffarmer Produktion in Abhängigkeit von bestimmten Modellparametern verändern. Die wichtigsten dieser Modellparameter sind die Höhe der Standardabweichung der Aktien der zwei Unternehmenstypen, die Kovarianz zwischen den zwei Arten von Aktien sowie die Höhe der Kosten für die „saubere" Produktionstechnologie relativ zu der Standardtechnologie.

Ein hoher Anteil von Investoren, die in die schadstoffärmer produzierenden Unternehmen (bzw. in die an CSR ausgerichteten Unternehmen) investieren, bewirkt, dass die Eigenkapitalkosten der anderen Unternehmen deutlich ansteigen und sie damit dazu veranlassen, auf eine schadstoffärmere Produktionstechnologie umzustellen. Der Anteil dieser Investoren muss im Rahmen des umfassenderen Modells (von Arx, 2007) unter realistischen Annahmen für die Parameter jedoch mindestens 40% betragen, um Unternehmen dazu zu bewegen, schadstoffärmer zu produzieren.[62] Das Ergebnis hängt jedoch sehr stark davon ab, wie hoch die Umstellungskosten für die schadstoffärmere Technologie bzw. die Ausrichtung auf CSR angenommen werden. Im Falle relativ geringer Umstellungskosten für die Unternehmen reicht schon ein sehr kleiner Anteil an Investoren aus, um die Anzahl der Unternehmen, die auf CSR ausgerichtet sind, deutlich zu erhöhen.

Der Effekt auf die Eigenkapitalkosten von Unternehmen mit hohem Engagement in CSR hängt davon ab, wie sich die Risiko-Ertrags-Relation von derjeni-

---

62 Bei Heinkel et al. (2001) beträgt dieser Mindestanteil an Investoren ca. 25%.

gen der anderen Unternehmen unterscheidet. Wenn im Extremfall die Aktien beider Unternehmensgruppen das gleiche Risiko aufweisen und die Korrelation gleich eins ist, dann werden die neutralen Investoren Unternehmen mit CSR-Engagement nicht nachfragen, da deren erwarteter Ertrag höchstens gleich hoch oder niedriger ist als derjenige der anderen Gruppe von Unternehmen.

Das Interesse der neutralen Investoren hängt im Modell entscheidend davon ab, dass die Korrelation zwischen den Aktien beider Arten von Unternehmen relativ niedrig ist, sodass ein hoher Diversifikationseffekt eintritt. Nur dann werden die neutralen Investoren bereit sein, den geringeren erwarteten Ertrag zu akzeptieren, da sie in diesem Fall durch eine Anlage in Unternehmen mit CSR-Engagement ihr Portfoliorisiko günstig beeinflussen können. Eine zentrale Schlussfolgerung, die von Arx zieht, ist daher, dass das Marktergebnis dann zu einem höheren Anteil von CSR-aktiven Unternehmen führt, wenn nachhaltige Kapitalanlagen einen eigenen Investmentstil darstellen. Eine Vorbedingung dafür sieht er darin, dass Nachhaltigkeit bzw. CSR möglichst klar und von den Ratingagenturen möglichst einheitlich definiert und gemessen werden.

Barnea et al. (2005) verwenden das Modell, das in Heinkel et al. (2001) entwickelt wurde, und untersuchen damit die Auswirkungen des Investorenverhaltens auf die Höhe der Unternehmensinvestitionen. Die Autoren kommen, nicht überraschend, zu ganz ähnlichen Resultaten und zeigen, dass „grüne" Investoren in Abhängigkeit von den Umstellungskosten die Investitionen von Unternehmen, die auf CSR ausgerichtet sind, erhöhen und diejenigen der anderen Unternehmen reduzieren. Bei relativ hohen Umstellungskosten kann ein negativer Effekt auf die insgesamt in der Wirtschaft durchgeführten Investitionen bewirkt werden.

Beltratti (2003, 2005a) kommt mit einem dynamischen Zwei-Perioden-Modell ebenfalls zu dem Ergebnis, dass der Anteil von Investoren, die an einem bestimmten Verhalten von Unternehmen interessiert sind, unter realistischen Annahmen relativ hoch sein muss, um eine Verhaltensänderung bezüglich CSR bei den Unternehmen zu bewirken. Da Beltratti zusätzlich zu Eigenkapital, repräsentiert durch den Aktienmarkt, auch Fremdkapital (Unternehmenskredite, Unternehmensanleihen) berücksichtigt, bestehen über die Veränderung des Kreditvergabeverhaltens von Banken sowie die Nachfrage nach Unternehmensanleihen weitere Einflusskanäle, über welche die Kapitalbeschaffungskosten und damit indirekt auch das CSR-Engagement von Unternehmen potenziell beeinflusst werden können. Die Ergebnisse zeigen, dass die Effekte auf das Unternehmensverhalten deutlich schwächer ausfallen, wenn sich die Nachfrage nach CSR lediglich über den Aktienmarkt bemerkbar macht, nicht jedoch auch das Fremdkapital einbezieht. In diesem Fall substituieren die betroffenen Unternehmen verstärkt Eigenkapital durch Fremdkapital, sodass sich die Kosten der Kapitalbeschaffung von nicht an CSR ausgerichteten Unternehmen nur vergleichsweise schwach erhöhen.

Die in diesem Kapitel beschriebenen Studien kommen zu zwei wesentlichen Ergebnissen, die für Stiftungen und ihr Engagement für nachhaltige Kapitalanlagen von Bedeutung sind. Zum einen zeigen die Untersuchungen, dass eine Einflussnahme auf das Verhalten von Unternehmen über die Veränderung der Eigen- und Fremdkapitalkosten prinzipiell möglich ist. Investoren, die ein großes Interesse an Corporate Social Responsibility und damit nachhaltigem Wirtschaften von Unternehmen haben, können durch ihre Investitionsentscheidungen die Kapitalbeschaffungskosten der Unternehmen verändern und damit auch deren Verhalten in Richtung auf mehr Engagement in CSR beeinflussen.[63]

Für einen signifikanten Einfluss auf das Unternehmensverhalten ist es allerdings nötig, dass sich ein relativ großer Anteil der Investoren für das Ziel der Corporate Social Responsibility stark macht. Je höher dieser Anteil ist, desto bedeutsamer ist die Veränderung der Kapitalbeschaffungskosten und damit der Anreiz der Unternehmen, CSR als Teil ihrer Unternehmensstrategie aktiv zu berücksichtigen. Der Anteil der Investoren, die sich für dieses Ziel engagieren, wird vermutlich umso höher sein, je besser es gelingt, CSR klar und einheitlich zu definieren und zu messen. Dies dürfte auch dazu führen, dass die Unterschiede der Risiko-Ertrags-Relation zwischen den Aktien der besonders an Nachhaltigkeit ausgerichteten Unternehmen und denjenigen der anderen Unternehmen durch das Nachfrageverhalten der Investoren ausgeprägter wird. Wie Beltratti (2005a) zeigt, sollten die Investoren allerdings nicht nur über den Aktienmarkt Einfluss ausüben, sondern auch versuchen, die Fremdkapitalkosten von nicht auf CSR ausgerichteten Unternehmen zu erhöhen. Sonst könnten Substitutionseffekte auftreten, indem die Unternehmen das relativ teurere Eigenkapital durch Fremdkapital teilweise ersetzen. Diese Einflussnahme ist entweder direkt über den Markt für Unternehmensanleihen möglich oder über eine Einflussnahme auf die Banken, welche die Unternehmenskredite vergeben. Beltratti (2005a: 3072) empfiehlt den Befürwortern von SRI hierbei, die Nachfrage nach den Aktien von Banken danach auszurichten, inwieweit sich die Banken in ihrem Kreditvergabeverhalten an Nachhaltigkeitskriterien orientieren. Dadurch könnte ein indirekter Einfluss auf die Fremdkapitalkosten von Unternehmen ausgeübt werden.

B.2.3 Nachhaltige Kapitalanlagen und Stiftungen: Status-quo des Marktes und der Struktur der Stiftungsvermögen

Im vorangegangenen Kapitel B.2.2 spielt das Nachfragepotenzial von Stiftungen bezüglich nachhaltiger Kapitalanlagen eine wichtige Rolle zur Abschätzung, ob Stiftungen durch ihre Anlageentscheidung Einfluss auf das Verhalten von Unternehmen ausüben können. Hierzu ist es notwendig, die Höhe der Kapitalanlagen von gemeinnützigen Stiftungen sowie den Anteil, der in nachhaltige Kapitalanlagen investiert ist, zu betrachten.

Zur Höhe und Struktur des Vermögens von deutschen Stiftungen existieren weder amtliche Statistiken, noch werden diese Zahlen von Verbänden regelmäßig erhoben. Daher stellen vereinzelt durchgeführte Umfragen eine zentrale Daten-

---

[63] Zu diesem Resultat kommen auch Mackey et al. (2007).

quelle dar. Da wichtige Charakteristika dieser Umfragen, wie etwa der Teilnehmerkreis, der Befragungszeitraum und nicht zuletzt die gestellten Fragen, voneinander abweichen, ist die Vergleichbarkeit naturgemäß begrenzt. Trotzdem liefern die daraus gewonnenen Daten wichtige Informationen über Vermögenshöhe und Vermögensstruktur der Stiftungen.

Nach den neuesten Zahlen des Bundesverbandes Deutscher Stiftungen[64] verfügten die größten 15 Stiftungen privaten Rechts[65] Ende 2006 über ein Gesamtvermögen von ca. 25 Mrd. Euro. Heissmann (2005: 8) schätzt auf Basis einer eigenen Umfrage, dass die privaten Stiftungen in Deutschland 2005 ein Gesamtvermögen von etwa 60 Mrd. Euro aufwiesen.[66] Dies entspricht etwa 2,2% des Nettogeldvermögens der privaten Haushalte[67] und 53,6% des Nettogeldvermögens der privaten Organisationen ohne Erwerbszweck (Bundesbank, 2007: 26). Insgesamt stellen Kapitalstiftungen damit eine eher weniger bedeutende Gruppe institutioneller Investoren dar, auch wenn sie im Bereich der privaten Organisationen ohne Erwerbszweck eine dominierende Rolle in Bezug auf das Vermögen einnehmen.

Bezüglich der *generellen Aufteilung des Stiftungsvermögens* auf unterschiedliche Anlageklassen gibt es nur sehr begrenzt Informationen auf Basis weniger Umfragen. Laut Heissmann (2005: 13) hatten die in der Heissmann-Stiftungsstudie erfassten deutschen Stiftungen 2005 durchschnittlich 15% im Geldmarkt investiert, 42% in Anleihen, 10% in Aktien und 22% in Immobilien; die restlichen 11% teilen sich auf in strukturierte Produkte (2%), Private Equity (1%) und sonstige Anlagen. Hierbei handelt es sich um den ungewichteten Durchschnitt pro Stiftung.

An der Umfrage nahmen bei einer Rücklaufquote von 18% etwa 300 Stiftungen teil, die zusammen ein Vermögen von 12,3 Mrd. Euro und damit etwa ein Fünftel des geschätzten Gesamtvermögens der Stiftungen repräsentieren.

Es zeigt sich, dass große Stiftungen deutlich höhere Anteile in Anleihen und Aktien halten als kleine Stiftungen. Bei großen Stiftungen ist entsprechend die Investitionsquote im Geldmarkt und in Immobilien geringer. Dies ergibt sich aus dem Vergleich der obigen Anteile mit denjenigen, die sich ergeben, wenn die Anteile der Anlageklassen mit dem Stiftungskapital gewichtet werden: Geldmarkt (4%), Anleihen (58%), Aktien (16%), Immobilien (12%), restliche Anlagen (10%). Während die im vorangegangenen Absatz aufgeführten Anteile den

---

64 Bundesverband Deutscher Stiftungen (2008b).
65 Die größten fünf privaten Stiftungen waren Ende 2006: Robert Bosch Stiftung, Dietmar-Hopp-Stiftung, Landesstiftung Baden-Württemberg, Else Kröner-Fresenius-Stiftung sowie Volkswagenstiftung (siehe Bundesverband Deutscher Stiftungen, 2008b).
66 Bei dieser Abschätzung des Vermögens sind Trägerstiftungen wie zum Beispiel die Anstalt Bethel oder die Stiftung Liebenau nicht berücksichtigt, da deren Vermögen zum größten Teil in den jeweiligen Zweckbetrieben investiert ist und nicht für Kapitalanlagen zur Verfügung steht. Ebenso bleiben öffentliche Stiftungen unberücksichtigt, für die keine Daten zur Höhe des Vermögens offengelegt werden.
67 Inklusive der privaten Organisationen ohne Erwerbszweck.

(ungewichteten) Durchschnitt pro Stiftung angeben, beziehen sich die gewichteten Quoten auf den Durchschnitt des in der Heissmann (2005) Umfrage *repräsentierten Stiftungskapitals*. Insgesamt zeigt sich aus den Ergebnissen dieser Umfrage, dass Anleihen die dominierende Anlageklasse von Kapitalstiftungen darstellen, gefolgt von Immobilien, Aktien und Geldmarktanlagen.[68]

Nachhaltige Kapitalanlagen spielen derzeit bei deutschen Stiftungen noch keine besonders bedeutsame Rolle. Schäfer et al. (2002) finden in einer Umfrage unter 367 deutschen Stiftungen, die im Mai 2001 durchgeführt wurde, dass etwas mehr als 20% der Befragten ökologische, soziale oder ethische Kriterien bei der Investitionsentscheidung berücksichtigen. Bei kirchlich orientierten Stiftungen betrug dieser Anteil immerhin mehr als das Doppelte.[69]

Heissmann (2004: 14) berichtet, dass in der 2004 unter deutschen Stiftungen durchgeführten Umfrage etwa 20% der Befragten Angaben zu nachhaltigen Kapitalanlagen gemacht haben, wobei sich bei ihnen der Anteil dieser Anlagekategorie am Gesamtvermögen auf weniger als 10% beläuft. In dieser Studie wurden die Antworten von etwas mehr als 200 Stiftungen ausgewertet, die zusammen ca. ein Drittel des Stiftungsvermögens in Deutschland repräsentieren, die Rücklaufquote betrug 10%.

Aus der schon weiter oben zitierten Folgestudie Heissmann (2005) ergibt sich sogar, dass nur etwa 4% der Stiftungen nachhaltige Kapitalanlagen in ihrem Vermögensbestand halten.[70] Die überwiegende Mehrheit von 86% der Stiftungen gab an, bezüglich ethischer Anlagen noch unentschlossen zu sein (Heissmann, 2005: 14). Eine wichtige Ursache könnte der nach eigener Einschätzung schlechte Kenntnisstand bezüglich dieser Anlagekategorie sein.

Eine vom Bundesverband Deutscher Stiftungen im Februar 2008 durchgeführte Erhebung kommt zu dem Ergebnis, dass etwa 11% der Stiftungen bereits in nachhaltige Kapitalanlagen investiert haben und entsprechende Vermögenswerte in ihrem Portfolio halten. Bei dieser Befragung, die sich generell auf die Beziehungen von Stiftungen zu Banken bezieht, nahmen ca. 800 Stiftungen teil, was einer Rücklaufquote von 6,4% entspricht. Das in der Umfrage erfasste Stiftungskapital beträgt nach Einschätzung des Bundesverbandes Deutscher Stiftungen etwa 4,4 Mrd. Euro und ist damit deutlich geringer als bei den zwei Umfragen von Heissmann.

Trotz der im Vergleich der Ergebnisse der zitierten Studien zum Ausdruck kommenden hohen Schätzunsicherheit bezüglich des Vermögens deutscher Stif-

---

68 Die Anlagepolitik von *US-Stiftungen* unterscheidet sich sehr deutlich von der deutscher Stiftungen. Nach Greenwich (2006: 4) betrug die Aktienquote von US-Stiftungen 2005 etwa 53,5%, wobei zwei Drittel davon in US-Aktien angelegt wurden und 1/3 weltweit; in Anleihen wurden 19,6% des Stiftungskapitals investiert, in Hedgefonds 12,3% und in Private Equity 8,9%; die Immobilienquote betrug hingegen lediglich 3,9% und Sonstiges 1,8%.
69 Siehe hierzu auch Schäfer (2004).
70 Siehe Heissmann (2005: 17).

tungen und des Anteils nachhaltiger Kapitalanlagen zeigt sich doch, dass ethische, sozial und ökologisch ausgerichtete Vermögensanlagen noch eine relativ geringe Rolle spielen: die Schätzwerte liegen zwischen 4% (Heissmann, 2005) und 20% (Schäfer et al., 2002), die beiden anderen zitierten Studien (Heissmann, 2004) sowie Bundesverband Deutscher Stiftungen, 2008a) liegen mit ihrer Schätzung von ca. 10% genau in der Mitte. Bei einem geschätzten Gesamtvermögen der Stiftungen von 60 Mrd. Euro dürften nachhaltige Kapitalanlagen in den Stiftungsportfolios somit zwischen 2,4 Mrd. bis 12 Mrd. Euro betragen.

Eine weitere Eingrenzung der Bedeutung von Stiftungen als Anleger in nachhaltigen Kapitalanlagen ergibt sich durch die Daten des European Social Investment Forums (Eurosif). In Eurosif (2008) wird – unter anderem – eine Charakterisierung des deutschen Marktes hinsichtlich der wichtigsten *Investorengruppen* vorgenommen. Danach betrug das Marktvolumen (Assets under Management) für nachhaltige Kapitalanlagen in Deutschland Ende 2007 etwa 11,1 Mrd. Euro. Davon wurden laut Eurosif (2008: 31) 63%, also ca. 7 Mrd. Euro, von institutionellen Investoren gehalten. Damit liegt eine Obergrenze für die Anlagen von Stiftungen in nachhaltigen Kapitalanlagen fest. Bei Anwendung der obigen Berechnungen, nach denen das Vermögen von Stiftungen in Deutschland etwa 53,6% des Nettogeldvermögens der privaten Organisationen ohne Erwerbszweck ausmacht, lässt sich die *Obergrenze* für das nach Nachhaltigkeitskriterien verwaltete Stiftungsvermögen noch weiter auf ungefähr *3,75 Mrd. Euro* reduzieren. Dieser Wert liegt recht nahe an der Untergrenze der Ergebnisse, die sich aus den oben zitierten Umfragen unter Stiftungen ergaben. Bezogen auf das geschätzte Stiftungsvermögen machen nachhaltige Kapitalanlagen danach derzeit etwa *6,25%* aus.

Die folgenden Ausführungen geben einen Überblick zur aktuellen *Größe und Struktur des Marktes für nachhaltige Kapitalanlagen.*

Nachhaltige Kapitalanlagen sind in den USA schon relativ weit verbreitet. So waren 2003 etwa 2143 Mrd. US-Dollar und damit 11% der Assets under Management in nachhaltigen Kapitalanlagen investiert (vgl. Social Investment Forum, 2007). Bis Ende 2005 ging dieser Betrag allerdings wieder leicht auf etwa 2098 Mrd. US-Dollar zurück.

In *Europa* stellt diese Form der Kapitalanlage dagegen derzeit noch ein relativ kleines Segment dar: Ende 2007 betrugen die Investitionen in nachhaltigen Kapitalanlagen nach Eurosif (2008) ungefähr 512 Mrd. Euro, wobei alleine etwa 171 Mrd. in Norwegen getätigt wurden, sowie 69,4 Mrd. Euro in den Niederlanden und 67,4 Mrd. in Großbritannien.

Die Anleger im Markt für nachhaltige Kapitalanlagen sind *überwiegend institutionelle Investoren* wie etwa Pensionsfonds, kirchliche Fonds, Nichtregierungsorganisationen (NGO) und Stiftungen sowie Versicherungsunternehmen (siehe Eurosif, 2008: 14f). Die von ihnen gehaltenen Anlagen machen europaweit 94% der gesamten nachhaltigen Kapitalanlagen aus. Besonders groß ist der Anteil der institutionellen Investoren in den Niederlanden, Norwegen und Großbritannien.

In Deutschland dominieren die institutionellen Anleger zwar ebenfalls, ihr Anteil ist mit 63% allerdings unterhalb des europäischen Durchschnitts (siehe Eurosif, 2008: 31).

Europaweit bestehen 50% der nachhaltigen Kapitalanlagen aus Aktien, 39% aus Anleihen und die restlichen 11% verteilen sich auf andere Anlagekategorien wie etwa Immobilien, Venture Capital/Private Equity und Hedgefonds (vgl. Eurosif (2008: 15)). Die Anlagestruktur unterscheidet sich allerdings stark von Land zu Land: den höchsten Aktienanteil weist mit 83% die Schweiz auf, den geringsten Spanien mit 26%. Die *SRI-Anlagen von deutschen Anlegern* werden von Aktien dominiert (70%), 21% bestehen aus Anleihen, 3% werden im Geldmarkt investiert und 6% in sonstigen Anlageprodukten (vgl. Eurosif, 2008: 31f).

In *offenen Investmentfonds* mit Ausrichtung auf nachhaltige Kapitalanlagen wurden in Europa Ende Juni 2006 etwa 34 Mrd. Euro verwaltet (vgl. Avanzi, 2006). Bezogen auf die insgesamt in offenen Investmentfonds (UCITS) in Europa Ende 2006 angelegten Gelder in Höhe von ca. 5974 Mrd. Euro (vgl. Efama, 2006), beträgt der Anteil nachhaltiger Kapitalanlagen nur etwa 0,57%.

Der überwiegende Teil der offenen Nachhaltigkeitsfonds in Europa besteht aus Aktienfonds (61%), 22% legen in Anleihen und im Geldmarkt an und 17% sind gemischte Fonds (vgl. Avanzi, 2006: 10). Eine sehr ähnliche Struktur findet sich in Bezug auf die derzeit in *Deutschland* zugelassenen offenen Investmentfonds, die in nachhaltigen Kapitalanlagen investieren.[71] Der Anteil der Aktienfonds in diesem Kapitalmarktsegment ist deutlich höher als im Durchschnitt aller offenen Investmentfonds (UCITS), der Ende 2006 laut Efama (2006) bei 41% lag, während der Anteil aller Anleihe- und Geldmarktfonds mit 39% entsprechend deutlich höher ist als im Bereich der nachhaltigen Kapitalanlagen.

Der statistische Überblick zum Stiftungsvermögen zeigt, dass Stiftungen in Deutschland eine sehr bedeutsame Investorengruppe innerhalb der privaten Organisationen ohne Erwerbszweck darstellen. Insgesamt gesehen bestimmen Kapitalstiftungen jedoch nur über einen relativ kleinen Teil der privaten Nettogeldvermögen. Der Einfluss von Stiftungen auf die Finanzmärkte, den diese direkt über ihre Kapitalanlagen ausüben, dürfte daher ebenfalls eher gering sein.

Der überwiegende Teil des Stiftungsvermögens wird in Anleihen und Geldmarktpapieren investiert, Aktien machen nur höchstens ein Fünftel des Stiftungsvermögens aus. Der Markt für nachhaltige Kapitalanlagen weist in Deutschland genau ein umgekehrtes Verhältnis von Aktien und Anleihen auf: Aktien dominieren klar gegenüber Anleihen. Das Angebot an nachhaltigen Kapitalanlagen ist daher in den von Stiftungen besonders bevorzugten Anlageklassen – Anleihen

---

71 Laut www.nachhaltiges-investment.org waren Ende Dezember 2008 249 Investmentfonds mit Schwerpunkt Nachhaltigkeit in Deutschland zum Vertrieb zugelassen, davon 159 Aktienfonds, 37 Anleihefonds, 41 gemischte Fonds, 10 Dachfonds sowie je ein in Private Equity und in Microfinance anlegender Fonds.

inklusive Geldmarkt – vergleichsweise gering und in dem bislang für Stiftungen nicht so bedeutsamen Bereich der Aktien relativ umfangreich und hoch.

C Quantitative Analyse der Anlagestrategien von Stiftungen: Darstellung der Strategien, Konstruktion des Simulationsmodells und Performancemessung

Im Mittelpunkt der gesamten Studie steht die quantitative Analyse von Anlagestrategien, die eine besondere Relevanz für Stiftungen haben, wobei ein besonderer Fokus auf nachhaltigen Kapitalanlagen liegt. Zur Durchführung dieser Analysen werden in Kapitel C die inhaltlichen und methodischen Grundlagen gelegt, bevor in Kapitel D die Strategien der Vermögensanlage empirisch untersucht und bewertet werden.

Kapitel C.1 widmet sich der Darstellung von Anlagestrategien von Stiftungen. Aufbauend auf den Ergebnissen des vorangegangenen Kapitels B werden in C.1.1 zunächst die Zielfunktion sowie die Nebenbedingungen der Vermögensanlage von gemeinnützigen Stiftungen aus finanzwirtschaftlicher Perspektive beschrieben. Daran anknüpfend werden optimale Strategien der Vermögensanlage vorgestellt, die speziell für Stiftungen geeignet sind. Darunter befinden sich insbesondere dynamische Vorgehensweisen zur Verminderung des Anlagerisikos, die zukünftige Zahlungsverpflichtungen berücksichtigen. In Unterkapitel C.1.2 werden alle diejenigen Strategien der Vermögensanlage beschrieben, die mit Hilfe der stochastischen Simulationen im Rahmen dieser Studie analysiert und bewertet werden. Dies sind zum einen dynamische Anlagestrategien (wie die Constant Proportion Portfolio Insurance (CPPI)), zum anderen statische Anlagestrukturen und Buy-and-Hold-Portfolios, bestehend aus Aktien und Anleihen, die dazu dienen, eine für Stiftungen optimale Vermögensstruktur von Aktien und Anleihen zu ermitteln. Diese relativ einfach umzusetzenden statischen Strategien dienen auch als Benchmark für die Beurteilung der komplexeren dynamischen Vorgehensweisen. Weitere – für Stiftungen besonders relevante – Anlagestrategien basieren auf der Verwendung von Put-Optionen zur Absicherung des Risikos der Aktienanlagen. Insgesamt werden die für gemeinnützige Stiftungen bedeutsamsten Strategien zur Strukturierung von Aktien-Anleihe-Portfolios einbezogen.

In Kapitel C.2 steht die Entwicklung und Analyse des ökonometrischen Modells im Mittelpunkt, mit dem in den nachfolgenden Kapiteln D und E.2.3 die Simulationen der ausgewählten Anlagestrategien durchgeführt werden. In Kapitel C.2.1 werden zunächst die statistischen Eigenschaften der verwendeten Zeitreihen untersucht und dokumentiert. Diese Eigenschaften liefern wichtige Hinweise auf die Art der anzuwendenden ökonometrischen Modelle. Kapitel C.2.2 befasst sich mit der Konstruktion des für die stochastischen Simulationen am besten geeigneten Modells und stellt dessen Eigenschaften im Schätz- und Prognosezeitraum ausführlich dar. Das verwendete Simulationsmodell ist ein *Vector Error Correction*-Modell mit drei Kointegrationsbeziehungen und insgesamt zehn Gleichungen, mit denen die stochastischen Eigenschaften von Aktien- und Anleihekursen, Zinsen, Dividendenrenditen, Aktienindexvolatilitäten und der Inflationsentwicklung abgebildet werden. Eine weitere Differenzierung erfolgt nach Aktienanlagen mit den Schwerpunkten Deutschland und Welt. Dieses Modell ist Grundlage der Simulationsergebnisse, die in den Kapiteln D und E.2.3 beschrieben und diskutiert werden.

Die verwendeten Zeitreihen des Simulationsmodells beziehen sich auf *konventionelle* Kapitalanlagen, bestehend aus Aktien, Anleihen und Geldmarktanlagen. Dies hat seinen Grund darin, dass nur für konventionelle Anlageobjekte hinreichend lange Zeitreihen verfügbar sind, welche die Schätzung des ökonometrischen Simulationsmodells möglich machen.[72] Die speziellen Eigenschaften der Renditeverteilungen *nachhaltiger* Kapitalanlagen werden in Kapitel E untersucht. Dabei wird speziell in E.2.3 auf das in C.2.2 entwickelte ökonometrische Simulationsmodell zurückgegriffen.

Das abschließende Kapitel C.3 beschreibt Methoden, mit denen die Performance und das Risiko der simulierten Anlagestrategien adäquat gemessen werden können. Den Schwerpunkt bilden sogenannte *Downside-Risk-Maße* und darauf aufbauende Performancemaße. Aus der Vielzahl möglicher Risiko- und Performancemaße werden auf Basis theoretischer Überlegungen sowie der rechtlichen Vorgaben drei Risiko- und vier Performancemaße definiert, die so parametrisiert werden, dass sie möglichst gut auf die Entscheidungssituation von gemeinnützigen Stiftungen ausgerichtet sind.

Der schematische Aufbau von Kapitel C stellt sich folgendermaßen dar:
– Auswahl der Anlagestrategien für Stiftungen (C.1)
– Festlegung des Instrumentariums für die Analyse der Anlagestrategien: Ökonometrisches Simulationsmodell, Performancemessung (C.2 und C.3)

C.1 Anlagestrategien von Stiftungen

C.1.1 Optimale Anlagestrategien

Im Stiftungsrecht gibt es zwei zentrale Vorgaben, die das Vermögensmanagement von Stiftungen maßgeblich bestimmen: die Erhaltung des Vermögensbestandes und die Durchführung einer sicheren und wirtschaftlichen Kapitalanlage. Dies bedeutet für die Anlagepraxis aus finanzwirtschaftlicher Sicht die Erwirtschaftung von möglichst hohen Erträgen zur Erfüllung des Stiftungszwecks unter der Nebenbedingung der dauerhaften Erhaltung der Leistungsfähigkeit des Vermögens. Außerdem sollen Stiftungen eine langfristig ausgerichtete Strategie ver-

---

72   Die Ergebnisse von Kapitel E.2.1 weisen nach, dass die Performance nachhaltiger Kapitalanlagen in vielen Fällen nicht signifikant von derjenigen konventioneller Anlagen abweicht. Damit ist es möglich, Anlagestrategien für nachhaltige Kapitalanlagen mit Zeitreihen von vergleichbaren konventionellen Anlageobjekten zu bewerten. Der Vorteil der längeren Zeitreihen wirkt sich dabei in einer höheren statistischen Aussagekraft der Ergebnisse aus.

folgen („Anlagepolitik der ruhigen Hand"). Grundsätzlich unterliegen Stiftungen jedoch keinen besonders einschränkenden Vorgaben bezüglich der Vorgehensweise der Vermögensverwaltung.[73] Pointiert drückt es Schindler (2003: 297) aus: „Vorstände von Stiftungen sind bei der Anlage des Stiftungsvermögens grundsätzlich frei." Auch sind prinzipiell alle Anlageobjekte zugelassen.[74]

Die Anlagevorschriften für deutsche Stiftungen sind damit grundsätzlich vergleichbar mit dem sogenannten „Prudent Man"-Prinzip, das für US-Stiftungen gilt. Für deutsche wie für US-Stiftungen gehört die Sicherstellung eines gut diversifizierten Portfolios zu den wesentlichen Aufgaben des Vermögensmanagements.[75] Die Anforderungen unterscheiden sich daher auch von denjenigen, die an die Vermögensanlage von Lebensversicherungsunternehmen (LV) und Pensionsfonds gestellt werden, da diese detailliertere Bestimmungen in Bezug auf einzelne Anlageobjekte zu beachten haben, denen Stiftungen nicht unterworfen sind. Genauso wenig sind diejenigen Anlagekriterien für Stiftungen relevant, die für Kapitalanlagegesellschaften (KAG) gelten.[76]

Einschränkende Anlagevorschriften existieren für deutsche gemeinnützige Stiftungen vor allem hinsichtlich der optimalen intertemporalen Ausgestaltung des Portfolios. Gemeinnützige Stiftungen stehen dabei vor dem potenziellen Zielkonflikt, einerseits das Vermögen real (oder zumindest nominal) zu erhalten und andererseits im Interesse der Beibehaltung der Gemeinnützigkeit Beschränkungen bei der Rücklagenbildung in Kauf nehmen zu müssen. Dieser potenzielle Konflikt könnte allerdings dadurch entschärft werden, dass ein Mindestanteil des Portfolios aus Aktien oder anderen Anlageobjekten mit Kurssteigerungspotenzial besteht. In diesem Fall ist es der Stiftung langfristig möglich, das Vermögen durch die Realisierung von Kursgewinnen zusätzlich zu steigern, sodass sie nicht alleine auf die Thesaurierung eines Teils der laufenden Erträge angewiesen ist, um die Leistungsfähigkeit des Vermögens zu erhalten.

Wie Carstensen (1996a, 2003) zeigt, ist ein vollständiger Ausgleich von inflationsbedingten Wertverlusten durch die steuerrechtlichen Vorschriften erheblich behindert, sofern die Stiftung alleine auf Ertragsthesaurierung angewiesen ist und ausschließlich eine am Zinsertrag ausgerichtete Anlagestrategie im Geldmarkt

---

73 Siehe die Darstellung der stiftungs- und steuerrechtlichen Rahmenbedingungen in Kapitel B.1 und die dort zitierte Literatur.
74 Dies gilt auch für Finanzderivate. Allerdings geht die vorherrschende Meinung dahin, dass sie nur zu Absicherungszwecken eingesetzt werden dürfen (vgl. Schindler, 2003: 299; Reuter, 2005: 654 sowie Seifart und v. Campenhausen, 2009: 289f). Auch Hedgefonds und Investitionen in Private Equity sind nach Kayser et al. (2004) sowie Richter und Sturm (2005) zulässige Anlageformen, sofern das Gesamtportfolio hinreichend stark diversifiziert ist.
75 Vgl. Toepler (2002a: 107f) und Seifart und v. Campenhausen (2009: 288).
76 Vgl. Hüttemann und Schön (2007: 36). Die Anlagevorschriften für LV und Pensionsfonds sind in den Verordnungen über die Anlage des gebundenen Vermögens von Versicherungsunternehmen bzw. von Pensionsfonds aufgeführt. Im Laufe der Jahrzehnte wurden die Anlagevorschriften für das gebundene Vermögen von LV immer weiter gelockert. Allerdings sind diese Vorschriften immer noch restriktiver als diejenigen des in den USA üblichen „Prudent Man"-Prinzips. Die Vorschriften für KAGs finden sich im Gesetz über Kapitalanlagegesellschaften (KAGG).

verfolgt. Die Stiftung kann durch die Einhaltung der steuerrechtlichen Vorgaben zwar eine Gefährdung der Gemeinnützigkeit vermeiden, muss aber einen realen Rückgang des Vermögens und damit eine Verminderung ihrer Leistungsfähigkeit in Kauf nehmen. Dadurch kann sich auch die Höhe der zukünftigen realen Erträge, die für den Stiftungszweck verwendet werden können, reduzieren.

Für gemeinnützige Stiftungen lässt sich aus den bisherigen Überlegungen die allgemeine Regel ableiten:

Maximiere den Portfolioertrag bei gegebenem Portfoliorisiko unter Beachtung der Nebenbedingungen aus dem Stiftungsrecht (nominales oder reales Vermögen soll mindestens erhalten bleiben) und dem Steuerrecht (Einschränkungen bei der Rücklagenbildung).

Die Zielsetzung „Maximierung des Portfolioertrags" ist zwar rechtlich vom Wortlaut nicht vorgeschrieben.[77] Sie ergibt sich allerdings daraus, dass eine Stiftung dann ihren Stiftungszweck am besten erfüllen kann, wenn sie bei *gegebenem Portfoliorisiko* und Einhaltung der anderen Restriktionen einen möglichst hohen Ertrag auf das Stiftungsvermögen erwirtschaften kann.

Die zentrale stiftungsrechtliche Restriktion für das Vermögensmanagement liegt darin, dass der Bestand des Vermögens nominal oder real dauerhaft zu erhalten ist. Dadurch ist für den Vermögensmanager einer Stiftung das Portfoliorisiko *asymmetrisch* definiert, nämlich als Unterschreitung des (nominalen oder realen) Anfangsvermögens. Der Stiftungsmanager hat zudem den Anreiz, die Dichtefunktion der Portfoliorenditen durch Absicherungsmaßnahmen rechtsschief zu machen, um dadurch das Risiko eines Verlustes bezogen auf das Anfangsvermögen zu reduzieren.[78] Schindler (2003) führt außerdem an, dass die rechtlichen Vorgaben ein betont vorsichtiges Anlageverhalten induzieren können, da der Stiftungsvorstand zwar für Vermögensverluste verantwortlich gemacht werden kann, nicht jedoch für entgangene Erträge.[79]

Für asymmetrische Renditeverteilungen ist das übliche Risikomaß, die Standardabweichung, alleine nicht geeignet, um das Risiko zu quantifizieren. Anstelle der Standardabweichung können sogenannte Downside-Risk-Maße, die auch als Lower Partial Moments (*LPM*) bezeichnet werden, zur Abbildung des Risikos verwendet werden. *LPM* messen Risiko als die Unterschreitung eines vorgegebenen Zielwertes. Für die Beurteilung der aus unterschiedlichen Anlagestrategien resultierenden Vermögensverteilungen von Stiftungen werden im Rahmen dieser Studie Lower Partial Moments als Risikomaße sowie darauf aufbauende Perfor-

---

77 Vgl. Schindler (2003: 297).
78 Siehe hierzu die weiteren Ausführungen in diesem Kapitel zu dynamischen Anlagestrategien für Stiftungen, unter denen sich in theoretischen Modellen eine an die Methode der Constant Proportion Portfolio Insurance (CPPI) angelehnte Vorgehensweise als optimal zur Absicherung von zukünftigen Zahlungsverpflichtungen erwiesen hat.
79 Vgl. hierzu auch Rödel (2004), der die möglichen Rechtsfolgen bei Vermögensverlusten untersucht. Allerdings haftet der Stiftungsvorstand nach Schindler (2003: 299) dann nicht, wenn er ein breit diversifiziertes Portfolio in Standardwerten hält.

mancemaße zur Bewertung des risikoadjustierten Erfolges der Vermögensanlage verwendet. Eine ausführliche Darstellung der verwendeten Methoden und Kennzahlen zur Messung von Risiko und Performance der Anlagestrategien von Stiftungen befindet sich in Kapitel C.3.

Für die Ableitung von Anlagestrategien für Stiftungen können statische und intertemporale Optimierungsansätze verwendet werden. Im Falle einer statischen, vom Ansatz her kurzfristig ausgerichteten Optimierung sollte der Investor seine Kapitalanlagen auf das Marktportfolio und eine sichere Anlage aufteilen. Entsprechend den Risikopräferenzen wird der Investor das Gesamtrisiko des Portfolios über die Gewichtung von risikoloser Anlage und Marktportfolio steuern.[80] Da das Marktportfolio für alle Investoren gleich ist, unterscheiden sich die optimalen Portfoliostrukturen der Stiftungen lediglich durch die Gewichtung der risikolosen Anlage im Gesamtportfolio.

Für eine Stiftung folgt daraus, dass sie entsprechend ihrer Risikopräferenz einen bestimmten Teil des Gesamtvermögens risikolos anlegt und das darüber hinausgehende Vermögen im Marktportfolio investiert, welches prinzipiell alle weltweit verfügbaren Anlageobjekte enthält. Dieses Portfolio kombiniert die Anlageobjekte mit festen Gewichten, die genauso wie der Anteil der risikolosen Anlage zum Zeitpunkt der Optimierung des Gesamtvermögens ermittelt und festgelegt werden. Es handelt sich um eine statische Anlagestrategie, da die einmal definierte Struktur des Portfolios im Zeitverlauf unverändert beibehalten wird.

Für die Bestimmung der Aufteilung zwischen risikoloser und risikobehafteter Anlage sowie der Ermittlung der Gewichte der einzelnen Anlageobjekte stehen verschiedene Entscheidungsregeln zur Verfügung.[81] Im „klassischen" Ansatz wird eine Risikonutzenfunktion unter der Nebenbedingung einer Effizienzlinie (efficient frontier) maximiert, wobei die efficient frontier alle risikobehafteten Portfolios repräsentiert, die bei gegebenem Risiko eine maximale erwartete Rendite gewährleisten. Risiko wird bei diesem Ansatz durch die Standardabweichung der Portfolios repräsentiert. Die Preise der risikobehafteten Anlageobjekte werden als log-normalverteilt angenommen.

Dieser Optimierungsansatz lässt sich kurz folgendermaßen darstellen: Maximiere $U(R_p)$ mit $R_p = w_f r_f + w'R$ unter den Nebenbedingungen $\sigma_P = w'\Sigma w$ und $w'1 = 1 - w_f$. Dabei ist die logarithmische Rendite eines Anlageobjektes definiert als $R_t = \log(P_t) - \log(P_{t-1})$. $U(.)$ bezeichnet die konkave Risiko-Nutzenfunktion des Investors, R_p ist die Rendite des Portfolios, das sich aus der Kombination der risikobehafteten Anlageobjekte (mit den Gewichten $w_1,...,w_n$, die im Vektor w zusammengefasst werden) sowie einer Anlage im risikolosen Zins r_f (mit dem Gewicht w_f) zusammensetzt. Als Risikomaß für das Portfolio wird die Standardabweichung σ_P verwendet, die sich als quadratische Form der

---

80 Vgl. Markowitz (1959).
81 Siehe beispielsweise Elton et al. (2006: Section 3).

Gewichte *w* und der Varianz-Kovarianz-Matrix Σ der Renditen der einzelnen Anlageobjekte ergibt. Die Durchführung dieses Optimierungsansatzes führt zu den optimalen Gewichten für alle berücksichtigten Anlageobjekte inklusive der Aufteilung des Vermögens in die risikolose Anlage und das Marktportfolio. Bei Verfolgung dieses statischen Optimierungsansatzes wird der Investor die einmal ermittelten optimalen Gewichte in der Zukunft nicht verändern. Dies ist aber nur dann optimal, wenn angenommen wird, dass sich die Charakteristika des Anlageuniversums (mittlere Rendite, Volatilität, Korrelationen etc.) im Zeitverlauf nicht verändern.[82] Außerdem können bei diesem Ansatz keine stochastischen zukünftigen Zahlungsverpflichtungen berücksichtigt werden.

Stiftungen haben typischerweise einen langen Anlagehorizont,[83] eine rein statische Portfoliooptimierung kann auch aus diesem Grund nur eine Näherungslösung darstellen. Besser sind intertemporale Optimierungsansätze geeignet, bei denen ein prinzipiell unendlicher Strom zukünftiger Portfolioerträge zugrunde gelegt wird. Die Untersuchungen von Merton (1993), Dybvig (1999) sowie Bajeux-Besnainou und Ogunc (2006) widmen sich speziell den Anlagestrategien von Stiftungen. Bei den intertemporalen Optimierungsansätzen dieser Studien werden als wesentliches Element außerdem zukünftige Zahlungsverpflichtungen von Stiftungen berücksichtigt. Diese Zahlungsverpflichtungen können entweder explizit zugesagte künftige Ausgaben sein oder die von der Stiftung selbst gesetzten Ausgabenziele darstellen. Der letztere Fall kann auch als implizite Zahlungsverpflichtung bezeichnet werden.

Zusätzlich zu diesen drei Studien sollen im Folgenden auch die Ergebnisse von Rudolf und Ziemba (2004) beschrieben werden. Diese Analyse bezieht sich zwar auf das Asset-Liability-Management von Pensionsfonds, ist aber direkt auf den Fall von (expliziten oder impliziten) Zahlungsverpflichtungen von Stiftungen anwendbar.

Merton (1993) geht davon aus, dass eine Stiftung als Investor eine intertemporale Optimierung durchführt, wobei die Preise der risikobehafteten Anlageobjekte log-normalverteilt sind und die Renditen einer geometrischen Brown'schen Bewegung folgen.[84] Die Stiftung maximiert eine intertemporale Nutzenfunktion $\bar{U}(Q_1,...,Q_m,t)$ über den gesamten Zeitraum ihres Bestehens, der als unbegrenzt angenommen wird.[85] Die Nutzenfunktion $\bar{U}$ enthält alle Arten von möglichen

---

82   Vgl. Merton (1973: 877ff).
83   Stiftungen sind nach deutschem Recht auf Dauer angelegt, die Form der Verbrauchsstiftung stellt eine Sonderform dar, siehe hierzu beispielsweise Seifart und v. Campenhausen (2009: 104, 158f und 275). Davon zu unterscheiden ist allerdings die von der Stiftungsaufsicht vorgegebene Zeitraum, für den die Stiftung eine ordentliche Wirtschaftsführung und insbesondere den Bestand des Vermögens nachzuweisen hat. Dieser Zeitraum beträgt in Deutschland üblicherweise ein Jahr.
84   Grundlage ist der von Merton (1969) entwickelte intertemporale Optimierungsansatz.
85   Merton (1993) geht hier von der typischen Situation einer US-Stiftung aus, die etwa der Finanzierung einer Universität dient. Ein Beispiel sind die Endowment Funds der Harvard University. Ein wichtiger Unterschied zu deutschen Stiftungen ist, dass US-Stiftungen nicht dem gesetzlichen Gebot der Bestandserhaltung unterliegen.

zukünftigen (preisbereinigten) Ausgaben Q_j und führt diese in eine Präferenzordnung über. Die Kosten K_j der verschiedenen Ausgabearten werden ebenfalls als stochastische Prozesse modelliert.
Das formale Modell von Merton (1993) sieht folgendermaßen aus:

$$\max_{w(t),A(t)} E_t \left[\int_0^\infty U(A(\tau), K(\tau), \tau) d\tau \right] \quad (1)$$

unter den zwei Nebenbedingungen (2) und (3):
$W(t) = W$ mit

$$dW = \left[\left(\sum_{i=1}^n w_i(t)(\alpha_i - r) + r \right) W - \sum_{j=1}^m A_j \right] dt + \sum_{i=1}^n w_i(t) W \sigma_i dZ_i \quad (2)$$

$K(t) = K \equiv (K_1,...,K_m)$ mit

$$dK_j = f_j(K,t) K_j dt + g_j(K,t) K_j dq_j \quad (3)$$

Entsprechend Gleichung (1) optimiert die Stiftung den zukünftigen erwarteten Nutzen U. U ist die indirekte Nutzenfunktion, die im Gegensatz zu $\bar{U}$ bereits die *optimalen* preisbereinigten Ausgaben enthält. Diese hängen von der Höhe der von der Stiftung getätigten nominalen Gesamtausgaben A, die entsprechend der Stiftungssatzung vergeben werden, sowie der Entwicklung der Kosten bzw. Preise K dieser Ausgaben ab, die in dem obigem Optimierungsansatz als Zustandsvariablen fungieren. $K \equiv (K_1,...,K_m)$ fasst die einzelnen Kosten in einem Vektor zusammen. Beispiele für einzelne Ausgabearten sind die für die Förderung von Projekten notwendigen Personal- und Sachaufwendungen sowie Reisekosten. K umfasst in diesem Fall die zukünftige Entwicklung der Löhne und aller relevanten Preise der Sachaufwendungen sowie für die Durchführung von Reisen zusammen.

Die erste Nebenbedingung (siehe Gleichung (2)) ist die Budgetrestriktion. Der Ausdruck in runden Klammern $\left(\sum_{i=1}^n w_i(t)(\alpha_i - r) + r \right)$ ist gleich dem erwarteten Ertrag der Kapitalanlage. Das gesamte Vermögen W wird in n risikobehafteten Anlageobjekten und die risikolose Anlage investiert. r bezeichnet den risikolosen Zins; α_i den Erwartungswert, $(\alpha_i - r)$ die erwartete Überschussrendite und w_i den Portfolioanteil des risikobehafteten Anlageobjektes i. Zusätzlich zum Erwartungswert erzielen die riskanten Anlagen pro Zeiteinheit den zufälligen Ertrag $w_i(t)W\sigma_i dZ_i$, wobei σ_i die Standardabweichung bezeichnet und dZ_i einen Standard-Wiener-Prozess. Die Preise P_i der riskanten Anlagen folgen dem stochastischen Prozess: $dP_i = \alpha_i P_i dt + \sigma_i P_i dZ_i$.

Die einzelnen Ausgaben A_j mit $A_j \equiv Q_j K_j$ addieren sich zu den Gesamtausgaben: $A = \sum_{j=1}^m A_j$.

Die zweite Nebenbedingung (Gleichung (3)) besteht aus den stochastischen Prozessen der einzelnen Kosten K_j. Die Drift-Terme $f_j(.)$ und die Standardabweichungen $g_j(.)$ sind sehr flexibel gestaltet, sie hängen einerseits vom Niveau der Kosten K ab und können sich auch unabhängig von K im Zeitverlauf verändern.

Das Ergebnis der intertemporalen Optimierung ist, dass die Stiftung bei Verfolgung einer optimalen Anlagestrategie in *drei* Portfolios investieren sollte: in das (risikobehaftete) Marktportfolio, den risikolosen Zins sowie in das sogenannte Hedgeportfolio. Dieses Hedgeportfolio ist so konstruiert, dass es eine optimale Absicherung gegen Preissteigerungen für die einzelnen Ausgabearten der Stiftung bietet. Es enthält solche Kapitalanlagen, die zusammen eine möglichst hohe Korrelation mit der Preisentwicklung der Ausgaben K aufweisen. Die Investition in das Hedgeportfolio ist der wesentliche Unterschied im Vergleich zu einer statischen Anlage, bei der die Stiftung ausschließlich in den risikolosen Zins und das Marktportfolio investieren würde.

Rudolf und Ziemba (2004) entwickeln einen Ansatz zur optimalen Portfoliogestaltung eines Pensionsfonds unter der Berücksichtigung von Zahlungsverpflichtungen. Das Modell lässt sich direkt für Stiftungen anwenden. Die Autoren verwenden den oben dargestellten Ansatz von Merton (1993), der um stochastische zukünftige Zahlungsverpflichtungen erweitert wird. Unter Verwendung der Notation, die für die Darstellung des Ansatzes von Merton verwendet wurde, sieht der Optimierungsansatz folgendermaßen aus:

$$\max_{w(t)} E_t \left[\int_0^\infty U(W(\tau), K(\tau), \tau) d\tau \right] \quad (4)$$

unter den Nebenbedingungen der Budgetrestriktion für den Wert des Vermögens W sowie der stochastischen Prozesse der Zustandsvariablen K.

Das Vermögen ist gleich der Differenz zwischen dem Wert der gesamten Anlagen V und den Zahlungsverpflichtungen L. Für die einzelnen Anlageobjekte wird wie bei Merton angenommen, dass die Preise P einer geometrischen Brown'schen Bewegung folgen.

Der Erwartungswert des Vermögens ist gleich der Differenz der Erwartungswerte der Kapitalanlagen abzüglich der Zahlungsverpflichtungen:

$$E(dW(t)) = \left[\left(\sum_{i=1}^n w_i(t)(\alpha_i - r) + r \right) V(t) - \mu_L L(t) \right] dt . \quad (5)$$

Hierbei ist μ_L der Drift-Term des stochastischen Prozesses der Zahlungsverpflichtungen und L ist der zu zahlende Betrag in Periode t. Die Drift-Terme α_i und μ_L sind sehr allgemein definiert und können sowohl von der Zeit t als auch vom Wert der Zustandsvariablen $K(t)$ abhängen. Der Erwartungswert von $dW(t)$ lässt sich auch in Abhängigkeit der sogenannten Funding Ratio $F(t)$ mit $F(t) = V(t)/L(t)$, also der Relation des Wertes der Kapitalanlagen zu den Zahlungsverpflichtungen, darstellen, das für die Interpretation der Ergebnisse von Rudolf und Ziemba (2004) eine zentrale Rolle spielt:

$$E(dW(t)) = V(t) \left[\left(\sum_{i=1}^n w_i(t)(\alpha_i - r) + r \right) - \frac{\mu_L}{F(t)} \right] dt . \quad (6)$$

Im Portfoliooptimum investiert der Investor in *vier* voneinander getrennte Portfolios. Die ersten drei Portfolios entsprechen dem Lösungsansatz von Merton (1993): risikoloses Portfolio, Marktportfolio und ein Hedgeportfolio, das eine Absicherung gegen den Einfluss der Zustandsvariablen K bewirkt. Wenn K, wie in Merton (1993), als Entwicklung der Preise der Ausgabenarten der Stiftung definiert wird, dann bietet das Hedgeportfolio entsprechend eine Absicherung gegen die Preisentwicklung der Ausgaben der Stiftung. Das vierte Portfolio sichert speziell die Erfüllung der zukünftigen Zahlungsverpflichtungen L ab. Dieses sogenannte Liabilities-Hedgeportfolio besteht aus solchen Kapitalanlagen, die eine möglichst hohe Korrelation zu den Zahlungsverpflichtungen aufweisen. Sein Portfoliogewicht hängt ausschließlich von der Funding Ratio F ab. Je *höher* diese Relation ist, desto größer ist das Gewicht des Marktportfolios am Gesamtportfolio der Stiftung und desto niedriger sind die Gewichte des Liability-Hedgeportfolios und der Anlage zum risikolosen Zins. Entsprechend wird bei einer *niedrigen* Funding Ratio das Gewicht des Liability-Hedgeportfolios steigen, während diejenigen des Marktportfolios und der Anlagen zum risikolosen Zinsen sinken wird.

Der Optimierungsansatz von Rudolf und Ziemba weist damit Ähnlichkeiten mit einer sogenannten Constant Proportion Portfolio Insurance (CPPI) auf: eine positive Entwicklung des Marktes führt zu einem höheren Vermögen (relativ zu den Zahlungsverpflichtungen) und damit zu einem in der nächsten Periode höheren Gewicht des Marktportfolios am Gesamtportfolio. Entsprechend reduziert eine negative Marktentwicklung das Gewicht des Marktportfolios.[86]

Genauso wie bei Merton (1993) erlaubt der Ansatz von Rudolf und Ziemba (2004) eine Absicherung gegen eine ungünstige zukünftige Entwicklung der Preise der Ausgabenarten der Stiftung, wobei in beiden Fällen die Preisentwicklungen als Zustandsvariablen in den Optimierungsansatz eingehen. Die Absicherung wird durch das Hedgeportfolio, das sich auf die Zustandsvariablen bezieht, durchgeführt. Der Ansatz von Rudolf und Ziemba bietet jedoch zusätzlich zu Merton (1993) auch eine Absicherung von zukünftigen Zahlungsverpflichtungen mit Hilfe des Liability-Hedgeportfolios. Eine Stiftung, die die Höhe ihrer Ausgaben nur nach dem jeweiligen laufenden Ertrag bemisst und keine längerfristigen Verpflichtungen eingeht, wird den Optimierungsansatz von Merton verwenden, während eine Stiftung, die zusätzlich zukünftige Zahlungsverpflichtungen zu erfüllen hat, den Ansatz von Rudolf und Ziemba (2004) wählen kann.

Dybvig (1999) entwickelt eine Absicherungsstrategie für Stiftungen, bei der versucht wird, ein *Mindestniveau der Ausgaben* auch dann aufrechtzuerhalten, wenn die Kapitalmärkte sich ungünstig entwickeln. Der Ansatz von Dybvig stellt eine Erweiterung von Merton (1973) dar. Formal wird eine intertemporale Nutzenoptimierung unter Nebenbedingungen durchgeführt.

---

86 Die genaue Beschreibung der Vorgehensweise bei CPPI-Strategien erfolgt im weiteren Verlauf von Kapitel C.1.1 sowie in C.1.2.

Die Stiftung maximiert den erwarteten zukünftigen Nutzen, der von der Höhe der Ausgaben *A* abhängt. Die festzulegenden Entscheidungsvariablen sind *A(t)* sowie der Anteil des Marktportfolios am Vermögen *w(t)*:[87]

$$\max_{w(t),A(t)} E_t \left[\int_0^\infty U(A(\tau),\tau) d\tau \right]. \tag{7}$$

Die drei Nebenbedingungen sind: 1. eine Budgetrestriktion (8), 2. die Bedingung, dass das gesamte Vermögen nicht negativ werden darf (9), sowie 3. die zentrale Restriktion, dass die Ausgaben der Stiftung im Zeitverlauf nicht sinken dürfen (10):[88]

$$dW = \left[(w(t)(\alpha - r) + r)W - A\right]dt + w(t)W\sigma dZ \tag{8}$$

$$W(t) \geq 0, \forall t \tag{9}$$

$$A(t) \geq A(t'), \forall t > t'. \tag{10}$$

Für das Marktportfolio wird angenommen, dass der Preis einer geometrischen Brown'schen Bewegung mit Drift α und Standardabweichung σ folgt. *W* repräsentiert das Vermögen der Stiftung und *w(t)* den Anteil des Vermögens, der in Periode *t* im Marktportfolio angelegt wird.

Dybvigs Ansatz führt zu folgendem Resultat bezüglich der Anlagen im Marktportfolio $X(t)$:

$X(t) = w(t)W(t) = K[W(t) - A(t)/r]$, wobei *A(t)/r* derjenige Betrag ist, der benötigt wird, um die Ausgaben in Höhe von *A(t) für immer* zahlen zu können. Es ist exakt der Betrag, der – bei Anlage zum risikolosen Zins *r* – den jährlichen Ausgabebetrag von *A(t)* ergibt. Die Höhe der Anlagen zum risikolosen Zins ist entsprechend: $W(t)(1 - w(t)) = (W(t) - X(t)) = [A(t)/r] + (1 - K)[W(t) - A(t)/r]$.

Die Ausgaben $A(t)$ bestimmen sich nach der Formel: $A(t) \geq r^*W(t)$, $r^* \leq r$. *K* und r^* sind positive Konstanten, die sich aus Parametern der Nutzenfunktion, dem risikolosen Zins sowie Erwartungswert und Risiko des Marktportfolios zusammensetzen.[89]

Eine Zunahme des Wertes des Vermögens *W(t)* führt auch zu einer Zunahme der Ausgaben entsprechend der Formel $A(t) = r^*W(t)$, sofern gilt: $r^*W(t) > A(t-1)$, eine Senkung der Ausgaben ist somit aufgrund der Nebenbedingung (10) ausgeschlossen. Die jährlichen Ausgaben betragen nach der angegebenen Formel höchstens *rW(t)*. In diesem Fall ist das gesamte Portfolio zum risikolosen Zins investiert.

---

87 Die hier gewählte Darstellung verwendet die Variablenbezeichnungen, die schon oben für die Beschreibung von Merton (1993) sowie Rudolf und Ziemba (2004) verwandt wurden. Das Optimierungsmodell wird, allerdings für die optimale Entscheidung zwischen Konsum und Kapitalanlage, ausführlich in Dybvig (1995) beschrieben, im Anhang zu Dybvig (1999) findet sich eine Skizze der Vorgehensweise für die Anwendung auf das Entscheidungsproblem von Stiftungen.
88 Die Formeln verwenden die schon für die Darstellung des Ansatzes von Merton (1993) angewendeten Variablenbezeichnungen.
89 Siehe Dybvig (1999: 62) für die entsprechenden Details.

Die Allokationsregeln für das Marktportfolio ergibt eine Anpassung der Portfoliogewichte analog zu einer CPPI-Strategie: eine positive (negative) Entwicklung des Wertes des Marktportfolios führt zu einer Erhöhung (Verminderung) des Vermögens $W(t)$ und damit auch einer Erhöhung (Verminderung) des Gewichtes des Marktportfolios relativ zum Vermögen. Dies führt entsprechend zu einer relativen Verminderung (Erhöhung) der Anlagen zum risikolosen Zins.

Bajeux-Besnainou und Ogunc (2006) entwickeln ebenfalls einen Optimierungsansatz für Stiftungen, der als Resultat eine spezielle Form von CPPI-Strategie ergibt. Optimiert wird dabei eine intertemporale Nutzenfunktion, die ein von der Stiftung festgelegtes Mindestausgabenniveau explizit als Argument enthält: ein positiver Nutzen ergibt sich nur dann, wenn die Ausgaben der Stiftung $A(t)$ größer sind als die Mindestausgaben $\overline{A}(t)$.[90] Bajeux-Besnainou und Ogunc gehen dabei von folgender HARA-Nutzenfunktion aus:[91]

$U(A(t)) = \dfrac{1}{1-\gamma}\big[A(t)-\overline{A}(t)\big]^{1-\gamma}$, wobei eine abnehmende absolute Risikoaversion, ausgedrückt durch $\gamma > 0$, angenommen wird. Die Mindestausgaben entsprechen zu Beginn, also in Periode 0, dem Wert $\overline{A}(0) = \delta W(0)$. Hierbei ist $W(0)$ das Anfangsvermögen und δ eine Konstante mit $0<\delta<1$. Die Mindestausgaben in Periode 0 sind somit positiv und kleiner als das Anfangsvermögen. Der Anfangswert der Mindestausgaben wird mit der konstanten Inflationsrate π fortgeschrieben, sodass sich für Periode t der Wert $\overline{A}(t) = \delta W(0)e^{\pi t}$ ergibt. Für die Inflationsrate muss angenommen werden, dass sie kleiner ist als der risikolose Zins ($\pi < r$), da sonst eine Anlage zum risikolosen Zins den Realwert der Mindestausgaben nicht sicherstellen könnte.

Bajeux-Besnainou und Ogunc (2006) optimieren den erwarteten Nutzen als Funktion der Ausgaben:

$$\max_{A(t)} E_t\left[\int_0^\infty U(A(\tau),\tau)d\tau\right] \qquad (11)$$

unter der Nebenbedingung der Budgetrestriktion. Wie bei Dybvig (1999) kann die Stiftung zwischen der Anlage zum konstanten risikolosen Zins und der Investition in das Marktportfolio wählen. Für die Preisentwicklung des Marktportfolios wird eine geometrische Brown'sche Bewegung angenommen.

Die optimale Strategie der Stiftung besteht darin, die Portfoliogewichte flexibel zwischen Marktportfolio und risikoloser Anlage zu verändern. Das Gewicht des

---

[90] Soweit möglich werden auch bei bei der Beschreibung dieses Optimierungsansatzes diejenigen Variablenbezeichnungen verwendet, die schon bei der Darstellung der drei voran gegangenen Modelle eingesetzt wurden.

[91] *HARA* ist die Abkürzung für *H*yperbolic *A*bsolute *R*isk *A*version. Die Klasse der HARA-Nutzenfunktionen ist recht flexibel und umfasst Nutzenfunktionen mit konstanter relativer (CRRA), konstanter absoluter (CARA) und abnehmender absoluter (DARA) Risikoaversion. Siehe hierzu beispielsweise Conniffe (2007).

Marktportfolios hängt zum einen von bestimmten Parametern ab (Risikoaversion (γ), Sharpe-Ratio des Marktportfolios ($\lambda = (\alpha - r)/\sigma$), Höhe des risikolosen Zinses r und der Inflationsrate π sowie der Höhe der Mindestausgaben relativ zum Anfangsvermögens (δ)). Zum anderen beeinflusst die Entwicklung des Marktportfolios direkt die Höhe des im Marktportfolio angelegten Vermögens: eine positive (negative) Entwicklung führt zu einer Zunahme (Abnahme) des im Marktportfolio investierten Vermögens, und zwar sowohl absolut als auch relativ. Die Höhe der optimalen Ausgaben der Stiftung hängt ebenfalls positiv von der Entwicklung des Marktportfolios ab.[92]

Die etwas komplexe Formel für die Höhe der Anlagen $X(t)$, die im Marktportfolio angelegt wird, ist:

$$X(t) = \frac{\lambda}{\sigma\gamma} W(0) \left(\frac{r - \pi - \delta}{r - \pi} \right) \exp\left\{ -\frac{\lambda}{\sigma\gamma}(\alpha - 0.5\sigma^2)t + 0.5\frac{\lambda^2}{\gamma}t \right\} P(t)^{\frac{\lambda}{\sigma\gamma}}. \qquad (12)$$

Aus Gleichung (12) ist ersichtlich, dass ein steigender (fallender) Aktienkurs *P(t)* zu einer Zunahme (Abnahme) der Anlagen im Marktportfolio führt. Die gleiche Aussage trifft auch für das relative Gewicht des Marktportfolios $w(t) \equiv X(t)/W(t)$ zu. Damit kann die Allokationsregel von Bajeux-Besnainou und Ogunc (2006) für *X(t)* als eine spezielle Form einer CPPI-Strategie interpretiert werden.

Zusammenfassend lässt sich feststellen, dass die für Stiftungen relevanten intertemporalen Portfoliooptimierungsansätze von Dybvig (1999), Rudolf und Ziemba (2004) sowie Bajeux-Besnainou und Ogunc (2006) grundsätzlich zu ähnlichen Lösungen führen. Aus allen drei Modellen ergeben sich dynamische Allokationsregeln für das Stiftungsvermögen, bei denen die Investitionen in das Marktportfolio sowie dessen optimales Gewicht umso höher (niedriger) sind, je besser (schlechter) die Performance des Marktportfolios in der Vergangenheit war. Die dahinterstehende ökonomische Begründung ist dabei in allen drei Fällen die gleiche: Eine Zunahme des Wertes des Marktportfolios erhöht das Gesamtvermögen der Stiftung, und zwar absolut und relativ zu den zukünftigen Zahlungsverpflichtungen. Dadurch ist es der Stiftung möglich, eine riskantere Anlagestrategie zu verfolgen und entsprechend einen größeren Anteil ihres Vermögens in das Marktportfolio zu investieren. Bei einem Wertverlust des Vermögens wird entsprechend das Gewicht des Marktportfolios vermindert. Diese prozyklische Anpassung des Gewichtes des Marktportfolios an Veränderungen des Wertes des Marktportfolios in der Vorperiode entspricht der Vorgehensweise bei der Anlagestrategie der Constant Proportion Portfolio Insurance (CPPI).

Die *CPPI-Anlagestrategie* wurde von Black und Perold (1992) theoretisch untersucht und in ihren Eigenschaften analysiert. Die Basisgleichung ist $E_t = \min\{mC_t, bW_t\}$. Dabei bezeichnet E_t die Kapitalanlage im risikobehafteten

---

[92] Weitere Eigenschaften der optimalen Lösung bestehen darin, dass die Portfoliostruktur sowie die Ausgabenquote unabhängig vom Anfangsvermögen sind.

Portfolio; m ist ein Multiplikator, der Werte größer als eins annimmt; C_t ist der sogenannte *Cushion*, definiert als die Differenz zwischen dem aktuellen Wert des Vermögens W_t und den diskontierten zukünftigen Zahlungsverpflichtungen F_t mit $C_t = W_t - F_t$. Der im risikobehafteten Portfolio angelegte Teil des Vermögens verändert sich prozyklisch mit den Schwankungen des Vermögens, wobei immer ein Mehrfaches (m) von C_t investiert wird. F_t wird dagegen zum risikolosen Zins angelegt. Falls sich das Vermögen bis auf den Wert der diskontierten Zahlungsverpflichtungen vermindert, dann wird ab diesem Zeitpunkt nur noch risikolos angelegt, der Wert des Vermögens entspricht in diesem Fall zum Endzeitpunkt exakt den Zahlungsverpflichtungen. Da die Portfolioumschichtungen im Idealfall in stetiger Zeit und ohne Transaktionskosten durchgeführt werden, kann das Vermögen nie den Wert von F_t unterschreiten, F_t wird daher auch als *Floor* bezeichnet. Bei der praktischen Anwendung besteht allerdings das Risiko, dass ein auftretender Kursverlust des risikobehafteten Portfolios so groß ist, dass der Cushion negativ wird. Ein Verlust bezogen auf den Floor kann dann eintreten, wenn ein rechtzeitiger Handel vor Eintritt des Kursrückganges nicht möglich ist. Das entsprechende Risiko wird *Gap-Risiko* genannt.[93]

Der Parameter b kann Werte größer oder gleich eins annehmen. Im Falle von $b=1$ kann maximal der Wert des gesamten Vermögens im risikobehafteten Portfolio angelegt werden, bei Werten von $b>1$ wird ein Wertpapierkredit in Höhe von $b-1$ bezogen auf den Wert des Vermögens aufgenommen, der zusammen mit dem gesamten Vermögen in das risikobehaftete Portfolio investiert wird. Typischerweise wird b bei der Vermögensanlage von Stiftungen einen Wert von 1 nicht überschreiten oder zumindest nur wenig darüber liegen, da sonst möglicherweise die Gefahr besteht, dass ein eingetretener Verlust als Folge einer zu riskanten Spekulation angesehen wird, mit der möglichen Konsequenz einer Haftung des Stiftungsvorstandes für diese Verluste.

Wie weiter oben bei der Beschreibung optimaler dynamischer Strategien dargelegt, ergibt sich bei den meisten dieser Ansätze (vgl. Dybvig, 1999; Rudolf und Ziemba, 2004 sowie Bajeux-Besnainou und Ogunc, 2006) eine dynamische Allokationsregel für die Aufteilung zwischen Marktportfolio und risikoloser Anlage, die große Ähnlichkeit zu einer CPPI-Strategie aufweist. Diese dient dazu, zukünftige Zahlungsverpflichtungen von Stiftungen abzusichern.

Stiftungen, die keine zukünftigen Zahlungsverpflichtungen haben, sondern sich bei ihren Ausgaben ausschließlich an der Höhe der laufenden Erträge orientieren, können im Falle einer Ausrichtung am *realen* Vermögen den von Merton (1993) entwickelten Optimierungsansatz anwenden und durch die Investition in ein geeignetes Hedgeportfolio eine Absicherung gegen Inflationsrisiken anstreben. In diesem Fall ist das Hedgeportfolio so aufgebaut, dass es zukünftige Veränderungen eines relevanten Inflationsindexes möglich gut abbildet. Bei einer reinen

---

93 Balder et al. (2009) gehen ausführlich auf die Analyse des Gap-Risikos ein.

Orientierung am *Nominalwert* des Stiftungsvermögens entfällt hingegen die Anlage in einem Inflations-Hedgeportfolio und die Stiftung investiert ausschließlich in das Marktportfolio und den risikolosen Zins.[94]

C.1.2 Beschreibung der simulierten Anlagestrategien

Im Folgenden werden alle Anlagestrategien beschrieben, die in den Kapiteln D und E.2.3 mittels stochastischer Simulationen empirisch untersucht und bewertet werden.

Die Anlagestrategien sind zum einen *statische Portfoliostrukturen* in ausgewählten Basisanlageklassen (Geldmarkt, Anleihen, Aktien) und zum anderen verschiedene statische und dynamische *Absicherungsstrategien* für den Aktienanteil des Portfolios. Bei den Analysen werden die meisten der Anlageklassen berücksichtigt, in die deutsche gemeinnützige Stiftungen typischerweise investieren. Ein typisches Stiftungsportfolio besteht zum überwiegenden Teil aus Geldmarktanlagen, Anleihen, Aktien und Immobilien.[95] Für die Anlageklasse Immobilien ist allerdings keine repräsentative und hinreichend lange Zeitreihe zur Wertentwicklung verfügbar. Daher kann der Einfluss von Immobilien auf das Anlageportfolio von Stiftungen bei der Durchführung der Simulationen nicht berücksichtigt werden. Das gleiche Argument trifft auch auf Anlage im Bereich Private Equity/Venture Capital sowie strukturierte Produkte und einige andere Anlageobjekte zu. Wie die in Kapitel B.2.3 aufgeführten Schätzungen zur Vermögensstruktur deutscher Stiftungen zeigen, werden durch die Anlagekategorien Geldmarkt, Anleihen und Aktien etwa zwei Drittel bis drei Viertel der Anlagen deutscher Stiftungen abgebildet.

Bei den Simulationen wird generell davon ausgegangen, dass der *Anlagehorizont* ein Jahr beträgt. Die Bewertung der Gewinne und Verluste aus der Vermögensanlage erfolgt daher immer nach Ablauf eines Jahres. Dies entspricht dem üblichen Rhythmus der Rechnungslegung von Stiftungen.[96] Die Ergebnisse der verschiedenen Anlagestrategien werden jeweils für eine *Anlagedauer* von einem Jahr und von fünf Jahren ermittelt. Bei einer Anlagedauer von fünf Jahren wird ebenfalls immer ein Anlagehorizont von einem Jahr zugrunde gelegt, der Effekt auf das Stiftungsvermögen wird dabei allerdings über fünf Jahre kumuliert. Ein Vergleich mit der Vermögensentwicklung nach fünf Jahren mit derjenigen, die nach einem Jahr auftritt, zeigt somit, in welchem Ausmaß solche kumulierenden Effekte auf das Vermögen vorliegen.

Die Wahl einer *maximalen* Anlagedauer von fünf Jahren hat mehrere Gründe. Zum einen wäre es zwar wünschenswert, deutlich längere zukünftige Zeiträume

---

[94] Diese besonders einfache Anlagestrategie ergibt sich auch dann als optimale Strategie, wenn der Investor annimmt, dass sich die Anlagemöglichkeiten (Anlageuniversum, risikoloser Zins, Volatilitäten und Korrelationen, Drift-Parameter, Inflationsrate etc.) im Zeitverlauf nicht verändern. Vgl. Merton (1973: 877 ff).
[95] Vgl. die Angaben zur Vermögensstruktur deutscher Stiftungen in Kapitel B.2.3.
[96] Siehe Seifart und v. Campenhausen (2009: 749f).

zu betrachten, da Stiftungen – außer in Form der Verbrauchsstiftung – auf Dauer angelegt sind und somit auch sehr weit entfernte zukünftige Perioden für eine Anlageentscheidung heute von Belang sein können. Aufgrund der für die Schätzung des Simulationsmodells verfügbaren Datenbasis von knapp 30 Jahren (siehe Kapitel C.2) ist es ratsam, den Simulationszeitraum deutlich unter 30 Jahren enden zu lassen, um die Aussagekraft der historischen Daten und Modellzusammenhänge nicht übermäßig zu strapazieren.[97] Darüber hinaus zeigt ein Vergleich der Ergebnisse für eine Anlagedauer von einem Jahr mit denjenigen für fünf Jahre (siehe Kapitel D), dass sich die Aussagen zur *relativen* Vorteilhaftigkeit in der Regel nur wenig unterscheiden.

Der Anlagehorizont von einem Jahr ist insbesondere wichtig für die korrekte Berücksichtigung der regelmäßigen *Ausschüttungen* sowie der *Thesaurierung von Erträgen*, die bei vielen Stiftungen einmal im Jahr durchgeführt werden. Bei der Thesaurierung der Erträge wird davon ausgegangen, dass 1/3 der laufenden Erträge (Zinsen, Dividenden) jährlich in die freie Rücklage nach § 58 Nr. 7a Hs. 1 AO eingestellt wird. Dies entspricht der maximal möglichen Thesaurierung, die durchgeführt werden kann, ohne die Gemeinnützigkeit zu gefährden. Die anderen 2/3 der laufenden Erträge werden zu Beginn des Folgejahres ausgeschüttet. Die Ergebnisse in Bezug auf die Verteilung der jährlichen Ausschüttungen wird in Kapitel D.4 ausführlich untersucht.

Der Anlagehorizont ist auch für die statischen und dynamischen *Absicherungsstrategien* von großer Bedeutung. Dabei wird angenommen, dass immer nur der Vermögenswert am Ende eines Jahres gesichert werden muss. Dies ist eine realistische Annahme für Stiftungen, da die Erhaltung des Anfangsvermögens nur in größeren diskretionären Abständen, typischerweise im Jahresrhythmus, überprüft wird.[98]

Zur Abbildung der Anlageobjekte werden repräsentative Indizes verwendet. Die Stiftungen setzen eine *passive* Anlagestrategie um, in dem sie in diese Indizes investieren und keine davon abweichende Einzeltitelauswahl betreiben. Mit Ausnahme der CPPI-Strategien wird auch kein Markttiming durchgeführt. Die Bevorzugung passiver Anlagestrategien basiert auf den Erkenntnissen der empirischen Forschung zur Performance von aktiven Investmentfonds, die ganz überwiegend zu dem Ergebnis kommt, dass die risikoadjustierte Performance von Fonds nur ganz selten diejenige passiver Benchmarks übertrifft.[99]

---

[97] Technisch gesehen nimmt die Bedeutung von zukünftigen Parameter- und Modellinstabilitäten mit zunehmendem Simulationshorizont zu. Da diese Unsicherheiten bei den Simulationen aber nicht berücksichtigt werden, sinkt mit zunehmendem Simulationshorizont die Verlässlichkeit der daraus gewonnenen Informationen. Außerdem steigt bei einem Boostrap-Verfahren *mit* Zurücklegen die Gefahr, dass die simulierten Zeitreihen eine künstliche, durch das Verfahren verursachte serielle Korrelation aufweisen. Dies ist ein weiterer Grund, den Simulationszeitraum relativ zur verfügbaren Datenbasis auf einen kleinen Wert festzulegen (vgl. Garratt et al., 2006: 168).

[98] Siehe Seifart und v. Campenhausen (2009: 671ff und 749f).

[99] Wittrock (1996: 402) beispielsweise folgert dies für deutsche offene Investmentfonds, die einen Schwerpunkt auf Aktien haben. Ähnliche Ergebnisse gibt es für US-Investmentfonds. Aus der Fül-

Zu Beginn der empirischen Analysen mit dem Simulationsmodell wird zunächst eine Simulation eines nur im Geldmarkt anlegenden Portfolios durchgeführt (siehe Kapitel D.2.1). Die Ergebnisse können direkt mit denjenigen von Carstensen (1996a, 2003) verglichen werden, der ebenfalls eine reine Geldmarktanlage mit historischen Zeitreihen des deutschen Marktes durchgerechnet hat. Die Geldmarktanlage zeigt die Entwicklung des Stiftungsvermögens, wenn ein Risiko von null bezogen auf das *nominale* Vermögen gewählt wird.

Danach werden Analysen von *statischen Portfoliostrukturen* durchgeführt, bei denen verschiedene Kombinationen von Anleihen und Aktien untersucht werden.[100] Diese Simulationen sollen zeigen, in welchem Maße sich der Portfolioertrag steigern lässt, wenn die Stiftung das *nominale* Risiko schrittweise erhöht. Bei diesen Simulationen werden Portfoliokombinationen zwischen 100% Anleihen/0% Aktien und 0% Anleihen/100% Aktien in Schritten von 10 Prozentpunkten erstellt.[101] Die Analyse der Portfolios bezieht sich auf die Bewertung des Risikos sowie der risikoadjustierten Performance.

Bei den statischen Portfoliostrukturen sind die Gewichte für Aktien und Anleihen in jeder Periode gleich den anfangs gewählten Werten. Im Gegensatz dazu werden bei der als Alternative durchgeführten *Buy-and-Hold-Anlagestrategie* (siehe Kapitel D.2.2) die Portfoliogewichte immer nur zu Beginn eines Jahres auf die gewählte Kombination festgelegt, während sie im Laufe des Jahres in Abhängigkeit von der Performance der Assetklassen von diesen Anfangsgewichten abweichen dürfen. Bei der statischen Strategie werden zu Beginn jedes Quartals[102] die anfänglichen Portfoliogewichte hingegen wieder eingestellt, indem das Gewicht derjenigen Assetklasse, die sich relativ gut entwickelt hat, reduziert wird und das Gewicht der Assetklasse mit der schlechteren Performance entsprechend erhöht wird. Bei der Buy-and-Hold-Strategie bestimmt dagegen die relative Performance der Assetklassen innerhalb eines Jahres über die Höhe der Portfoliogewichte.[103] Wenn sich beispielsweise Aktien im Jahresverlauf besser entwickeln als Anleihen, dann steigt dadurch das relative Gewicht der Aktien am Portfolio. Erst zu Beginn des jeweils nächsten Jahres werden – entsprechend ei-

---

le der Literatur seien drei einflussreiche Arbeiten herausgegriffen: Daniel et al. (1997) finden heraus, dass der durchschnittliche US-Aktienfonds eine relativ begrenzte Outperformance von kleiner als 100 Basispunkten pro Jahr erwirtschaftet und damit gerade die Managementgebühren abdecken kann; Carhart (1997) findet zwar eine gewisse Prognostizierbarkeit zukünftiger Fondsrenditen, aber die meisten US-Fonds verdienen kaum ihre eigenen Managementkosten; Blake et al. (1993) kommen zu dem Ergebnis, dass US-Anleihefonds nicht in der Lage sind, ihre Benchmarks systematisch zu übertreffen.

100 Diese statischen Strategien stehen im Mittelpunkt der Kapitel D.2.1, D.2.3, D.4 und E.2.3.1.
101 Das durch die 10-Prozentpunkt-Schritte abgebildete Raster ermöglicht eine für die untersuchten Fragestellungen hinreichend genau Analyse der Portfoliostrukturen.
102 Das Simulationsmodell wird unter Verwendung von Quartalsdaten geschätzt. Entsprechend werden die Simulationen ebenfalls auf der Basis von Quartalen durchgeführt. Vgl. hierzu auch die Erläuterungen in Kapitel C.2.
103 Siehe beispielsweise Perold und Sharpe (1988: 18).

nem Anlagehorizont von einem Jahr – die zu Beginn gewählten Gewichte wieder eingestellt.

Statische Anlagen und Buy-and-Hold-Strategien dienen in der Literatur häufig als Vergleichsmaßstab für dynamische Anlagestrategien[104] oder die Bewertung der Anlageergebnisse für verschiedene Mischungen von Anlageklassen.

In Kapitel D.2.3 werden die Ergebnisse einer *statischen* Anlagestrategie mit einer *weltweiten* Aktiendiversifikation mit den Resultaten von Kapitel D.2.1 verglichen, die sich auf eine Aktienanlage in deutschen Aktien beziehen. Dieser Vergleich soll einerseits die Verbesserung der Diversifikation bei einer weltweiten Aktienanlage quantifizieren. Andererseits dient die Verwendung der Aktien Welt als Vorbereitung für die Simulationen mit nachhaltigen Kapitalanlagen, deren Ergebnisse in Kapitel E.2.3 dargestellt werden und bei denen der Vergleich zwischen konventionellen *weltweiten* Aktienanlagen und den auf Nachhaltigkeit spezialisierten und ebenfalls *weltweit* ausgerichteten Aktienindizes im Vordergrund steht.

In Kapitel D.3.1 wird das Ergebnis von *Strategien mit Put-Optionen* dargestellt. Die Absicherung der Kapitalanlagen ist aus der Perspektive deutscher gemeinnütziger Stiftungen auch dann naheliegend, wenn keine Zahlungsverpflichtungen zu erfüllen sind, da Stiftungen den Bestand des Vermögens zu erhalten haben. Hierdurch haben Stiftungsmanager einen Anreiz, die Verteilung des zukünftigen Vermögens möglichst rechtsschief zu machen, um dadurch Ausprägungen des Vermögens im Verlustbereich zu reduzieren. Die Verwendung von Put-Optionen zur Portfoliosicherung bietet dafür relativ einfache Möglichkeiten.

Konkret werden *zwei Varianten* der Absicherung mit Put-Optionen untersucht, die besonders einfach umzusetzen sind und den Eindruck einer gewerblichen Vermögensverwaltung vermeiden, da sie nur eine geringe Anzahl an Umschichtungen induzieren.

In beiden Varianten wird das am Anfang jedes Jahres vorhandene Vermögen vollständig abgesichert. Der Absicherungshorizont beträgt jeweils ein Jahr und die Put-Optionen verfallen am Ende des Jahres. Diese Vorgehensweise passt sehr gut zu den Anforderungen, die an Stiftungen gestellt werden, da die Sicherung des Vermögens nur im Jahresrhythmus vorzuliegen hat (vgl. Fußnote 98). Unterjährige Vermögensverluste sind somit dann irrelevant, wenn ein Verlustausgleich zum Ende des Jahres erreicht werden kann und zwischenzeitliche Verluste keinen Einfluss auf die laufenden Erträge haben.

Bei *Variante 1* wird angenommen, dass am Anfang jedes Jahres das vorhandene nominale Vermögen vollständig mit Put-Optionen abgesichert wird. Diese Absicherung umfasst nur das Vermögen, nicht hingegen den Wert der Put-Optionen selbst. Der Ausübungskurs entspricht immer dem Vermögen bei Kauf

---

104 Vgl. Rendleman und McEnally (1987), Perold und Sharpe (1988), Benninga (1990), Do (2002), Zimmerer und Meyer (2006) zum Vergleich verschiedener Anlagestrategien wie statische Anlage, Buy-and-Hold-Strategie, CPPI, Stopp-Loss sowie Absicherung mit Put-Optionen.

der Option, es handelt sich also um *At-the-money-Optionen*. Bei dieser Vorgehensweise kann nach einem Jahr ein maximaler Verlust in Höhe der Optionsprämien eintreten. Diese Vorgehensweise wird als *Protective Put* bezeichnet.[105]

Bei *Variante 2* wird eine sogenannte Wertsicherungsstrategie durchgeführt. Dies bedeutet, dass der Ausübungskurs der Put-Optionen so gewählt wird, dass das Vermögen *inklusive* der Optionsprämien abgesichert ist. Bei dieser Vorgehensweise wird das nominale Vermögen immer erhalten, ein Verlust im Sinne einer Verminderung des nominalen Vermögens tritt nicht auf. Für die Berechnung der Optionspreise wird für diese sowie die erste Variante die Black-Scholes-Formel verwendet.[106]

Die Anwendung der *Constant Proportion Portfolio Insurance (CPPI)*-Methode[107] und ihre empirische Analyse stehen im Mittelpunkt von Kapitel D.3.2. Der Floor F_t ist dabei definiert als das Vermögen zu Beginn des Jahres, diskontiert mit dem Einjahreszins, der bei allen Analysen als risikoloser Zins fungiert: $F_t = V_t/(1+r_t)$. Die Differenz zwischen dem aktuellen Vermögen und dem Floor (also der *Cushion* C_t), multipliziert mit dem festgelegten Faktor m, ergibt die in Aktien zu investierende Vermögenssumme. Der Floor wird dagegen zum risikolosen Zins angelegt. Die Anpassung der Höhe der Aktienanlagen an Veränderungen des Cushion C_t erfolgt quartalsweise. Durch diese relativ niedrige Handelsfrequenz soll der Orientierung von Stiftungen an eher längerfristig ausgerichteten Anlagestrategien Rechnung getragen werden. Bei quartalsweiser Anpassung sind auch die Transaktionskosten dieser Absicherungsmethode vernachlässigbar gering. Allerdings erhöht die nur vier Mal im Jahr vorgenommene Anpassung das Gap-Risiko, also das Risiko, dass der Floor unterschritten wird und somit am Ende des Jahres ein Vermögensverlust in Bezug auf den Wert des Vermögens zu Beginn des Jahres eintritt.

Die Ergebnisse der CPPI-Strategie werden sowohl mit einer statischen Anlagestruktur als auch mit der Absicherung des Vermögens mittels Put-Optionen verglichen.

Die Variation des Multiplikators m sowie der Obergrenze für die Aktienanlagen (Parameter b) zeigt darüber hinaus, wie sensitiv die Ergebnisse der CPPI-Strategie in Bezug auf die konkrete Umsetzung reagieren. Da die Differenz zwischen Vermögen und Floor zu Jahresbeginn bei der gewählten Vorgehensweise mit $C_t = V_t - F_t = V_t - [V_t/(1+r_t)] = V_t r_t/(1+r_t)$ relativ klein ist, werden in den Simulationsexperimenten teilweise auch sehr große Werte für den Multiplikator von 10, 15 und sogar 40 verwendet, um einen größeren durchschnittlichen Investiti-

---

[105] Vgl. Steiner und Bruns (2007: 397f).
[106] Vgl. beispielsweise Hull (2005: 295ff). Zu weiteren Details siehe Kapitel D.3.1.
[107] Siehe Kapitel C.1.1 für eine Motivation dieser Anlagestrategie und die Beschreibung der prinzipiellen Vorgehensweise.

onsgrad für die Aktienanlagen zu erzielen und die Strategie umfassend zu untersuchen.[108]

Die im Rahmen der Simulationen in den Kapiteln D und E.2.3 untersuchten Strategien der Vermögensanlage von Stiftungen berücksichtigen zum einen die für gemeinnützige Stiftungen geltenden Anlagerichtlinien. Zum anderen werden, wie im Falle der CPPI-Strategie, Verbindungen zu den Ergebnissen der theoretischen Literatur hergestellt. Beide Absicherungsmethoden – der Einsatz von Put-Optionen sowie die CPPI – sind insbesondere für Investoren mit relativ hoher Risikoaversion geeignet und können daher für deutsche Stiftungen sinnvolle Strategien darstellen.

Bezüglich der *Transaktionskosten* wird angenommen, dass das Portfolio-Management von einem externen Vermögensverwalter durchgeführt wird, auf Basis einer sogenannten *all-in fee*. Dies ist ein pauschales Entgelt, das als Bruchteil des Vermögens definiert wird und alle im Rahmen der Vermögensverwaltung anfallenden Kosten abdeckt. Durch diese Annahme entfallen die Berücksichtigung von variablen Transaktionskosten sowie eine Differenzierung der Kosten nach verschiedenen Anlageobjekten und Finanzinstrumenten. Da die *all-in fee* pauschal vom Vermögen abgezogen wird und für alle Portfolios die gleiche *all-in fee* unterstellt wird, beeinflusst sie auch nicht den Vergleich der Performance oder des Risikos der verschiedenen untersuchten Anlagestrategien.

Bei der *Bewertung* der aus den statischen und dynamischen Anlagemethoden resultierenden Vermögensverteilungen werden Risiko- und Performancemaße verwendet, die speziell das sogenannte Downside-Risiko abbilden. Dadurch wird *Risiko* mit der für Stiftungen besonders gut geeigneten Definition als *Unterschreitung des Anfangsvermögens* gemessen. Der Einfluss der Inflation auf die Bewertung der Anlagestrategien wird speziell durch die Analyse der *realen* Vermögensverteilungen ermittelt. Mit diesem Instrumentarium werden die verschiedenen Anlagestrategien auf eine für gemeinnützige Stiftungen adäquate Weise untersucht und bewertet.[109]

C.2   Das Simulationsmodell

Die empirischen Untersuchungen, die in den folgenden Kapiteln dargestellt werden, beruhen zu einem großen Teil auf der Simulation der im vorangegangenen Kapitel C.1.2 beschriebenen Anlagestrategien. Basis dieser *stochastischen Simulationen*, deren Ergebnisse in den Kapiteln D und E.2.3 beschrieben werden, ist ein ökonometrisches Modell, das die stochastischen Eigenschaften der rele-

---

108 Die in der Literatur verwendeten Werte für den Multiplikator liegen in der Regel zwischen 1 und 8 (siehe etwa Zimmerer, 2006 sowie Zimmerer und Meyer, 2006), allerdings ist üblicherweise auch der Cushion C deutlich höher, sodass sich auch bei Multiplikatorwerten deutlich unter 10 durchschnittliche Investitionsquoten im Aktienportfolio von über 40% ergeben.

109 Eine ausführliche Darstellung der Theorie der Downside-Risk-Maße sowie der konkreten Risiko- und Performancemaße, die für die Analysen verwendet werden, erfolgt in Kapitel C.3.

vanten Kapitalmarktvariablen (Zinsen, Aktienindizes, Inflation, Dividendenrenditen) adäquat abbildet. Es handelt sich dabei um ein sogenanntes *Vector Error Correction*-Modell, das sowohl langfristige Zusammenhänge zwischen den Variablen erfasst, als auch die kurzfristige Dynamik abbildet. Mit diesem Modell, das in Kapitel C.2.2 entwickelt und diskutiert wird, werden bei jeder Simulation 10000 zukünftige Entwicklungspfade dieser Zeitreihen durch Zufallsziehungen aus den Residuen des Modells ermittelt. Die 10000 Entwicklungspfade dienen wiederum dazu, die verschiedenen statischen und dynamischen Anlagestrategien umzusetzen und die Vermögens- und Ausschüttungswerte, die aus den Anlagestrategien resultieren, zu berechnen. Diese Vorgehensweise erlaubt es, die Konsequenzen bestimmter Anlagestrategien auf die Verteilung der Stiftungsvermögen und der Ausschüttungen abzubilden. Das hier gewählte Konzept zur Ermittlung zukünftiger Entwicklungspfade der Modellvariablen wird auch für die Bewertung und Anwendung makroökonomischer Modelle eingesetzt und ist ebenfalls Teil der sogenannten Dynamic Financial Analysis (DFA), die für die Analyse zukünftiger Erträge und Risiken strategischer Entscheidungen in der Versicherungswirtschaft Verwendung findet.[110]

Im Anschluss an die Simulationen werden die Vermögens- und Ausschüttungsverteilungen analysiert und aus Sicht gemeinnütziger Stiftungen bewertet. Dafür stehen jeweils 10000 simulierte Werte zur Verfügung, sodass die Bewertung der Anlagestrategien nicht nur auf Mittelwert und Varianz aufbaut, sondern die gesamte Verteilung inklusive der höheren Momente wie etwa Schiefe und Kurtosis berücksichtigt.

Im nächsten Kapitel werden zunächst die relevanten Eigenschaften der verwendeten Zeitreihen untersucht, insbesondere wird geprüft, ob die Zeitreihen als stationär oder nichtstationär anzusehen sind. Kapitel C.2.2 widmet sich anschließend der Konstruktion und Beschreibung des ökonometrischen Simulationsmodells.

C.2.1 Eigenschaften der verwendeten Zeitreihen

Das ökonometrische Modell, das für die Simulationen verwendet wird, berücksichtigt die wichtigsten Zeitreihen, die für die Berechnung der Vermögensverteilungen und der Ausschüttungen von Stiftungen von Bedeutung sind. Mit Ausnahme von Immobilien werden dabei alle relevanten Anlagearten modelliert. Dies sind der Geldmarkt, der deutsche bzw. – ab Beginn der Europäischen Wäh-

---

[110] Zur Anwendung im Bereich makroökonomischer Modelle siehe Garratt et al. (2006) sowie Knüppel und Tödter (2007). Eine kurze Beschreibung des hier gewählten Simulationsansatzes findet sich dort auf Seite 165 sowie in Knüppel und Tödter (2007: 18). Einen Überblick zu Methodik und Anwendungen der Dynamic Financial Analysis (DFA) bieten Blum und Dacorogna (2004) sowie Eling und Parnitzke (2007). Basis der DFA ist die Erstellung eines geeigneten stochastischen Simulationsmodells, mit dem die Wirkungen von Unternehmensstrategien (vor allem im Bereich der Versicherungswirtschaft) auf Kapitalanlagen und Zahlungsverpflichtungen simuliert werden (vgl. Blum und Dacorogna, 2004: 2f).

rungsunion – der europäische Anleihemarkt sowie der deutsche Aktienmarkt. In Kapitel D.2.3 werden zur Quantifizierung der Vorteile einer weltweiten Diversifikation ergänzend Simulationen mit einem weltweiten Aktienindex durchgeführt.

Die nachfolgenden 2 Tabellen fassen die wichtigsten Informationen der verwendeten Zeitreihen zusammen. Tabelle 2 gibt dabei die originären Zeitreihen, die jeweilige Quelle und wichtigsten Charakteristika dieser Zeitreihen wieder. In Tabelle 3 werden die aus diesen Ursprungszeitreihen berechneten Zeitreihen aufgeführt sowie die bei der Konstruktion dieser Zeitreihen angewandte Vorgehensweise skizziert.

Tabelle 2:   Überblick zu den originären Zeitreihen

Bezeichnung	Quelle	Eigenschaften
Aktienindex Deutschland	Morgan Stanley Capital International (MSCI)	Preisindex und Total-Return Index
Aktienindex Welt	Morgan Stanley Capital International (MSCI)	Preisindex und Total-Return Index
Anleiheindex Deutsche Anleihen (bis Dez. 2000)	Anleihe- und Zinssegment der Deutschen Finanzdatenbank, Lehrstuhl für Finanzierung, Prof. Dr. Bühler, Universität Mannheim	Preisindex und Total-Return Index, Staatsanleihen, alle Laufzeiten
Anleiheindex Eurogebiet (ab Jan. 1999)	iBoxx, Deutsche Börse Gruppe	Preisindex und Total-Return Index, Staatsanleihen, alle Laufzeiten
Einjahreszins	Deutsche Bundesbank	Zins einer Nullkuponanleihe, berechnet nach der Svensson-Methode[111]
Verbraucherpreisindex	Statistisches Bundesamt	Saisonbereinigt, Verknüpfung der Indizes West-Deutschland und Deutschland ab Januar 1991

Anmerkungen: Alle Zeitreihen in Euro, verwendeter Zeitraum jeweils ab Januar 1975, Quartalsdaten.

Bei allen diesen Anlagearten werden die Ausschüttungen an die Investoren – Dividenden und Zinszahlungen – getrennt von der Preisentwicklung modelliert, damit die für Stiftungen wichtigen *laufenden Erträge* separat von der Vermögensentwicklung erfasst werden können. Da gemeinnützige Stiftungen von der Körperschaftsteuer befreit sind, müssen sie auf die laufenden Erträge aus der Vermögensverwaltung, also hier die Zins- und Dividendeneinnahmen, keine Steuern entrichten. Von den auf Basis von Geldmarktzins sowie Anleihe- und

---

[111] Informationen zu der angewandten Methodik bei der Berechnung der Zinsstrukturkurve finden sich in Svensson (1994) und Deutsche Bundesbank (1997).

Dividendenrenditen errechneten laufenden Erträge der Stiftungen sind somit keine steuerlich bedingten Abzüge mehr durchzuführen: Die Nettoerträge der Stiftungen sind identisch mit den Bruttoerträgen.

Die Ablaufrenditen der Anleihen sowie die Dividendenrenditen der Aktien werden aus den Total-Return- und Preisindizes der jeweiligen Anlagen – Anleihen, Aktien Deutschland, Aktien Welt – entsprechend der folgenden Formel berechnet: $X_t = [\log(TRI_t / PI_t) - \log(TRI_{t-4} / PI_{t-4})]$. Dabei bezeichnet TRI die Total-Return-Indizes, die alle Zahlungen an den Investor enthalten, PI die Preisindizes, die nur die Kursveränderungen abbilden, und X_t die Ablaufrendite der Anleihen bzw. die Dividendenrenditen. Da die Relation (TRI_t / PI_t) einen Index der Zahlungen an den Investor darstellt, lässt sich durch Berechnung der logarithmischen Differenz zum Vorjahr aus diesem Index die gesuchte Rendite X_t ermitteln.

Tabelle 3: Überblick zu den berechneten Zeitreihen

Bezeichnung	Berechnung
Dividendenrendite Deutschland	Ermittelt aus Total-Return Index und Preisindex der Aktien: Veränderungsrate zum Vorjahr der Relation (Total-Return Index / Preisindex)
Dividendenrendite Welt	Siehe oben
Anleiheindex Staatsanleihen	Verknüpfung der Anleiheindizes für Deutschland und Eurogebiet ab Januar 1999
Anleiherendite	Ermittelt aus Total-Return Index und Preisindex der Anleihen: Veränderungsrate zum Vorjahr der Relation (Total-Return Index / Preisindex)
Volatilität Aktien Deutschland	Gleitender 12-Monats-Durchschnitt der quadrierten und mittelwertbereinigten log-Returns des Preisindexes der Aktien, siehe Hull (2005: 286ff)
Volatilität Aktien Welt	Siehe oben
Inflationsrate	Veränderungsrate des logarithmierten Verbraucherpreisindexes zum Vorjahr: log (Index(t))-log(Index(t-4))
Log-Returns der Preisindizes der Aktien	log (Index(t))-log (Index(t-1))

Anmerkungen: Alle Zeitreihen in Euro, verwendeter Zeitraum jeweils ab Januar 1975, Quartalsdaten.

Zur Abbildung der Wertentwicklung von *Anleihen* werden für den Zeitraum Januar 1975 bis Dezember 2000 die Preis- und Total-Return-Indizes des Anleihe- und Zinssegments der Deutschen Finanzdatenbank verwendet.[112] Diese Indizes umfassen alle im entsprechenden Zeitraum börsengehandelten Anleihen des

---

[112] Ich möchte mich an dieser Stelle bei Professor Bühler, Lehrstuhl für Finanzierung, Universität Mannheim, für die Zurverfügungstellung dieser Indizes bedanken.

Bundes.[113] Für den Zeitraum ab Januar 2001 werden die iBoxx € Sovereigns-Indizes für das Eurogebiet verwendet.[114] Durch die Verknüpfung beider Indizes wird angenommen, dass die Stiftungen bis Dezember 2000 nur in *deutschen* Anleihen anlegen und ab 2001 ihr Anleiheportfolio im *Eurogebiet* diversifizieren.[115]

Die Wertentwicklung der *Aktien Deutschland* und *Welt* wird durch die entsprechenden Preis- und Total-Return-Indizes von MSCI abgebildet.[116]

Zur Bewertung der Put-Optionen werden die *Volatilitätszeitreihen* der Aktienindizes für Deutschland und Welt im Modell verwendet. Die Volatilitätszeitreihen werden als gleitender 12-Monats-Durchschnitt der quadrierten und mittelwertbereinigten log-Returns des Preisindexes der Aktien berechnet (siehe Hull, 2005: 286ff).

Ein Index der *Verbraucherpreise* für Deutschland dient dazu, die reale Entwicklung der laufenden Erträge und des Vermögens zu berechnen. Dies geschieht aus der Perspektive derjenigen, denen die Ausschüttungen der Stiftungen zugutekommen. Zur Abbildung der Preisentwicklung wird der breit ausgerichtete Verbraucherpreisindex verwendet, der vom Statistischen Bundesamt ermittelt wird. Er berücksichtigt die durchschnittliche Preisveränderung aller Waren und Dienstleistungen gegenüber dem Basisjahr, die von privaten Haushalten für Konsumzwecke gekauft bzw. verbraucht werden.

Vor der Verwendung der Zeitreihen in einem ökonometrischen Modell sollte ermittelt werden, ob die einzelnen Zeitreihen als *stationär* oder *nichtstationär* anzusehen sind, damit ein für die jeweiligen Stationaritätseigenschaften adäquates Modell festgelegt werden kann. Zu diesem Zweck werden zwei häufig verwendete Testverfahren durchgeführt: der Augmented Dickey-Fuller (ADF)-Test und der Philips-Perron-Test.[117]

---

113 Einschließlich Bundesobligationen, Anleihen der Treuhand, des Fonds Deutsche Einheit, des ERP-Sondervermögens sowie Bundesschatzanweisungen. Außerdem sind alle Anleihen der Bundesbahn und der Bundespost enthalten.

114 Diese Total-Return- und Preisindizes umfassen alle Staatsanleihen des Eurogebietes mit einer Restlaufzeit von mindestens einem Jahr und einem ausstehenden Volumen von mindestens 2 Mrd. Euro. Die iBoxx Sovereigns-Indizes wurden am 13.12.2000 aufgelegt. Für weitere Informationen siehe den Index Guide zur iBoxx EUR Benchmark Index Family, der als Download auf der website der Deutsche Börse Group (www.deutsche-boerse.com) bereitgestellt wird.

115 Ein Test auf Strukturbruch für den Zeitpunkt Januar 2001 konnte die Nullhypothese eines einheitlichen stochastischen Prozesses für die verknüpften Anleiheindizes nicht verwerfen. Daher scheint die Verknüpfung der deutschen Anleiheindizes mit den iBoxx-Indizes aus statistischer Sicht unproblematisch zu sein.

116 Die Länderindizes von MSCI erfassen etwa 85% der Marktkapitalisierung. Der Welt-Index besteht derzeit aus folgenden 23 Ländern: Australien, Belgien, Dänemark, Deutschland, Finnland, Frankreich, Griechenland, Großbritannien, Hong Kong, Irland, Italien, Japan, Kanada, Niederlande, Neuseeland, Norwegen, Österreich, Portugal, Schweden, Schweiz, Singapur, Spanien und den Vereinigten Staaten. Die Total-Return-Indizes umfassen alle Dividendenzahlungen, die an die Investoren ausgeschüttet werden (Gross Dividends Reinvested). Weitere Informationen zu den Indizes sind auf der website von MSCI Barra verfügbar: www.mscibarra.com.

117 Eine ausführliche Beschreibung der beiden Tests findet sich beispielsweise in Kirchgässner und Wolters (2007: Kapitel 5.3).

Tabelle 4: Ergebnisse des Augmented Dickey-Fuller (ADF)-Tests

Variable	Konstante und Trend	Nur Konstante	Ohne deterministische Terme	Ergebnis
Aktienindex Deutschland	-2,843 (0)	-1,682 (0)	1,695 (0)	I(1)
Differenz	-5,708 *** (4)	-5,673*** (4)	-5,305*** (4)	I(0)
Aktienindex Welt	-2,847 (0)	-2,049 (2)	2,169 (2)	I(1)
Differenz	-9,190*** (1)	-9,063*** (1)	-8,559*** (1)	I(0)
Dividendenrendite Deutschland	-1,012 (6)	-1,904 (6)	0,602 (6)	I(1)
Differenz	-5,002*** (5)	-4,741*** (5)	-4,685*** (5)	I(0)
Dividendenrendite Welt	-2,299 (7)	-1,524 (7)	1,137 (5)	I(1)
Differenz	-4,734*** (4)	-4,746*** (4)	-4,607*** (4)	I(0)
Volatilität Aktien Deutschland	-3,382* (4)	-2,882* (4)	0,055 (8)	I(0)
Differenz	-5,944*** (7)	-5,956*** (7)	-5,956*** (7)	I(0)
Volatilität Aktien Welt	-4,360*** (6)	-4,318*** (6)	0,324 (8)	I(0)
Differenz	-5,988*** (7)	-6,036*** (7)	-6,019*** (7)	I(0)
Anleiheindex	-3,584** (3)	-2,747* (3)	0,583 (1)	I(0)
Differenz	-9,454*** (0)	-9,484*** (0)	-9,491*** (0)	I(0)
Anleiherendite	-1,397 (17)	2,089 (24)	1,584 (17)	I(1)
Differenz	-3,926** (23)	-2,615* (16)	-2,126** (16)	I(0)
Einjahreszins	-3,050 (3)	-2,302 (3)	-0,144 (4)	I(1)
Differenz	-4,884*** (3)	-4,876*** (3)	-4,913*** (3)	I(0)
Inflationsrate	-2,724 (12)	-2,185 (12)	-1,539 (12)	I(1)
Differenz	-4,086*** (11)	-4,075*** (11)	-4,048*** (11)	I(0)

Anmerkungen: Zeitraum 1. Quartal 1975 bis 2. Quartal 2006; alle Variablen (Niveauwerte) logarithmiert, außer der Inflationsrate; die erste Zeile gibt die Teststatistiken für die Niveauwerte an, die Zeile darunter diejenige für die ersten Differenzen; Zahlen in ( ) unter den Teststatistiken geben die optimale Laganzahl nach dem Akaike-Informationskriterium (AIC) an, die für den Test verwendet wurden. Signifikante Teststatistiken haben folgende Irrtumswahrscheinlichkeiten: *** = 1%, ** = 5%, * = 10%; I(1) bedeutet nichtstationär, I(0) bedeutet stationär.

Tabelle 5: Ergebnisse des Philips-Perron (PP)-Tests

Variable	Konstante und Trend	Konstante	Ohne deterministische Terme	Ergebnis
Aktien D	-3,121 (4)	-1,690 (4)	1,659 (4)	I(1)
	-10,704*** (4)	-10,706*** (4)	-10,477*** (5)	I(0)
Aktien W	-3,145 (5)	-2,072 (3)	2,072 (2)	I(1)
	-10,482*** (1)	-10,384*** (2)	-10,033*** (3)	I(0)
Dividendenrendite D	-1,529 (3)	-2,020 (1)	0,560 (1)	I(1)
	-3,735** (34)	-3,784*** (31)	-3,859*** (31)	I(0)
Dividendenrendite W	-1,441 (5)	-1,211 (5)	0,934 (6)	I(1)
	-4,735*** (7)	-4,738*** (7)	-4,640*** (7)	I(0)
Volatilität D	-3,505** (5)	-3,080** (5)	-0,243 (9)	I(0)
	-8,404*** (14)	-8,459*** (14)	-8,508*** (14)	I(0)
Volatilität W	-3,770** (7)	-3,777*** (7)	0,235 (18)	I(0)
	-11,443*** (24)	-11,563*** (24)	-11,567*** (24)	I(0)
Anleiheindex	-2,969 (5)	-2,428 (5)	0,664 (3)	I(1)
	-9,411*** (3)	-9,441*** (2)	-9,489*** (3)	I(0)
Anleihezins	-1,325 (5)	0,161 (5)	2,123 (5)	I(1)
	-7,044*** (2)	-7,011*** (2)	-6,646*** (0)	I(0)
Einjahreszins	-2,361 (5)	-1,782 (5)	0,155 (4)	I(1)
	-8,740*** (3)	-8,771*** (3)	-8,800*** (3)	I(0)
Inflation	-2,610 (5)	-2,483 (6)	-1,761* (7)	I(0)
	-10,803*** (10)	-10,822*** (9)	-10,844*** (9)	I(0)

Anmerkungen: Zeitraum 1. Quartal 1975 bis 2. Quartal 2006; alle Variablen (Niveauwerte) logarithmiert, außer der Inflationsrate; die erste Zeile gibt die Teststatistiken für die Niveauwerte an, die Zeile darunter diejenige für die ersten Differenzen; Zahlen in ( ) unter den Teststatistiken geben die optimale Bandbreite nach dem Verfahren von Newey und West (1994) an, die für den Test verwendet wurde. Der Test wurde unter Anwendung eines Bartlett-Kerndichteschätzers durchgeführt. Signifikante Teststatistiken haben folgende Irrtumswahrscheinlichkeiten: *** = 1%, ** = 5%, * = 10%; I(1) bedeutet nichtstationär, I(0) bedeutet stationär.

Beide Tests haben die *Nullhypothese „nichtstationär"*. Es werden *zwei* Tests durchgeführt, um die Aussagekraft der Testergebnisse zu verbessern und auf eine verlässlichere Grundlage zu stellen.

Während bei dem ADF-Test die Autokorrelation der Fehlerterme über die Hinzunahme von verzögerten Werten der ersten Differenzen der untersuchten Zeitreihe durchgeführt wird, geschieht dies beim Philips-Perron-Test durch eine nichtparametrische Schätzung der Varianz dieser Zeitreihe.[118] Für die Durchführung des ADF-Tests wird die optimale Laganzahl der Testgleichung mittels des Akaike-Informationskriteriums (AIC) ermittelt,[119] bei der Anwendung des Philips-Perron-Tests wird die optimale Bandbreite des dabei verwendeten Bartlettfensters nach dem Verfahren von Newey und West (1994) bestimmt.

Die Tests werden auf Basis von Quartalsdaten durchgeführt, da auch das ökonometrische Modell mit Quartalsdaten geschätzt werden soll.[120] Alle Variablen, mit Ausnahme der Inflationsrate, werden in der logarithmierten Form $\log(X_t)$ getestet, genauso wie sie auch im Schätzmodell verwendet werden. Die Inflationsrate ist definiert als Differenz des logarithmierten Verbraucherpreisindexes zum Vorjahr: $\log(CPI_t) - \log(CPI_{t-4})$. Die Ergebnisse der beiden Testverfahren sind sehr ähnlich (vgl. die Tabellen 4 und 5). Bei den Aktienindizes, den Dividendenrenditen und den Zinsen ergibt sich jeweils, dass die Niveauwerte nichtstationär (I(1)) und die ersten Differenzen stationär (I(0)) sind. Die Volatilitätszeitreihen der Aktienindizes sind erwartungsgemäß schon als Niveauwerte stationär.

Allerdings gibt es bezüglich des Anleiheindexes und der Inflationsrate kein klares Resultat: der eine Test weist die Niveauwerte als stationär, der andere als nichtstationär aus. Da Kapitalmarktindizes sowie die Inflationsrate in der Literatur üblicherweise als nichtstationär angesehen werden, kann bei der Modellkonstruktion versuchsweise angenommen werden, dass die Niveauwerte beider Zeitreihen jeweils nichtstationär sind. Dies stellt im Rahmen eines *Vector Error Correction*-Modells, das im folgenden Kapitel als Basis für die Modellbildung dient, keine Vorentscheidung bezüglich der Schätzergebnisse dar, sondern kann im Laufe des Modellierungsprozesses weiter untersucht und angepasst werden.

C.2.2 Beschreibung des ökonometrischen Simulationsmodells

Die Tests der Nullhypothese „Nichtstationarität" im vorangegangen Kapitel haben gezeigt, dass die meisten der für die Modellbildung vorgesehenen Zeitreihen in den Niveauwerten als *nichtstationär* charakterisierbar sind. Daher ist die Verwendung eines *Vector Error Correction* (VEC)-Modells für die Modellbildung besonders geeignet, da dieser Modellansatz sowohl die vorhandenen langfristigen

---

118 Siehe Kirchgässner und Wolters (2007: 171f).
119 Das AIC ist dafür bekannt, dass es bei asymptotischer Betrachtung zu einer Überschätzung der Laglänge führt, was für die Duchführung des ADF-Tests von Vorteil sein kann, da dadurch eine vorhandene Autokorrelation der Störterme mit größerer Wahrscheinlichkeit beseitigt wird. Siehe hierzu sowie die Berechnung des AIC zum Beispiel Kirchgässner und Wolters (2007: 56f).
120 Die Entscheidung, das Modell mit Quartalsdaten statt Monatsdaten zu schätzen, hat vor allem den Grund, dass Quartalsdaten weniger volatil sind als Monatsdaten und eine bessere Identifizierung der relevanten Lagstrukturen erlauben. Da die mit dem Modell durchgeführten Prognosen einen Out-of-sample-Bereich von ein bis fünf Jahren betreffen, könnten auch Jahresdaten verwendet werden, die eine noch geringere Volatilität aufweisen. Allerdings wären dann keine quartalsweisen Portfolioumschichtungen bei der CPPI-Strategie möglich, sodass diese Strategie nicht umgesetzt werden könnte.

Zusammenhänge (im Sinne von *Kointegration*) als auch die kurzfristige Dynamik der Zeitreihen berücksichtigt. Für den Fall, dass keine Kointegration besteht, ist das VEC-Modell identisch mit einem *Vektor-Autoregressiven* (VAR)-Modell, das die Kurzfristdynamik der einbezogenen Zeitreihen abbildet.[121] In diesem von Sims (1980) entwickelten Modellansatz sind alle Variablen endogen. Das bedeutet, dass jede Variable im Prinzip von allen anderen Variablen (und deren verzögerten Werten) erklärt wird und wiederum zu deren Erklärung beitragen kann. Die allgemeine Form eines VAR-Modells legt den Daten somit keine Restriktionen auf und stellt im Wesentlichen eine Umformulierung der Kovarianzstruktur der Daten dar.[122] Tests auf Granger-Kausalität können dazu verwendet werden, die Ursache-Wirkungs-Zusammenhänge zwischen den Variablen weiter zu untersuchen.[123]

Ein *Vector Error Correction*-Modell ist eine besondere Form eines VAR-Modells für nichtstationäre Variablen, bei dem den Daten spezielle Restriktionen, die Kointegrationsbeziehungen, auferlegt werden.[124] Bei einem VECM ist es allerdings nicht notwendig, dass alle endogenen Zeitreihen nichtstationär sind. Daher können auch der Anleiheindex sowie die Inflationsrate, für die auf Basis der Nichtstationaritätstests kein klares Ergebnis ermittelt werden konnte, sowie die stationären Volatilitätszeitreihen in die Kointegrationsbeziehung aufgenommen werden. Mit Hilfe von anschließenden Parametertests kann ermittelt werden, ob diese Zeitreihen für die langfristigen Gleichgewichtsbeziehungen tatsächlich eine Rolle spielen.

Das VEC-Modell hat die folgende allgemeine Struktur:[125]

$$\Delta x_t = \Gamma_1 \Delta x_{t-1} + \ldots + \Gamma_{k-1} \Delta x_{t-k+1} + \alpha \beta' x_{t-1} + \mu + \varepsilon_t. \tag{13}$$

In dieser Gleichung bezeichnet x_t den Vektor der im Modell berücksichtigten sieben endogenen Zeitreihen. Dies sind der Anleihe-Preisindex, der Aktien-Preisindex für Deutschland, die Dividendenrendite sowie die Volatilität der Aktien Deutschland, der Anleihekupon, der Einjahreszins und die Inflationsrate. Alle Variablen beziehen sich auf Deutschland bzw. im Falle des Anleiheindexes auch teilweise auf das Eurogebiet. Mit Ausnahme der Inflationsrate werden alle Zeitreihen in der Form $\log(X_t)$ verwendet.

Die Zeitreihen, die sich auf Aktien Welt beziehen – der Aktien-Preisindex, die Dividendenrendite sowie die Volatilität – werden nicht in das VEC-Modell aufgenommen, da nicht zu erwarten ist, dass zwischen diesen Zeitreihen und den sich auf Deutschland beziehenden Variablen eine Kointegrationsbeziehung besteht. Dies wird auch durch Kointegrationstests, bei denen alle Variablen zusammen verwendet werden, bestätigt.

---

121 Eine umfassende Darstellung von VAR-Modellen bietet Lütkepohl (2005).
122 Vgl. Juselius (2006: 46).
123 Siehe zum Beispiel Lütkepohl (2005: 102ff).
124 Vgl. Juselius (2006: 79ff) und Lütkepohl (2005: Kapitel 6.3).
125 Vgl. beispielsweise Juselius (2006: 80) und Lütkepohl (2005: 248).

In der obigen Gleichung (13) ist Δx_t der Vektor der ersten Differenzen der endogenen Zeitreihen. Die Matrizen Γ_i enthalten die Parameter der kurzfristigen Dynamik für die Lags 1 bis $(k+1)$. Die Parameter der Langfristbeziehungen sind in $\alpha\beta'$ enthalten, wobei Matrix β' die Koeffizienten der Kointegrationsgleichungen angibt und Matrix α die Anpassungsgeschwindigkeit an die jeweiligen Gleichgewichtsbeziehungen. μ enthält die deterministischen Terme, also Konstante und linearen Trend, die gegebenenfalls in die Gleichungen aufgenommen werden.

Der Test auf Kointegration zwischen den sieben endogenen Variablen wird mit dem von Johansen entwickelten Verfahren durchgeführt.[126] Für die Durchführung des Tests ist es notwendig, die Anzahl der Lags k sowie die Art der deterministischen Terme μ festzulegen. Für die Bestimmung der Laganzahl wird in der Regel ein Informationskriterium wie beispielsweise das Akaike-Informationskriterium (AIC) oder das Schwarz-Informationskriterium (SC) verwendet.[127] Als optimale Laganzahl des Gesamtmodells ergibt sich nach dem AIC ein Wert von 7, bei Verwendung des SC ein Wert von lediglich 1, jeweils in den Niveauwerten. Das Modell in den ersten Differenzen weist bei einer Laglänge von 1 entsprechend Formel (13) keinen Lag in den ersten Differenzen auf $((-k+1) = 0)$, sodass auch keine Kurzfristdynamik im Modell abgebildet wird. Diese Modellspezifikation dürfte nicht adäquat sein, um die dynamischen Eigenschaften der Zeitreihen abzubilden, und wird daher nicht weiter verwendet.[128]

In Formel (13) nimmt k somit auf Basis des AIC den Wert 7 an. Für die deterministischen Terme scheint es aufgrund der Eigenschaften der Zeitreihen angemessen zu sein, sowohl in der Kurzfrist- als auch in der Langfristbeziehung eine Konstante einzufügen. In der Kurzfristbeziehung, also den Gleichungen für Δx_t, dient die Konstante dazu, eine möglicherweise vorhandene Drift abzubilden.[129] In der Langfristbeziehung, also den Kointegrationsgleichungen $\alpha\beta'x_{t-1}$, bildet die Konstante einen Ausgleich für die unterschiedliche Skalierung der Zeitreihen.

Die Ergebnisse der Tests auf Basis der Trace- und der Max. Eigenwert-Teststatistiken sind in Tabelle 6 dokumentiert. Unter Verwendung einer Irrtumswahrscheinlichkeit von 5% verwirft der Trace-Test die Nullhypothesen „Keine Kointegrationsbeziehung", „Höchstens eine Kointegrationsbeziehung" sowie

---

126 Siehe Johansen (1995). Eine kürzere Darstellung findet sich beispielsweise in Lütkepohl (2005: Kapitel 8.2).
127 Siehe Lütkepohl (2005: 325ff). Die Formeln für die Berechnung des AIC und des SC für ein VAR bzw. VECM finden sich zum Beispiel in Lütkepohl (2005: 147 und 150).
128 Die Tests auf Kointegration führen jedoch unter beiden Annahmen bezüglich der Laganzahl für die Niveauwerte (7 bzw. 1) zum gleichen Ergebnis, sodass die Wahl des Informationskriteriums in diesem Fall keinen Einfluss auf die Entscheidung bezüglich der Anzahl der Kointegrationsbeziehungen hat.
129 Ein solcher Drift-Term ist beispielsweise notwendig, um die langfristige Aufwärtsentwicklung der Aktienindizes und des Indexes der Verbraucherpreise abzubilden.

„Höchstens zwei Kointegrationsbeziehungen". Somit kommt der Trace-Test zu dem Ergebnis, dass von drei Kointegrationsbeziehungen auszugehen ist.

Tabelle 6: Ergebnisse der Kointegrationstests (Johansen-Test)

Nullhypothese:[130] Anzahl Kointegrationsbeziehungen (x) ist	Trace-Teststatistik	P-Wert	Max. Eigenwert-Teststatistik	P-Wert
Null	178,76	0,00%	49,70	2,05%
Höchstens eins	129,05	0,00%	45,61	1,08%
Höchstens zwei	83,44	0,28%	36,57	2,32%
Höchstens drei	46,87	6,18%	23,66	14,71%
Höchstens vier	23,21	23,60%	14,46	32,86%

Anmerkungen: Zeitraum 1. Quartal 1975 bis 2. Quartal 2006; optimale Laganzahl nach dem Akaike Informationskriterium (AIC) = 7 für die Niveauwerte; deterministische Terme: *Konstante* in der Kurzfrist- und in der Langfristbeziehung, *kein* deterministischer Trend. Die P-Werte geben die (implizite) Irrtumswahrscheinlichkeit des Wertes der Teststatistik in Prozent an.

Das gleiche Resultat ergibt sich bei Anwendung des Max. Eigenwert-Tests. Die Folgerung, drei Kointegrationsbeziehungen anzunehmen, erweist sich somit als recht robust. Hinzu kommt, dass dieses Ergebnis auch bei Verwendung von nur einem Lag in den Niveauwerten (entsprechend dem Schwarz-Informationskriterium) bestätigt wird. Auch bei Verwendung eines linearen Trends in der Langfristbeziehung bleibt dieses Resultat bestehen.

Da die grafische Darstellung der ermittelten drei Kointegrationsgleichungen (siehe Abbildung 1) aber kein Anzeichen einer linearen Trendentwicklung erkennen lässt, wird auf die Aufnahme eines linearen Trends in das Modell verzichtet.

Die Tests zur Identifizierung der drei Kointegrationsbeziehungen im Rahmen des Johansen-Modells ergeben folgendes Resultat, wobei alle Zeitreihen mit Ausnahme der Inflationsrate in logarithmierter Form verwendet werden:[131]

– Kointegrationsbeziehung 1 (KI1):
Anleiheindex $- 0,058 *$ *AktienDE* $- 0,10 *$ *DivDE* $+ 1,65 *$ *Inflation* $- 4,62 = 0$

– Kointegrationsbeziehung 2 (KI2):
Inflation $+ 0,69 *$ *Anleiheindex* $+ 0,09 *$ *Anleiherendite* $- 2,96 = 0$

– Kointegrationsbeziehung 3 (KI3):
VolaDE $+ 31,79 *$ *Inflation* $- 1,48 *$ *Einjahreszins* $+ 1,85 *$ *Anleiherendite* $+ 1,50 = 0$

---

[130] Beim Trace-Test ist die *Gegenhypothese*: H_1: (Anzahl der Kointegrationsbeziehungen ist größer oder gleich $x+1$), beim Max. Eigenwert-Test ist die *Gegenhypothese* H_1: (Anzahl Kointegrationsbeziehungen ist gleich $x+1$), wobei x die in der Nullhypothese getestete Anzahl der Kointegrationsbeziehungen ist.

[131] Die Testverfahren zur Identifikation der Kointegrationsbeziehungen werden in Juselius (2006: Kapitel 10 sowie 209ff) beschrieben.

Abbildung 1: Darstellung der drei Kointegrationsgrafen

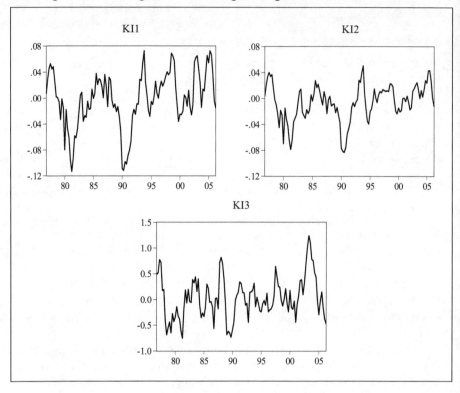

Der Likelihood-Ratio-Test bezogen auf die in den Kointegrationsgleichungen enthaltenen Restriktionen weist einen P-Wert von 26,39% auf. Daher kann die Nullhypothese, dass das Modell mit Restriktionen den gleichen maximalen Likelihood-Wert wie das Modell ohne Restriktionen erreicht, nicht verworfen werden. Die auferlegten Restriktionen und damit die drei Kointegrationsgleichungen können somit akzeptiert werden.

Die grafische Darstellung (Abbildung 1) zeigt, dass alle drei Kointegrationsbeziehungen um die Nullachse schwanken und eine deutlich erkennbare Tendenz aufweisen, bei Abweichungen relativ schnell wieder zur Nullachse zurückzukehren.

Die erste Kointegrationsbeziehung stellt einen Gleichgewichtszusammenhang her zwischen Anleiheindex und Aktienindex auf der einen Seite und Dividendenrendite und Inflation auf der anderen Seite. Nach einem Anstieg beispielsweise des Anleiheindexes oder der Inflation könnte ein neues Gleichgewicht durch einen Anstieg des Aktienindexes oder der Dividendenrendite wieder erreicht werden.

Kointegrationsbeziehung 2 verweist auf eine Gleichgewichtsbeziehung zwischen Inflation, Anleiheindex und Anleiherendite. Wenn die Inflationsrate ansteigt führt beispielsweise ein Rückgang des Anleiheindexes zu einem neuen Gleichgewicht.

In der dritten Kointegrationsgleichung wird eine Gleichgewichtsrelation zwischen der Volatilität der Aktienkurse, der Inflationsrate sowie dem Einjahreszins und der Anleiherendite aufgestellt. Da die Volatilität stationär ist, müssen Inflationsrate, Einjahreszins und Anleiherendite zusammen eine stationäre Beziehung bilden. Ein Anstieg der Inflationsrate beispielsweise kann dabei durch eine Abflachung der Zinsstrukturkurve, also einen Anstieg des Einjahreszinses relativ zur Anleiherendite, wieder ausgeglichen werden.

Das gesamte Simulationsmodell besteht aus den drei Kointegrationsgleichungen KI1 bis KI3 sowie den Kurzfristgleichungen für die sieben endogenen Variablen Δx_t. Diese Kurzfristbeziehungen werden für jede Gleichung einzeln erstellt, wobei auf der rechten Seite der Gleichung alle endogenen Variablen mit Lags (Δx_{t-i}) vorkommen können. Außerdem werden in den Kurzfristgleichungen die 3 Kointegrationsbeziehungen berücksichtigt. Die Aufnahme der verzögerten endogenen Variablen sowie der Kointegrationsbeziehungen erfolgt in den einzelnen Gleichungen so, dass das Akaike-Informationskriterium (AIC) für die jeweilige Gleichung minimiert wird.

Im Folgenden werden die sieben Gleichungen der Kurzfristbeziehungen, die sich auf diese Weise ergeben, im Überblick dargestellt:[132]

– Anleiheindex:
$$\Delta Anleiheindex_t = a_1 + \delta_1 KI1_{t-1} + \varepsilon_{1t}$$
– Anleiherendite:
$$\Delta Anleiherendite_t = a_2 + \sum_{i=1}^{4} b_{2i} \Delta Anleiherendite_{t-i} + c_2 \Delta Anleiheindex_{t-1} +$$
$$+ \delta_2 KI1_{t-1} + \gamma_2 KI2_{t-1} + \varepsilon_{2t}$$
– Einjahreszins:
$$\Delta Einjahreszins_t = a_3 + b_{31} \Delta Einjahreszins_{t-1} + \delta_3 KI1_{t-1} + \varepsilon_{3t}$$
– Aktienindex Deutschland:
$$\Delta AktienDE_t = a_4 + \varepsilon_{4t}$$
– Dividendenrendite Deutschland:
$$\Delta DivDE_t = a_5 + \sum_{i=1}^{6} b_{5i} \Delta DivDE_{t-i} + c_5 \Delta AktienDE_{t-1} + \varepsilon_{5t}$$
– Inflationsrate:
$$\Delta Inflation_t = a_6 + \sum_{i=1}^{5} b_{6i} \Delta Inflation_{t-i} + c_6 \Delta Anleiherendite_{t-1} +$$
$$+ d_6 \Delta Anleiheindex_{t-1} + \lambda_6 KI3_{t-1} + \varepsilon_{6t}$$
– Volatilität Aktienindex Deutschland:
$$VolaDE_t = a_7 + \sum_{i=1}^{2} b_{7i} VolaDE_{t-i} + \varepsilon_{7t}.$$

---

132 Alle Variablen werden in logarithmischen Differenzen (Δ) verwendet, mit Ausnahme der Kointegrationsbeziehungen KI1 bis KI3, der Volatilität und ΔInflation, das die einfache Differenz der Inflationsrate bezeichnet. Die Residuen der einzelnen Gleichungen sind mit ε_1 bis ε_{10} bezeichnet.

Hinzu kommen die *drei* Gleichungen für den Aktienindex Welt, die zusammen mit den zehn Gleichungen für Deutschland geschätzt werden:[133]
– Aktienindex Welt:
$\Delta AktienWE_t = a_8 + \varepsilon_{8t}$
– Dividendenrendite Welt:
$\Delta DivWE_t = a_9 + \sum_{i=1}^{2} b_{9i} \Delta DivWE_{t-i} + \varepsilon_{9t}$
– Volatilität Aktienindex Welt:
$VolaWE_t = a_{10} + \sum_{i=1}^{2} b_{10i} VolaWE_{t-i} + \varepsilon_{10t}$.

Die meisten Gleichungen haben eine sehr kleine Dimension. Ganz besonders einfach sind die Zusammenhänge für die Aktienindizes, die beide als Random Walk mit Drift abgebildet werden. Die zwei Gleichungen für die Volatilität der Aktienindizes sowie die Dividendenrendite Welt sind reine autoregressive Prozesse, bei denen die Variablen nur von der eigenen Dynamik abhängen.

In den Gleichungen für den Anleiheindex, die Anleiherendite, den Einjahreszins sowie die Dividendenrendite Deutschland und die Inflationsrate sind auch Wechselbeziehungen zu anderen Variablen enthalten. Der Anleiheindex hat einen signifikanten Einfluss auf die Anleiherendite der nächsten Periode und beide zusammen prognostizieren die zukünftige Inflationsrate. Dies weist darauf hin, dass diese Variablen Erwartungen über die zukünftige Inflationsentwicklung enthalten. Ähnlich ist es in der Gleichung für die Dividendenrendite Deutschland, für die der verzögerte Aktienindex Prognosekraft besitzt.

Darüber hinaus üben auch die Kointegrationsbeziehungen einen Einfluss auf die zukünftigen Werte einiger Variablen aus. Jede der drei Kointegrationsbeziehungen – KI1, KI2 und KI3 – ist in mindestens einer Kurzfristgleichung signifikant. KI1 beeinflusst sowohl den Anleiheindex, die Anleiherendite als auch den Einjahreszins, während KI2 nur auf die Anleiherendite und KI3 nur auf die Inflationsrate einen Einfluss ausübt.

Alle aufgeführten zehn Gleichungen für die Kurzfristbeziehungen sowie die drei Kointegrationsbeziehungen werden zusammen mit der Methode der Seemingly Unrelated Regressions (SUR) geschätzt.[134] Die Schätzung erfolgt unter Verwendung von Quartalsdaten für den Zeitraum 1. Quartal 1975 bis 2. Quartal 2006, sodass maximal 126 Beobachtungen zur Verfügung stehen.

Mit diesem Modell werden Simulationen aller Variablen für einen Zeitraum von 20 Quartalen in die Zukunft durchgeführt. Dabei wird als methodische

---

133 Die Zeitreihen für Aktien Welt schließen auch Wechselkursrisiken ein, da sich der in Euro umgerechnete Wert als Produkt aus dem Wert in der Heimatwährung und dem relevanten Euro-Wechselkurs ergibt.

134 Eine ausführliche Beschreibung dieses Schätzverfahrens findet sich in Greene (2008: Kapitel 10.2). Das SUR-Verfahren zeichnet sich dadurch aus, dass die Varianz-Kovarianz-Matrix der Residuen der einzelnen Gleichungen des Systems bei der Schätzung verwendet wird und im Allgemeinen zu einem Effizienzgewinn führt (siehe Greene, 2008: 256f). Zur Verwendung des SUR-Schätzverfahrens in multivariaten Fehlerkorrekturmodellen siehe auch Hansen (1993: 192ff).

Grundlage ein sogenanntes Bootstrap-Verfahren angewandt, das die Korrelationsstruktur zwischen den Zeitreihen unverändert lässt. Bei dieser Vorgehensweise werden die Parameter des Modells somit *einmal* für den angegebenen Zeitraum geschätzt und danach werden die Residuen der Schätzungen für die Simulationen verwendet.[135]

Konkret werden aus den Residuen der zehn Schätzgleichungen ($\varepsilon_1(t)$, ..., $\varepsilon_{10}(t)$) 10000 Zufallsziehungen (*mit* Zurücklegen) für den Zeitraum der nächsten 20 Quartale durchgeführt, wobei bei jeder Ziehung immer nur Residuenwerte des gleichen Zeitpunkts t einander zugeordnet werden. Das Ergebnis einer Zufallsziehung ergibt für jedes Residuum des Modells eine Zeitreihe für die Quartale [*(02/2006)+1* bis *(02/2006)+20*]. Danach werden mit den geschätzten Gleichungen des Modells Prognosen für die Periode [*(02/2006)+1* bis *(02/2006)+20*] durchgeführt, wobei die per Zufall gezogenen Zeitreihen aus den Residuen zu den Prognosewerten addiert werden. Dieser Prozess wird 10000 Mal mit jeweils neuen Zufallsziehungen wiederholt. Auf diese Weise liegen für jedes Quartal der Prognoseperiode 10000 Prognosewerte für jede Variable des Modells vor, mit denen sich eine detaillierte Abbildung der Verteilung der Prognosewerte durchführen lässt.

Den Simulationen der Anlagestrategien, die im Rahmen dieser Studie analysiert werden, liegen *jeweils die gleichen Entwicklungspfade* für die Modellvariablen zugrunde. Die 10000 Simulationen der Variablen des oben dargestellten Modells werden daher nur ein einziges Mal durchgeführt und abgespeichert. Die simulierten Werte der Modellvariablen dienen anschließend als Inputvariablen für die Simulation der verschiedenen Anlagestrategien. Auf diese Weise beruhen die ermittelten Vermögensverteilungen der verschiedenen Anlagestrategien auf *exakt denselben zukünftigen Werten der Modellökonomie*.

Bevor in den nachfolgenden Kapiteln D und E.2.3 die aus diesen simulierten Zeitreihen berechneten Portfolios analysiert und bewertet werden, soll in den nächsten zwei Tabellen zunächst ein Überblick über die Prognosen der Modellvariablen und deren Eigenschaften gegeben werden.

Tabelle 7 zeigt die wichtigsten statistischen Kennzahlen des Prognosezeitraums für die Inflationsrate, den Einjahreszins, die Anleiherendite sowie die Dividendenrenditen Deutschland und Welt.

Die simulierten zukünftigen Werte der Inflationsrate weisen eine leicht steigende Tendenz für die nächsten fünf Jahre auf, die eine Rückbewegung zum langfristigen Durchschnitt von 2,7% (1975 bis 2006) darstellt. Einjahreszins und Anleiherendite sind in den letzten 30 Jahren deutlich gesunken. Dieser Trend setzt sich in den Simulationen nicht fort, sondern es kommt zu einer leichten Steigerung über die nächsten fünf Jahre. Allerdings befinden sich beide Zinsen damit weiterhin auf einem historisch niedrigen Niveau.

---

[135] Eine kurze Beschreibung des hier gewählten Ansatzes findet sich in Garrett et al. (2006: 161f, 165 und 167) sowie in Knüppel und Tödter (2007: 17f).

Tabelle 7: Simulierte Variablen: Inflation, Zinsen, Dividendenrenditen

Kennziffer	Inflationsrate	Einjahreszins	Anleiherendite	Dividendenrendite DE	Dividendenrendite Welt
Wert Q2 2006	0,020	0,034	0,041	0,026	0,021
Prognosehorizont 1 Jahr					
Mittelwert	0,024	0,035	0,045	0,025	0,017
Median	0,024	0,033	0,045	0,024	0,017
Standardabw.	0,012	0,009	0,002	0,004	0,002
Maximum	0,080	0,091	0,052	0,059	0,029
Minimum	-0,020	0,015	0,038	0,016	0,011
Prognosehorizont 5 Jahre					
Mittelwert	0,032	0,038	0,047	0,025	0,016
Median	0,031	0,031	0,046	0,023	0,015
Standardabw.	0,025	0,025	0,009	0,009	0,006
Maximum	0,135	0,248	0,100	0,101	0,054
Minimum	-0,056	0,003	0,021	0,008	0,005

Tabelle 8: Simulierte Variablen: Anleiheindex, Aktienindizes, Volatilitäten

Kennziffer	Anleiheindex	Aktienindex DE	Aktienindex Welt	Volatilität DE	Volatilität Welt
Wert Q2 2006	105,64	2444,57	2013,30	0,147	0,106
Prognosehorizont 1 Jahr					
Mittelwert	106,45	2685,97	2193,78	0,173	0,145
Median	106,42	2698,26	2191,28	0,162	0,139
Standardabw.	4,30	583,69	399,04	0,070	0,046
Maximum	125,02	5162,74	3988,46	1,030	0,726
Minimum	90,11	818,50	893,49	0,031	0,039
Prognosehorizont 5 Jahre					
Mittelwert	107,16	3919,04	3084,60	0,191	0,162
Median	106,91	3537,10	2888,85	0,176	0,155
Standardabw.	8,74	2052,77	1295,69	0,086	0,052
Maximum	147,16	20372,28	11086,99	0,954	0,654
Minimum	75,71	345,58	376,71	0,030	0,036

Anmerkungen zu den Tabellen 5 und 6: „Wert Q2 2006" gibt den letzten Wert der Zeitreihen im Schätzzeitraum an; die statistischen Kennziffern beruhen auf 10000 Bootstrap-Simulationen für die nächsten 4 Quartale („Prognosehorizont 1 Jahr") und die nächsten 20 Quartale („Prognosehorizont 5 Jahre").

Inflationsbereinigt ist der Mittelwert der beiden Zinszeitreihen sowohl für eine Anlagedauer von einem Jahr als auch für fünfJahre positiv. Bei einer *vollständigen* Thesaurierung der entsprechenden laufenden Erträge würde das Stiftungsvermögen somit sogar bei einer vollständigen Anlage im risikolosen Zins den Realwert des Vermögens im Durchschnitt erhalten.

Da allerdings 2/3 der laufenden Erträge zur Erhaltung der Gemeinnützigkeit ausgeschüttet werden müssen, reichen weder laufende Einnahmen in Höhe des Einjahreszinses noch der Anleiherendite aus, um das Stiftungsvermögen real zumindest konstant zu halten. Detaillierte Ergebnisse hierzu finden sich in Kapitel D.

Die Dividendenrendite Deutschland verharrt auf etwa dem heutigen Wert von 2,6%, während die Dividendenrendite Welt den abwärts gerichteten Trend der letzten 20 Jahre wieder aufnimmt. Die Dividendenrendite ist bei einer weltweiten Aktienanlage im Durchschnitt deutlich geringer als bei einer Konzentration auf deutsche Aktien. Entsprechend ist bei einer Entscheidung für ein Aktienportfolio Welt der Mittelwert der laufenden Erträge einer Stiftung niedriger als bei einer Investition in ein gut diversifiziertes Portfolio mit deutschen Aktien. Im historischen Vergleich verändern sich alle fünf Zeitreihen allerdings nur unwesentlich über die nächsten 20 Quartale und bleiben in der Regel auch recht nahe am letzten Wert der Schätzperiode (Zeile „Wert Q2 2006"). Die Standardabweichungen und die Maxima und Minima zeigen allerdings, dass die Schwankungsbreite mit dem Prognosehorizont ganz erheblich zunimmt. Für die Inflationsrate ergeben sich in fünf Jahren ein maximaler Wert von 13,5% und ein Minimum von -5,6%. Auch beim Einjahreszins ist die Bandbreite von 24,8% (Max.) bis 0,3% (Min.) ganz beachtlich. Dies sind allerdings Extremwerte, die nur äußerst selten erreicht werden. Unter der vereinfachenden Annahme einer Normalverteilung befinden sich durchschnittlich 95% der Realisationen im Intervall $\{Mittelwert - 1,96 * Standardabw., Mittelwert + 1,96 * Standardabw.\}$.[136] Bei der Inflationsrate nimmt dieses Intervall für einen Prognosehorizont von fünf Jahren die Werte {-1,675%, 8,075%} an. Dies zeigt, dass der weitaus überwiegende Teil der prognostizierten Werte in einem deutlich engeren Intervall liegt, als dies die Minimal- und Maximalwerte angeben, die daher als „Ausreißer" nach oben und unten anzusehen sind.

Beim Vergleich der Zinsen fällt auf, dass die Schwankungsbreite des Einjahreszinses wesentlich größer ist als diejenige der Anleiherendite. Auch die beiden Dividendenrenditen, insbesondere diejenige für weltweite Aktienanlagen, weisen eine eher gemäßigte Bandbreite bei den Prognosewerten auf. Dies zeigt, dass sich die Prognosewerte der laufenden Einnahmen aus Anleihe- und Aktienanlagen in der Regel weniger stark von ihrem jeweiligen Mittelwert entfernen, als dies beim Einjahreszins der Fall ist.

Da allerdings 2/3 der laufenden Erträge zur Erhaltung der Gemeinnützigkeit ausgeschüttet werden müssen, reichen weder laufende Einnahmen in Höhe des 1-Jahreszinses noch der Anleiherendite aus, um das Stiftungsvermögen real zu-

---

[136] Diese näherungsweise Berechnung ist hier nur für die Inflationsrate anwendbar, da deren Verteilung ungefähr der Normalverteilung entspricht.

mindest konstant zu halten. Detaillierte Ergebnisse hierzu finden sich in Kapitel D. Tabelle 8 ist außerdem zu ersehen, dass die Schwankungsbreite der Aktien- und Anleiheindizes ausgesprochen groß ist. Der Anleihepreisindex entfernt sich im Mittel nur unwesentlich von dem letzten Wert der Schätzperiode, dagegen nimmt die Standardabweichung mit dem Prognosehorizont deutlich zu. Bei Annahme einer näherungsweisen Normalverteilung befinden sich etwa 95% der 5-Jahres-Prognosewerte im Intervall {89,7; 124,2}, sodass ein Anleiheinvestor über diesen Anlagehorizont mit recht großen Wertänderungen rechnen muss.

Noch wesentlich ausgeprägter sind diese Wertänderungen bei einer Aktienanlage. Der Mittelwert wird durch die positive Drift der Aktienindizes bestimmt und steigt im Falle deutscher Aktien durchschnittlich um 9,9% pro Jahr an, bei einer weltweiten Aktienanlage beträgt dieser Anstieg 8,9% pro Jahr. Die Standardabweichungen sind allerdings schon für eine Einjahresanlage mit 583,7 (Deutschland) und 399,0 (Welt) ganz beträchtlich und steigen bei fünf Jahren Anlagehorizont auf 2052,8 bzw. 1295,7 an. Der Aktienindex Welt weist sowohl eine geringere Wachstumsrate (Drift) als auch eine niedrigere Schwankungsbreite auf als der Deutschlandindex. Hinzu kommt, dass die Relation von durchschnittlicher Wachstumsrate (Drift) zu Standardabweichung für den Welt-Aktienindex höher ist als für deutsche Aktien. Wie die Ergebnisse von Kapitel D.2.3 zeigen, ist die risikoadjustierte Performance einer weltweiten Aktienanlage ebenfalls höher als bei Beschränkung auf nur deutsche Aktien, was sich schon durch die in Tabelle 8 abgebildeten Zahlen andeutet.

Die geringere Schwankungsbreite von Aktien Welt relativ zu einem deutschen Aktienportfolio zeigt sich auch an den Volatilitätszeitreihen, die aus gleitenden 12-Monats-Durchschnitten berechnet sind.[137] Für beide Zeitreihen wird eine Zunahme über den Prognosezeitraum vorhergesagt, die eine Annäherung an den jeweils deutlich höher liegenden historischen Durchschnitt bewirkt. Die Volatilität des Aktienindexes Deutschland ist deutlich höher als die des Weltindexes. Auch die Schwankungsbreite im Prognosezeitraum ist für die Volatilität der deutschen Aktien erheblich größer. Da beide Zeitreihen für die Bewertung von Put-Optionen verwendet werden, sind die Preise für Put-Optionen auf den deutschen Aktienindex – unter sonst gleichen Bedingungen – höher als die für Aktien Welt.

C.3 Methoden der Performancemessung

Das in Kapitel C.2 dargestellte Modell wird für die Simulation von Anlagestrategien deutscher Stiftungen verwendet. Dazu werden – wie zuvor beschrieben – für alle Variablen des Modells 10000 simulierte Zeitreihen jeweils für die nächsten 20 Quartale [$T+1$ bis $T+20$] ab dem Ende des Schätzzeitraumes (T = 02/2006) erzeugt. Die prognostizierten Variablen – Zinsen, Dividendenrenditen,

---

[137] Vgl. zur Berechnungsweise und deren Begründung Hull (2005: 286ff).

Anleiheindex, Aktienindizes und Volatilitäten – werden dazu verwendet, verschiedene Anlagestrategien abzubilden. Für jedes dieser Portfolios liegen dann ebenfalls 10000 Zeitreihen für die zukünftige Periode von $T+1$ bis $T+20$ Quartalen vor, auf deren Basis eine umfassende Analyse und Bewertung der Strategien vorgenommen werden kann. Diese Bewertung der aus den Anlagestrategien resultierenden Vermögensverteilungen erfolgt mit Hilfe von bestimmten statistischen Kennzahlen, die speziell auf die Situation deutscher Stiftungen angepasst sind.

Das klassische Performancemaß, das in enger Beziehung zum Capital-Asset-Pricing-Modell (CAPM) steht, ist die Sharpe-Ratio.[138] Es ist folgendermaßen definiert: $SR = (\mu - r_f)/\sigma$, wobei μ der mittlere Ertrag des zu untersuchenden Portfolios ist, r_f bezeichnet den risikolosen Zins und σ die Standardabweichung, die das Risiko des Portfolios abbildet. Die Sharpe-Ratio misst hier also den Ertrag des Portfolios als Differenz zum risikolosen Zins und das Risiko als die Volatilität des Portfolios. Sharpe (1994) definiert die Sharpe-Ratio allgemeiner als Relation zwischen dem Mittelwert der Returndifferenz zweier Portfolios, dem zu untersuchenden Portfolio P und einer Benchmarkanlage B: ($r_{P,t} - r_{B,t}$) und der Standardabweichung der Returndifferenz, die im Nenner steht.[139] Als Spezialfall ergibt sich die hier verwendete, allgemein übliche Version der Sharpe-Ratio, bei der als Benchmark die Anlage zum risikolosen Zins verwendet wird.

Die Sharpe-Ratio wird in empirischen Studien häufig dazu verwendet, den risikoadjustierten Ertrag verschiedener Portfolios miteinander zu vergleichen. Da bei der Sharpe-Ratio das gesamte Risiko eines Portfolios in die Bewertung eingeht, wird somit angenommen, dass das Vermögen des Investors *vollständig* in das jeweils zu untersuchende Portfolio investiert wird.[140] Diese Annahme trifft für die im Rahmen der vorliegenden Studie durchgeführten Bewertungen von Anlagestrategien von Stiftungen zu. Performancemaße auf Basis des sogenannten systematischen Risikos, wie zum Beispiel die Treynor-Ratio, gehen hingegen von der Annahme aus, dass der Investor eine neue Anlage einem bestehenden Portfolio hinzufügt.[141] Da dies nicht mit dem hier verwendeten Untersuchungsdesign übereinstimmt, werden diese Performancemaße nicht weiter berücksichtigt.

Damit die *Sharpe-Ratio* ein geeignetes Performancemaß darstellt, müssen zwei Annahmen erfüllt sein: zum einen muss die Risikonutzenfunktion des Investors zunehmend und konkav sein, zum anderen müssen die Portfoliorenditen der

---

138 Vgl. Sharpe (1966).
139 Der Begriff „Return" bezeichnet die Differenz des (logarithmierten) Portfoliowertes P zur Vorperiode: $Return_t = log\ (P_t) - log\ (P_{t-1})$. Der Begriff wird nicht in der direkt übersetzten Form als „Rendite" verwendet, da dies zu einer Verwechslung mit Renditen von Anleihen führen könnte.
140 Vgl. Wilkens und Scholz (1999b: 314).
141 Vgl. Wilkens und Scholz (1999b: 314). Wilkens und Scholz (1999a, b) geben eine Übersicht zu Performancemaßen, die auf dem Gesamtrisiko und dem systematischen Risiko aufbauen.

Normalverteilung folgen, da nur in diesem Fall Mittelwert und Varianz ausreichen, um die Verteilung vollständig zu beschreiben.[142]

Die Sharpe-Ratio und die Standardabweichung sind für Stiftungen jedoch aus zwei Gründen im Allgemeinen nicht geeignet, um die Performance bzw. das Risiko zu messen. Zum einen zeigen die stiftungsrechtlichen Bestimmungen, dass der Bestand des Vermögens nominal oder real dauerhaft zu erhalten ist. Dadurch ist für den Vermögensmanager einer Stiftung das Portfoliorisiko asymmetrisch definiert, nämlich als *Unterschreitung* des (realen oder nominalen) Anfangsvermögens. Die Standardabweichung kann in diesem Falle nur dann als alleiniges Risikomaß verwendet werden, wenn die Portfoliorenditen normalverteilt sind. Der Stiftungsmanager hat zum anderen den Anreiz, die Dichtefunktion der Portfoliorenditen durch Absicherungsmaßnahmen (zum Beispiel durch Anwendung von Put-Optionen oder die Durchführung einer CPPI-Strategie) rechtsschief zu machen.[143] Dadurch wird das Verlustpotenzial im Sinne extrem hoher Verluste vermindert, während das Gewinnpotenzial weitgehend erhalten bleibt, da weiterhin sehr hohe Gewinne möglich sind. Allerdings nimmt in rechtsschiefen Verteilungen die Wahrscheinlichkeit für Ausprägungen unterhalb des Mittelwertes zu.

Für asymmetrische Renditeverteilungen sind sogenannte *Downside-Risk-Maße* besonders gut geeignet, um das Risiko und die risikoadjustierte Performance zu quantifizieren, während die Varianz alleine dazu nicht mehr ausreicht. Downside-Risk-Maße werden auch als Lower Partial Moments (*LPM*) bezeichnet, da die Momente der Verteilung über Teilbereiche der Verteilung gemessen werden. *LPM* messen Risiko konkret als die Unterschreitung eines vorgegebenen Zielwertes. Die allgemeine Definition ist:[144]

$$LPM_n(z;F) = E[(z-r)^n], r \leq z$$
$$= \int_{-\infty}^{z} (z-r)^n dF(r).$$

Dabei bezeichnet r die Renditen, F die Verteilungsfunktion der Renditen, z den Zielwert, unterhalb dessen Risiko definiert ist, und n ist ein Parameter, der angibt, wie stark die Abweichungen vom Zielwert gewichtet werden. Für $n = 0$ gibt das Risikomaß an, wie häufig der Zielwert unterschritten wird, bei $n = 1$ wird der Erwartungswert der Zielverfehlung berechnet und für $n = 2$ die Varianz der Verteilung unterhalb der Zielrendite.

---

142 Alternativ kann auch die sehr restriktive Annahme getroffen werden, dass die Risikonutzenfunktion des Investors quadratisch ist, sodass er Anlagemöglichkeiten bei beliebiger Verteilung der Portfoliorenditen nur anhand von Mittelwert und Varianz bewertet.

143 Siehe hierzu die Ausführungen in Kapitel C.1.1 zu dynamischen Anlagestrategien für Stiftungen, bei denen sich in theoretischen Modellen CPPI-Strategien als optimal zur Absicherung von zukünftigen Zahlungsverpflichtungen erwiesen haben. Vgl. auch Schindler (2003), der erwähnt, dass die rechtlichen Vorgaben für das Vermögensmanagement von Stiftungen ein betont vorsichtiges Anlageverhalten bewirken können, da der Stiftungsvorstand unter Umständen für Vermögensverluste verantwortlich gemacht werden kann, nicht jedoch für entgangene Erträge.

144 Vgl. Bawa und Lindenberg (1977: 191).

Für die Beurteilung der Aussagekraft von *LPM* ist es wichtig, ihre Fundierung in der Entscheidungstheorie unter Risiko sowie der Kapitalmarkttheorie zu kennen. Hierzu gibt es, beginnend in den 1970er Jahren, einige grundlegende Studien, deren zentralen Ergebnisse im Folgenden kurz dargestellt werden. Bawa (1978) und Fishburn (1977) zeigen, dass Lower Partial Moments in einem engen Zusammenhang mit den Entscheidungsregeln der Stochastischen Dominanz stehen. Bawa (1978) geht dabei – unter anderem – von folgenden drei Klassen von Risikonutzenfunktionen aus:[145]

$$U_1 = \{u(r)|u' > 0\}$$
$$U_2 = \{u(r) \in U_1 |u'' < 0\}$$
$$U_3 = \{u(r) \in U_2 |u''' > 0\}$$

jeweils mit $r \in \mathbb{R}$.

Die erste Klasse von Nutzenfunktionen umfasst alle, bei denen der Nutzen mit der Rendite ansteigt. Bei der zweiten Klasse, U_2, wird zusätzlich angenommen, dass der Investor risikoavers ist. Bei U_3 hat der Investor außerdem eine Präferenz für rechtsschiefe Verteilungen. Die Relationen zwischen den *LPM* und den Regeln der Stochastischen Dominanz lassen sich in der kompakten Schreibweise von Bawa und Lindenberg (1977: 192) folgendermaßen darstellen:
Eine Renditeverteilung F ist einer Renditeverteilung G dann im Sinne der Stochastischen Dominanz-Regeln für die Nutzenfunktionen U_i, $i = 1,2$, vorzuziehen, wenn gilt: $LPM_{i-1}(z;F) \leq LPM_{i-1}(z;G)$, $\forall z \in \mathbb{R}$, wobei die „<"-Relation für mindestens ein z gelten muss. Für die Nutzenfunktionen U_3 gilt: $\mu_F \geq \mu_G$ und $LPM_2(z;F) \leq LPM_2(z;G)$, $\forall z \in \mathbb{R}$, wobei μ den Mittelwert bezeichnet. Auch hier muss die „<"-Relation für mindestens ein z gelten. Dabei gilt die Stochastische Dominanz i-ter Ordnung für U_i, $i = 1$ bis 3.

Wie Kaduff (1996: 27ff) ausführt und beweist, ist die Dominanz im Sinne der LPM_i, $i = 0, 1, 2$, notwendig und hinreichend für die Stochastische Dominanz der Ordnung $i + 1$. Kaduff (1996: 33ff) zeigt außerdem, dass eine Dominanz im Sinne des bekannten Mean-Variance ($\mu - \sigma^2$)-Kriteriums weder notwendig noch hinreichend für Stochastische Dominanz ist. Daraus folgt schließlich, dass eine Entscheidung über die Vorteilhaftigkeit von zwei beliebigen Renditeverteilungen unter Anwendung von *LPM* derjenigen unter Verwendung des ($\mu - \sigma^2$)-Kriteriums eindeutig vorzuziehen ist.

Auf Basis eines ($\mu - LPM_i(z)$)-Kriteriums lassen sich Effizienzkurven ermitteln, die bei gegebenem Mittelwert μ alle Portfolios angeben, für die das Risiko, gemessen durch $LPM_i(z)$, minimal ist.[146] Bawa und Lindenberg (1977) entwi-

---

[145] Die in Bawa (1978) ebenfalls behandelte Klasse der Risikonutzenfunktionen mit abnehmender absoluter Risikoaversion (DARA) wird hier nicht weiter behandelt, da sie für die grundsätzlichen Aussagen zur Beziehung zwischen *LPM* und Stochastischer Dominanz im Rahmen der vorliegen Studie nicht bedeutsam ist.

[146] Eine umfassende Darstellung und Analyse dieser Ansätze findet sich in Kaduff (1996).

ckeln auf dieser Basis ein *Capital-Asset-Pricing*-Modell unter Verwendung von $LPM_i(r_f)$, $i = 1,2$, als Risikomaß.[147] Risiko ist als Unterschreitung des risikolosen Zinses $z = r_f$ festgelegt. Dabei handelt es sich um den risikolosen Zins im Sinne sowohl des Mean-Variance-Kriteriums als auch des ($\mu - LPM_i(z)$)-Kriteriums. Entsprechend den $LPM_i(z)$-Maßen ist r_f allerdings nur dann risikolos wenn die Relation $r_f \geq z$ gilt. Wenn hingegen umgekehrt $r_f < z$ gilt, dann erreicht r_f nie die gewünschte Zielrendite und ist damit eine außerordentlich risikoreiche Anlage.

Ein wichtiges Ergebnis von Bawa und Lindenberg besteht nun darin, dass für ihren Ansatz ein sogenanntes *Separationstheorem* gilt: der Investor hält im Nutzenoptimum eine Kombination aus dem risikolosen Zins und dem risikobehafteten Portfolio, wobei das risikobehaftete Portfolio für alle Investoren identisch ist.[148] Harlow und Rao (1989) erweitern den Ansatz von Bawa und Lindenberg und zeigen, dass ein Separationstheorem für *beliebige Werte von z* gilt, wenn die Renditeverteilung zur Klasse der Two-Parameter-Location-Scale-Verteilungen gehört.[149] Dies ist eine recht allgemeine Aussage, da diese Klasse sehr viele Verteilungen einschließt, die für die Beschreibung von empirischen Renditeverteilungen relevant sind. Brogan und Stidham (2005, 2008) zeigen allerdings, dass eine Separation für *beliebige Renditeverteilungen* nur für den von Bawa und Lindenberg (1977) untersuchten Fall von $z = r_f$ sowie für $z = \mu$ garantiert ist, wobei μ der Mittelwert der Renditeverteilung ist.

Die Folge einer im Allgemeinen, das heißt für beliebige Renditeverteilungen *und* beliebige Zielwerte z, *nicht* gültigen Separation besteht darin, dass bei investorspezifischen Risikonutzenfunktionen für jeden Investor ein anderes risikobehaftetes Portfolio optimal ist. Dies ist eine prinzipiell wichtige Information für die Bewertung von Portfolios, da die Feststellung der Optimalität eines bestimmten Portfolios in diesem Fall eine investorspezifische Aussage ist. Die Simulationen von Brogan und Stidham (2008) zeigen allerdings, dass die Unterschiede zwischen verschiedenen Investoren vergleichsweise klein sind und dass Separation, auch wenn sie in bestimmten Konstellationen theoretisch nicht gilt, praktisch gesehen als gute Approximation angesehen werden kann.

Aus diesen Überlegungen ergibt sich, dass Separation, also die Existenz eines für alle Investoren gültigen optimalen risikobehafteten Portfolios, für die weitere Analyse als gültig angenommen werden kann. Denn entweder ist diese Separati-

---

[147] Die Untersuchung bezieht sich nicht auf LPM_i, $i = 0$, da diese Klasse von Nutzenfunktionen (U_l) auch solche Nutzenfunktionen umfasst, für die die Annahme der Risikoaversion nicht gilt.

[148] Für das Mean-Variance Kriterium hat Tobin (1958) die Gültigkeit des Separationstheorems nachgewiesen.

[149] Zu dieser Klasse von Verteilungen gehören – außer der Normalverteilung – beispielsweise die Student-t-Verteilungen mit der gleichen Anzahl an Freiheitsgraden, alle stabilen Verteilungen mit gleichen Parametern, die Gleichverteilung, die Cauchy-Verteilung sowie die logistische Verteilung.

on theoretisch gültig, weil die zu untersuchende Renditeverteilung der Klasse der Two-Parameter-Location-Scale-Verteilungen angehört oder weil für den Zielwert $z = r_f$ oder $z = \mu$ gewählt wird. Sofern diese Eigenschaften jedoch nicht zutreffen, kann für die praktische Arbeit trotzdem Separation als Näherungslösung angenommen werden.

Unter Verwendung von Lower Partial Moments sind zahlreiche Performancemaße entwickelt worden, die für die Bildung einer Rangfolge verschiedener Anlageportfolios auf Basis von Rendite und Risiko eingesetzt werden können. Diese Performancemaße haben einen grundsätzlich ähnlichen Aufbau wie die Sharpe-Ratio, indem sie im Zähler ein Maß für die Chancen und im Nenner ein Maß für das Risiko einer Renditeverteilung enthalten.

Albrecht und Klett (2004) definieren eine Klasse von sehr allgemeinen Performancemaßen (*Omega-Performancemaße*) als Relation von Upper Partial Moments (*UPM*) zu Lower Partial Moments:

$$\Omega_n(z) = \frac{UPM_n(z)}{LPM_n(z)}, \text{ mit } n \geq 1.$$

Die Upper Partial Moments sind dabei definiert als:
$$\begin{aligned} UPM_n(z) &= E[(r-z)^n], \, r \geq z \\ &= \int_z^{+\infty} (r-z)^n dF(r). \end{aligned}$$

Die *UPM* messen die Momente oberhalb der Zielrendite z und geben damit das Chancenpotential der Renditeverteilung an.

Die Omega-Performancemaße enthalten im Zähler und im Nenner die gleiche Art von Verteilungsmaß. Insbesondere sind der Zielwert z sowie der Exponent n identisch. Zähler und Nenner beziehen sich damit auf die gleiche Klasse von Nutzenfunktionen. Für die üblicherweise verwendeten Werte von n ($n = 1$ oder 2) sind dies die oben definierten Klassen von Nutzenfunktionen U_2 bzw. U_3. Die Omega-Performancemaße bilden die Performance jeweils relativ zum gewählten Referenzpunkt z ab.

Eine größere Aufmerksamkeit in der Literatur hat das Omega-Maß für $n = 1$ erfahren. Es wurde von Keating und Shadwick (2002) unter der Bezeichnung „Universal Performance Measure" in die Performanceliteratur eingeführt. Bertrand und Prigent (2006) wenden es für die Bewertung verschiedener Methoden der Portfolio Insurance an. Bernardo und Ledoit (2000) basieren auf $\Omega_1(z=0)$, das sie als *Gain-Loss-Ratio* bezeichnen, ein neues Kapitalmarkt-Gleichgewichtsmodell bei unvollständigen Märkten. Albrecht et al. (1998: 263) zeigen, dass sich $\Omega_1(z)$ auch folgendermaßen darstellen lässt: $\Omega_1(z) = \frac{\mu - z}{LPM_1(z)} + 1$. Der Zähler ist dabei also gleich der mittleren Rendite abzüglich der Zielrendite z. Diese Umformung zeigt, dass $\Omega_1(z)$ einen engen Bezug zur sogenannten *Sortino-Ratio*

(*SoR*) aufweist, die allerdings im Nenner $LPM_2(z)$ als Risikomaß enthält und damit Verluste stärker gewichtet, als dies bei $\Omega_1(z)$ der Fall ist:[150]

$$SoR(z) = \frac{\mu - z}{\sqrt{LPM_2(z)}}.$$

Die Sortino Ratio ist analog aufgebaut wie die Sharpe-Ratio, wobei sowohl die durchschnittliche Überrendite als auch das Risiko auf jeweils adäquate Weise in den Rahmen der Lower Partial Moments übertragen werden: Die Überrendite ist relativ zur Zielrendite definiert, ein positiver Ertrag liegt erst dann vor, wenn die durchschnittliche Rendite die Zielrendite übersteigt; das Risiko wird als quadrierte Abweichung unterhalb des Zielwertes gemessen und ist damit analog zur Varianz definiert.

Neben den aufgeführten Performance-Maßen lassen sich noch weitere im Rahmen der Upper und Lower Partial Moments definieren, die sich oberhalb bzw. unterhalb des Referenzwertes z auf jeweils andere (Teil-)Nutzenfunktionen beziehen. Dabei kann ein direkter Bezug zu den im Bereich der Behavioral Finance verwendeten abschnittsweise definierten Risikonutzenfunktionen hergestellt werden, mit denen eine Verlustaversion (Downside Loss-Aversion) abgebildet wird. Die entsprechend unterstellten Nutzenfunktionen gewichten dabei unterhalb des Referenzpunktes die Abweichungen der Renditen von diesem Referenzpunkt höher als oberhalb des Referenzpunktes.[151] Dies hat zur Folge, dass ein Verlust zu einem Nutzenrückgang führt, der betragsmäßig größer ist als der Nutzenanstieg, der durch einen gleich hohen Gewinn bewirkt wird. Entsprechend ausgerichtete Performance-Maße sind beispielsweise:

$$\Omega_{n,m}(z) = \frac{UPM_n(z)}{LPM_m(z)}, \text{ mit } n \geq 1 \text{ und } m > n$$

sowie die von Albrecht und Klett (2004: 10) als *Generalized Downside Performance Ratios* (GDPR) bezeichneten Maße:

$$GDPR_n(z) = \frac{\mu - z}{(LPM_n(z))^{1/n}}, \text{ mit } n \geq 2.$$

Die Bezüge ausgewählter Performancemaße aus diesen Klassen zu den dabei implizit angenommenen Nutzenfunktionen werden in Albrecht et al. (1998) dargestellt.

Im Rahmen empirischer Studien zum Performancevergleich von Anlagestrategien, aber auch in den meisten theoretischen Arbeiten stehen solche Performancemaße im Vordergrund, bei denen für den Exponenten n ein Wert von kleiner oder gleich zwei gewählt wird. Dies hat vor allem zwei Gründe: zum einen umfassen diese Maße noch relativ allgemeine Mengen von Nutzenfunktionen, die sich auf Investoren mit Risikoaversion ($n = 1$) oder einer zusätzlichen Präferenz für rechtsschiefe Verteilungen ($n = 2$) beziehen. Höhere Werte von n führen da-

---

150 Vgl. Sortino und van der Meer (1991).
151 Vgl. Jarrow und Zhao (2006).

zu, dass die Mengen der berücksichtigten Nutzenfunktionen entsprechend kleiner werden. Der andere Grund liegt in der einfacheren Interpretation: für $n = 1$ entsprechen das LPM- und das UPM-Maß einem Erwartungswert, der über einen Teilbereich der Renditeverteilung berechnet wird, für $n = 2$ ist die Berechnungsformel analog derjenigen für die Varianz.

Die Wahl der Zielrendite z ist für das Ergebnis der Risiko- und Performancebeurteilung verschiedener Renditeverteilungen ebenfalls von großer Bedeutung. Eine Veränderung der Zielrendite wird im Allgemeinen einen erheblichen Einfluss auf die relative Bewertung haben. Daher ist die problemadäquate Festlegung von z ein wesentlicher Schritt zur Ermittlung einer sinnvollen Rangfolge der Renditeverteilungen.

Auf der Basis dieser Überlegungen werden im Folgenden diejenigen Risiko- und Performancemaße dargestellt, die für die Bewertung der Anlagestrategien von deutschen gemeinnützigen Stiftungen verwendet werden.

Für die Beurteilung des *Risikos* werden alle drei $LPM_n(z)$-Risikomaße mit $n = 0$, 1 und 2 verwendet. Dabei wird für den Zielwert z der Wert 100 angenommen, der den *Anfangswert des Stiftungsvermögens* bezeichnet. Ausprägungen des simulierten nominalen oder realen Vermögens unterhalb von 100 gehen dann entsprechend ihrer Abweichung von 100 in das jeweilige *Risikomaß* ein.

In den Ergebnistabellen der Kapitel D.1 bis D.3 sowie E.2.3 werden konkret folgende Risikomaße verwendet:
- $Risk1 = LPM_0(100)$
- $Risk2 = LPM_1(100)$
- $Risk3 = \sqrt{LPM_2(100)}$.

Risk1 misst die Häufigkeit, mit der das Anfangsvermögen unterschritten wird. *Risk2* ist der Erwartungswert des Verlustes, der für den Teilbereich der Renditeverteilung links von 100 berechnet wird, und *Risk3* ist analog der Standardabweichung für Ausprägungen des Vermögens unterhalb des Anfangswertes definiert.

Für die Bewertung der *risikoadjustierten Performance* werden drei Kennzahlen genutzt, die auf Basis von Lower- und Upper-Partial-Moments berechnet werden. Folgende Performancemaße werden in den Ergebnistabellen abgebildet:
- $Perf1 = UPM_1(100) / LPM_1(100)$
- $Perf2 = UPM_1(100) / \sqrt{LPM_2(100)}$
- $Perf3 = (\mu - 100) / \sqrt{LPM_2(100)}$.

Hinzu kommt die Sharpe-Ratio als viertes Performancemaß:
- $Perf4 = (\mu - r_f) / \sigma$.

Die Performancemaße 1 bis 3 sind, genauso wie die drei Risikomaße, relativ zum Zielwert $z = 100$ definiert, der das Anfangsvermögen bezeichnet. Entsprechend gehen Vermögenswerte oberhalb von 100 in das Chancenmaß (Zähler) ein, während alle Ausprägungen unterhalb von 100 im Risikomaß (Nenner) erfasst werden.

Performancemaß *Perf1* ist gleich dem oben definierten Omegamaß $\Omega_1(z)$ mit $z = 100$. Im Zähler enthält es somit den Erwartungswert der Ertragschancen und im Nenner den Erwartungswert der Verluste. Das zweite Performancemaß, *Perf2*, unterscheidet sich von *Perf1* dadurch, dass als Risikomaß die Wurzel aus LPM_2 verwendet wird. Damit werden Unterschreitungen des Zielwertes stärker gewichtet. Performancemaß Nr. 2 eignet sich daher für Investoren, die zusätzlich zur Eigenschaft der Risikoaversion eine Präferenz für rechtsschiefe Renditeverteilungen aufweisen. Performancemaß *Perf3* ist die Sortino-Ratio für Zielwert $z = 100$. Es enthält als Zähler den mittleren Ertrag (μ) des Portfolios abzüglich des Zielwertes z. Durch diese spezielle Definition des Zählers unterscheidet es sich von Performancemaß Nr. 2. Während in *Perf2* der Erwartungswert oberhalb des Zielwertes verwendet wird, ist es bei *Perf3* der Mittelwert abzüglich des Zielwertes. Zum Vergleich wird – als viertes Performancemaß *Perf4* – die Sharpe-Ratio verwendet, die allerdings in der Regel verzerrte Aussagen liefern dürfte, da die Verteilung der simulierten Vermögens- und Ausschüttungswerte nur in Ausnahmefällen der Normalverteilung entspricht.

Mit diesen Risiko- und Performancemaßen steht ein umfassendes Instrumentarium zur Bewertung von Anlagestrategien für deutsche Stiftungen zur Verfügung. Zum einen können mit den gewählten Maßen verschiedene Grade an Risikoaversion abgebildet werden. Zum anderen wird durch die gewählte Parametrisierung des Zielwertes ($z = 100$) der für Stiftungen relevante Bezugspunkt – Erhaltung des Anfangsvermögens – direkt bei der Risiko- und Performancemessung berücksichtigt.

D Quantitative Analyse der Anlagestrategien von Stiftungen: Die Ergebnisse der Simulationen

In diesem Kapitel werden die Ergebnisse der Simulation ausgewählter Anlagestrategien für Stiftungen dargestellt und interpretiert. Eine ausführliche Beschreibung der Anlagestrategien findet sich in Kapitel C.1.2. Die Bewertung der resultierenden Verteilungen von Vermögen und Ausschüttungen wird mit dem in Kapitel C.3 entwickelten Instrumentarium durchgeführt: den Risikokennzahlen *Risk1* bis *Risk3* sowie den Performancemaßen *Perf1* bis *Perf4*.

Als Ausgangspunkt dient eine reine Geldmarktanlage (Kapitel D.1). Diese weist ein Risiko von null in Bezug auf das *nominale* Vermögen auf und dient als Vergleichsmaßstab für die risikoreicheren Anlagestrategien, die in den danach folgenden Kapiteln analysiert werden.

In D.2 werden Portfolios bewertet, die sich aus Anleihen und Aktien zusammensetzen. Dabei werden sowohl Portfolios mit konstanten Gewichten (D.2.1 und D.2.3) als auch Buy-and-Hold-Portfolios (D.2.2) untersucht. Allen diesen Anlagestrategien ist gemeinsam, dass die Stiftung nur Long-Positionen eingeht und keine Absicherung des Portfolios durchführt. Die Ergebnisse der Simulationen sollen zeigen, bis zu welchem Grad sich das Eingehen von Risiko (bezogen auf das *nominale* sowie das *reale* Vermögen) für Stiftungen lohnt; welche Aktien/Anleihe-Kombination optimal ist im Sinne der Risiko- und Performancekennzahlen von Kapitel C.3; und ob es einen Unterschied zwischen der Bewertung des *nominalen* und des *realen* Vermögens hinsichtlich der optimalen Portfoliostruktur gibt. Des Weiteren sollen die Simulationen von Kapitel D.2.3 zeigen, in welchem Umfang eine *weltweite* Aktiendiversifikation die risikoadjustierte Performance verbessern kann im Vergleich zu einer auf Deutschland konzentrierten Aktienauswahl.

Die Resultate für die statischen Anlagestrategien und die Buy-and-Hold-Portfolios fungieren darüber hinaus als Benchmark für die Bewertung von Absicherungsstrategien (Kapitel D.3). In D.3.1 werden die Ergebnisse für Absicherungsstrategien unter Verwendung von Put-Optionen dargestellt, zum einen für die Protective-Put-Strategie und zum anderen für eine Wertsicherungsstrategie. Beide Vorgehensweisen sind speziell auf die Anforderungen von gemeinnützigen Stiftungen ausgerichtet.[152] In Kapitel D.3.2 steht die Simulation von CPPI-Strategien im Mittelpunkt. Dabei werden die Ergebnisse für verschiedene numerische Festlegungen der relevanten Parameter miteinander verglichen. Außerdem findet ein Vergleich mit den Resultaten bei Absicherung des Portfolios mit Put-Optionen statt.

Während sich in den Kapiteln D.1 bis D.3 die Bewertung der Anlagestrategien auf die *Vermögensverteilung* bezieht, werden im abschließenden Kapitel D.4 zu-

---

[152] Die Beschreibung der Anlagestrategien findet sich in Kapitel C.1.2.

sätzlich die aus den Anlagestrategien resultierenden Verteilungen der *Ausschüttungen* analysiert. Es wird insbesondere untersucht, ob die aus der Perspektive der Ausschüttungen optimalen Anlagestrategien identisch sind mit denjenigen, die sich in Bezug auf die Bewertung der Vermögensverteilungen ergeben. In D.4 wird einerseits die in Deutschland vorherrschende Praxis, zwei Drittel der laufenden Erträge auszuschütten, modelliert. Dies entspricht auch der Annahme, die bei den Simulationen in den vorangehenden Kapiteln bezüglich der Ausschüttungshöhe gemacht wird. Andererseits wird untersucht, wie sich die Anwendung der *US-Regel*, 5% des Vermögens auszuschütten, auf die Höhe des Vermögens und der Ausschüttungen sowie die optimale Portfoliostruktur auswirken würde. Die US-Regel ist deswegen interessant, weil sie die Ausschüttungen nicht auf die laufenden Stiftungserträge begrenzt, sondern auch aus dem Vermögen ausschüttet, sodass im Durchschnitt mehr Geld für die Erfüllung des Stiftungszwecks zur Verfügung steht. Die Ergebnisse für die US-Regel sollen unter anderem zeigen, ob eine solche Vorgehensweise dem in Deutschland geltenden Gebot der Bestandserhaltung zuwiderlaufen würde.

Kurz zusammengefasst besteht Kapitel D aus folgenden Teilen:
- Simulation von Anlagestrategien für Stiftungen
  - Geldmarkt (D.1)
  - Kombinationen von Anleihen und Aktien (D.2)
  - Statische und dynamische Absicherungsstrategien (D.3)
- Bewertung aus der Perspektive von Stiftungen, bezogen auf:
  - Verteilungen des Vermögens (nominal und real) in D.1 bis D.4
  - Verteilungen der Ausschüttungen (nominal und real) in D.4

D.1 Reine Geldmarktanlage

Als erste Anlagestrategie wird eine reine Geldmarktanlage betrachtet. Dies ist diejenige Strategie, die Carstensen (1996a, 2003) anwendet und untersucht. Er zeigt, dass es mit dieser Kapitalanlage nicht möglich ist, den Realwert des Vermögens zu erhalten. Die folgenden Resultate auf Basis stochastischer Simulationen geben im Unterschied zu den Ergebnissen von Carstensen nicht nur den Mittelwert der Vermögensentwicklung an, sondern berücksichtigen die gesamte Vermögensverteilung. Die hier dargestellten Ergebnisse dienen darüber hinaus als Benchmark für die Beurteilung der anderen, in den Folgekapiteln betrachteten Anlagestrategien, bei denen risikoreichere Anlageobjekte (Anleihen, Aktien) eingesetzt werden.

Die Geldmarktanlage wird folgendermaßen *umgesetzt*: Die Stiftung legt zu Beginn des Jahres ihr gesamtes Vermögen zum geltenden Einjahreszins an. Nach Ablauf eines Jahres erhält die Stiftung die Zinsen ausgezahlt. Von diesen Zinserträgen werden 2/3 ausgeschüttet und 1/3 in einer freien Rücklage thesauriert. Das nach der Ausschüttung vorhandene Vermögen inklusive der freien Rücklage wird wieder vollständig zum Einjahreszins angelegt.

Tabelle 9 zeigt, dass diese Strategie kein Risiko in Bezug auf den *Nominalwert* des Vermögens aufweist, da alle drei Risikokennzahlen den Wert null annehmen. Dies bedeutet, dass bei der Geldmarktanlage das Vermögen der Stiftung den Anfangswert ($z = 100$) niemals unterschreitet. Für eine Anlagedauer von einem Jahr ist diese Aussage selbstverständlich, da der Einjahreszins bei Anlage des Vermögens bekannt ist.

Tabelle 9: Risiko und Performance einer reinen Geldmarktanlage, Anlagedauer 1 und 5 Jahre

	Risikokennzahlen			*Performancekennzahlen*			
	Risk1	*Risk2*	*Risk3*	*Perf1*	*Perf2*	*Perf3*	*Perf4*
Nominal: 1 Jahr	0	0	0	–	–	–	–
Real: 1 Jahr	0,861	1,301	1,637	0,065	0,052	-0,746	0,00
Nominal: 5 Jahre	0	0	0	–	–	–	–
Real: 5 Jahre	0,883	8,066	9,784	0,053	0,044	-0,780	0,00

Tabelle 10: Vermögensverteilungen einer reinen Geldmarktanlage, Anlagedauer 1 und 5 Jahre

	Statistische Basiskennzahlen						
	Mittel	*Median*	*Std.*	*Min.*	*Max.*	*Schiefe*	*Kurt.*
Nominal: 1 Jahr	101,127	101,127	–	101,127	101,127	–	–
Real: 1 Jahr	98,779	98,760	1,131	93,671	103,156	0,093	0,082
Nominal: 5 Jahre	106,069	105,664	1,972	102,662	122,801	1,521	4,029
Real: 5 Jahre	92,364	92,087	6,338	74,618	120,126	0,312	0,092

Anmerkungen: „Mittel" = Mittelwert der Verteilung, „Std." = Standardabweichung, „Min." = Minimalwert, „Max." = Maximalwert, „Schiefe" = Schiefekoeffizient, „Kurt." = Kurtosiskoeffizient minus 3 (= Excess Kurtosis). Ein positiver Wert von „Kurt." gibt Leptokurtosis an.

Bei einer Anlagedauer von fünf Jahren besteht jedoch ein durchaus erhebliches Zinsänderungsrisiko (siehe Tabelle 7), da der Einjahreszins für die Folgejahre 2 bis 5 eine beachtliche Schwankungsbreite aufweist. Weil allerdings der nominale Zins nicht negativ werden kann und die Ausschüttungen immer relativ zu den laufenden Erträgen definiert sind, liegt das *nominale* Vermögen immer oberhalb des Anfangswertes von 100. Dadurch weisen die Downside-Risk-Maße auch für eine Anlagedauer von fünf Jahren alle ein Risiko von null aus und entsprechend sind die Performancemaße für das nominale Vermögen nicht berechenbar.

Aus Tabelle 10 ist ersichtlich, dass das Vermögen bei einem Prognosehorizont von fünf Jahren zwischen einem Minimalwert von 102,7 und einem Maximalwert von 122,8 liegt. Im Durchschnitt erreicht das Vermögen nach fünf Jahren eine Steigerung um *insgesamt* 6,069% und entsprechend nimmt der Mittelwert der Vermögensverteilung den Wert von 106,069 an.

Ganz anders sieht die Beurteilung jedoch für den *Realwert* des Vermögens aus. Analog zu Carstensen (1996a, 2003) ergibt sich, dass es der Stiftung mit einer reinen Geldmarktstrategie kaum gelingen dürfte, den Realwert des Vermögens zu erhalten. Wie *Risk1* anzeigt, wird bei einer Anlagedauer von einem Jahr der *reale* Anfangswert in 86,1% aller Fälle unterschritten, bei einem Anlagehorizont von fünf Jahren steigt dieser Prozentsatz sogar auf 88,3% an. Entsprechend liegt der Durchschnittswert des realen Vermögens auch unterhalb von 100, wobei der reale Verlust mit der Anlagedauer zunimmt. Die Performancemaße *Perf1* und *Perf2* weisen sehr geringe positive Werte auf; Performancemaß *Perf3* ist sogar negativ, da der Mittelwert des Vermögens unterhalb des Zielwertes von 100 liegt. Die Sharpe-Ratio (*Perf4*) ist definitionsgemäß gleich null, da der mittlere Ertrag exakt dem Einjahreszins entspricht, der als risikoloser Zins fungiert.

Obwohl eine Geldmarktanlage aus Sicht der *nominalen* Werterhaltung des Stiftungsvermögens das Ziel perfekt erreicht, stellt sie in Bezug auf die *reale* Werterhaltung eine hoch riskante Anlagestrategie dar.

D.2 Kombination von Aktien und Anleihen

In diesem Kapitel werden Anlagestrategien untersucht, die aus einer Kombination aus Anleihen und Aktien bestehen, aber *keine Absicherungsmaßnahmen* berücksichtigen. Dies dient einerseits dazu, klassische Portfoliostrukturen von Stiftungen zu bewerten, andererseits stellen diese Analysen die Benchmark für die Bewertung von Portfolios *mit* Absicherungsstrategien (Put-Optionen, CPPI) dar, die in Kapitel D.3 untersucht werden.

Zunächst werden in D.2.1 *statische Portfoliostrukturen* analysiert, die sich aus Anleihen und Aktien zusammensetzen. Die Performance der beiden Anlageklassen wird jeweils durch repräsentative marktbreite Indizes abgebildet.[153] Der regionale Bezug beider Zeitreihen ist Deutschland, wobei sich im Falle der Anleihen der Index ab Beginn der Europäischen Währungsunion auf das Eurogebiet bezieht.

Die Analysen in Kapitel D.2 (sowie im nachfolgenden Kapitel D.3) beziehen sich auf die Darstellung und Bewertung der resultierenden Vermögensverteilungen. Dabei wird angenommen, dass die Stiftungen die im Sinne des Gemeinnützigkeitsrechts maximal mögliche Thesaurierung in Höhe von 1/3 der laufenden

---

153 Siehe Kapitel C.2.1 für eine Beschreibung der Zeitreihen.

Erträge durchführen und entsprechend 2/3 der laufenden Erträge ausschütten. Eine eingehende Untersuchung der Verteilung der Ausschüttungen, die sich aus den statischen Portfoliostrukturen ergeben, erfolgt in Kapitel D.4.

Kapitel D.2.2 widmet sich der Analyse der Vermögensverteilungen bei Anwendung einer *Buy-and-Hold-Anlagestrategie*. Im Unterschied zu einer statischen Strategie, bei der die Portfoliogewichte zwischen Aktien und Anleihen immer konstant sind, kann sich hier die relative Gewichtung innerhalb eines Jahres entsprechend der relativen Performance der beiden Anlageklassen verändern.

Kapitel D.2.3 untersucht schließlich, in welchem Ausmaß eine auf *weltweite* Aktiendiversifikation ausgerichtete Anlagestrategie die Rendite-Risiko-Eigenschaften der Stiftungsportfolios im Vergleich zu einer nur auf Deutschland konzentrierten Aktienanlage verbessern kann.

D.2.1 Statische Anlagestrategien

Tabelle 11 gibt die *Risiko- und Performancekennzahlen* für verschiedene Kombinationen von Anleihen und deutschen Aktien wieder. Die Portfoliokombinationen werden in Schritten von 10 Prozentpunkten variiert, beginnend bei (100% Anleihen / 0% Aktien) bis (0% Anleihen / 100% Aktien). Die den Risiko- und Performancekennzahlen zugrunde liegende Benchmark ist die Erhaltung des *nominalen* Vermögens bei einer Anlagedauer von einem Jahr.

Risk1 zeigt, dass mit einer Wahrscheinlichkeit von 24% bis ca. 31% eine nominale Vermögenserhaltung nicht gelingt, da entsprechend häufig der Anfangswert des Vermögens bei einer Anlagedauer von einem Jahr unterschritten wird. Daher sind Portfolios aus Anleihen und Aktien auch deutlich riskanter als eine reine Geldmarktanlage. Die Wertentwicklung des Vermögens (siehe Tabelle 12) ist jedoch wesentlich höher als bei einer Beschränkung auf den Geldmarkt.

Alle drei auf Downside-Risk-Maßen aufbauende Performancemaße (*Perf1* bis *Perf3*) kommen zu dem gleichen Ergebnis, dass eine Kombination von 10% Aktien mit 90% Anleihen zum höchsten Wert der risikoadjustierten Performance führt. Bei dieser Kombination ist außerdem die Wahrscheinlichkeit einer Unterschreitung des Anfangsvermögens (*Risk1*) mit 24% am geringsten. Auch die beiden Downside-Risk-Maße *Risk2* und *Risk3* erreichen bei dieser Portfoliostruktur ihr Minimum. Ein Investor, der anhand der Sharpe-Ratio (*Perf4*) entscheiden würde, hätte mit 20% eine doppelt so hohe Aktienquote im Portfolio.

Tabelle 12 bildet die *nominale Vermögensverteilung* der Portfoliokombinationen ab. Bei einer Aktienquote von 10% wächst das Vermögen im Mittel um 3,04% pro Jahr im Vergleich zu 1,127% im Falle einer Geldmarktanlage. Die relativ geringen Werte für Schiefe und Kurtosis zeigen, dass die Vermögensverteilung sehr ähnlich einer Normalverteilung ist.

Im Vergleich zur Geldmarktanlage weist das optimale Anleihe-Aktienportfolios zwar einen höheren mittleren Ertrag auf, jedoch ist auch das Downside-Risiko erheblich größer.

Tabelle 11: Risiko und Performance der statischen Anlagestrategie für deutsche Aktien, Anlagedauer 1 Jahr, Benchmark = nominale Werterhaltung

Aktien-gewichtung	Risikokennzahlen			Performancekennzahlen			
	Risk1	Risk2	Risk3	Perf1	Perf2	Perf3	Perf4
0%	0,297	0,751	1,781	3,939	1,661	1,239	0,264
10%	0,240	0,597	1,568	6,094	2,320	1,939	0,443
20%	0,243	0,784	2,076	5,946	2,247	1,869	0,492
30%	0,255	1,160	3,011	5,071	1,954	1,569	0,485
40%	0,269	1,630	4,119	4,418	1,748	1,352	0,468
50%	0,280	2,150	5,304	3,987	1,616	1,211	0,452
60%	0,287	2,702	6,528	3,694	1,529	1,115	0,438
70%	0,293	3,274	7,775	3,486	1,468	1,047	0,427
80%	0,300	3,865	9,038	3,329	1,424	0,996	0,418
90%	0,303	4,472	10,313	3,208	1,391	0,957	0,409
100%	0,309	5,092	11,600	3,110	1,365	0,926	0,402

Anmerkung: Anleihegewichtung = 100%-Aktiengewichtung.

Tabelle 12: Nominale Vermögensverteilung der statischen Anlagestrategie für deutsche Aktien, Anlagedauer 1 Jahr

Aktien-gewichtung	Statistische Basiskennzahlen						
	Mittel	Median	Std.	Min.	Max.	Schiefe	Kurt.
0%	102,21	102,18	4,09	86,68	120,03	0,07	0,15
10%	103,04	102,96	4,32	87,18	120,42	0,11	0,12
20%	103,88	103,80	5,59	82,36	127,34	0,07	0,10
30%	104,72	104,70	7,41	75,60	135,91	-0,00	0,21
40%	105,57	105,71	9,49	68,69	144,88	-0,04	0,29
50%	106,42	106,70	11,71	62,22	154,26	-0,05	0,32
60%	107,28	107,70	14,03	56,18	164,05	-0,05	0,34
70%	108,14	108,62	16,42	50,54	174,27	-0,03	0,34
80%	109,00	109,57	18,86	44,74	185,10	0,00	0,34
90%	109,87	110,38	21,37	39,28	198,37	0,03	0,34
100%	110,75	111,25	23,92	34,25	212,30	0,06	0,35

Anmerkungen: „Mittel" = Mittelwert der Verteilung, „Std." = Standardabweichung, „Min." = Minimalwert, „Max." = Maximalwert, „Schiefe" = Schiefekoeffizient, „Kurt." = Kurtosiskoeffizient minus 3 (= Excess Kurtosis). Ein positiver Wert von „Kurt." gibt Leptokurtosis an. Anleihegewichtung = 100%-Aktiengewichtung.

Da die Geldmarktanlage überhaupt kein Downside-Risiko hat, gehen die Werte der darauf aufbauenden Performancemaße gegen unendlich. Anhand der Performancemaße *Perf1* bis *Perf3* wäre demnach die Geldmarktanlage einem Portfolio, das in Aktien und Anleihen anlegt, überlegen.

Die Analyse des Risikos der *realen* Vermögensentwicklung (siehe Tabelle 13) ergibt eine ganz andere Einschätzung der relativen Vorteilhaftigkeit der untersuchten Portfoliostrukturen. Die Wahrscheinlichkeit einer Unterschreitung des *realen* Anfangsvermögens (*Risk1*) wird durch die Anlage in Anleihen und Aktien im Vergleich mit einer Geldmarktanlage signifikant vermindert. Die entsprechenden Wahrscheinlichkeiten liegen zwischen 52,2% (100% Anleihen) und 34,6% (70%–90% Aktien). Der Grund dafür ist, dass beide Anlagearten – Anleihen und Aktien – eine höhere durchschnittliche Wertentwicklung aufweisen als der Geldmarktzins, sodass Inflationsverluste im Mittel ausgeglichen werden können. Die Risikokennziffern *Risk2* (Downside-Erwartungswert) und *Risk3* (Downside-Varianz) sind jedoch höher als bei einer Geldmarktanlage, da die potenziellen realen Verluste größer sind als bei einer Anlage zum Geldmarktzins.

Tabelle 13: Risiko und Performance der statischen Anlagestrategie für deutsche Aktien, Anlagedauer 1 Jahr, Benchmark = reale Werterhaltung

Aktien-gewichtung	Risikokennzahlen			Performancekennzahlen			
	Risk1	*Risk2*	*Risk3*	*Perf1*	*Perf2*	*Perf3*	*Perf4*
0%	0,522	1,921	3,300	0,924	0,538	-0,044	0,231
10%	0,460	1,593	2,947	1,420	0,767	0,227	0,392
20%	0,412	1,664	3,290	1,893	0,957	0,452	0,457
30%	0,385	1,970	4,091	2,172	1,046	0,564	0,466
40%	0,368	2,397	5,112	2,308	1,082	0,613	0,457
50%	0,358	2,885	6,238	2,375	1,098	0,636	0,445
60%	0,352	3,412	7,418	2,407	1,107	0,647	0,434
70%	0,346	3,966	8,629	2,422	1,113	0,654	0,424
80%	0,346	4,543	9,861	2,427	1,118	0,657	0,415
90%	0,346	5,136	11,108	2,427	1,122	0,660	0,408
100%	0,347	5,744	12,368	2,424	1,126	0,661	0,401

Anmerkungen: Anleihegewichtung = 100%-Aktiengewichtung.

Die entsprechend den Performancekennzahlen *Perf1* bis *Perf3* besten Portfoliostrukturen weisen einige interessante Besonderheiten auf. Zunächst fällt im Vergleich zu den optimalen nominalen Kombinationen auf, dass es mit Blick auf die *reale* Wertentwicklung besser ist, eine relativ hohe Aktienquote festzulegen. Bei Verwendung der beiden Performancekennzahlen mit LPM_2 im Nenner (*Perf2* und *Perf3*) ist es sogar optimal, ausschließlich in Aktien zu investieren. Bei *Perf1* werden Unterschreitungen des realen Anfangsvermögens weniger stark gewichtet, sodass sich im Optimum eine etwas geringere Aktienquote von 80% oder 90% ergibt. Der Unterschied in den optimalen Aktienquoten zwischen *Perf1* und

Perf2 bzw. *Perf3* zeigt, dass ein höherer Grad an Risikoaversion zu einem höheren (!) Aktienanteil im Portfolio führt.

Bei Verfolgung des Zieles „Erhaltung des realen Vermögens" ist es nach den Ergebnissen der Portfoliosimulationen wichtig, einen sehr hohen Anteil an Aktien zu halten. Alleine mit Hilfe von Anleihen oder gar durch ein Geldmarktinvestment ist die Erhaltung des realen Vermögens nur mit einer geringen Wahrscheinlichkeit möglich. Bei einer Aktienquote von 80% beispielsweise ist die Wahrscheinlichkeit einer Unterschreitung des realen Anfangsvermögens mit etwa 34,6% zwar immer noch recht hoch, liegt aber fast 50 Prozentpunkte niedriger als bei Anlage zum Geldmarktzins und immerhin noch 17,6 Prozentpunkte unterhalb des Wertes, der sich bei 100% Anleihequote einstellt. Da alle Performancekennzahlen in Tabelle 13 höher sind als bei einer reinen Geldmarktanlage, sind alle Anleihe-Aktienportfolios einer Geldmarktanlage überlegen.

Bei einer hohen Aktienquote von 80% bis 100%, die nach den Kennzahlen *Perf1* bis *Perf3* optimal ist, erhöht sich der nominale Portfoliowert um durchschnittlich 9% bis 10% (siehe Tabelle 12). Der reale jährliche Wertzuwachs liegt entsprechend Tabelle 14 bei etwa 6,5% bis ca. 8,2%. Dagegen führt eine Geldmarktanlage zu einem jährlichen Rückgang des realen Vermögens um etwa 1,2% (siehe Tabelle 10) und auch eine 100%ige Anlage in Staatsanleihen kann den Realwert im Durchschnitt höchstens konstant halten: der Mittelwert des *realen* Vermögens liegt bei einem reinen Anleiheportfolio bei 99,85 und damit etwa in Höhe des Anfangsvermögens.

Tabelle 14: Reale Vermögensverteilung der statischen Anlagestrategie für deutsche Aktien, Anlagedauer 1 Jahr

Aktien-gewichtung	Statistische Basiskennzahlen						
	Mittel	Median	Std.	Min.	Max.	Schiefe	Kurt.
0%	99,85	99,74	4,65	82,82	120,99	0,17	0,16
10%	100,67	100,52	4,82	83,29	121,69	0,20	0,16
20%	101,49	101,28	5,92	79,78	127,94	0,16	0,13
30%	102,31	102,15	7,58	73,88	136,55	0,08	0,20
40%	103,14	103,08	9,53	67,13	145,56	0,02	0,27
50%	103,97	104,09	11,65	60,80	154,97	-0,00	0,31
60%	104,80	105,00	13,88	54,90	164,81	-0,00	0,33
70%	105,64	105,94	16,18	49,29	175,08	0,01	0,34
80%	106,48	106,80	18,55	43,54	185,79	0,03	0,35
90%	107,33	107,72	20,98	38,23	196,95	0,06	0,35
100%	108,18	108,54	23,46	33,34	208,58	0,08	0,35

Anmerkungen: „Mittel" = Mittelwert der Verteilung, „Std." = Standardabweichung, „Min." = Minimalwert, „Max." = Maximalwert, „Schiefe" = Schiefekoeffizient, „Kurt." = Kurtosiskoeffizient minus 3 (= Excess Kurtosis). Ein positiver Wert von „Kurt." gibt Leptokurtosis an. Anleihegewichtung = 100%-Aktiengewichtung.

Für deutsche Stiftungen ist ein so hoher Aktienanteil im Portfolio sehr ungewöhnlich. Laut Heissmann (2005: 13) hatten deutsche Stiftungen Ende 2004 lediglich 10% (ungewichteter Durchschnitt) bzw. 16% (mit dem Stiftungsvermögen gewichteter Durchschnitt) in Aktien investiert.[154] Auch wenn große Stiftungen eine höhere Aktienquote aufweisen, so sind Anteile von 80% oder mehr bei deutschen Stiftungen kaum anzutreffen. Dies steht in deutlichem Kontrast zu US-Stiftungen, die 2005 ca. 53,5% in Aktien anlegten und darüber hinaus 8,9% in Private Equity sowie 12,3% in Hedgefonds (vgl. Greenwich, 2006: 4).

Mit einer Aktienquote von 10% bzw. 16% halten deutsche Stiftungen Aktien lediglich in dem Umfang, wie es im Sinne einer Erhaltung des *Nominalvermögens* optimal wäre. Wie der Mittelwert der *realen* Vermögensverteilung in Tabelle 14 zeigt, kann diese Portfoliostruktur im Durchschnitt gerade einen Ausgleich der inflationsbedingten Wertminderung erwirtschaften: bei einer Aktienquote von 10% liegt der Mittelwert bei 100,67 und steigt bei 16% Aktienanteil auf etwa 101 an. Der Wert für *Risk1* macht deutlich, dass dabei die Wahrscheinlichkeit einer Unterschreitung des realen Anfangsvermögens mit 46% (Aktienquote 10%) vergleichsweise hoch ist. Die relativ niedrigen Werte der Performancekennzahlen *Perf1* bis *Perf3* verdeutlichen außerdem, dass bei dieser Portfoliostruktur der Ertrag relativ zum eingegangenen Risiko vergleichsweise gering ist.

Bei Anwendung der Sharpe-Ratio als Performancemaß unterscheiden sich die Ergebnisse zwischen nominaler und realer Betrachtung allerdings nur unwesentlich voneinander: während die Sharpe-Ratio für das *nominale* Portfolio den höchsten Wert bei einer Aktienquote von 20% erreicht, liegt das Maximum für das *inflationsbereinigte* Portfolio bei 30%. Die Sharpe-Ratio führt somit zu einer völlig anderen Schlussfolgerung und würde eine relativ geringe Aktienquote nahelegen im Vergleich mit *Perf1* bis *Perf3*. Diese Unterschiede kommen nicht durch starke Abweichungen der Vermögensverteilungen von der Normalverteilung zustande,[155] sondern liegen vor allem in der Festlegung des Zielwertes begründet. Die durchschnittliche Aktienquote der Stiftungen ist auch im Vergleich mit den Ergebnissen bei Anwendung der Sharpe-Ratio zu niedrig. Allerdings ist der Abstand zum optimalen *realen* Portfolio nicht ganz so groß wie im Falle der Performancemaße *Perf1* bis *Perf3*. Die Ergebnisse machen deutlich, dass die Auswahl der geeigneten Bewertungsmaße einen entscheidenden Einfluss auf die Ergebnisse hat.

Weitere interessante Aspekte kommen durch die *Ausweitung der Anlagedauer* zustande. Hierzu werden die gleichen statischen Anlagemöglichkeiten und das

---

154 Siehe hierzu auch die Ausführungen in Kapitel B.2.3.
155 Die Sharpe-Ratio könnte für die Bewertung der realen Vermögensverteilung bei Anlagedauer von einem Jahr durchaus näherungsweise angewandt werden, da die Verteilung des realen Vermögens recht ähnlich einer Normalverteilung ist. Aus Tabelle 14 ist ersichtlich, dass Schiefe und Excess Kurtosis nicht weit von null entfernt sind.

gleiche Ausschüttungsverhalten wie für den Anlagehorizont von einem Jahr betrachtet. Die Anlagedauer beträgt allerdings nun *fünf Jahre*.

Tabelle 15: Risiko und Performance der statischen Anlagestrategie für deutsche Aktien, Anlagedauer 5 Jahre, Benchmark = nominale Werterhaltung

Aktien-gewichtung	Risikokennzahlen			Performancekennzahlen			
	Risk1	Risk2	Risk3	Perf1	Perf2	Perf3	Perf4
0%	0,140	0,560	1,972	17,579	4,987	4,703	0,370
10%	0,077	0,300	1,411	47,804	10,165	9,952	0,786
20%	0,082	0,446	2,053	43,616	9,470	9,253	0,904
30%	0,104	0,799	3,250	31,237	7,678	7,432	0,903
40%	0,125	1,288	4,701	23,913	6,552	6,278	0,877
50%	0,143	1,867	6,288	19,798	5,877	5,580	0,845
60%	0,160	2,521	7,950	17,218	5,460	5,143	0,814
70%	0,177	3,237	9,663	15,493	5,190	4,855	0,784
80%	0,194	4,021	11,415	14,225	5,011	4,658	0,755
90%	0,208	4,870	13,205	13,256	4,889	4,520	0,728
100%	0,221	5,778	15,029	12,502	4,807	4,422	0,701

Anmerkung: Anleihegewichtung = 100%-Aktiengewichtung.

Tabelle 16: Nominale Vermögensverteilung der statischen Anlagestrategie für deutsche Aktien, Anlagedauer 5 Jahre

Aktien-gewichtung	Statistische Basiskennzahlen						
	Mittel	Median	Std.	Min.	Max.	Schiefe	Kurt.
0%	109,28	109,01	8,67	78,87	148,20	0,17	0,02
10%	114,04	113,67	10,14	78,96	164,26	0,23	0,10
20%	119,00	118,31	14,31	73,69	188,30	0,31	0,21
30%	124,15	123,04	20,02	65,10	223,84	0,40	0,37
40%	129,51	127,80	26,74	54,67	269,64	0,51	0,60
50%	135,09	132,03	34,34	45,49	329,13	0,63	0,90
60%	140,88	136,11	42,78	37,48	400,53	0,77	1,29
70%	146,91	140,11	52,10	30,56	485,98	0,92	1,79
80%	153,18	143,87	62,37	24,63	587,97	1,08	2,41
90%	159,69	147,36	73,68	19,60	709,40	1,25	3,19
100%	166,46	150,35	86,14	15,38	857,64	1,43	4,14

Anmerkungen: „Mittel" = Mittelwert der Verteilung, „Std." = Standardabweichung, „Min." = Minimalwert, „Max." = Maximalwert, „Schiefe" = Schiefekoeffizient, „Kurt." = Kurtosiskoeffizient minus 3 (= Excess Kurtosis). Ein positiver Wert von „Kurt." gibt Leptokurtosis an. Anleihegewichtung = 100%-Aktiengewichtung.

Wie aus Tabelle 15 ersichtlich ist, sinkt das Risiko der Unterschreitung des *nominalen* Anfangsvermögens bei wachsender Anlagedauer beträchtlich. Die optimale Portfoliostruktur liegt unverändert bei einer relativ niedrigen Aktienquote von 10%. Wie *Risk1* anzeigt, beträgt bei dieser Anlagestruktur die Wahrscheinlichkeit eines Verlustes in Bezug auf das Anlagevermögen nur noch 7,7%. Diese Anlagestruktur nähert sich somit einer risikolosen Anlage, allerdings bei deutlich höherem durchschnittlichem Ertrag: nach fünf Jahren wächst das Stiftungsvermögen im Durchschnitt (vgl. Tabelle 16) auf einen Wert von 114, während es bei Anlage zum Geldmarktzins nur 106 erreichen würde.

Insgesamt nehmen alle Risikomaße für die abgebildeten Portfoliostrukturen geringere Werte an als bei einer Anlagedauer von nur einem Jahr. Der Grund hierfür liegt darin, dass sich die Verteilung des Vermögens weiter nach rechts verschiebt, sodass eine Unterschreitung des Anfangsvermögens seltener wird.

Abbildung 2: Verteilung des nominalen Vermögens bei 1 und 5 Jahren Anlagedauer: Aktienquote = 100%

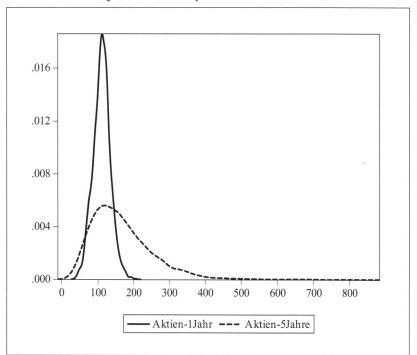

Anmerkung: Kerndichteschätzungen unter Verwendung des Epanechnikov-Kernels.

Abbildung 2 zeigt die Verteilung der Vermögen bei einer Aktienquote von 100% und einer Anlagedauer von einem und fünf Jahren.[156] Während die Verteilung bei einer einjährigen Anlage noch in etwa einer Normalverteilung ent-

---

[156] Die empirischen Verteilungen werden hierbei durch eine Kerndichteschätzung geschätzt.

spricht, nähert sie sich bei fünf Jahren Anlagedauer einer Lognormalverteilung an.

Die Downside-Risikomaße *Risk1* bis *Risk3* nehmen zwar mit zunehmender Dauer der Anlage ab, allerdings verbreitert sich die Verteilung auch nach links. Dadurch wird der Verlust, der sich im Falle einer Unterschreitung des Anfangsvermögens einstellt – der sogenannte Mean Excess Loss (*MEL*) – ebenfalls höher. Albrecht et al. (2001) finden bei ihrer Analyse der Vermögensverteilungen für ein reines DAX-Portfolio dieses Phänomen ebenfalls.

Der *Mean Excess Loss* bezogen auf den Zielwert z ist definiert als:[157] $MEL(z) = E(z - R | R < z) = LPM_1 / LPM_0$. Bei einer Erhöhung der Anlagedauer wird $LPM_1(z)$ relativ zu $LPM_0(z)$ größer, sodass der Wert für $MEL(z)$ mit zunehmender Anlagedauer ansteigt. Obwohl das Risiko, das Anfangsvermögen zu unterschreiten (also $LPM_0(z)$), mit zunehmender Haltedauer des Aktienportfolios abnimmt, nimmt somit die Höhe des Verlustes *im Falle einer Unterschreitung* zu. Dies zeigen auch die Minimalwerte der Verteilung an, die bei längerer Anlagedauer deutlich stärker im Verlustbereich liegen.

Eine Stiftung, die besonderen Wert darauf legt, den *Worst Case*, also den maximal möglichen Verlust im Falle einer Unterschreitung des Zielwertes, zu reduzieren, kann dies mit Hilfe verschiedener Absicherungsstrategien versuchen. Eine Diskussion der Ergebnisse, die sich mittels Put-Optionen und der Anwendung der Constant-Proportion-Portfolio-Insurance-Methode in dieser Hinsicht erzielen lassen, findet sich in Kapitel D.3.

Die durch die Erhöhung der Anlagedauer abnehmenden Werte für die Downside-Risikomaße führen in Kombination mit einer Steigerung des mittleren Ertrags zu einer ganz erheblichen Zunahme der Werte der *Performancemaße* im Vergleich zu einer Anlagedauer von nur einem Jahr.

Für die *reale* Portfoliostruktur ergeben die drei Performancemaße *Perf1*, *Perf2* und *Perf3* eine optimale Aktienquote von 100% (siehe Tabelle 17). Auch hier zeigt sich eine geringere Wahrscheinlichkeit für eine Unterschreitung des Anfangsvermögens. Diese bleibt mit fast 31% allerdings noch recht hoch.

Alle Performancemaße weisen jedoch auch bei *realer* Betrachtung für eine Anlagedauer von fünf Jahren wesentlich höhere Werte auf als bei einem Jahr. Die *reale* Wertentwicklung beträgt bei einem Portfolio, das zu 100% aus Aktien besteht, im Durchschnitt nach fünf Jahren ungefähr 45% bezogen auf das Anfangsvermögen (siehe Tabelle 17). Das *Worst-Case*-Szenario lässt sich durch den Minimalwert von 12,85 darstellen. Entsprechend könnte auch bei realer Betrachtung der Einsatz von Absicherungsstrategien zur Verminderung des Verlustpotenzials für eine Stiftung sinnvoll sein.

---

157 Siehe Albrecht et al. (2001: 482f).

Tabelle 17: Risiko und Performance der statischen Anlagestrategie für deutsche Aktien, Anlagedauer 5 Jahre, Benchmark = reale Werterhaltung

Aktien-gewichtung	Risikokennzahlen			Performancekennzahlen			
	Risk1	Risk2	Risk3	Perf1	Perf2	Perf3	Perf4
0%	0,651	8,089	12,001	0,462	0,311	-0,363	0,236
10%	0,541	5,954	9,897	0,961	0,578	-0,024	0,504
20%	0,436	4,860	9,029	1,833	0,987	0,449	0,679
30%	0,372	4,512	9,134	2,885	1,425	0,931	0,762
40%	0,333	4,611	9,873	3,848	1,797	1,330	0,789
50%	0,314	4,973	10,979	4,608	2,087	1,634	0,790
60%	0,305	5,488	12,300	5,180	2,311	1,865	0,777
70%	0,303	6,123	13,758	5,595	2,490	2,045	0,759
80%	0,303	6,846	15,310	5,898	2,637	2,190	0,737
90%	0,305	7,646	16,931	6,119	2,763	2,311	0,714
100%	0,309	8,521	18,609	6,276	2,874	2,416	0,691

Anmerkung: Anleihegewichtung = 100%-Aktiengewichtung.

Tabelle 18: Reale Vermögensverteilung der statischen Anlagestrategie für deutsche Aktien, Anlagedauer 5 Jahre

Aktien-gewichtung	Statistische Basiskennzahlen						
	Mittel	Median	Std.	Min.	Max.	Schiefe	Kurt.
0%	95,65	94,66	13,88	53,46	165,72	0,43	0,24
10%	99,77	98,60	14,70	57,40	184,59	0,45	0,33
20%	104,05	102,59	17,22	55,56	205,10	0,51	0,47
30%	108,50	106,65	21,19	53,57	227,33	0,58	0,62
40%	113,13	110,42	26,31	45,67	264,20	0,66	0,82
50%	117,94	114,45	32,38	38,00	312,21	0,76	1,10
60%	122,94	118,28	39,33	31,31	367,93	0,87	1,46
70%	128,13	121,91	47,14	25,53	432,42	1,00	1,93
80%	133,53	125,06	55,83	20,57	520,95	1,14	2,51
90%	139,14	127,83	65,46	16,37	628,54	1,30	3,23
100%	144,96	130,65	76,11	12,85	756,31	1,47	4,11

Anmerkungen: „Mittel" = Mittelwert der Verteilung, „Std." = Standardabweichung, „Min." = Minimalwert, „Max." = Maximalwert, „Schiefe" = Schiefekoeffizient, „Kurt." = Kurtosiskoeffizient minus 3 (= Excess Kurtosis). Ein positiver Wert von „Kurt." gibt Leptokurtosis an. Anleihegewichtung = 100%-Aktiengewichtung.

Insgesamt zeigt die Analyse der statischen Anlagestrategien, dass die optimale Portfoliostruktur vor allem von der *Zielsetzung* – nominale oder reale Vermögenserhaltung – abhängt. Die Aktienquote sollte bei dem Ziel „nominale Vermögenserhaltung" bei lediglich 10% liegen, bei dem Ziel „reale Vermögenserhaltung" hingegen bei nahezu 100%. Entsprechend besteht die wichtigste Aufgabe der Stiftung darin, die für ihr Vermögensmanagement passende Zielsetzung zu definieren. Nicht außer Acht gelassen werden sollte die Bewertung des *Verlustpotenzials*. Die verstärkte Investition in Aktien führt zwar dazu, dass sich im *Durchschnitt* der Realwert des Vermögens im Vergleich zu reinen Geldmarkt- oder Anleiheportfolios verbessert. Allerdings nimmt auch das *Verlustpotenzial* – gemessen als Minimalwert oder Mean Excess Loss – mit steigendem Aktienanteil und längerer Anlagedauer zu.

Außer der Reduktion des Aktienanteils bietet sich zur Begrenzung des Verlustpotenzials die Durchführung von Absicherungsmaßnahmen an. Eine empirische Analyse ausgewählter, für Stiftungen geeigneter Maßnahmen der Portfolioabsicherung wird in Kapitel D.3 durchgeführt.

D.2.2 Buy-and-Hold-Anlagestrategien

In diesem Kapitel werden die Ergebnisse einer Buy-and-Hold-Anlagestrategie dargestellt. Diese Anlagestrategie ist bis auf eine Eigenschaft identisch mit der im vorangegangenen Kapital untersuchten Art der Portfoliokonstruktion: Die Portfoliogewichte der beiden Anlageklassen Aktien und Anleihen sind nun nicht mehr konstant, sondern ändern sich im Laufe des Jahres proportional zur relativen Wertänderung der Anleihen und Aktien.

Konkret wird folgende Vorgehensweise durchgeführt: Zu Beginn eines Jahres werden die Portfoliogewichte entsprechend dem in Kapital D.2.1 vorgestellten Raster zwischen Aktien und Anleihen festgelegt. In den danach folgenden vier Quartalen bis zum Ende des Jahres werden keinerlei aktive Umschichtungen vorgenommen, sodass sich die Portfoliogewichte zugunsten derjenigen Anlageklasse verändern, die die höhere Wertentwicklung aufweist. Zu Beginn des nächsten Jahres werden die Portfoliogewichte wieder auf den Anfangswert zurückgestellt. Diese erneute Einstellung auf die ursprüngliche Portfolioaufteilung nach Ablauf eines Jahres korrespondiert zu dem allen Simulationen zugrunde liegenden Anlagehorizont von einem Jahr.

Während bei einer statischen Anlagestrategie nach jedem Quartal die Anlageklasse mit der höheren Wertentwicklung verkauft und diejenige mit der relativ schlechteren Entwicklung gekauft wird, um die ursprünglichen Portfoliogewichte wieder einzustellen, nimmt bei einer Buy-and-Hold-Strategie der Anteil der sich besser entwickelnden Anlageklasse im Zeitverlauf zu.

Statische und Buy-and-Hold-Strategien dienen in empirischen oder theoretischen Performancestudien häufig als Benchmark für den Vergleich mit komplexeren Anlagestrategien.[158]

---

[158] Vgl. beispielsweise Perold und Sharpe (1988) und Benninga (1990), die beide statische und Buy-and-Hold-Portfolios mit der CPPI-Methode und der Absicherung mittels Put-Optionen vergleichen.

Tabelle 19: Risiko und Performance einer Buy-and-Hold-Anlagestrategie für deutsche Aktien, Anlagedauer 1 Jahr, Benchmark = nominale Werterhaltung

Aktien-gewichtung	Risikokennzahlen			Performancekennzahlen			
	Risk1	Risk2	Risk3	Perf1	Perf2	Perf3	Perf4
0%	0,297	0,751	1,781	3,939	1,661	1,239	0,264
10%	0,241	0,599	1,569	6,090	2,326	1,944	0,442
20%	0,247	0,795	2,065	5,898	2,272	1,887	0,487
30%	0,263	1,183	2,989	5,011	1,983	1,587	0,479
40%	0,276	1,665	4,097	4,362	1,772	1,366	0,462
50%	0,285	2,191	5,286	3,943	1,635	1,220	0,447
60%	0,292	2,744	6,516	3,662	1,542	1,121	0,434
70%	0,297	3,314	7,770	3,463	1,477	1,051	0,424
80%	0,302	3,897	9,037	3,315	1,430	0,998	0,415
90%	0,304	4,490	10,315	3,201	1,393	0,958	0,408
100%	0,309	5,092	11,600	3,110	1,365	0,926	0,402

Anmerkung: Anleihegewichtung = 100%-Aktiengewichtung.

Tabelle 20: Nominale Vermögensverteilung einer Buy-and-Hold-Anlagestrategie für deutsche Aktien, Anlagedauer 1 Jahr

Aktien-gewichtung	Statistische Basiskennzahlen						
	Mittel	Median	Std.	Min.	Max.	Schiefe	Kurt.
0%	102,21	102,18	4,09	86,68	120,03	0,07	0,15
10%	103,05	102,96	4,35	87,16	120,45	0,13	0,12
20%	103,90	103,75	5,68	82,76	128,67	0,15	0,09
30%	104,74	104,65	7,56	77,81	137,71	0,10	0,18
40%	105,60	105,65	9,68	71,14	147,00	0,07	0,26
50%	106,45	106,61	11,92	64,67	156,52	0,05	0,30
60%	107,31	107,63	14,24	58,43	166,29	0,04	0,33
70%	108,16	108,57	16,61	52,43	176,28	0,04	0,34
80%	109,02	109,51	19,01	46,67	187,49	0,04	0,35
90%	109,88	110,35	21,45	40,43	199,76	0,05	0,35
100%	110,75	111,25	23,92	34,25	212,30	0,06	0,35

Anmerkungen: „Mittel" = Mittelwert der Verteilung, „Std." = Standardabweichung, „Min." = Minimalwert, „Max." = Maximalwert, „Schiefe" = Schiefekoeffizient, „Kurt." = Kurtosiskoeffizient minus 3 (= Excess Kurtosis). Ein positiver Wert von „Kurt." gibt Leptokurtosis an. Anleihegewichtung = 100%-Aktiengewichtung.

Wie Tabelle 19 zeigt, weisen die gemischten Anleihe-Aktienportfolios im Vergleich mit einer statischen Anlagestrategie etwas höhere Werte für die Performancemaße *Perf1* bis *Perf3* auf. Zwar ist das Risiko einer Buy-and-Hold-

Anlagestrategie etwas größer als bei fixen Gewichten, aber die höhere Wertentwicklung überkompensiert das zusätzliche Risiko.

Tabelle 21: Risiko und Performance einer Buy-and-Hold-Anlagestrategie für deutsche Aktien, Anlagedauer 5 Jahre, Benchmark = nominale Werterhaltung

Aktien-gewichtung	Risikokennzahlen			Performancekennzahlen			
	Risk1	Risk2	Risk3	Perf1	Perf2	Perf3	Perf4
0%	0,140	0,560	1,972	17,579	4,987	4,703	0,370
10%	0,081	0,316	1,452	46,883	10,211	9,994	0,775
20%	0,091	0,474	2,060	42,907	9,877	9,647	0,840
30%	0,116	0,843	3,189	31,084	8,218	7,954	0,826
40%	0,141	1,356	4,609	23,843	7,013	6,719	0,802
50%	0,159	1,960	6,194	19,706	6,237	5,921	0,780
60%	0,173	2,628	7,872	17,162	5,729	5,395	0,761
70%	0,189	3,347	9,608	15,446	5,382	5,033	0,744
80%	0,203	4,118	11,384	14,191	5,134	4,772	0,728
90%	0,213	4,930	13,193	13,243	4,949	4,575	0,714
100%	0,221	5,778	15,029	12,502	4,807	4,422	0,701

Anmerkung: Anleihegewichtung = 100%-Aktiengewichtung.

Tabelle 22: Nominale Vermögensverteilung einer Buy-and-Hold-Anlagestrategie für deutsche Aktien, Anlagedauer 5 Jahre

Aktien-gewichtung	Statistische Basiskennzahlen						
	Mittel	Median	Std.	Min.	Max.	Schiefe	Kurt.
0%	109,28	109,01	8,67	78,87	148,20	0,17	0,02
10%	114,51	113,92	10,90	78,79	170,90	0,40	0,44
20%	119,88	118,28	16,44	76,14	226,05	0,73	1,27
30%	125,36	122,69	23,37	69,85	288,56	0,91	1,85
40%	130,96	126,97	31,04	60,91	356,10	1,02	2,28
50%	136,67	131,08	39,22	51,42	428,38	1,11	2,64
60%	142,47	135,03	47,85	42,62	505,17	1,18	2,97
70%	148,36	139,05	56,88	34,58	586,26	1,25	3,27
80%	154,33	142,91	66,27	27,34	671,47	1,31	3,57
90%	160,36	146,62	76,03	20,93	760,64	1,37	3,86
100%	166,46	150,35	86,14	15,38	857,64	1,43	4,14

Anmerkungen: „Mittel" = Mittelwert der Verteilung, „Std." = Standardabweichung, „Min." = Minimalwert, „Max." = Maximalwert, „Schiefe" = Schiefekoeffizient, „Kurt." = Kurtosiskoeffizient minus 3 (= Excess Kurtosis). Ein positiver Wert von „Kurt." gibt Leptokurtosis an. Anleihegewichtung = 100%-Aktiengewichtung.

Aus Tabelle 20 ist ersichtlich, dass ein Portfolio, das beispielsweise zur Hälfte aus Aktien und Anleihen besteht, eine Wertsteigerung von durchschnittlich 6,45% aufweist, während die Wertsteigerung eines entsprechenden Portfolios mit fixen Gewichten 6,42% beträgt. Bei einer Anlagedauer von fünf Jahren erhöht sich die Differenz in der Wertentwicklung noch etwas zugunsten der Buy-and-Hold-Anlage. Bei einer Aktienquote von 50% entspricht der durchschnittliche Wertzuwachs dann 36,7% (siehe Tabelle 22) im Vergleich zu 35,09% bei einer statischen Anlagestrategie.

Der Vergleich der Vermögensverteilungen zeigt außerdem, dass *Schiefe* und *Leptokurtosis* bei einer Buy-and-Hold-Strategie ausgeprägter sind. Diese Unterschiede zeigen sich auch an den höheren Werten für sowohl das Minimum als auch das Maximum der Verteilung. Entsprechend bevorzugen Investoren mit Präferenz für rechtsschiefe Verteilungen, wie sie durch die Performancemaße *Perf2* und *Perf3* repräsentiert werden, eine Buy-and-Hold-Strategie gegenüber fixen Portfoliogewichten: Bei einer Anlagedauer von fünf Jahren und einer Portfoliostruktur von jeweils 50% Aktien und Anleihen nehmen *Perf2* und *Perf3* die Werte 6,237 und 5,921 an, bei der statischen Strategie hingegen nur 5,877 und 5,580. Ohne Präferenz für rechtsschiefe Verteilungen ist jedoch die statische Strategie leicht überlegen, dies zeigt ein Vergleich der Performance auf Basis von *Perf1* (19,706 für Buy- and Hold gegenüber 19,798 bei einer statischen Anlagestrategie).

Insgesamt gesehen ergeben sich für Stiftungen jedoch kaum Unterschiede in Bezug auf die Struktur der optimalen Portfolios verglichen mit einer statischen Anlage.

D.2.3 Statische Anlagestrategien mit weltweiter Aktiendiversifikation

Die Analysen dieses Kapitels sollen zeigen, in welchem Ausmaß eine *weltweite* Streuung der Aktienanlagen anstelle einer nur auf Deutschland ausgerichteten Anlagepolitik die Rendite-Risiko-Relation verbessern kann. Bei den Simulationen wird eine statische Anlagestrategie verfolgt, die Vorgehensweise bei den Simulationen ist daher identisch mit derjenigen von Kapitel D.2.1.

Aus Tabelle 23 wird ersichtlich, dass alle drei Performancekennzahlen – *Perf1* bis *Perf3* – ab einer Aktienquote von 10% höhere Werte für das nominale Vermögen aufweisen als bei einer Anlage in ausschließlich deutschen Aktien (vgl. Tabelle 9). Die Ursache dafür ist eine deutliche Verminderung des Downside-Risikos, das sich in den zwei Risikokennzahlen *Risk2* und *Risk3* ausdrückt. Die Häufigkeit einer Unterschreitung des Anfangsvermögens ist bei einer weltweiten Aktienanlage jedoch teilweise leicht höher: Bei einer Aktienquote von 100% liegt diese Häufigkeit im Falle deutscher Aktien bei 30,9%, für Aktien Welt bei 31,6%. Der Erwartungswert für den Bereich unterhalb des Zielwertes (*Risk2*) sowie die quadrierten Abweichungen vom Zielwert (*Risk3*) sind hingegen für jedes Portfolio, das Aktien enthält, geringer als bei einer Anlage in deutschen Aktien und dies wirkt sich auch in höheren Performancekennzahlen aus.

Tabelle 23: Risiko und Performance der statischen Anlagestrategie für Aktien Welt, Anlagedauer 1 Jahr, Benchmark = nominale Werterhaltung

Aktien-gewichtung	Risikokennzahlen			Performancekennzahlen			
	Risk1	Risk2	Risk3	Perf1	Perf2	Perf3	Perf4
0%	0,297	0,751	1,781	3,939	1,661	1,239	0,264
10%	0,235	0,556	1,489	6,267	2,338	1,965	0,437
20%	0,226	0,639	1,750	6,714	2,451	2,086	0,508
30%	0,242	0,896	2,389	5,889	2,207	1,833	0,513
40%	0,257	1,248	3,211	5,095	1,980	1,591	0,499
50%	0,268	1,651	4,119	4,540	1,820	1,419	0,482
60%	0,281	2,087	5,069	4,156	1,711	1,299	0,467
70%	0,291	2,545	6,045	3,881	1,634	1,213	0,454
80%	0,302	3,020	7,037	3,675	1,577	1,148	0,443
90%	0,309	3,509	8,039	3,517	1,535	1,099	0,434
100%	0,316	4,011	9,049	3,391	1,503	1,060	0,426

Anmerkung: Anleihegewichtung = 100%-Aktiengewichtung.

Tabelle 24: Nominale Vermögensverteilung der statischen Anlagestrategie für Aktien Welt, Anlagedauer 1 Jahr

Aktien-gewichtung	Statistische Basiskennzahlen						
	Mittel	Median	Std.	Min.	Max.	Schiefe	Kurt.
0%	102,21	102,18	4,09	86,68	120,03	0,07	0,15
10%	102,93	102,84	4,11	87,65	120,29	0,12	0,21
20%	103,65	103,56	4,96	85,06	123,68	0,11	0,17
30%	104,38	104,29	6,34	81,58	128,70	0,05	0,15
40%	105,11	105,06	7,99	75,96	137,24	0,01	0,14
50%	105,85	105,82	9,79	70,06	146,36	-0,00	0,13
60%	106,59	106,59	11,69	64,46	155,91	0,00	0,12
70%	107,33	107,34	13,66	59,14	165,93	0,02	0,11
80%	108,08	108,06	15,68	54,11	176,41	0,04	0,10
90%	108,83	108,77	17,74	49,35	187,37	0,07	0,10
100%	109,59	109,47	19,85	44,86	198,83	0,10	0,10

Anmerkungen: „Mittel" = Mittelwert der Verteilung, „Std." = Standardabweichung, „Min." = Minimalwert, „Max." = Maximalwert, „Schiefe" = Schiefekoeffizient, „Kurt." = Kurtosiskoeffizient minus 3 (= Excess Kurtosis). Ein positiver Wert von „Kurt." gibt Leptokurtosis an. Anleihegewichtung = 100%-Aktiengewichtung.

Tabelle 25: Risiko und Performance der statischen Anlagestrategie für Aktien Welt, Anlagedauer 1 Jahr, Benchmark = reale Werterhaltung

Aktien-gewichtung	Risikokennzahlen			Performancekennzahlen			
	Risk1	Risk2	Risk3	Perf1	Perf2	Perf3	Perf4
0%	0,522	1,921	3,300	0,924	0,538	-0,044	0,231
10%	0,465	1,558	2,860	1,356	0,739	0,194	0,384
20%	0,417	1,519	2,964	1,830	0,938	0,425	0,466
30%	0,389	1,703	3,481	2,156	1,055	0,566	0,488
40%	0,374	2,012	4,225	2,333	1,111	0,635	0,485
50%	0,366	2,387	5,081	2,423	1,138	0,669	0,474
60%	0,362	2,806	5,996	2,468	1,155	0,687	0,462
70%	0,361	3,254	6,944	2,488	1,166	0,697	0,451
80%	0,361	3,723	7,912	2,496	1,175	0,704	0,441
90%	0,362	4,205	8,893	2,499	1,182	0,709	0,433
100%	0,363	4,700	9,884	2,498	1,188	0,712	0,425

Anmerkung: Anleihegewichtung = 100%-Aktiengewichtung.

Tabelle 26: Reale Vermögensverteilung der statischen Anlagestrategie für Aktien Welt, Anlagedauer 1 Jahr

Aktien-gewichtung	Statistische Basiskennzahlen						
	Mittel	Median	Std.	Min.	Max.	Schiefe	Kurt.
0%	99,85	99,74	4,65	82,82	120,99	0,17	0,16
10%	100,56	100,40	4,62	85,22	121,56	0,23	0,22
20%	101,26	101,08	5,32	82,70	123,51	0,22	0,21
30%	101,97	101,78	6,54	79,66	128,46	0,15	0,19
40%	102,68	102,54	8,05	74,49	135,61	0,09	0,18
50%	103,40	103,29	9,75	68,70	144,61	0,06	0,16
60%	104,12	104,05	11,55	63,21	154,06	0,05	0,15
70%	104,84	104,80	13,44	58,00	163,95	0,05	0,14
80%	105,57	105,48	15,39	53,06	174,31	0,07	0,13
90%	106,30	106,07	17,38	48,39	185,14	0,09	0,12
100%	107,04	106,81	19,43	43,99	196,74	0,12	0,12

Anmerkungen: „Mittel" = Mittelwert der Verteilung, „Std." = Standardabweichung, „Min." = Minimalwert, „Max." = Maximalwert, „Schiefe" = Schiefekoeffizient, „Kurt." = Kurtosiskoeffizient minus 3 (= Excess Kurtosis). Ein positiver Wert von „Kurt." gibt Leptokurtosis an. Anleihegewichtung = 100%-Aktiengewichtung.

Auch die Sharpe-Ratio weist für Aktien Welt im Vergleich zu Aktien Deutschland ab einer Aktienquote von 20% höhere Werte auf. Die reine Wertentwicklung des nominalen Vermögens ist bei Anlagen in Aktien Welt zwar etwas geringer als bei deutschen Aktien (beispielsweise 109,59 (Welt) im Vergleich zu

110,75 (Deutschland) bei einer Aktienquote von 100%), die Risikoreduktion überkompensiert allerdings die geringere Wertsteigerung.

Für die Zielsetzung „nominale Werterhaltung" ist bei Verwendung von *Perf1* bis *Perf3* eine Aktienquote Welt von 20% optimal, die Sharpe-Ratio hat ihr Maximum bei einer Aktienquote von 30%. Beide Werte sind um 10 Prozentpunkte höher als bei einer Investition ausschließlich in deutsche Aktien, wobei der Grund für die höhere Aktienquote vor allem im geringeren Risiko einer weltweiten Aktienanlage zu sehen ist.

Zur Verfolgung der Zielsetzung einer *realen* Werterhaltung sollte die Stiftung auch bei Aktien Welt eine sehr hohe Aktienquote in Höhe von entweder 100% (*Perf2* und *Perf3*) oder 90% (*Perf1*) wählen. Genauso wie bei Betrachtung des Zieles der nominalen Vermögenserhaltung sind die Risikokennzahlen *Risk2* und *Risk3* deutlich geringer als bei einer Anlage in deutschen Aktien.

Die Schlussfolgerungen, die auf Basis der Ergebnisse für eine Anlagedauer von einem Jahr für eine weltweit diversifizierte Aktienanlage gezogen werden können, bleiben auch bei einer *Anlagedauer von fünf Jahren* bestehen.

Abbildung 3: Vergleich der nominalen Vermögensverteilungen von Aktien Welt mit Aktien Deutschland, Anlagedauer 5 Jahre, Portfoliostruktur: 100% Aktien

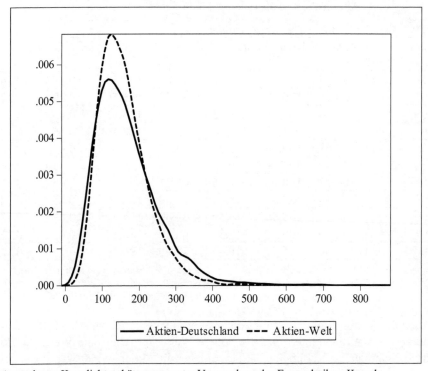

Anmerkung: Kerndichteschätzungen unter Verwendung des Epanechnikov-Kernels.

Abbildung 3 verdeutlicht die Unterschiede der Vermögensverteilungen für ein Portfolio, das zu 100% entweder aus Aktien Deutschland oder Welt besteht, wobei jeweils eine Anlagedauer von fünf Jahren vorgegeben ist. Gut zu erkennen ist, dass beide Verteilungen rechtsschief sind. Die Verteilung bei Anlage in Aktien Welt ist sowohl nach links als auch nach rechts weniger breit, sodass die Wahrscheinlichkeit für extreme Vermögenswerte geringer ist.

Insgesamt gesehen sind die Schlussfolgerungen für Aktien Welt die gleichen wie für eine Anlagepolitik, die sich auf deutsche Aktien konzentriert. Der einzige, aber für die praktische Vermögenspolitik sehr wichtige Unterschied besteht darin, dass das Verlustpotenzial bei einer weltweiten Aktienanlage etwas geringer ausfällt und die risikoadjustierte Performance höhere Werte erreicht. Dadurch können die Ziele der nominalen und realen Vermögenserhaltung durch die bessere Risikodiversifikation leichter erreicht werden als bei einer Beschränkung der Anlagepolitik auf deutsche Aktien.[159]

D.3 Statische und dynamische Absicherungsstrategien

Wie schon zuvor in Kapitel C.1.1 beschrieben, sind Strategien zur Absicherung des Portfolios sowohl aus theoretischer Sicht als auch im Hinblick auf die rechtlichen Rahmenbedingungen geeignete Verfahren, um die Rendite-Risiko-Relation im Sinne der Zielsetzung von Stiftungen zu verbessern.

In diesem Kapitel werden die *empirischen* Ergebnisse für die Rendite-Risiko-Relation und die Vermögensentwicklung bei Anwendung einer Absicherung mit Put-Optionen (Kapitel D.3.1) sowie der Constant-Proportion-Portfolio-Insurance-Methode (Kapitel D.3.2) ausführlich dargestellt. Beide Absicherungsverfahren werden mit dem Ziel durchgeführt, das Downside-Risiko der Aktienanlagen deutlich zu reduzieren, ohne das Aufwärtspotenzial zu sehr einzuschränken.

Der *Absicherungszeitraum* ist dabei immer ein Jahr, das heißt, die Absicherung soll die Einhaltung eines Mindestwertes des nominalen Vermögens für den Zeitraum von Jahresbeginn bis Jahresende gewährleisten. Dies entspricht auch der bei Stiftungen üblichen Rechnungslegungsperiode.

Für beide Arten von Absicherungsmaßnahmen werden die Ergebnisse sowohl für eine *Anlagedauer* von einem Jahr als auch von fünf Jahren untersucht. Die Bewertung der aus den Simulationen resultierenden Vermögensverteilungen wird – wie in den vorangegangenen Kapiteln – sowohl für das nominale als auch das reale Vermögen durchgeführt.

---

159 Die Ergebnisse für die reale Vermögensverteilung sowie diejenigen für einen Anlagehorizont von fünf Jahren wurden nicht tabellarisch ausgewiesen, können aber gerne auf Anfrage geliefert werden.

D.3.1 Absicherung des Aktienportfolios mit Put-Optionen

Bei den Simulationen dieser Absicherungsstrategie werden einfache Vorgehensweisen angewandt, die sich mit Hilfe von Put-Optionen umsetzen lassen. Es handelt sich dabei um statische Methoden – Protective Put und Wertsicherungsstrategie – bei denen zu Beginn der Anlageperiode eine bestimmte Anzahl an Put-Optionen gekauft wird, die bis zum Verfall nach einem Jahr unverändert gehalten werden.

Bei der ersten Absicherungsvariante, der Protective-Put-Strategie, sichert die Stiftung zu Beginn eines Jahres das *gesamte Aktienvermögen*, das aus *Aktien Deutschland* besteht, zum herrschenden Aktienkurs mit Hilfe von europäischen Put-Optionen ab. Diese *At-the-money-Put-Optionen* haben eine Laufzeit von genau einem Jahr und sichern damit den nominalen Wert des Aktienvermögens am Ende des Jahres. Zu Beginn des nächsten Jahres wird entsprechend das dann vorhandene Aktienvermögen ebenfalls wieder mit At-the-money-Put-Optionen vollständig abgesichert und so weiter, bis eine Anlagedauer von fünf Jahren erreicht ist.[160]

Zur Bewertung der Put-Optionen wird die *Black-Scholes-Formel* verwendet. Als Inputparameter werden der aktuelle Wert des Aktienindexes, der Ausübungskurs, der risikolose Zins (= Einjahreszins) sowie die Volatilität benötigt. Da nur *At-the-money*-Put-Optionen verwendet werden, entspricht der Ausübungskurs bei Kauf der Option immer dem aktuellen Stand des Aktienindexes. Sowohl der risikolose Zins als auch die Volatilität[161] werden mit dem Simulationsmodell über die nächsten fünf Jahre prognostiziert. Damit sind alle Parameter, die für die Anwendung der Black-Scholes-Formel benötigt werden, festgelegt.

Die Verwendung der Black-Scholes-Formel für die Bewertung der Put-Optionen ist als *Näherungslösung* für die Bestimmung des Optionspreises zu verstehen. Es ist seit Langem bekannt, dass die impliziten Volatilitäten, die in den Marktpreisen von Optionen enthalten sind, nicht konstant sind, sondern – bezogen auf den Ausübungskurs – einen sogenannten *Volatility Smile* oder *Volatility Skew*-Verlauf aufweisen.[162] Typischerweise sind die Preise von Aktien-Put-Optionen, die weit aus dem Geld sind, deutlich höher als sie nach der Black-Scholes-Formel sein sollten. Für *At-the-money*-Put-Optionen sind die Abweichungen zur theoretischen Formel dagegen vergleichsweise gering und bei Aktien-Put-Optionen, die im Geld sind, ist der Markt häufig geringer als der Preis

---

[160] Siehe zur Protective-Put-Strategie Steiner und Bruns (2007: 397ff) sowie die Ausführungen in C.1.2.
[161] Die historische Volatilitätszeitreihe, die in das Simulationsmodell eingeht, ist nach der in Hull (2005: 286ff) beschriebenen Formel als gleitender 12-Monats-Durchschnitt der quadrierten und mittelwertbereinigten log-Returns des Preisindexes der Aktien berechnet.
[162] Vgl. beispielsweise Derman und Kani (1994), Rubinstein (1994) oder Jackwerth und Rubinstein (1996). Eine Zusammenfassung der wichtigsten Resultate zu diesem Thema findet sich in Hull (2005: Kapitel 16).

nach der Black-Scholes-Formel.[163] Wie viele Studien (zum Beispiel Jackwerth und Rubinstein, 1996) zeigen, sind das Verlaufsmuster sowie der konkrete Verlauf der impliziten Volatilität (relativ zum Ausübungskurs) zeitveränderlich, sodass es kaum möglich erscheint, diese Informationen bei den hier durchgeführten Simulationen zu berücksichtigen. Bei der zunächst gewählten Vorgehensweise, das Aktienvermögen mit *At-the-money*-Put-Optionen abzusichern, kann die Black-Scholes-Formel als recht gute Approximation des Marktpreises angesehen werden.

Bei der Verwendung von Put-Optionen zur Absicherung des Aktienportfolios kann der Stiftung pro Jahr ein Verlust in Höhe des Preises der Put-Option entstehen. Wenn dagegen ein Verlust in Bezug auf das nominale Aktienvermögen der Stiftung ausgeschlossen werden soll, dann muss eine sogenannte *Wertsicherungsstrategie* eingesetzt werden.

Bei dieser zweiten hier untersuchten Absicherungsvariante mit Optionen wird der Ausübungskurs der Put-Optionen so bestimmt, dass bei Ausübung sowohl das Aktienvermögen als auch der Preis der Put-Optionen abgesichert sind. Der Ausübungskurs wird dabei in jedem Fall nicht unter dem aktuellen Kurs der Aktien liegen, sodass bei dieser Vorgehensweise *In-the-money*-Put-Optionen mit unterschiedlichem Ausübungskurs eingesetzt werden. Der Ausübungskurs wird für jeden der einzelnen 10000 Simulationsläufe neu berechnet, da die für die Wertsicherungsstrategie notwendigen Ausübungskurse von den jeweiligen simulierten Werten für die Volatilität und den risikolosen Zins abhängen. Der nach der Black-Scholes-Formel ermittelte Optionspreis kann in diesem Fall höher sein als der Marktpreis (vgl. Rubinstein, 1994: 777), aber auch die umgekehrte Relation ist vor allem für Optionen, die tief im Geld sind, nicht auszuschließen (vgl. Jackwerth und Rubinstein, 1996: 1618).

Eine äquivalente Vorgehensweise zur Verwendung von Put-Optionen besteht bei der Wertsicherungsstrategie darin, das mit dem risikolosen Einjahreszins diskontierte Aktienvermögen zu diesem Zins zu Beginn des Jahres anzulegen und die Differenz zwischen dem heute tatsächlich vorhandenen Aktienvermögen (V_t) und seinem heutigen diskontierten Wert ($V_t/(1+r_{f,t})$) in At-the-money-Call-Optionen anzulegen.

Im Folgenden wird zunächst die Absicherungsstrategie unter Einsatz von *At-the-money*-Put-Optionen analysiert. Bei einer Anlagedauer von einem Jahr beträgt der Preis der Put-Option 4,2% des abzusichernden Vermögens. Dieser Wert ist deterministisch, da alle Inputvariablen (Ausübungskurs, risikoloser Einjahres-

---

163 Vgl. beispielsweise Rubinstein (1994), der einen typischen Skew-Verlauf der impliziten Volatilität von Call-Optionen dokumentiert (S. 777) und aus den Optionspreisen eine implizite Verteilung der Aktienreturns ableitet und diese mit der im Black-Scholes-Modell unterstellten Lognormalverteilung vergleicht (S. 803). Die empirischen Ergebnisse von Jackwerth und Rubinstein (1996: 1618) zeigen allerdings einen erneuten Anstieg der impliziten Volatilität für *In-the-money*-Optionen, sodass auch bei In-the-money-Optionen der Black-Scholes-Preis geringer als der Marktpreis sein könnte.

zins, Volatilität) beim Kauf der Option feststehen. Bei einer Anlagedauer von fünf Jahren werden alle Inputvariablen hingegen für diese Periode simuliert. Daraus ergibt sich eine simulierte Verteilung für den Preis der Put-Optionen (siehe Abbildung 4).

Im Durchschnitt nimmt der Preis der Put-Optionen nach 20 Quartalen einen Wert von 5,9% des Vermögens an. Da sowohl der Einjahreszins als auch die Volatilität auf Sicht von fünf Jahren beträchtlichen Schwankungen unterworfen sind, variiert der Optionspreis ebenfalls sehr stark: das Minimum beträgt 0,05% und und das Maximum 33,8%. In 80% der Perioden nimmt der Preis der Put-Optionen einen Wert zwischen 2% und 10% an, Preise darüber oder darunter sind also vergleichsweise selten. Wie gut zu erkennen ist, ist die Verteilung des Put-Preises stark rechtsschief. Der Median liegt daher unter dem Mittelwert und beträgt 5,25%, sodass sich also rechts und links von 5,25% jeweils 50% der simulierten Optionspreise befinden.

Abbildung 4: Histogramm des Put-Optionspreises, Prognosehorizont 5 Jahre

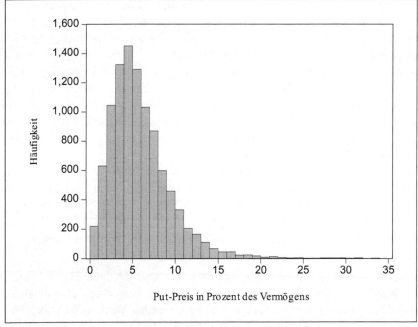

In Tabelle 27 werden die Ergebnisse der Put-Optionsstrategie bei einer Anlagedauer von einem Jahr für die *nominale* Vermögensverteilung ausgewiesen. Ein Vergleich mit der statischen Anlage (siehe Tabelle 12) zeigt, dass die Mittelwerte des Vermögens *mit* und *ohne* Put-Absicherung ungefähr gleich sind. Der Median ist bei Einsatz von Put-Optionen jedoch deutlich niedriger: Zum Beispiel liegt der Median bei einer Aktienquote von 100% bei Einsatz von At-the-money-Put-Optionen bei 106,5, ohne Absicherung dagegen bei 110,75.

Aus dem Vergleich der beiden Tabellen wird deutlich, dass die Vermögensverteilung durch die Absicherung mit Put-Optionen deutlich rechtsschief wird. So ist bei der Strategie mit Put-Optionen der niedrigste Wert des Vermögens für jedes Aktien-/Anleiheportfolio erheblich höher als im Falle ohne Absicherung.

Tabelle 27: Nominale Vermögensverteilung der statischen *Put-Optionsstrategie* für deutsche Aktien, Anlagedauer 1 Jahr

Aktien-gewichtung	Statistische Basiskennzahlen						
	Mittel	Median	Std.	Min.	Max.	Schiefe	Kurt.
0%	102,21	102,18	4,09	86,68	120,03	0,07	0,15
10%	103,27	103,19	4,09	87,68	119,91	0,11	0,15
20%	104,29	103,96	4,57	88,68	126,10	0,38	0,32
30%	105,28	104,55	5,45	89,68	133,96	0,71	0,69
40%	106,23	104,95	6,59	90,68	142,15	0,97	1,06
50%	107,14	105,17	7,93	91,68	150,69	1,13	1,34
60%	108,02	105,36	9,41	92,67	159,57	1,23	1,54
70%	108,87	105,60	11,00	93,67	168,82	1,28	1,67
80%	109,68	105,88	12,70	94,66	178,65	1,31	1,75
90%	110,45	106,14	14,49	95,64	190,69	1,33	1,80
100%	111,19	106,51	16,38	96,33	203,28	1,32	1,83

Anmerkungen: „Mittel" = Mittelwert der Verteilung, „Std." = Standardabweichung, „Min." = Minimalwert, „Max." = Maximalwert, „Schiefe" = Schiefekoeffizient, „Kurt." = Kurtosiskoeffizient minus 3 (= Excess Kurtosis). Ein positiver Wert von „Kurt." gibt Leptokurtosis an. Anleihegewichtung = 100%-Aktiengewichtung.

Besonders deutlich wird dies für das Portfolio mit einer Aktienquote von 100%: Das Minimum mit Put-Optionen beträgt dafür 96,3, ohne Absicherung liegt dieser Wert hingegen bei 34,25. Die Maxima weichen hingegen in wesentlich geringerem Ausmaß voneinander ab: 212,3 ist das Maximum *ohne* Put-Optionen, 203,3 *mit* Put-Optionen. Die hier gewählte Absicherungsstrategie führt somit wie beabsichtigt dazu, dass das Verlustpotenzial der Aktienanlage erheblich vermindert wird, ohne das Gewinnpotenzial besonders stark einzuschränken.

In Abbildung 5 werden die Vermögensverteilungen bei Einsatz mit und ohne Verwendung von Put-Optionen für ein Portfolio bestehend aus 100% Aktien Deutschland miteinander verglichen. Die Vermögensverteilung mit Put-Optionen liegt im rechten Bereich der Verteilung links von der Verteilung ohne Absicherung, sodass Werte oberhalb von etwa 115 bei Einsatz von Put-Optionen in geringerer Zahl auftreten. Werte um den Wert 100 sind hingegen vergleichsweise häufig. Dies liegt daran, dass der gesamte linke Bereich der ursprünglichen Vermögensverteilung unterhalb von etwa 96 durch den Einsatz der Put-Optionen gestutzt wird, sodass immer dann, wenn ohne Put-Optionen ein hoher Verlust auftreten würde, die Put-Option im Geld ist und den Verlust zum größten Teil kompensiert. Der maximale Verlustbetrag bei einer Anlagedauer von einem Jahr beträgt *(100+1/3*Dividendenertrag-Put-Optionspreis)*. Der Term (*1/3*Dividendenertrag*) entspricht der Ertragsthesaurierung, die die Stiftung durchführt.

Abbildung 5: Nominale Vermögensverteilung *mit* und *ohne* Put-Optionen, Aktienquote = 100%, Anlagedauer 1 Jahr

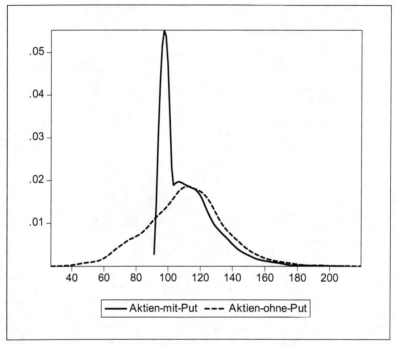

Anmerkung: Kerndichteschätzungen unter Verwendung des Epanechnikov-Kernels.

Bezüglich Risiko und Performance unterscheiden sich die Ergebnisse sehr deutlich von denen ohne Absicherung. Wie Tabelle 28 zeigt, ist bei Einsatz von Put-Optionen eine Aktienquote von 60% (*Perf1*) oder sogar 70% (*Perf2* und *Perf3*) optimal, während ohne Put-Optionen das Maximum der Performancemaße schon bei 10% erreicht ist (vgl. Tabelle 11). Der Grund liegt vor allem darin, dass sich die Risikomaße *Risk2* und *Risk3* durch die Verwendung der Absicherungsmaßnahmen erheblich vermindern.

Die Häufigkeit einer Unterschreitung des Anfangsvermögens (*Risk1*) sinkt jedoch nur für Portfolios mit Aktienquoten unterhalb von 80%. Bei einem zu 100% aus Aktien bestehenden Portfolio wird das Anfangsvermögen hingegen in 37,6% der Fälle unterschritten, im Vergleich zu nur 30,9% ohne Absicherungsmaßnahmen. Die *Höhe* der Verluste wird jedoch durch die Put-Optionen stark begrenzt, sodass sich im Falle einer Unterschreitung nur eine vergleichsweise geringe Reduktion des Vermögens einstellt. Der Durchschnittswert für diese Verlusthöhe ist der Mean Excess Loss (MEL), der sich als LPM_1 / LPM_0 berechnen lässt.[164] Für ein 100%-Aktienportfolio ergibt sich für den MEL ein Wert von etwa 3,1 bei Verwendung von Put-Optionen und von ca. 16,5 ohne Absicherungsstrategie. Dies bedeutet, dass im Falle einer Unterschreitung des Zielwertes $z=100$ die Höhe des Verlustes im Durchschnitt nur bei 3,1% statt bei 16,5% ohne Put-Optionen liegt.

Da die *Performancekennzahlen* ab einer Aktienquote von 10% deutlich höher sind als bei einer statischen Anlagestrategie ohne Absicherung, ist der Einsatz von Put-Optionen für Stiftungen durchweg empfehlenswert.

Tabelle 28: Risiko und Performance der statischen *Put-Optionsstrategie* für deutsche Aktien, Anlagedauer 1 Jahr, Benchmark = nominale Werterhaltung

Aktien-gewichtung	Risikokennzahlen			Performancekennzahlen			
	Risk1	Risk2	Risk3	Perf1	Perf2	Perf3	Perf4
0%	0,297	0,751	1,781	3,939	1,661	1,239	0,264
10%	0,211	0,476	1,343	7,856	2,787	2,432	0,523
20%	0,170	0,353	1,114	13,133	4,166	3,849	0,692
30%	0,152	0,298	0,989	18,680	5,633	5,332	0,762
40%	0,151	0,278	0,919	23,430	7,076	6,774	0,773
50%	0,164	0,282	0,888	26,324	8,363	8,045	0,759
60%	0,195	0,314	0,895	26,521	9,315	8,964	0,733
70%	0,246	0,391	0,958	23,699	9,671	9,263	0,704
80%	0,307	0,538	1,112	18,987	9,189	8,705	0,674
90%	0,364	0,792	1,415	14,197	7,948	7,389	0,644
100%	0,376	1,165	1,951	10,608	6,334	5,737	0,615

Anmerkung: Anleihegewichtung = 100%-Aktiengewichtung.

Auch eine Stiftung, die anstelle der Maximierung der risikoadjustierten Performance eine *Minimierung des Risikos* der Vermögensanlage anstrebt, kann durch diese Sicherungsstrategie sowohl das Portfoliorisiko reduzieren als auch den durchschnittlichen Vermögenszuwachs erhöhen: Das Minimum der Risikokennzahlen liegt bei Portfolios mit einer Aktienquote von 40% (*Risk1* und *Risk2*) bzw. 50% (*Risk2*). Das durchschnittliche Vermögen bei einem Anlagehorizont von einem Jahr ist bei diesen Aktienquoten trotz des Einsatzes von Put-Optionen immerhin noch um 3 bis 4 Prozentpunkte höher als bei einer Beschränkung auf ein reines *Anleihe*portfolio.

Bei Betrachtung der *realen* Vermögensverteilung (siehe Tabelle 29) ergeben sich optimale Aktienquoten von 70% (*Perf1*) oder 80% (*Perf2* und *Perf3*). Diese Aktienquoten sind etwas geringer als für Portfolios mit Aktien Deutschland ohne

---

164 Vgl. die Ausführungen zum *MEL* in Kapitel D.2.1.

Absicherungsmaßnahmen, die bei 90% bzw. 100% liegen. Vergleicht man die Werte im jeweiligen Optimum, so sind die mittleren Renditen bei Verwendung von Put-Optionen etwa um einen Prozentpunkt niedriger. Der Median liegt um etwas mehr als 4 Prozentpunkte unter demjenigen ohne Absicherungsmaßnahmen (siehe Tabelle 30).

Tabelle 29: Risiko und Performance der statischen *Put-Optionsstrategie* für deutsche Aktien, Anlagedauer 1 Jahr, Benchmark = reale Werterhaltung

Aktien-gewichtung	Risikokennzahlen			Performancekennzahlen			
	Risk1	Risk2	Risk3	Perf1	Perf2	Perf3	Perf4
0%	0,522	1,921	3,300	0,924	0,538	-0,044	0,231
10%	0,433	1,421	2,706	1,625	0,854	0,328	0,455
20%	0,375	1,148	2,367	2,644	1,282	0,797	0,616
30%	0,343	1,018	2,188	3,800	1,768	1,303	0,701
40%	0,329	0,975	2,109	4,874	2,254	1,792	0,731
50%	0,334	0,995	2,105	5,695	2,693	2,220	0,730
60%	0,348	1,070	2,168	6,170	3,045	2,551	0,714
70%	0,372	1,204	2,305	6,280	3,281	2,758	0,691
80%	0,403	1,412	2,531	6,060	3,382	2,824	0,664
90%	0,419	1,711	2,883	5,619	3,334	2,741	0,637
100%	0,422	2,081	3,397	5,144	3,151	2,538	0,610

Anmerkungen: „Mittel" = Mittelwert der Verteilung, „Std." = Standardabweichung, „Min." = Minimalwert, „Max." = Maximalwert, „Schiefe" = Schiefekoeffizient, „Kurt." = Kurtosiskoeffizient minus 3 (= Excess Kurtosis). Ein positiver Wert von „Kurt." gibt Leptokurtosis an. Anleihegewichtung = 100%-Aktiengewichtung.

Das Risiko ist auch für die reale Vermögensverteilung bei Einsatz von Put-Optionen in der Regel deutlich niedriger als ohne entsprechende Sicherungsmaßnahmen. Genauso wie im Falle des Zieles der nominalen Werterhaltung tritt ein Unterschreiten des (realen) Anfangswertes bei relativ hohen Aktienquoten häufiger auf als ohne Sicherungsmaßnahmen (*Risk1*), die Höhe der Verluste wird jedoch durch den Einsatz der Put-Optionen erheblich vermindert: Der *MEL* reduziert sich bei einer Aktienquote von 100% von 16,5 (keine Absicherung) auf 4,9 bei Anwendung der Optionsstrategie. Gleichwohl muss das Stiftungsmanagement entscheiden, ob die bei einer Aktienquote von 100% mit 42,2% (*Risk1*) vergleichsweise häufige Unterschreitung des Anfangsvermögens tragbar ist und durch die geringere Verlusthöhe kompensiert werden kann. Auf Sicht von fünf Jahren entschärft sich allerdings dieses Entscheidungsproblem. Das nominale Vermögen wird bei Anlage in deutschen Aktien, die durch At-the-money-Put-Optionen abgesichert sind, nur noch relativ selten das nominale Anfangsvermögen unterschreiten.

Tabelle 30: Reale Vermögensverteilung der dynamischen *Put-Optionsstrategie* für deutsche Aktien, Anlagedauer 1 Jahr

Aktien-gewichtung	Statistische Basiskennzahlen						
	Mittel	Median	Std.	Min.	Max.	Schiefe	Kurt.
0%	99,85	99,74	4,65	82,82	120,99	0,17	0,16
10%	100,89	100,74	4,64	83,77	121,18	0,20	0,16
20%	101,89	101,55	5,04	84,73	126,69	0,37	0,30
30%	102,85	102,20	5,81	85,68	134,58	0,64	0,62
40%	103,78	102,65	6,84	86,64	142,81	0,89	0,98
50%	104,67	102,93	8,07	87,59	151,39	1,07	1,28
60%	105,53	103,05	9,46	88,54	160,32	1,18	1,51
70%	106,36	103,06	10,97	89,49	169,60	1,26	1,66
80%	107,15	103,24	12,60	90,44	179,26	1,30	1,76
90%	107,90	103,60	14,32	91,08	189,29	1,32	1,82
100%	108,62	103,92	16,15	90,62	199,71	1,33	1,86

Anmerkungen: „Mittel" = Mittelwert der Verteilung, „Std." = Standardabweichung, „Min." = Minimalwert, „Max." = Maximalwert, „Schiefe" = Schiefekoeffizient, „Kurt." = Kurtosiskoeffizient minus 3 (= Excess Kurtosis). Ein positiver Wert von „Kurt." gibt Leptokurtosis an. Anleihegewichtung = 100%-Aktiengewichtung.

Tabelle 31: Risiko und Performance der statischen *Put-Optionsstrategie* für deutsche Aktien, Anlagedauer 5 Jahre, Benchmark = nominale Werterhaltung

Aktien-gewichtung	Risikokennzahlen			Performancekennzahlen			
	Risk1	Risk2	Risk3	Perf1	Perf2	Perf3	Perf4
0%	0,140	0,560	1,972	17,579	4,987	4,703	0,370
10%	0,050	0,152	0,912	96,552	16,144	15,977	0,936
20%	0,022	0,061	0,581	328,279	34,244	34,140	1,254
30%	0,015	0,049	0,560	515,268	44,885	44,797	1,346
40%	0,017	0,062	0,675	489,683	45,063	44,971	1,331
50%	0,022	0,096	0,907	370,157	39,269	39,163	1,277
60%	0,031	0,164	1,267	248,551	32,214	32,084	1,210
70%	0,042	0,274	1,776	167,652	25,878	25,723	1,141
80%	0,058	0,445	2,441	114,845	20,929	20,746	1,074
90%	0,072	0,689	3,284	81,600	17,115	16,905	1,010
100%	0,092	1,012	4,297	60,561	14,260	14,025	0,949

Anmerkung: Anleihegewichtung = 100%-Aktiengewichtung.

Wie aus Tabelle 31 ersichtlich, sinkt die Wahrscheinlichkeit für einen Verlust (*Risk1*) für fast alle Portfoliokombinationen deutlich unter 10% und liegt damit für alle Aktienquoten signifikant unter den Werten, die sich ohne Absicherungsmaßnahmen ergeben.

Der Mittelwert des Vermögens liegt bei einer Aktienquote von 100% und einer Anlagedauer von fünf Jahren um 6 Prozentpunkte unter demjenigen ohne Verwendung von Put-Optionen, der Median ist um 2 Prozentpunkte geringer. Wie ein Vergleich von Tabelle 32 mit Tabelle 16 zeigt, liegen die Extremwerte der Verteilung, bedingt durch die Absicherungsmaßnahmen, enger beieinander: Minimum und Maximum betragen im abgesicherten Portfolio (100% Aktienquote) 41,6 und 725,39, ohne Absicherung hingegen 15,4 und 857,64.

Im Vergleich zu einer Anlagedauer von einem Jahr ist nun das Minimum des Vermögenswertes mit 41,6 deutlich kleiner. Dies liegt daran, dass immer der aktuelle Wert des Portfolios zu Beginn eines Jahres abgesichert wird.

Tabelle 32: Nominale Vermögensverteilung der statischen *Put-Optionsstrategie* für deutsche Aktien, Anlagedauer 5 Jahre

Aktien-gewichtung	Statistische Basiskennzahlen						
	Mittel	Median	Std.	Min.	Max.	Schiefe	Kurt.
0%	109,28	109,01	8,67	78,87	148,20	0,17	0,02
10%	114,56	114,25	9,07	84,12	158,23	0,23	0,14
20%	119,84	119,14	10,99	86,22	181,38	0,44	0,45
30%	125,11	123,64	14,14	84,10	211,74	0,66	0,90
40%	130,34	128,01	18,23	78,97	246,53	0,84	1,40
50%	135,52	132,33	23,06	73,92	286,30	0,98	1,94
60%	140,64	136,45	28,57	67,77	343,85	1,11	2,55
70%	145,69	140,01	34,71	61,34	416,41	1,24	3,23
80%	150,65	143,11	41,50	54,76	502,62	1,37	4,03
90%	155,52	146,11	48,95	48,15	604,75	1,52	4,98
100%	160,27	148,83	57,10	41,62	725,39	1,67	6,10

Anmerkungen: „Mittel" = Mittelwert der Verteilung, „Std." = Standardabweichung, „Min." = Minimalwert, „Max." = Maximalwert, „Schiefe" = Schiefekoeffizient, „Kurt." = Kurtosiskoeffizient minus 3 (= Excess Kurtosis). Ein positiver Wert von „Kurt." gibt Leptokurtosis an. Anleihegewichtung = 100%-Aktiengewichtung.

Im ungünstigsten Fall kann sich ab dem zweiten Anlagejahr in jedem Jahr ein leicht niedrigerer Wert als im Vorjahr ergeben, sofern die Put-Optionen ausgeübt werden und damit ein Verlust in Höhe der Optionsprämie (abzüglich 1/3 der Dividendenerträge) entsteht. Da auch die Preise der Put-Optionen einen gewissen Schwankungsbereich in der Zukunft aufweisen, können sich durchaus relativ niedrige Portfoliowerte nach Ablauf von fünf Jahren einstellen. Diese Mindestwerte sind allerdings deutlich höher als ohne Absicherung.

Die Reduktion des Verlustpotenzials zeigt sich auch hier an der Höhe des *Mean Excess Loss*, der ohne Absicherung für das zu 100% aus Aktien bestehende Portfolio 27,6 beträgt und *mit* Sicherungsmaßnahmen bei 11,0 liegt. Der Vergleich mit den Ergebnissen für eine Anlagedauer von *einem* Jahr zeigt sowohl für die gesicherten als auch die ungesicherten Portfolios einen *Anstieg* des *MEL* mit steigender Anlagedauer. Im Falle des gesicherten Portfolios fällt dieser Anstieg des *MEL* jedoch deutlich schwächer aus.

Der Einsatz von Put-Optionen zur Vermeidung von Verlusten bezogen auf das nominale Anfangsvermögen der Stiftung ist somit insbesondere aus einer mittel- bis langfristigen Perspektive sinnvoll. Auch das Risiko einer Unterschreitung des realen Anfangsvermögens ist bei einer Anlagedauer von fünf Jahren deutlich niedriger als ohne Put-Optionen: Für die Portfolios mit Aktienanteil weisen sämtliche Risikomaße niedrigere Werte und alle Performancemaße höhere Werte auf als ohne Portfoliosicherung.

Eine noch stärkere Verlustbegrenzung lässt sich durch eine *Wertsicherungsstrategie* erreichen. Dabei wird das Ziel verfolgt, nominale Vermögensverluste vollständig auszuschließen. Eine Wertsicherungsstrategie kann entweder mit Call-Optionen in Kombination mit Nullkuponanleihen oder mit Aktien und Put-Optionen durchgeführt werden. Im ersteren Falle wird das diskontierte Anfangsvermögen der Stiftung in einen Zerobond investiert. Der verbleibende Rest des Vermögens wird in At-the-money-Call-Optionen angelegt.

Tabelle 33: Risiko und Performance der *Wertsicherungsstrategie* für deutsche Aktien, Anlagedauer 1 Jahr, Benchmark = nominale Werterhaltung

Aktien-gewichtung	Risikokennzahlen			Performancekennzahlen			
	Risk1	*Risk2*	*Risk3*	*Perf1*	*Perf2*	*Perf3*	*Perf4*
0%	0,297	0,751	1,781	3,939	1,661	1,239	0,264
10%	0,220	0,492	1,357	7,313	2,648	2,286	0,492
20%	0,173	0,349	1,082	12,325	3,971	3,649	0,659
30%	0,146	0,260	0,881	19,251	5,684	5,388	0,747
40%	0,127	0,198	0,716	28,725	7,947	7,671	0,774
50%	0,114	0,151	0,572	42,052	11,082	10,819	0,767
60%	0,106	0,111	0,441	62,432	15,751	15,498	0,742
70%	0,099	0,077	0,319	97,302	23,539	23,297	0,708
80%	0,090	0,047	0,203	170,738	39,517	39,286	0,671
90%	0,079	0,020	0,092	432,448	92,475	92,262	0,632
100%	0,000	0,000	0,000	–	–	–	0,594

Anmerkung: Anleihegewichtung = 100%-Aktiengewichtung.

Die andere Möglichkeit besteht darin, das Vermögen in Aktien und Put-Optionen aufzuteilen. Dabei wird der Ausübungskurs der Put-Optionen so gewählt, dass das gesamte Vermögen, also *inklusive* der Put-Optionen, den Anfangswert nicht unterschreiten kann. Der Ausübungskurs liegt dabei immer über diesem Anfangswert, es handelt sich also um *In-the-money*-Put-Optionen. Der passende Ausübungskurs muss für jeden der 10000 Simulationsläufe und jedes Jahr der Simulationsperiode speziell berechnet werden, da der Ausübungskurs von den Werten für die Volatilität und den Einjahreszins, die ebenfalls mit den Modellsimulationen erzeugt werden, abhängt.

Die in Tabelle 33 dokumentierten Risikomaße zeigen, dass die Wertsicherungsstrategie für das reine Aktienportfolio, also eine Aktienquote von 100%, eine Unterschreitung des Anfangswertes des nominalen Vermögens tatsächlich verhindert: Das entsprechende Risiko ist null. Da die Absicherungsmaßnahmen nur auf den Aktienanteil angewandt werden, weisen die gemischten Portfolios zwar noch ein von null verschiedenes Risiko auf, aber das Portfoliorisiko sinkt kontinuierlich mit zunehmender Aktienquote. Analog dazu steigen die Performancemaße an.

Für das reine Aktienportfolio ergibt sich ein mittlerer Ertrag von 108,9 im Vergleich zu 110,75 ohne Absicherungsstrategie, der Median von 101,11 ist sogar um etwa 10 Punkte geringer. Die Wertsicherungsstrategie reduziert daher nicht nur das Downside-Risiko, sondern führt auch zu einer deutlichen Verminderung des erzielbaren Wertzuwachses.

Tabelle 34: Nominale Vermögensverteilung der *Wertsicherungsstrategie* für deutsche Aktien, Anlagedauer 1 Jahr

Aktien-gewichtung	Statistische Basiskennzahlen						
	Mittel	Median	Std.	Min.	Max.	Schiefe	Kurt.
0%	102,21	102,18	4,09	86,68	120,03	0,07	0,15
10%	103,10	103,07	4,01	88,02	119,34	0,11	0,14
20%	103,95	103,71	4,28	89,37	124,72	0,37	0,42
30%	104,75	104,12	4,85	90,71	131,80	0,78	1,07
40%	105,49	104,34	5,64	92,05	139,14	1,16	1,88
50%	106,18	104,39	6,60	93,39	146,76	1,45	2,63
60%	106,83	104,26	7,69	94,73	154,65	1,65	3,22
70%	107,42	103,93	8,89	96,07	162,83	1,78	3,63
80%	107,96	103,46	10,19	97,41	171,58	1,86	3,89
90%	108,45	102,46	11,59	98,75	182,28	1,90	4,03
100%	108,89	101,11	13,08	100,05	193,42	1,91	4,08

Anmerkungen: „Mittel" = Mittelwert der Verteilung, „Std." = Standardabweichung, „Min." = Minimalwert, „Max." = Maximalwert, „Schiefe" = Schiefekoeffizient, „Kurt." = Kurtosiskoeffizient minus 3 (= Excess Kurtosis). Ein positiver Wert von „Kurt." gibt Leptokurtosis an. Anleihegewichtung = 100%-Aktiengewichtung.

Eine bessere Einschätzung der (relativen) Performance lässt die Analyse der *realen* Vermögensverteilungen zu, da das Risiko des *inflationsbereinigten* Vermögens nicht vollständig auf null reduziert werden kann und die Performancemaße daher auch für das reine Aktienportfolio berechenbar sind.

Tabelle 35 zeigt, dass sowohl im Vergleich zu einer statischen Anlage *ohne* Absicherungsmaßnahmen als auch im Vergleich zu einer Anlagestrategie mit *At-the-money*-Put-Optionen eine erhebliche Reduktion des Verlustpotenzials auch bei Betrachtung des *realen* Vermögens durch die Wertsicherungsstrategie entsteht.

Die beiden Risikomaße *Risk2* und *Risk3* nehmen für alle Portfolios, die Aktien enthalten, deutlich niedrigere Werte an als bei Absicherung mit At-the-money-Put-Optionen. Die Häufigkeit einer Unterschreitung (*Risk1*) des *realen* Anfangsvermögens ist allerdings ab einer Aktienquote von mehr als 60% für die Wertsicherungsstrategie höher und erreicht einen Wert von 51,5% für das reine Aktienportfolio, gegenüber 42,2% für das Portfolio mit At-the-money-Put-Optionen und 34,7% ohne Absicherungsmaßnahmen.

Tabelle 35: Risiko und Performance der *Wertsicherungsstrategie* für deutsche Aktien, Anlagedauer 1 Jahr, Benchmark = reale Werterhaltung

Aktien-gewichtung	Risikokennzahlen			Performancekennzahlen			
	Risk1	Risk2	Risk3	Perf1	Perf2	Perf3	Perf4
0%	0,522	1,921	3,300	0,924	0,538	-0,044	0,231
10%	0,445	1,467	2,747	1,497	0,800	0,266	0,427
20%	0,391	1,183	2,375	2,315	1,153	0,655	0,580
30%	0,354	1,006	2,113	3,319	1,580	1,104	0,675
40%	0,337	0,895	1,917	4,419	2,062	1,595	0,718
50%	0,331	0,826	1,768	5,522	2,580	2,113	0,727
60%	0,337	0,791	1,656	6,517	3,113	2,635	0,714
70%	0,359	0,787	1,581	7,275	3,624	3,126	0,689
80%	0,395	0,823	1,552	7,646	4,054	3,523	0,657
90%	0,452	0,927	1,596	7,417	4,307	3,726	0,623
100%	0,515	1,170	1,801	6,452	4,189	3,540	0,587

Anmerkung: Anleihegewichtung = 100%-Aktiengewichtung.

Gleichwohl wird das Verlustpotenzial auch für das reine Aktienportfolio erheblich reduziert. Der Mean Excess Loss (*MEL*) beträgt nur noch 2,27 im Vergleich zu 4,93 bzw. 16,5 für die Portfolios mit At-the-money-Put-Optionen bzw. ohne Hedging. Für ein besonders risikoaverses Stiftungsmanagement könnte daher eine Wertsicherungsstrategie die geeignete Wahl sein. Darüber hinaus zeigt sich, dass der *MEL* für ein zu 100% aus Aktien zusammengesetztes Portfolio geringer ist als beispielsweise für ein Portfolio, das nur einen Aktienanteil von 30% aufweist (*MEL* = 3,02). Das *Minimum* des *MEL* liegt mit 2,051 bei einer Aktienquote von 90%, sodass sich aus der Perspektive eines möglichst geringen erwarteten realen Verlustes ein sehr hoher Aktienanteil im Portfolio anbietet.

Die Performancemaße weisen allerdings nicht durchgehend auf eine Überlegenheit der Wertsicherungsstrategie hin. Perf1 bis Perf3 sind zwar für alle Portfolios, die Aktien enthalten, deutlich höher als für den Fall ohne Absicherungsmaßnahmen (vgl. Tabelle 13). Im Vergleich mit der At-the-money-Put-Strategie ergeben sich höhere Werte für die Performancemaße jedoch erst ab Aktienquoten von mehr als 50%.

Tabelle 36: Reale Vermögensverteilung der *Wertsicherungsstrategie* für deutsche Aktien, Anlagedauer 1 Jahr

Aktien-gewichtung	Statistische Basiskennzahlen						
	Mittel	Median	Std.	Min.	Max.	Schiefe	Kurt.
0%	99,85	99,74	4,65	82,82	120,99	0,17	0,16
10%	100,73	100,62	4,57	84,10	120,59	0,19	0,14
20%	101,56	101,29	4,79	85,38	125,30	0,37	0,35
30%	102,33	101,77	5,27	86,66	132,41	0,68	0,86
40%	103,06	102,07	5,96	87,95	139,79	1,01	1,57
50%	103,74	102,22	6,82	89,23	147,44	1,31	2,31
60%	104,36	102,16	7,83	90,51	155,37	1,54	2,96
70%	104,94	101,92	8,95	91,79	163,59	1,70	3,44
80%	105,47	101,44	10,18	93,07	172,09	1,81	3,77
90%	105,95	100,66	11,51	94,07	180,89	1,87	3,97
100%	106,38	99,74	12,94	93,83	190,00	1,89	4,06

Anmerkungen: „Mittel" = Mittelwert der Verteilung, „Std." = Standardabweichung, „Min." = Minimalwert, „Max." = Maximalwert, „Schiefe" = Schiefekoeffizient, „Kurt." = Kurtosiskoeffizient minus 3 (= Excess Kurtosis). Ein positiver Wert von „Kurt." gibt Leptokurtosis an. Anleihegewichtung = 100%-Aktiengewichtung.

Das *optimale* Portfolio bei Verwendung von *Perf1* enthält einen Aktienanteil von 80%, bei Anwendung von *Perf2* und *Perf3* ist sogar eine Aktienquote von 90% zu empfehlen. Für diese hohen Aktienquoten erweist sich die Wertsicherungsstrategie bei einer Anlagedauer von *einem Jahr* allen anderen betrachteten Anlagestrategien in Bezug auf die reale Vermögensentwicklung als überlegen.

Abbildung 6 vergleicht die Vermögensverteilungen für einen *Anlagehorizont von fünf Jahren* für eine statische Aktienanlage ohne Hedging, eine Aktienanlage mit einer Absicherung durch At-the-money-Put-Optionen sowie eine Wertsicherungsstrategie. Die Aktienquote des Portfolios beträgt jeweils 100%. Bei Anwendung einer Wertsicherungsstrategie ergibt sich erwartungsgemäß die schmalste Verteilung: Die Untergrenze des Vermögens von 100 wird eingehalten und die Realisationen konzentrieren sich um einen Wert von etwa 140. Extremwerte nach oben kommen relativ selten vor, dafür bietet diese Anlagepolitik aber eine zuverlässige Absicherung gegen Verluste des nominalen Vermögens.

Tabelle 37 zeigt die Details der nominalen Vermögensverteilung für die Wertsicherungsstrategie für eine Anlagedauer von fünf Jahren. Mittelwert und Median der Portfolios, die Aktien enthalten, sind in der Regel deutlich niedriger als ohne

Hedging und liegen auch unterhalb der Mittelwerte, die bei Verwendung von At-the-money-Put-Optionen erreicht werden können. Dafür unterschreiten die Portfoliowerte des Aktienanteils niemals den Anfangswert des nominalen Stiftungsvermögens. Bei einer Aktienquote von 100% ergibt sich sogar ein Mindestwert von 102,04 durch die Wertsicherungsstrategie.

Abbildung 6: Vergleich der nominalen Vermögensverteilungen einer 100%igen Aktienanlage: ohne Absicherung, At-the-money-Put-Optionen und Wertsicherungsstrategie, Anlagedauer 5 Jahre

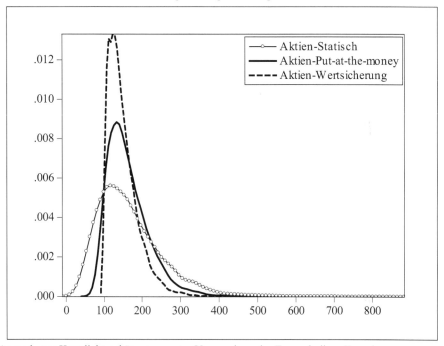

Anmerkung: Kerndichteschätzungen unter Verwendung des Epanechnikov-Kernels.

Der Grund für diesen über 100 liegenden Mindestwert ist, dass die Wertsicherung sich auf den Preisindex bezieht und der Portfoliowert noch zusätzlich in jedem Jahr durch die Thesaurierung von 1/3 der Dividendenerträge erhöht wird.

Wie die Tabelle ebenfalls zeigt, ist der Mindestwert für die Portfolios ab einem Aktienanteil von 80% größer als 100, sodass diese Portfolios kein Risiko in Bezug auf die Unterschreitung des nominalen Anfangsvermögens aufweisen. Entsprechend gehen die Werte für die Performancemaße *Perf1* bis *Perf3* für diese Portfolios gegen unendlich.

Bei Betrachtung der Risiko-Rendite-Relationen für das *reale* Vermögen (Tabelle 38) zeigt sich ein differenzierteres Bild im Vergleich mit den anderen Anlagestrategien. Die Wertsicherungsstrategie weist für alle Portfolios mit Aktienanteil durchgehend geringere Werte für die Risikokennzahlen und durchgehend höhere Werte für die Performancekennzahlen *Perf1* bis *Perf4* auf im Vergleich zur Situation *ohne* Absicherungsmaßnahmen.

Tabelle 37: Nominale Vermögensverteilung der *Wertsicherungsstrategie* für deutsche Aktien, Anlagedauer 5 Jahre

Aktien-gewichtung	Statistische Basiskennzahlen						
	Mittel	Median	Std.	Min.	Max.	Schiefe	Kurt.
0%	109,28	109,01	8,67	78,87	148,20	0,17	0,02
10%	114,19	114,01	8,62	85,19	157,94	0,20	0,14
20%	118,97	118,48	9,53	88,02	174,93	0,40	0,50
30%	123,59	122,46	11,38	90,23	200,62	0,71	1,23
40%	128,03	125,93	14,01	92,41	229,53	1,02	2,18
50%	132,27	129,08	17,29	94,56	262,00	1,27	3,19
60%	136,28	131,91	21,12	96,66	311,82	1,47	4,21
70%	140,04	134,32	25,47	98,72	371,79	1,64	5,26
80%	143,55	136,38	30,33	100,73	441,90	1,79	6,38
90%	146,77	138,19	35,68	102,28	523,64	1,94	7,60
100%	149,70	139,60	41,53	102,04	618,71	2,08	8,99

Anmerkungen: „Mittel" = Mittelwert der Verteilung, „Std." = Standardabweichung, „Min." = Minimalwert, „Max." = Maximalwert, „Schiefe" = Schiefekoeffizient, „Kurt." = Kurtosiskoeffizient minus 3 (= Excess Kurtosis). Ein positiver Wert von „Kurt." gibt Leptokurtosis an. Anleihegewichtung = 100%-Aktiengewichtung.

Tabelle 38: Risiko und Performance der *Wertsicherungsstrategie* für deutsche Aktien, Anlagedauer 5 Jahre, Benchmark = reale Werterhaltung

Aktien-gewichtung	Risikokennzahlen			Performancekennzahlen			
	Risk1	Risk2	Risk3	Perf1	Perf2	Perf3	Perf4
0%	0,651	8,089	12,001	0,462	0,311	-0,363	0,236
10%	0,541	5,713	9,459	0,927	0,560	-0,044	0,522
20%	0,431	3,990	7,502	1,844	0,981	0,449	0,777
30%	0,340	2,844	6,076	3,458	1,618	1,150	0,978
40%	0,274	2,121	5,084	5,915	2,467	2,050	1,111
50%	0,229	1,678	4,431	9,136	3,460	3,081	1,177
60%	0,201	1,435	4,041	12,607	4,477	4,122	1,188
70%	0,191	1,339	3,865	15,509	5,374	5,027	1,159
80%	0,195	1,370	3,892	17,019	5,993	5,641	1,106
90%	0,205	1,535	4,155	16,778	6,197	5,828	1,039
100%	0,226	1,860	4,722	15,092	5,944	5,550	0,967

Anmerkung: Anleihegewichtung = 100%-Aktiengewichtung.

Der Vergleich mit einer Absicherungsstrategie, bei der At-the-money-Put-Optionen eingesetzt werden, ergibt jedoch ein unterschiedliches Resultat, je nachdem, ob das Risiko oder die Performance im Mittelpunkt der Bewertung steht. *Risk1* weist für alle Portfolios höhere Werte für die Wertsicherungsstrategie auf und *Risk2* und *Risk3* sind erst ab Aktienquoten von 50% bzw. 40% niedriger.

Der *Mean Excess Loss* ist schon ab einer Aktienquote von 20% niedriger als bei Einsatz von At-the-money-Put-Optionen und nimmt – relativ gesehen – mit zunehmender Aktienquote weiter ab. Bei einer Aktienquote von 100% beträgt der *MEL* der Wertsicherungsstrategie nur noch etwa 2/3 des Wertes, der sich beim Einsatz von At-the-money-Put-Optionen ergibt. Die Wertsicherungsstrategie stellt damit auch bei inflationsbereinigter Betrachtung eine sehr effektive Methode zur Risikominderung dar.

Tabelle 39: Reale Vermögensverteilung der *Wertsicherungsstrategie* für deutsche Aktien, Anlagedauer 5 Jahre

Aktien-gewichtung	Statistische Basiskennzahlen						
	Mittel	Median	Std.	Min.	Max.	Schiefe	Kurt.
0%	95,65	94,66	13,88	53,46	165,72	0,43	0,24
10%	99,58	98,58	13,83	59,16	172,60	0,43	0,27
20%	103,37	102,35	14,16	63,96	179,05	0,45	0,36
30%	106,99	105,69	14,95	66,18	198,15	0,53	0,57
40%	110,42	108,62	16,25	68,19	226,12	0,68	1,01
50%	113,65	111,13	18,08	69,97	257,47	0,88	1,71
60%	116,66	113,27	20,45	71,49	292,52	1,11	2,65
70%	119,43	115,09	23,35	72,71	331,67	1,34	3,76
80%	121,95	116,48	26,75	73,62	375,29	1,55	5,00
90%	124,21	117,41	30,64	73,85	423,83	1,75	6,32
100%	126,20	118,00	35,01	72,96	477,74	1,93	7,76

Anmerkungen: „Mittel" = Mittelwert der Verteilung, „Std." = Standardabweichung, „Min." = Minimalwert, „Max." = Maximalwert, „Schiefe" = Schiefekoeffizient, „Kurt." = Kurtosiskoeffizient minus 3 (= Excess Kurtosis). Ein positiver Wert von „Kurt." gibt Leptokurtosis an. Anleihegewichtung = 100%-Aktiengewichtung.

Beim Performancevergleich unter Verwendung von *Perf1* bis *Perf3* ist jedoch für eine Anlagedauer von fünf Jahren die At-the-money-Put-Optionsstrategie eindeutig überlegen. Dies liegt an der starken Reduktion des mittleren Ertrags, der durch die Anwendung der Wertsicherungsstrategie verursacht wird (vgl. Tabelle 39): Nach einer Anlagedauer von fünf Jahren steigt das reale Vermögen bei einem reinen Aktienportfolio im Durchschnitt nur um 26,2%, während es bei Verwendung von At-the-money-Put-Optionen um etwa 42% und ohne Absicherungsmaßnahmen um ca. 45% zunimmt. Die Wertsicherungsstrategie könnte nur dann im Performancevergleich für das *reale* Vermögen die At-the-money-Put-

Optionsstrategie übertreffen, wenn für die Risikomessung $LPM_n(z = 100)$-Maße mit Werten für $n > 2$ verwendet würden, die entsprechend eine außergewöhnlich starke Risikoaversion abbilden.

Aus der Perspektive der Zielsetzung einer Stiftung, das Anfangsvermögen möglichst nicht zu unterschreiten, ist eine Wertsicherungsstrategie prinzipiell eine gut geeignete Portfoliostrategie, um das Ziel der *nominalen* Vermögenserhaltung zu erreichen. Das Aktienvermögen wird in diesem Fall niemals geringer sein als bei Auflegung der Strategie und gleichzeitig ist der Ertrag der Portfolios höher als bei einer Anlagestrategie, die sich nur auf Anleihen konzentriert.

In Bezug auf das *reale* Vermögen ergibt sich ein deutlich komplexeres Bild. Zwar ist die Wertsicherungsstrategie einer statischen Anlage ohne Absicherungsmaßnahmen überlegen, in Bezug auf die Anwendung einer At-the-money-Put-Optionsstrategie gilt diese Aussage jedoch nur für die hier untersuchte Anlagedauer von einem Jahr. Bei weiter zunehmender Anlagedauer, wie sie gerade für die langfristige Perspektive von Stiftungen charakteristisch ist, vermindert sich der Ertrag der Wertsicherungsstrategie so stark, dass sie risikobereinigt einer Absicherung mit At-the-money-Put-Optionen unterlegen ist. Lediglich für extrem risikoscheue Stiftungen könnte diese Strategie dann noch die At-the-money-Put-Optionsstrategie dominieren.

D.3.2 Absicherung mit der Methode der Constant Proportion Portfolio Insurance (CPPI)

Die Constant Proportion Portfolio Insurance (CPPI) ist ein dynamisches Konzept zur Absicherung eines Portfolios. Wie schon in Kapitel C.1.1 beschrieben, wird bei der CPPI eine ständige Anpassung der Portfoliogewichte zwischen Aktien und einer risikolosen Anlage vorgenommen. Ziel ist es hierbei, einen vorgegebenen Mindestwert des Portfolios am Ende des Anlagehorizontes nicht zu unterschreiten. Bei den Simulationen dieser Strategie wird wie bisher ein Anlagehorizont von *einem* Jahr angenommen.

In Kapitel C.1.1 wurde gezeigt, dass sich CPPI-Strategien im Falle von zukünftigen Zahlungsverpflichtungen als optimale Vorgehensweise für Stiftungen ergeben. Auch ohne solche Zahlungsverpflichtungen kann eine dynamische Anpassung der Portfoliogewichte analog zu der CPPI-Regel sinnvoll sein, um eine Unterschreitung des nominalen Anfangsvermögens zu vermeiden oder zumindest die Wahrscheinlichkeit dafür zu vermindern. CPPI-Strategien werden in der theoretischen und empirischen finanzwirtschaftlichen Untersuchungen häufig mit Strategien auf Basis von Put-Optionen sowie mit ausgewählten Benchmark-Strategien (statische Anlage, Buy-and-Hold-Strategie) verglichen.[165]

Eine ausführliche Beschreibung der Vorgehensweise bei der Simulation der Constant Proportion Portfolio Insurance findet sich in Kapitel C.1.2. Ausgehend

---

165 Vgl. beispielsweise Perold und Sharpe (1988), Benninga (1990), Do (2002), Bertrand und Prigent (2005).

von der Basisgleichung $E_t = \min\{mC_t, bW_t\}$ werden Simulationen für verschiedene Werte des Multiplikators m durchgeführt. Es zeigt sich dabei, dass relativ hohe Multiplikatorwerte notwendig sind, um eine einigermaßen hohe Aktienquote zu erreichen. Bei einem Multiplikator von zwei beispielsweise ergibt sich eine durchschnittliche Aktienquote von lediglich 2% für ein aus Aktien und risikoloser Anlage bestehendes Portfolio. Entsprechend ist der durchschnittliche Ertrag auch nur unwesentlich höher als bei einem reinen Anleiheportfolio. Bei einer Zunahme des Multiplikators steigt die Aktienquote entsprechend weiter an und erreicht bei einem Multiplikator von 40 einen Durchschnittswert von 63,5%.

Für den Parameter b wird bei den meisten Simulationen ein Wert von $b = 1$ angenommen, sodass die Obergrenze für die Anlage in einem risikobehafteten Portfolio gleich dem Wert des Stiftungsvermögens W ist. Darüber hinaus werden Sensitivitätsanalysen mit $b > 1$ durchgeführt, um zu untersuchen, ob die Aufnahme eines Wertpapierkredites die (risikoadjustierte) Performance steigern könnte.

In den im Folgenden beschriebenen Simulationsergebnissen werden die Umschichtungen nur *einmal pro Quartal* durchgeführt. Der Grund dafür ist, dass Stiftungen angehalten sind, in der Vermögensverwaltung nicht allzu häufig umzuschichten, um nicht eventuell als steuerpflichtiger Geschäftsbetrieb eingestuft zu werden.[166] Die relativ selten durchgeführten Umschichtungen haben den Nachteil, dass das sogenannte *Gap-Risiko* relativ hoch ist, das heißt, es besteht die Gefahr, dass der angestrebte Mindestwert des Portfolios unterschritten wird. Bei den Vergleichen zwischen CPPI und optionsbasierter Portfolio Insurance in der Literatur wird üblicherweise angenommen, dass sehr häufige, beispielsweise tägliche Anpassungen an Veränderungen des Cushion vorgenommen werden. In diesen Fällen ist das Gap-Risiko in der Regel relativ gering. Allerdings findet Do (2002), der CPPI und eine synthetische Put-Strategie für australische Aktien untersucht, auch bei täglicher Anpassung noch eine durchaus häufige Unterschreitung des Floors, wobei allerdings die CPPI-Strategie bezüglich der Absicherung des Mindestwertes effektiver ist als die Replikation der Put-Option.

Die in der Literatur dokumentierten Ergebnisse zum Vergleich der CPPI-Methode mit anderen dynamischen Strategien sowie statischen Portfoliostrukturen kommen in der Regel zu der Schlussfolgerung, dass die Vorteilhaftigkeit der einzelnen Vorgehensweisen insbesondere von der Risikoaversion des Investors, der Performance des Aktienmarktes sowie der Umschichthäufigkeit der dynamischen Strategien abhängt.[167]

Bertrand und Prigent (2005) zeigen auf Basis eines theoretischen Modells mit stetigen stochastischen Prozessen und darauf aufbauenden Simulationen, dass der Vergleich zwischen CPPI und synthetischer Put-Optionsstrategie zu keiner eindeutigen Rangfolge der Vorteilhaftigkeit führt. Dabei verwenden die Autoren

---

166 Vgl. beispielsweise Müller (2004: 215).
167 Siehe Perold und Sharpe (1988).

unterschiedliche Bewertungsmethoden, unter anderem die stochastische Dominanz erster Ordnung. Sie berechnen außerdem die Werte der ersten vier Momente der resultierenden Vermögensverteilungen und basieren ihre Untersuchungen auf verschiedene Quantile der Verteilung. Die Autoren weisen nach, dass sich die Absicherungsstrategie auf Basis von Put-Optionen in eine CPPI-Strategie mit *zeitvariablem* Multiplikator überführen lässt und somit eine verallgemeinerte CPPI-Methode darstellt.

Die historischen Backtests von Zimmerer und Meyer (2006) kommen für den betrachteten Zeitraum von 1985 bis 2004 zu dem Ergebnis, dass sich die Wertentwicklungen der verschiedenen untersuchten CPPI-Strategien kaum von denjenigen statischer Portfolios unterscheiden. Diese statischen Portfolios weisen dabei einen fixen Aktienanteil auf, der dem langfristigen Aktienanteil der CPPI-Simulationen entspricht. Die statischen Portfolios weisen einen etwas höheren mittleren Ertrag und teilweise ein leicht höheres Downside-Risiko auf.

Die Simulationsexperimente von Benninga (1990) schließlich ergeben, dass der Vergleich der untersuchten Strategien (Stopp-Loss, Put-Optionen, CPPI mit verschiedenen Multiplikatorwerten) erheblich von der Höhe des gewählten Floors F_t abhängt. Die Stopp-Loss-Strategie sowie die Verwendung von Put-Optionen führen zu den höchsten Werten für den mittleren Ertrag und die Sharpe-Ratio. Interessant ist dieses Ergebnis auch deshalb, weil sich die Stopp-Loss-Strategie als CPPI mit einem gegen unendlich gehenden Multiplikator darstellen lässt (vgl. Black und Perold, 1992: 414f). Insofern könnte es sein, dass eine CPPI-Strategie mit sehr hohem Multiplikator ähnlich gute Werte für die risikoadjustierte Performance aufweist wie eine Stopp-Loss-Methode.

In den folgenden Tabellen 40 bis 47 werden die Risiko- und Performancekennzahlen sowie die resultierenden Vermögensverteilungen für verschiedene CPPI-Strategien dargestellt und Vergleiche mit Put-Optionsstrategien und statischen Benchmarks vorgenommen.[168] Die CPPI-Strategie wird hierbei – im Gegensatz zu den zitierten Studien – speziell für die Belange von Stiftungen modelliert. Dies spiegelt sich insbesondere in den relativ seltenen Umschichtungen wieder, die nur quartalsweise durchgeführt werden. Hierdurch steigt die Wahrscheinlichkeit, dass das abzusichernde Endvermögen unterschritten wird. Außerdem wird wie in den vorangegangenen Simulationen ein *Anlagehorizont* von einem Jahr unterstellt. Dies bedeutet, dass die Strategie darauf ausgerichtet ist, den Vermögenswert am Ende des jeweiligen Kalenderjahres abzusichern. Die Bewertung von Risiko und Performance erfolgt wieder mit den in Kapitel C.3 beschriebenen Maßen.

---

168 Vgl. hierzu insbesondere die Tabellen 46 und 47, welche die adäquaten Vergleichswerte für die statische Anlagestrategie sowie für den Einsatz von At-the-money-Put-Optionen enthalten. Bei den Simulationen dieser zum Vergleich herangezogenen Strategien werden die Portfolioanteile für Aktien und Geldmarkt so festgelegt, dass sie dem Durchschnitt der betrachteten CPPI-Strategie entsprechen.

Bei den simulierten CPPI-Strategien werden Multiplikatorwerte von $m = 6$, $m = 10$, $m = 20$ sowie $m = 40$ betrachtet. Für $m = 40$ werden – als Sensitivitätsanalyse – außerdem die Ergebnisse für $b = 1,2$ dokumentiert, also den Fall eines Wertpapierkredits in Höhe von 20% des Aktienvermögens. Der Multiplikatorwert $m = 6$ wird in der zitierten Literatur besonders häufig verwendet. Balder et al. (2009) betrachten explizit die Werte 12, 15 und 18 für m. Der hier zusätzlich verwendete sehr hohe Multiplikator von 40 transformiert die CPPI näherungsweise in eine Stopp-Loss-Strategie.

In den Tabellen 40 bis 45 zeigt die erste Spalte „*CPPI-Anteil*" nicht wie in den bisherigen entsprechenden Tabellen den Aktienanteil an, sondern das Gewicht des CPPI-Portfolios am *Gesamtportfolio*, welches außerdem einen Anleihenanteil in Höhe von (100%-CPPI-Anteil) enthält. Das *CPPI-Portfolio* besteht aus Aktien Deutschland und Anlagen zum risikolosen Einjahreszins, wobei das jeweilige Portfoliogewicht entsprechend der CPPI-Methode quartalsweise verändert wird. Das Gesamtportfolio besteht somit aus Anleihen, Aktien und der risikolosen Anlage.

Tabelle 40: Risiko und Performance einer CPPI-Strategie für deutsche Aktien, Anlagedauer 1 Jahr, Benchmark = nominale Werterhaltung, $m = 6$

CPPI-Anteil	*Risikokennzahlen*			*Performancekennzahlen*			
	Risk1	*Risk2*	*Risk3*	*Perf1*	*Perf2*	*Perf3*	*Perf4*
0%	0,297	0,751	1,781	3,939	1,661	1,239	0,264
10%	0,268	0,599	1,497	4,834	1,935	1,535	0,315
20%	0,242	0,466	1,232	6,124	2,317	1,938	0,373
30%	0,211	0,351	0,990	8,073	2,858	2,504	0,434
40%	0,180	0,255	0,779	11,064	3,630	3,302	0,494
50%	0,150	0,184	0,612	15,486	4,652	4,352	0,544
60%	0,123	0,139	0,515	20,801	5,620	5,350	0,575
70%	0,101	0,123	0,512	24,043	5,801	5,560	0,583
80%	0,089	0,134	0,592	22,905	5,185	4,959	0,573
90%	0,091	0,169	0,723	18,916	4,421	4,187	0,551
100%	0,101	0,220	0,883	15,198	3,781	3,532	0,524

Anmerkung: Anleihegewichtung = 100%-CPPI-Anteil; CPPI-Anteil = Gewicht des aus Aktien und risikoloser Anlage bestehenden Portfolios; bei $m = 6$ und $b = 1$ beträgt der durchschnittliche Aktienanteil des CPPI-Portfolios 9,5%.

Tabelle 40 zeigt die Risiko- und Performancekennzahlen für eine CPPI-Strategie mit Multiplikator $m = 6$. Der durchschnittliche Aktienanteil des reinen CPPI-Portfolios, also bei einem CPPI-Anteil von 100% am Gesamtportfolio, beträgt 9,5%. Die Strukturen der meisten in der Tabelle aufgeführten Gesamtportfolios werden somit durch Anleihen und Geldmarkt dominiert: bei einem CPPI-Anteil von beispielsweise 70% besteht das Gesamtportfolio zu 30% aus Anleihen, zu 63,3% aus Geldmarktanlagen und nur zu 6,7% aus Aktien. Die Portfolios sind insgesamt sehr risikoarm und erreichen das Minimum des Risikos bei CPPI-Anteilen von 80% (*Risk1*) bzw. 70% (*Risk2* und *Risk3*).

Bei einem CPPI-Anteil von 70% liegt das Maximum der Performancekennzahlen. Wie Tabelle 41 zu entnehmen ist, erreicht das *nominale* Vermögen für dieses Portfolio nach einem Jahr einen Mittelwert von 102,84 und liegt damit nur unwesentlich über dem Wert eines reinen Anleiheportfolios. Die Vermögensverteilung ist stark rechtsschief, was sich an dem sehr hohen positiven Wert von 2,23 für den Schiefekoeffizienten ablesen lässt.

Tabelle 41: Nominale Vermögensverteilung einer CPPI-Strategie für deutsche Aktien, Anlagedauer 1 Jahr, $m = 6$

CPPI-Anteil	Statistische Basiskennzahlen						
	Mittel	Median	Std.	Min.	Max.	Schiefe	Kurt.
0%	102,21	102,18	4,09	86,68	120,03	0,07	0,15
10%	102,30	102,29	3,72	88,01	118,28	0,07	0,15
20%	102,39	102,35	3,39	89,35	116,55	0,12	0,20
30%	102,48	102,38	3,12	90,71	118,41	0,25	0,51
40%	102,57	102,41	2,92	92,08	121,29	0,55	1,58
50%	102,66	102,44	2,82	93,47	124,22	1,04	4,06
60%	102,75	102,49	2,83	94,10	128,41	1,65	8,04
70%	102,84	102,51	2,94	94,22	133,09	2,23	12,55
80%	102,94	102,52	3,16	93,51	137,87	2,62	16,21
90%	103,03	102,52	3,45	92,55	142,75	2,82	18,37
100%	103,12	102,53	3,80	91,25	147,72	2,86	19,17

Anmerkungen: „Mittel" = Mittelwert der Verteilung, „Std." = Standardabweichung, „Min." = Minimalwert, „Max." = Maximalwert, „Schiefe" = Schiefekoeffizient, „Kurt." = Kurtosiskoeffizient minus 3 (= Excess Kurtosis). Ein positiver Wert von „Kurt." gibt Leptokurtosis an. Anleihegewichtung = 100%-CPPI-Anteil; CPPI-Anteil = Gewicht des aus Aktien und risikoloser Anlage bestehenden Portfolios; bei $m = 6$ und $b = 1$ beträgt der durchschnittliche Aktienanteil des CPPI-Portfolios 9,5%.

Dies zeigt sich auch an den resultierenden Minimal- und Maximalwerten der Vermögensverteilung, die 94,22 bzw. 133,09 betragen. Die Excess Kurtosis von 12,55 ist ebenfalls sehr ausgeprägt und weist auf erhebliche Abweichungen von der Normalverteilung hin, die sich vor allem in den großen positiven Extremwerten des Vermögens ausdrückt. Gemessen an den Risiko- und Performancekennzahlen stellt eine CPPI-Strategie mit $m = 6$ und einem CPPI-Anteil von 70% eine sinnvolle Alternative zu einem reinen Anleiheportfolio dar.

Bei einer Erhöhung des Multiplikators auf $m = 10$ erhöhen sich sowohl die durchschnittlichen Portfolioerträge als auch die Risikokennzahlen. Der Aktienanteil bei einem reinen CPPI-Portfolio beträgt 22,1%.

Tabelle 42: Risiko und Performance einer CPPI-Strategie für deutsche Aktien, Anlagedauer 1 Jahr, Benchmark = nom. Werterhaltung, $m = 10$

CPPI-Anteil	Risikokennzahlen			Performancekennzahlen			
	Risk1	Risk2	Risk3	Perf1	Perf2	Perf3	Perf4
0%	0,297	0,751	1,781	3,939	1,661	1,239	0,264
10%	0,267	0,594	1,492	5,052	2,012	1,614	0,336
20%	0,243	0,486	1,268	6,378	2,442	2,059	0,395
30%	0,229	0,415	1,121	7,791	2,882	2,512	0,428
40%	0,216	0,381	1,083	8,926	3,143	2,791	0,435
50%	0,207	0,386	1,180	9,363	3,065	2,738	0,426
60%	0,198	0,428	1,397	9,045	2,769	2,463	0,409
70%	0,193	0,502	1,697	8,280	2,447	2,152	0,391
80%	0,189	0,604	2,050	7,394	2,180	1,885	0,374
90%	0,186	0,731	2,438	6,580	1,973	1,673	0,358
100%	0,205	0,878	2,850	5,891	1,815	1,507	0,344

Anmerkung: Anleihegewichtung = 100%-CPPI-Anteil; CPPI-Anteil = Gewicht des aus Aktien und risikoloser Anlage bestehenden Portfolios; bei $m = 10$ und $b = 1$ beträgt der durchschnittliche Aktienanteil des CPPI-Portfolios 22,1%.

Tabelle 43: Nominale Vermögensverteilung einer CPPI-Strategie für deutsche Aktien, Anlagedauer 1 Jahr, $m = 10$

CPPI-Anteil	Statistische Basiskennzahlen						
	Mittel	Median	Std.	Min.	Max.	Schiefe	Kurt.
0%	102,21	102,18	4,09	86,68	120,03	0,07	0,15
10%	102,41	102,36	3,81	87,91	118,35	0,12	0,19
20%	102,61	102,40	3,76	89,16	121,45	0,40	0,67
30%	102,82	102,41	3,95	90,41	126,69	0,90	2,14
40%	103,02	102,40	4,36	90,78	132,05	1,44	4,25
50%	103,23	102,37	4,94	88,98	138,46	1,83	6,19
60%	103,44	102,34	5,65	86,05	146,06	2,07	7,57
70%	103,65	102,32	6,46	82,99	153,93	2,19	8,43
80%	103,86	102,32	7,33	79,37	162,10	2,25	8,95
90%	104,08	102,28	8,25	75,66	170,56	2,26	9,26
100%	104,29	102,31	9,22	71,86	179,32	2,27	9,45

Anmerkungen: „Mittel" = Mittelwert der Verteilung, „Std." = Standardabweichung, „Min." = Minimalwert, „Max." = Maximalwert, „Schiefe" = Schiefekoeffizient, „Kurt." = Kurtosiskoeffizient minus 3 (= Excess Kurtosis). Ein positiver Wert von „Kurt." gibt Leptokurtosis an. Anleihegewichtung = 100%-CPPI-Anteil; CPPI-Anteil = Gewicht des aus Aktien und risikoloser Anlage bestehenden Portfolios; bei $m = 10$ und $b = 1$ beträgt der durchschnittliche Aktienanteil des CPPI-Portfolios 22,1%.

Ein direkter Vergleich der Tabellen 42 und 40 zeigt allerdings, dass die Erhöhung des Multiplikatorwertes die Performancekennzahlen *Perf1* bis *Perf3* nur für relativ geringe CPPI-Anteile am Gesamtportfolio von bis zu 30% steigert. Für darüber hinausliegende CPPI-Anteile sinkt der risikoadjustierte Ertrag hingegen verglichen mit einem Multiplikator von 6. Die höchsten Performancekennzahlen werden für einen CPPI-Anteil von 50% (*Perf1*) bzw. 40% (*Perf2* und *Perf3*) erreicht. Diese Portfolios haben Aktienanteile von ca. 11% bzw. 8,84%, die somit nur wenig höher sind als bei $m = 6$ und einem CPPI-Anteil von 70%.

Die optimalen Portfolios für $m = 10$ dominieren in Bezug auf Risiko und Performance ebenfalls eindeutig ein reines Anleiheportfolio und liefern mit einem durchschnittlichen Endvermögen von ca. 103 auch einen leicht höheren Ertrag. Schiefe und Excess der optimalen Portfolios sind immer noch recht ausgeprägt, allerdings etwas geringer als bei $m = 6$. Der Vergleich der Minimal- und Maximalwerte zeigt, dass die Verteilung durch den größeren Multiplikator breiter geworden ist.

Tabelle 44: Risiko und Performance einer CPPI-Strategie für deutsche Aktien, Anlagedauer 1 Jahr, Benchmark = nom. Werterhaltung, $m = 20$

CPPI-Anteil	Risikokennzahlen			Performancekennzahlen			
	Risk1	*Risk2*	*Risk3*	*Perf1*	*Perf2*	*Perf3*	*Perf4*
0%	0,297	0,751	1,781	3,939	1,661	1,239	0,264
10%	0,260	0,600	1,512	5,406	2,146	1,749	0,373
20%	0,263	0,587	1,464	6,255	2,510	2,109	0,419
30%	0,282	0,681	1,650	6,194	2,556	2,143	0,418
40%	0,297	0,849	2,064	5,700	2,345	1,934	0,402
50%	0,310	1,069	2,637	5,165	2,093	1,688	0,385
60%	0,318	1,328	3,307	4,704	1,889	1,487	0,369
70%	0,321	1,616	4,038	4,337	1,735	1,335	0,355
80%	0,326	1,929	4,810	4,042	1,621	1,220	0,344
90%	0,338	2,267	5,613	3,803	1,536	1,132	0,335
100%	0,358	2,623	6,441	3,609	1,470	1,063	0,327

Anmerkung: Anleihegewichtung = 100%-CPPI-Anteil; CPPI-Anteil = Gewicht des aus Aktien und risikoloser Anlage bestehenden Portfolios; bei $m = 20$ und $b = 1$ beträgt der durchschnittliche Aktienanteil des CPPI-Portfolios 48,1%.

Die Veränderungen, die sich durch die Erhöhung des Multiplikators von 6 auf 10 für die Vermögensverteilungen ergeben haben, werden durch eine weitere Steigerung auf $m = 20$ noch ausgeprägter. Der durchschnittliche Aktienanteil steigt dabei auf 48,1% für ein reines CPPI-Portfolio (vgl. Tabellen 44 und 45).

Die Risikokennzahlen erhöhen sich und die Performancekennzahlen vermindern sich fast durchgehend im Vergleich mit $m = 10$. Lediglich bei CPPI-Anteilen von 10% und 20% ergibt sich eine Zunahme der drei Kennzahlen *Perf1* bis *Perf3* sowohl im Vergleich mit $m = 10$ als auch bezogen auf einen Multiplikator von 6. Die höchsten Werte für die risikoadjustierte Performance liegen nun bei CPPI-Anteilen von 20% (*Perf1*) und 30% (*Perf2* und *Perf3*). Bei diesen optimalen Portfolios beträgt der Aktienanteil 9,6% bzw. 14,4%.

Bei einer weiteren Zunahme des Multiplikators auf den ungewöhnlich großen Wert von $m = 40$ ergibt sich abermals eine Verminderung der Performancekennzahlen und eine Zunahme des Downside-Risikos.[169] Der durchschnittliche Aktienanteil des CPPI-Portfolios steigt auf 63,5%. Bei diesem großen Multiplikatorwert erweist sich der Verzicht auf die Aufnahme eines Wertpapierkredits ($b = 1$) als echte Beschränkung. Bei einer Steigerung des Parameters b auf Werte größer 1 ergibt sich sowohl ein höherer Aktienanteil für das CPPI-Portfolio als auch eine Zunahme des mittleren Ertrags. Wenn beispielsweise b auf 1,2 fixiert wird, dann steigt der Aktienanteil auf 76,2%.

Tabelle 45: Nominale Vermögensverteilung einer CPPI-Strategie für deutsche Aktien, Anlagedauer 1 Jahr, $m = 20$

CPPI-Anteil	Statistische Basiskennzahlen						
	Mittel	Median	Std.	Min.	Max.	Schiefe	Kurt.
0%	102,21	102,18	4,09	86,68	120,03	0,07	0,15
10%	102,64	102,49	4,07	87,67	120,19	0,21	0,21
20%	103,09	102,56	4,68	88,67	126,87	0,59	0,53
30%	103,54	102,43	5,76	87,77	135,16	0,89	0,96
40%	103,99	102,31	7,12	86,23	143,81	1,04	1,29
50%	104,45	102,13	8,65	84,06	152,83	1,10	1,49
60%	104,92	101,98	10,28	81,09	162,23	1,12	1,64
70%	105,39	101,85	12,00	78,01	172,01	1,13	1,75
80%	105,87	101,78	13,78	74,83	182,41	1,14	1,84
90%	106,35	101,73	15,62	71,55	195,15	1,14	1,93
100%	106,85	101,74	17,51	68,14	208,49	1,15	2,02

Anmerkungen: „Mittel" = Mittelwert der Verteilung, „Std." = Standardabweichung, „Min." = Minimalwert, „Max." = Maximalwert, „Schiefe" = Schiefekoeffizient, „Kurt." = Kurtosiskoeffizient minus 3 (= Excess Kurtosis). Ein positiver Wert von „Kurt." gibt Leptokurtosis an. Anleihegewichtung = 100%-CPPI-Anteil; CPPI-Anteil = Gewicht des aus Aktien und risikoloser Anlage bestehenden Portfolios; bei $m = 20$ und $b = 1$ beträgt der durchschnittliche Aktienanteil des CPPI-Portfolios 48,1%.

Obwohl Black und Perold (1992) in ihrer theoretischen Analyse zeigen, dass sich die CPPI-Strategie für zunehmende Multiplikatorwerte allmählich in eine Stopp-Loss-Strategie verwandelt, nimmt bei den hier durchgeführten Simulationen das Shortfall-Risiko mit steigendem Wert für m ebenfalls zu. Im Rahmen der

---

[169] Die Tabellen für Risiko und Performance sowie die Vermögensverteilungen für einen Multiplikator von 40 sind nicht abgedruckt, da sich hierdurch keine grundlegend neuen Erkenntnisse im Vergleich zu den bisherigen Informationen ergeben würden.

dargestellten Simulationen wäre eine CPPI-Strategie mit hohem Multiplikator als Stopp-Loss-Strategie daher sehr ineffizient und nicht geeignet, die Risiken im Vergleich zu einer statischen Anlagepolitik zu reduzieren.

In den folgenden zwei Tabellen 46 und 47 wird ein direkter Vergleich zwischen CPPI, statischer Anlagestrategie und einer Absicherung mittels At-the-money-Put-Optionen durchgeführt. Dabei haben alle miteinander verglichenen Portfolios den *gleichen* durchschnittlichen Aktienanteil. Als Anlageklassen werden analog zum CPPI-Portfolio nur Aktien Deutschland und Anlagen zum risikolosen Zins berücksichtigt.

Tabelle 46: Vergleich von Risiko und Performance: statische Strategien, At-the-money-Put-Optionen und CPPI mit jeweils gleichem Aktienanteil, Anlagedauer 1 Jahr, Benchmark = nominale Werterhaltung, Portfoliozusammensetzung: Aktien Deutschland und Geldmarkt

Strategie	Risikokennzahlen			Performancekennzahlen			
	Risk1	Risk2	Risk3	Perf1	Perf2	Perf3	Perf4
Aktienanteil 9,5%							
Statisch	0,160	0,225	0,750	9,949	2,980	2,681	0,418
CPPI, m = 6	0,101	0,220	0,883	15,198	3,781	3,532	0,524
Put	0,000	0,000	0,000	–	–	–	0,826
Aktienanteil 22,1%							
Statisch	0,239	0,829	2,242	4,862	1,798	1,429	0,416
CPPI, m = 10	0,205	0,878	2,850	5,891	1,815	1,507	0,344
Put	0,000	0,000	0,000	–	–	–	0,801
Aktienanteil 48,1%							
Statisch	0,281	2,180	5,349	3,603	1,468	1,061	0,412
CPPI, m = 20	0,358	2,623	6,441	3,609	1,470	1,063	0,327
Put	0,211	0,132	0,316	50,003	20,90	20,48	0,744
Aktienanteil 63,5%							
Statisch	0,293	3,020	7,203	3,373	1,414	0,995	0,409
CPPI, m = 40	0,403	3,823	8,646	3,199	1,414	0,972	0,335
Put	0,257	0,293	0,623	28,378	13,35	12,88	0,708
Aktienanteil 76,2%							
Statisch	0,298	3,727	8,730	3,255	1,390	0,963	0,407
CPPI, m = 40 und b = 1,2	0,421	4,846	10,71	3,014	1,364	0,912	0,325
Put	0,300	0,474	0,928	20,495	10,47	9,960	0,679

Anmerkungen: Geldmarktgewichtung = 100%-Aktiengewichtung. Die angegebene Aktiengewichtung entspricht dem Durchschnittswert einer CPPI-Strategie bei Multiplikator m.

Aus Tabelle 46 ist ersichtlich, dass die Absicherung mit At-the-money-Put-Optionen den beiden anderen Anlagestrategien sowohl in Bezug auf die Risikobegrenzung als auch die risikoadjustierte Performance grundsätzlich überlegen ist. Der Abstand zu den beiden anderen Strategien wird allerdings mit zunehmendem Aktienanteil im Portfolio geringer.

Die in Tabelle 47 dokumentierten Mittelwerte für die Vermögensverteilungen sind für alle drei Strategien recht ähnlich, die Unterschiede in der risikoadjustierten Performance werden daher zu einem großen Teil durch das unterschiedlich hohe Risiko bestimmt.

Tabelle 47: Verteilung der Vermögensverteilungen: statische Strategien, At-the-money-Put-Optionen und CPPI mit jeweils gleichem Aktienanteil, Anlagedauer 1 Jahr, Portfoliozusammensetzung: Aktien Deutschland und Geldmarkt

Strategie	Statistische Basiskennzahlen						
	Mittel	Median	Std.	Min.	Max.	Schiefe	Kurt.
Aktienanteil 9,5%							
Statisch	102,01	102,16	2,12	92,76	109,32	-0,36	0,63
CPPI, $m = 6$	103,12	102,53	3,80	91,25	147,72	2,86	19,17
Put	102,24	101,95	1,35	100,7	109,45	1,12	1,14
Aktienanteil 22,1%							
Statisch	103,20	103,52	4,99	82,29	120,99	-0,30	0,54
CPPI, $m = 10$	104,29	102,31	9,22	71,86	179,32	2,27	9,45
Put	103,68	102,89	3,19	100,1	119,78	1,15	1,21
Aktienanteil 48,1%							
Statisch	105,68	106,23	11,04	63,29	147,52	-0,17	0,42
CPPI, $m = 20$	106,85	101,74	17,51	68,14	208,49	1,15	2,02
Put	106,47	104,39	7,18	98,94	144,43	1,24	1,49
Aktienanteil 63,5%							
Statisch	107,17	107,76	14,76	53,45	165,10	-0,10	0,37
CPPI, $m = 40$	108,41	101,40	21,70	65,37	213,42	0,80	0,88
Put	108,02	105,16	9,73	98,24	160,62	1,28	1,63
Aktienanteil 76,2%							
Statisch	108,40	109,01	17,89	46,15	180,61	-0,04	0,35
CPPI, $m = 40$ und $b = 1,2$	109,76	101,23	26,58	57,99	242,96	0,85	1,04
Put	109,25	105,72	11,95	97,66	174,82	1,31	1,71

Anmerkungen: „Mittel" = Mittelwert der Verteilung, „Std." = Standardabweichung, „Min." = Minimalwert, „Max." = Maximalwert, „Schiefe" = Schiefekoeffizient, „Kurt." = Kurtosiskoeffizient minus 3 (= Excess Kurtosis). Ein positiver Wert von „Kurt." gibt Leptokurtosis an. Geldmarktgewichtung = 100%-Aktiengewichtung. Die angegebene Aktiengewichtung entspricht dem Durchschnittswert einer CPPI-Strategie mit Multiplikator m.

Die CPPI-Strategie ist anhand der Risiko- und Performancekennzahlen einer at-the-money Putstrategie deutlich unterlegen, allerdings gilt dies nicht durchgehend für den Vergleich mit einer statischen Anlagestrategie. Bis zu einem relativ hohen Multiplikator von $m = 20$ nehmen die Kennzahlen *Perf1* bis *Perf3* größere Werte an als diejenigen für eine statische Portfoliostruktur. Erst bei noch höheren Multiplikatorwerten ist die CPPI-Methode einer statischen Portfoliostruktur ohne Absicherung unterlegen.

In Bezug auf die Begrenzung des Risikos ergeben sich allerdings nur für $m = 6$ geringere Risikowerte für *Risk1* bis *Risk3* im Vergleich mit einer statischen Anlagepolitik. Der Mean Excess Loss (*MEL*) ist bei der CPPI-Strategie ab einem Multiplikator von $m = 20$ kleiner als bei dem entsprechenden Portfolio mit festen Gewichten. Dies korrespondiert damit, dass der Minimalwert der Vermögensverteilung für kleine Multiplikatorwerte betragsmäßig zunächst höher und ab $m = 20$ geringer ist als bei einer statischen Struktur.

Die Beurteilung der CPPI-Strategien im Vergleich zu Portfolios mit fixen Gewichten erweist sich somit als recht komplex und kann kaum ohne direkten Bezug zu den konkreten Risikoeinstellungen der Stiftung vorgenommen werden. Da sich die Put-Optionsstrategie aber sowohl in Bezug auf das Risiko als auch bei der risikoadjustierten Performance als klar überlegen gezeigt hat, ist für eine Stiftung eine CPPI-Strategie nur dann eine erwägenswerte Alternative, wenn die Absicherung mit Put-Optionen aus bestimmten Gründen nicht möglich sein sollte. Insbesondere ist es bei einer Konzentration auf nachhaltige Kapitalanlagen derzeit noch nicht möglich, Put-Optionen auf nachhaltige Aktienindizes zu erwerben.

Wie in Kapitel E.2.3 gezeigt wird, kann dadurch die Absicherungsstrategie mit Put-Optionen eine deutliche Reduktion der risikoadjustierten Performance erfahren, mit der Folge, dass eine CPPI-Strategie die bessere Wahl sein könnte.

Bei der Darstellung der Ergebnisse für die CPPI-Strategie bei unterschiedlichen Multiplikatorwerten hat sich interessanterweise gezeigt, dass das *optimale* Portfolio nur einen vergleichsweise geringen Aktienanteil zwischen 6,65% ($m = 6$) und 15,2% ($m = 40$, $b = 1,2$) aufweist. Die besten Werte für die risikoadjustierte Performance ergeben sich für einen Multiplikator von $m = 6$. In diesem Fall sind – wie schon beschrieben – alle drei Risikokennziffern kleiner als bei einer statischen Anlagestruktur.

Die beiden Abbildungen 7 und 8 verdeutlichen die Unterschiede in der Vermögensverteilung zwischen CPPI, statischer Strategie und dem Einsatz von Put-Optionen. Abbildung 7 zeigt, dass die CPPI-Strategie grundsätzlich zu einer für einen risikoaversen Investor günstigen Transformation der Vermögensverteilung führt: Die Verteilung ist rechtsschief und lässt dadurch trotz Begrenzung des Verlustpotenzials noch relativ hohe Gewinne zu.

Allerdings zeigt die Abbildung auch die Nachteile: Das Gap-Risiko ist selbst bei $m = 6$ recht ausgeprägt, was daran zu erkennen ist, dass sehr hohe Verluste häufiger eintreten als bei einer statischen Portfoliostruktur. Dieses Problem verschärft sich noch erheblich bei höheren Multiplikatorwerten.

Der Vergleich mit einer At-the-money-Put-Strategie (Abbildung 8) verdeutlicht außerdem, dass der Einsatz von Put-Optionen zu einer erheblich stärkeren Reduktion des Risikopotenzials führt.

Abbildung 7: Vergleich der nominalen Vermögensverteilungen: CPPI ($m = 6$) versus statische Strategie, Anlagedauer 1 Jahr

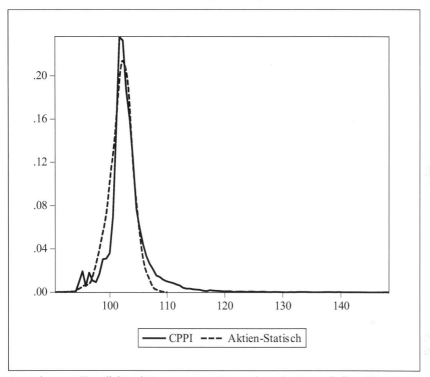

Anmerkungen: Kerndichteschätzungen unter Verwendung des Epanechnikov-Kernels. CPPI mit Multiplikator $m = 6$ und $b = 1$; statische Anlagestrategie; jeweils mit einer durchschnittlichen Aktienquote von 9,5%, Geldmarkt = 90,5%.

Die dargestellten Ergebnisse der Simulationen von CPPI-Strategien legen es daher nahe, diese Anlagepolitik nur dann zu verfolgen, wenn die Umschichthäufigkeit zwischen Aktien und Kasse relativ hoch gewählt wird, da sonst eine häufige Unterschreitung des Mindestvermögens eintreten wird. Im Vergleich zum Einsatz von Put-Optionen, sowohl At-the-money-Put-Optionen als auch als Wertsicherungsstrategie, dürfte die Umsetzung einer CPPI-Anlagepolitik durch die dann notwendigen häufigen Umschichtungen allerdings vergleichsweise kostenintensiv sein. Eine Stiftung sollte daher als Absicherungsmethode die Verwendung von Put-Optionen bevorzugen. Wie Kapitel E.2.3 zeigt, gibt es bei einer Anlagepolitik, die auf nachhaltige Aktienanlagen ausgerichtet ist, eine wichtige Einschränkung, da Put-Optionen auf entsprechende Aktienindizes derzeit noch nicht verfügbar sind.

Abbildung 8: Vergleich der nominalen Vermögensverteilungen: CPPI ($m = 6$) versus At-the-money-Put-Optionsstrategie, Anlagedauer 1 Jahr

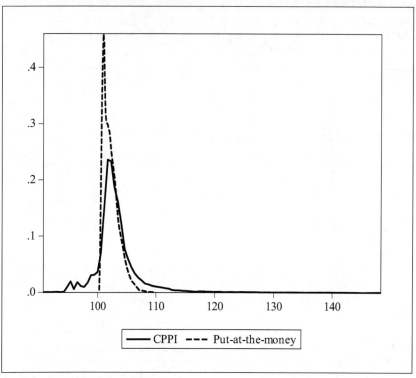

Anmerkungen: Kerndichteschätzungen unter Verwendung des Epanechnikov-Kernels. CPPI mit Multiplikator $m = 6$ und $b = 1$; dynamische Put-Strategie (at the money); jeweils mit einer durchschnittlichen Aktienquote von 9,5%, Geldmarkt = 90,5%.

D.4 Analyse der Ausschüttungen

Die Untersuchung der jährlichen Ausschüttungen von Stiftungen stellt eine wichtige Ergänzung der bisherigen Analysen dar, die sich auf die Vermögensverteilung konzentriert haben. Da Kapitalstiftungen ihren Stiftungszweck durch die satzungsgemäße Verwendung der Erträge der Vermögensverwaltung erfüllen, ist die Höhe der jährlichen Ausschüttungen ein zentraler quantitativer Indikator des Stiftungserfolges. Eine Stiftung, die bei gleichem Vermögen höhere regelmäßige Ausschüttungen durchführt, ist trivialerweise besser dazu in der Lage, den Stiftungszweck zu erfüllen, als im Falle von geringeren Ausschüttungen. Da die Höhe der Ausschüttungen jedoch sowohl von der Höhe des Vermögens als auch der laufenden Erträge pro Einheit des Vermögens abhängt, ist a priori nicht gewährleistet, dass die in Bezug auf die Vermögensverteilung optimale Anlagestrategie auch die beste Wahl bezüglich der Verteilung der Ausschüttungen ist. In Kapitel

D.4.1 wird deshalb untersucht, welche Konsequenzen verschiedene Anlagestrategien – statische Portfoliostruktur, Absicherung mit At-the-money-Put-Optionen sowie Wertsicherungsstrategie – auf die Höhe der Ausschüttungen und deren Verteilung haben.

Deutsche gemeinnützige Stiftungen legen die Höhe ihrer Ausschüttungen vor allem nach den laufenden Erträgen der Vermögensanlage fest. Die jährlichen Ausschüttungen unterliegen damit notwendigerweise gewissen Schwankungen, die von der konkreten Anlagepolitik abhängen. Es gibt jedoch keine stiftungs- oder steuerrechtlichen Vorschriften, die die absolute Höhe der Ausschüttungen betreffen.[170] In den Vereinigten Staaten müssen Stiftungen hingegen unabhängig von den tatsächlichen Erträgen mindestens 5% ihres Vermögens jährlich ausschütten.[171] Diese „5%-Regel" wurde in den USA eingeführt, um eine zu geringe Ausschüttung von Stiftungen und damit eine zu hohe Ertragsthesaurierung zu vermeiden.[172] Nach Toepler (2002b: 19) betragen die Ausschüttungen insbesondere der großen US-Stiftungen auch tatsächlich kaum mehr als die vorgeschriebenen 5% des Vermögens. In Kapitel D.4.2 wird untersucht, wie sich eine Anwendung dieser für US-Stiftungen geltenden Ausschüttungsregel auf das Vermögen und die Ausschüttungen deutscher Stiftungen auswirken würde. Das Ergebnis dieser Analyse soll zeigen, ob eine solche starre Ausschüttungsregel mit dem Gebot der Bestandserhaltung, dem deutsche Stiftungen unterliegen, vereinbar sein kann, welche Konsequenzen daraus für die optimale Anlagepolitik zu ziehen sind und ob möglicherweise eine Reform des Stiftungsrechts bezüglich der Regelungen zur Ausschüttungspolitik sinnvoll sein könnte.

D.4.1 Ausschüttungen entsprechend den geltenden Regeln für deutsche Stiftungen

Kapitalstiftungen erfüllen ihre satzungsmäßigen Aufgaben in der Regel durch Ausschüttung eines Teils der laufenden Erträge. Den bisherigen Simulationen liegt die Annahme zugrunde, dass 2/3 der laufenden Erträge ausgeschüttet werden. Dies entspricht der mindestens erforderlichen Ausschüttungsquote, um eine Gefährdung der Gemeinnützigkeit zu vermeiden. Das restliche Drittel wird in eine freie Rücklage gemäß § 58 Nr. 7a Hs. 1 AO eingestellt und dient der Erhöhung des Vermögens beispielsweise mit dem Ziel, einen inflationsbedingten

---

170 Es ist für deutsche gemeinnützige Stiftungen allerdings unzulässig, eine Anlagepolitik zu betreiben, aus der überhaupt keine Erträge zu erwarten sind. Vgl. beispielsweise Richter (2004: 16) und Hüttemann und Schön (2007: 9ff).

171 Vgl. Toepler (2002a, b) zur Entwicklung dieser Ausschüttungsregel und der laufenden Reformdiskussion. Die 5%-Regel gilt allerdings nur für private Förderstiftungen. Vor der Berechnung der Ausschüttungen wird das Vermögen rechnerisch um bestimmte Teile wie das Barvermögen (bis zu 1,5% des Gesamtvermögens) sowie alle Anlagegüter, die zu mindestens 95% für den gemeinnützigen Stiftungszweck eingesetzt werden, gekürzt (vgl. Toepler, 2002a: 116ff).

172 Vgl. Reuter (2005).

Wertverlust zumindest teilweise auszugleichen. Dies entspricht der üblichen Vorgehensweise der meisten Kapitalstiftungen.

Im Folgenden wird dargestellt, wie sich verschiedene Anlagestrategien auf die Höhe der Ausschüttungen auswirken. Dabei werden die statische Strategie, die Absicherung mit At-the-money-Put-Optionen sowie die Wertsicherungsstrategie betrachtet. Die CPPI- Strategie dagegen nicht, da diese durch die anderen Vorgehensweisen zur Absicherung des Portfolios dominiert wird (vgl. Kapitel D.3.2).

Tabelle 48: Ausschüttungen bei Geldmarktanlage (2/3 der laufenden Erträge)

	Statistische Basiskennzahlen						
	Mittel	Median	Std.	Min.	Max.	Schiefe	Kurt.
Anlagedauer 1 Jahr							
Nominal	2,253	2,253	0	2,253	2,253	–	–
Real	-0,121	-0,139	1,144	-5,286	4,306	0,093	0,082
Anlagedauer 5 Jahre							
Nominal	2,592	2,210	1,558	0,360	15,885	2,010	6,759
Real	-0,506	-0,549	1,989	-7,486	9,429	0,138	0,087

Als Benchmark für die Bewertung der Ausschüttungen dient die Geldmarktanlage. Wie aus Tabelle 48 ersichtlich ist, beträgt dabei die mittlere Ausschüttung bei einer Anlagedauer von einem Jahr 2,253%. Da der Einjahreszins im Voraus bekannt ist, ist die Standardabweichung gleich null. Bei einer Anlagedauer von fünf Jahren zeigt sich allerdings, dass die Stiftung mit einer durchaus hohen Schwankungsbreite der Ausschüttungen rechnen muss. Die durchschnittliche jährliche Ausschüttungshöhe nimmt aufgrund eines im Zeitverlauf gestiegenen nominalen Vermögens ebenfalls leicht zu und beträgt 2,592%. Wie der Minimalwert von 0,36% zeigt, können auch sehr geringe Werte nahe null auftreten, aber durchaus auch relativ hohe Zahlungen von bis zu einem Maximum von 15,9% pro Jahr.

Der *Realwert* der Ausschüttungen ist im Durchschnitt jedoch sowohl bei einer Anlagedauer von einem Jahr als auch von fünf Jahren negativ. Eine Stiftung, die nur Geldmarktanlagen wählt, kann somit im Zeitverlauf immer weniger an realen Leistungen finanzieren, da die Inflationsrate im Mittel einen höheren Wert annimmt als die kurzfristigen Zinsen.

Tabelle 49 zeigt die Risiko- und Performancemaße zur Bewertung der Ausschüttungen der *statischen Anleihe-Aktienportfolios* für eine Anlagedauer von einem Jahr. Die Risiko- und Performancemaße werden dabei für den Zielwert $z = Ausschüttungen\ bei\ Geldmarktanlage$ berechnet. Sie beziehen sich damit auf die Abweichungen von denjenigen Ausschüttungen, die sich bei einer reinen Geldmarktanlage ergeben. Für Portfolios mit bis zu 40% Aktien ist das Risiko, dass die Ausschüttungen geringer sind als bei einer Geldmarktanlage, entweder gleich null oder doch sehr gering.

Tabelle 49: Risiko und Performance der Ausschüttungen bei einer statischen Anlagestrategie, Anlagedauer 1 Jahr, Benchmark = Ausschüttungen Geldmarktanlage

Aktien-gewichtung	Risikokennzahlen			Performancekennzahlen			
	Risk1	*Risk2*	*Risk3*	*Perf1*	*Perf2*	*Perf3*	*Perf4*
0%	0,000	0,000	0,000	–	–	–	8,851
10%	0,000	0,000	0,000	–	–	–	7,506
20%	0,000	0,000	0,000	–	–	–	5,723
30%	0,000	0,000	0,000	–	–	–	3,754
40%	0,015	0,000	0,004	408,926	39,829	656,172	1,888
50%	0,420	0,019	0,038	2,293	1,177	60,076	0,295
60%	0,876	0,106	0,127	0,103	0,086	17,017	-0,992
70%	0,963	0,220	0,238	0,022	0,020	8,568	-2,009
80%	0,978	0,338	0,355	0,009	0,008	5,408	-2,810
90%	0,984	0,457	0,473	0,004	0,004	3,798	-3,446
100%	0,991	0,576	0,593	0,002	0,002	2,830	-3,957

Anmerkung: Anleihegewichtung = 100%-Aktiengewichtung.

Tabelle 50: Verteilung der *nominalen* Ausschüttungen bei einer statischen Anlagestrategie, Anlagedauer 1 Jahr

Aktien-gewichtung	Statistische Basiskennzahlen						
	Mittel	*Median*	*Std.*	*Min.*	*Max.*	*Schiefe*	*Kurt.*
0%	2,88	2,88	0,07	2,58	3,14	-0,12	0,36
10%	2,76	2,76	0,07	2,48	3,02	-0,10	0,34
20%	2,64	2,64	0,07	2,38	2,94	0,08	0,41
30%	2,52	2,51	0,07	2,27	2,93	0,43	1,00
40%	2,40	2,39	0,08	2,17	2,93	0,83	2,10
50%	2,28	2,27	0,09	2,04	2,92	1,17	3,33
60%	2,16	2,14	0,10	1,92	2,92	1,42	4,38
70%	2,04	2,02	0,11	1,79	2,92	1,59	5,14
80%	1,92	1,90	0,12	1,64	2,91	1,69	5,64
90%	1,80	1,78	0,13	1,48	2,91	1,75	5,96
100%	1,68	1,65	0,15	1,33	2,91	1,78	6,14

Anmerkungen: „Mittel" = Mittelwert der Verteilung, „Std." = Standardabweichung, „Min." = Minimalwert, „Max." = Maximalwert, „Schiefe" = Schiefekoeffizient, „Kurt." = Kurtosiskoeffizient minus 3 (= Excess Kurtosis). Ein positiver Wert von „Kurt." gibt Leptokurtosis an. Anleihegewichtung = 100%-Aktiengewichtung.

Ab einer Aktienquote von 60% ist die Ausschüttung jedoch mit großer Wahrscheinlichkeit kleiner als diejenige bei einer reinen Geldmarktanlage (*Risk1*): Bei einer Aktienquote von 60% beträgt die Wahrscheinlichkeit hierfür 87,6%, bei einem reinen Aktienportfolio steigt *Risk1* sogar auf 99,1% an. Der Grund für die geringen Ausschüttungen bei höherem Aktienanteil liegt darin, dass die Dividendenrendite mit durchschnittlich 2,5% für deutsche Aktien deutlich niedriger ist als der Einjahreszins oder die Anleiherendite, die Mittelwerte von 3,5% bzw. 4,5% aufweisen (siehe Tabelle 7).

Tabelle 51: Verteilung der *realen* Ausschüttungen bei einer statischen Anlagestrategie, Anlagedauer 1 Jahr

Aktien-gewichtung	Statistische Basiskennzahlen						
	Mittel	Median	Std.	Min.	Max.	Schiefe	Kurt.
0%	0,49	0,47	1,17	-4,71	5,19	0,12	0,12
10%	0,37	0,35	1,17	-4,81	5,04	0,11	0,12
20%	0,26	0,24	1,16	-4,92	4,89	0,11	0,12
30%	0,14	0,12	1,16	-5,03	4,74	0,11	0,11
40%	0,02	0,00	1,16	-5,13	4,59	0,11	0,11
50%	-0,10	-0,11	1,16	-5,24	4,45	0,10	0,11
60%	-0,21	-0,23	1,15	-5,34	4,30	0,10	0,10
70%	-0,33	-0,34	1,15	-5,45	4,15	0,10	0,10
80%	-0,45	-0,46	1,15	-5,55	4,00	0,09	0,10
90%	-0,57	-0,58	1,15	-5,66	3,86	0,09	0,10
100%	-0,68	-0,69	1,15	-5,76	3,75	0,09	0,09

Anmerkungen: „Mittel" = Mittelwert der Verteilung, „Std." = Standardabweichung, „Min." = Minimalwert, „Max." = Maximalwert, „Schiefe" = Schiefekoeffizient, „Kurt." = Kurtosiskoeffizient minus 3 (= Excess Kurtosis). Ein positiver Wert von „Kurt." gibt Leptokurtosis an. Anleihegewichtung = 100%-Aktiengewichtung.

Wie aus Tabelle 50 zu sehen ist, hat ein reines Anleiheportfolio mit 2,88% die höchste durchschnittliche Ausschüttung, während bei 100% Aktienanteil die nominale Ausschüttung im Mittel auf 1,68% sinkt. Der *Realwert* der Ausschüttungen ist bei einem vollständig aus Anleihen bestehenden Portfolio leicht positiv und beträgt im Durchschnitt 0,49% (vgl. Tabelle 51), ein realer Rückgang der Ausschüttungshöhe tritt bei diesem Portfolio allerdings trotzdem in etwa 34% der 10000 Simulationsläufe ein.

In Bezug auf die gängige Ausschüttungspraxis, 2/3 der laufenden Erträge für die Erfüllung des Stiftungszwecks zu verwenden, liegt das Maximum der Leistungsfähigkeit deutscher Stiftungen bei einem Portfolio, das zu 100% aus Anleihen besteht. Im Vergleich mit einer Geldmarktanlage sind auch Portfolios sinnvoll, die bis zu 40% aus Aktien bestehen. In diesem Fall ist die mittlere Ausschüttungshöhe immer noch etwas höher als bei Anlage zum risikolosen Zins und entspricht in etwa der jährlichen Inflationsrate. Wie die Ergebnisse des vorangegangene Kapitels D.2 gezeigt haben, ist eine Steigerung des Realwertes des Stiftungsvermögens nur mit einer vergleichsweise hohen Aktienquote möglich.

Tabelle 52: Risiko und Performance der Ausschüttungen (p.a.) bei einer statischen Anlagestrategie, Anlagedauer 5 Jahre, Benchmark = Ausschüttungen Geldmarktanlage

Aktien-gewichtung	Risikokennzahlen			Performancekennzahlen			
	Risk1	Risk2	Risk3	Perf1	Perf2	Perf3	Perf4
0%	0,235	0,345	1,037	3,124	1,040	3,207	1,389
10%	0,245	0,353	1,045	2,966	1,002	3,145	1,252
20%	0,256	0,366	1,060	2,756	0,952	3,051	1,078
30%	0,268	0,385	1,084	2,504	0,890	2,925	0,895
40%	0,286	0,411	1,117	2,223	0,819	2,772	0,716
50%	0,310	0,445	1,159	1,928	0,740	2,593	0,545
60%	0,341	0,487	1,211	1,631	0,656	2,395	0,381
70%	0,380	0,540	1,273	1,344	0,570	2,181	0,219
80%	0,422	0,605	1,349	1,078	0,484	1,957	0,054
90%	0,472	0,685	1,438	0,841	0,401	1,727	-0,121
100%	0,525	0,784	1,543	0,637	0,323	1,495	-0,312

Anmerkung: Anleihegewichtung = 100%-Aktiengewichtung.

Tabelle 53: Verteilung der *nominalen* Ausschüttungen (p.a.) bei einer statischen Anlagestrategie, Anlagedauer 5 Jahre

Aktien-gewichtung	Statistische Basiskennzahlen						
	Mittel	Median	Std.	Min.	Max.	Schiefe	Kurt.
0%	3,32	3,28	0,53	1,82	6,33	0,43	0,28
10%	3,29	3,24	0,55	1,68	6,65	0,46	0,34
20%	3,23	3,18	0,60	1,53	6,96	0,51	0,42
30%	3,17	3,10	0,65	1,37	7,25	0,57	0,55
40%	3,09	3,02	0,70	1,17	7,52	0,63	0,72
50%	3,00	2,92	0,76	0,98	7,78	0,70	0,93
60%	2,90	2,80	0,81	0,81	8,31	0,77	1,18
70%	2,78	2,67	0,85	0,67	8,67	0,85	1,49
80%	2,64	2,52	0,88	0,55	8,88	0,93	1,87
90%	2,48	2,36	0,90	0,44	9,54	1,03	2,35
100%	2,31	2,16	0,91	0,35	10,19	1,16	2,99

Anmerkungen: „Mittel" = Mittelwert der Verteilung, „Std." = Standardabweichung, „Min." = Minimalwert, „Max." = Maximalwert, „Schiefe" = Schiefekoeffizient, „Kurt." = Kurtosiskoeffizient minus 3 (= Excess Kurtosis). Ein positiver Wert von „Kurt." gibt Leptokurtosis an. Anleihegewichtung = 100%-Aktiengewichtung. Die Ausschüttungshöhe bezieht sich jeweils auf das Anfangsvermögen der Stiftung.

Aufgrund der relativ niedrigen Dividendenrendite für Aktien wirkt sich ein hoher Aktienanteil im ersten Jahr der Anlage jedoch negativ auf die Ausschüttungshöhe aus. Bei einer längeren Anlagedauer sollte hingegen die Ausschüttungshöhe eines reinen Aktienportfolios relativ zu einem Anleiheportfolio ansteigen, da das Vermögen bei einer Investition in Aktien im Durchschnitt eine größere Wertsteigerung aufweist.

Der stärkere Anstieg des Aktienvermögens stellt in Bezug auf die Höhe der Ausschüttungen dann eine Kompensation für die geringeren Dividendenrenditen dar, da die prozentual relativ geringen Erträge von Aktienanlagen dann mit einem höheren Vermögenswert multipliziert werden.

Die Risiko- und Performancekennzahlen für die Ausschüttungen für die verschiedenen Anleihe-Aktienportfolios liegen bei einer *Anlagedauer von fünf Jahren* nun wesentlich dichter beieinander als bei einer Anlagedauer von nur einem Jahr. Gleichwohl ist das Risiko einer Unterschreitung der Ausschüttungen eines Geldmarktportfolios im Falle einer Anleihequote von 100% immer noch am geringsten und die risikoadjustierte Performance am höchsten (vgl. Tabelle 52).

Abbildung 9: Verteilung der nominalen jährlichen Ausschüttungen für Geldmarkt-, Anleihe- und Aktien-Portfolios, Anlagedauer 5 Jahre

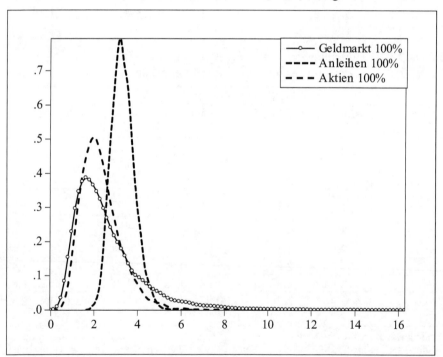

Anmerkungen: Kerndichteschätzungen unter Verwendung des Epanechnikov-Kernels. Die Ausschüttungshöhe bezieht sich jeweils auf das Anfangsvermögen der Stiftung.

Die mittlere jährliche Ausschüttungshöhe beträgt bei einem reinen Anleiheportfolio nach fünf Jahren 3,32% pro Jahr bezogen auf das Anfangsvermögen der

Stiftung und liegt damit um ca. 0,7 Prozentpunkte höher als bei einer Anlage zum risikolosen Zins.

Der Durchschnittwert der Ausschüttungen ist im direkten Vergleich der Tabellen 50 und 53 bei einem reinen Aktienportfolio zwar absolut stärker gestiegen als bei einem reinen Anleiheportfolio, trotzdem reicht diese Steigerung nicht aus, um Aktienportfolios aus der Perspektive der Ausschüttungen attraktiv zu machen. Darüber hinaus sinken die *realen* Ausschüttungen mit zunehmendem Aktienanteil kontinuierlich und werden ab einer Aktienquote von 50% negativ.

Abbildung 9 verdeutlicht, wie unterschiedlich die Verteilungen der Ausschüttungen bei unterschiedlicher Zusammensetzung der statischen Portfolios aussehen. Bei einer Anlagedauer von fünf Jahren sind die Verteilungen der Ausschüttungen für reine Geldmarkt- und Aktienportfolios relativ ähnlich. Im Falle eines Anleiheportfolios liegt die Verteilung der Ausschüttungen deutlich rechts von derjenigen der beiden anderen Portfolios und weist auch eine wesentlich geringere Streuung um den Mittelwert auf. Dadurch ist die Höhe der zukünftigen Ausschüttungen im Falle eines reinen Anleiheportfolios auch besser prognostizierbar.

Portfolios mit *Put-Optionen* zur Absicherung des Aktienvermögens haben sich in Bezug auf die Verteilung des Vermögens den statischen Portfolios als klar überlegen erwiesen (vgl. Kapitel D.3.1). Die Beurteilung der *Ausschüttungen* fällt dagegen deutlich schlechter für die abgesicherten Portfolios aus.

Tabelle 54: Verteilung der *nominalen* Ausschüttungen bei einer Put-Optionsstrategie (at the money), Anlagedauer 1 Jahr

Aktien-gewichtung	*Statistische Basiskennzahlen*						
	Mittel	*Median*	*Std.*	*Min.*	*Max.*	*Schiefe*	*Kurt.*
0%	2,88	2,88	0,07	2,58	3,14	-0,12	0,36
10%	2,75	2,75	0,07	2,47	3,01	-0,10	0,34
20%	2,63	2,62	0,07	2,36	2,92	0,06	0,39
30%	2,50	2,49	0,07	2,26	2,90	0,39	0,92
40%	2,37	2,36	0,07	2,14	2,88	0,79	1,98
50%	2,24	2,23	0,08	2,01	2,87	1,14	3,21
60%	2,12	2,10	0,09	1,89	2,85	1,40	4,28
70%	1,99	1,97	0,10	1,75	2,83	1,58	5,08
80%	1,86	1,85	0,11	1,59	2,82	1,68	5,61
90%	1,74	1,72	0,13	1,44	2,80	1,74	5,95
100%	1,61	1,59	0,14	1,28	2,79	1,78	6,14

Anmerkungen: „Mittel" = Mittelwert der Verteilung, „Std." = Standardabweichung, „Min." = Minimalwert, „Max." = Maximalwert, „Schiefe" = Schiefekoeffizient, „Kurt." = Kurtosiskoeffizient minus 3 (= Excess Kurtosis). Ein positiver Wert von „Kurt." gibt Leptokurtosis an. Anleihegewichtung = 100%-Aktiengewichtung.

Bei Verwendung von At-the-money-Put-Optionen ist die durchschnittliche Ausschüttungshöhe eines reinen Aktienportfolios zwar nur leicht geringer als ohne Absicherung: 1,61% gegenüber 1,68% bei einer Anlagedauer von einem Jahr (vgl. Tabelle 54) und 2,22% gegenüber 2,31% bei fünf Jahren Anlagedauer. Die Wertsicherungsstrategie führt hingegen zu einer ganz erheblichen Verminderung der mittleren Ausschüttungshöhe: Bei einem reinen Aktienportfolio würde die Stiftung nur noch zwischen 0,14% (Minimum) und 0,25% (Maximum) pro Jahr im Sinne des Stiftungszwecks ausschütten (vgl. Tabelle 55). Bei einer Ausdehnung des Anlagehorizontes steigt auch bei einer Wertsicherungsstrategie die Höhe der Ausschüttungen deutlich an (vgl. Tabelle 56), allerdings beträgt sie auch dann nur etwa ein Zehntel der Ausschüttungen eines reinen Anleiheportfolios. Aus der Perspektive der Ausschüttungen dürfte die Anwendung einer *Wertsicherungsstrategie* damit für eine Stiftung nicht sinnvoll sein.

Die ungünstige Beurteilung von Aktienanlagen in Bezug auf die durchschnittliche Ausschüttungshöhe, insbesondere bei Anwendung von Absicherungsstrategien, liegt nicht unbedingt an der geringen Nützlichkeit von Aktienanlagen für die Vermögensanlage von Stiftungen, sondern vielmehr an der gewählten Regel, nur *2/3 der laufenden Erträge* auszuschütten. Eine Ausschüttungsregel, bei der auch die nominalen oder realen Vermögenszuwächse – zumindest teilweise – berücksichtigt werden, müsste für ein Aktienportfolio zu einer wesentlich höheren Ausschüttung führen als bei einer reinen Anlage in Anleihen.

Tabelle 55: Verteilung der nominalen Ausschüttungen bei einer Wertsicherungsstrategie, Anlagedauer 1 Jahr

Aktiengewichtung	Statistische Basiskennzahlen						
	Mittel	*Median*	*Std.*	*Min.*	*Max.*	*Schiefe*	*Kurt.*
0%	2,88	2,88	0,07	2,58	3,14	-0,12	0,36
10%	2,61	2,61	0,06	2,34	2,85	-0,12	0,37
20%	2,33	2,33	0,06	2,09	2,55	-0,13	0,37
30%	2,06	2,06	0,05	1,85	2,25	-0,13	0,37
40%	1,78	1,79	0,04	1,60	1,95	-0,12	0,36
50%	1,51	1,51	0,04	1,36	1,65	-0,12	0,35
60%	1,24	1,24	0,03	1,11	1,35	-0,09	0,33
70%	0,96	0,96	0,02	0,87	1,07	-0,01	0,35
80%	0,69	0,69	0,02	0,62	0,79	0,25	0,64
90%	0,42	0,41	0,01	0,37	0,52	0,95	2,50
100%	0,14	0,14	0,01	0,11	0,25	1,78	6,14

Anmerkungen: „Mittel" = Mittelwert der Verteilung, „Std." = Standardabweichung, „Min." = Minimalwert, „Max." = Maximalwert, „Schiefe" = Schiefekoeffizient, „Kurt." = Kurtosiskoeffizient minus 3 (= Excess Kurtosis). Ein positiver Wert von „Kurt." gibt Leptokurtosis an. Anleihegewichtung = 100%-Aktiengewichtung.

Solche Ausschüttungen aus dem Vermögensbestand sollten rein rechtlich gesehen immer dann möglich sein, wenn das Vermögen nominal oder real über dem Anfangswert liegt. Die entsprechenden stiftungsrechtlichen Vorgaben besagen lediglich, dass Gewinne aus Vermögensumschichtungen *nicht* ausgeschüttet werden *müssen*.[173] Sie *dürfen* aber in bestimmten Situationen ausgeschüttet werden. Dies ist insbesondere dann der Fall, wenn durch diese Ausschüttung der nominale oder reale Bestand des Stiftungsvermögens nicht gefährdet wird. In einem solchen Fall könnte die Stiftung die für die Bestandserhaltung nicht benötigten Gewinne ausschütten, denn wenn nach einer Ausschüttung aus dem Vermögen der Vermögensbestand noch mindestens gleich dem Anfangsvermögen ist, dann wird nicht gegen das „Verbot der Ausschüttung aus dem Grundstockvermögen" (vgl. Seifart und v. Campenhausen, 2009: 286) verstoßen.[174]

Tabelle 56: Verteilung der *nominalen* Ausschüttungen bei einer Wertsicherungsstrategie, Anlagedauer 5 Jahre

Aktiengewichtung	Statistische Basiskennzahlen						
	Mittel	Median	Std.	Min.	Max.	Schiefe	Kurt.
0%	3,32	3,28	0,53	1,82	6,33	0,43	0,28
10%	3,12	3,08	0,51	1,72	5,99	0,47	0,32
20%	2,89	2,85	0,49	1,57	5,61	0,53	0,45
30%	2,64	2,60	0,48	1,38	5,49	0,63	0,72
40%	2,37	2,31	0,46	1,18	5,67	0,76	1,15
50%	2,07	2,01	0,43	0,99	5,69	0,91	1,79
60%	1,75	1,69	0,40	0,80	5,49	1,08	2,68
70%	1,41	1,35	0,36	0,61	4,98	1,30	4,04
80%	1,05	1,00	0,31	0,42	4,33	1,66	6,65
90%	0,68	0,62	0,26	0,22	4,21	2,37	12,91
100%	0,29	0,23	0,26	0,00	4,06	2,98	18,59

Anmerkungen: „Mittel" = Mittelwert der Verteilung, „Std." = Standardabweichung, „Min." = Minimalwert, „Max." = Maximalwert, „Schiefe" = Schiefekoeffizient, „Kurt." = Kurtosiskoeffizient minus 3 (= Excess Kurtosis). Ein positiver Wert von „Kurt." gibt Leptokurtosis an. Anleihegewichtung = 100%-Aktiengewichtung.

Auf diese Weise müsste sich die Ausschüttungshöhe deutlich über diejenige erhöhen lassen, welche sich bei einer ausschließlichen Konzentration auf die laufenden Erträge ergibt. Da reine Vermögensanlagen im Geldmarkt oder in Anleihen nicht geeignet sind, den Realwert des Vermögens zu erhöhen, ist eine entsprechende Vorgehensweise bei diesen Anlagestrukturen nicht möglich. Hierzu bedarf es einer hinreichend hohen Aktienquote, um reale Vermögenszuwächse in nennenswertem Umfang zu erreichen. Das folgende Kapitel demonstriert anhand der Anwendung der US-Ausschüttungsregel, wie sich Ausschüttungen, die

---

173 Vgl. Hüttemann (1998: 78f) und Seifart und v. Campenhausen (2009: 293).
174 Hüttemann (1998: 79, Fn. 73) sieht sogar dann eine *Pflicht* zur zeitnahen Ausschüttung von Gewinnen aus Vermögensumschichtungen, wenn der Stifter in der Satzung festschreibt, dass das Wertpapiervermögen „entsprechend einer gewerblichen Tätigkeit laufend umgeschichtet werden soll".

über den laufenden Ertrag hinausgehen, auf Vermögen und Ausschüttungshöhe auswirken.

D.4.2 Ausschüttungen entsprechend der US-Regel (5% pro Jahr)

Die für US-Stiftungen geltende Regel, mindestens 5% pro Jahr auszuschütten, kann als eine Mischform zwischen einer rein ertragsorientierten und einer rein performanceorientierten Ausschüttungsregel angesehen werden. Wie Tabelle 7 in Kapitel C.2.2 zeigt, ergeben sich bei den Simulationen Erträge aus Zins- und Dividendenzahlungen, die im Durchschnitt deutlich kleiner als 5% sind. Nur die Anleiherendite erreicht Mittelwerte, die mit 4,5% (Prognosehorizont ein Jahr) und 4,7% (Prognosehorizont fünf Jahre) in der Nähe von 5% liegen.

Eine deutsche Stiftung, die nach der US-Regel ausschütten würde, könnte somit nur einen Teil der Ausschüttungen aus den laufenden Erträgen finanzieren und müsste entsprechend auch den Vermögensbestand mehr oder weniger stark reduzieren. Wie schon an anderer Stelle ausgeführt, ist dies für deutsche Stiftungen nur dann zulässig, wenn dadurch das Vermögen nicht unter den Anfangsbestand sinkt. Insofern sind die folgenden Simulationsergebnisse auf Basis der US-Ausschüttungsregel für deutsche Stiftungen nach derzeitigem Recht immer dann fiktiv, wenn die Ausschüttungen zu einem bestimmten Zeitpunkt das Vermögen unter den Anfangsbestand vermindern.

Tabelle 57: Nominale Vermögensverteilung einer Geldmarktanlage bei Ausschüttung nach der US-Regel (5% p.a.)

	Statistische Basiskennzahlen						
	Mittel	Median	Std.	Min.	Max.	Schiefe	Kurt.
Anlagedauer 1 Jahr							
Nominal	98,380	98,380	0	98,380	98,380	–	–
Real	96,096	96,078	1,101	91,126	100,355	0,093	0,082
Anlagedauer 5 Jahre							
Nominal	93,052	91,890	5,427	84,018	143,426	1,670	4,991
Real	80,881	80,715	5,051	63,381	106,051	0,246	0,242

Im Falle einer reinen Geldmarktanlage wirkt sich eine Ausschüttung in Höhe von 5% pro Jahr erwartungsgemäß sehr negativ auf die Vermögensentwicklung aus. Im Gegensatz zu den Ergebnissen für eine Ausschüttung nach den geltenden deutschen Vorschriften (vgl. Tabelle 10) sinkt das durchschnittliche *nominale* Vermögen schon im ersten Jahr unter den Anfangswert. Nach einer Anlagedauer von fünf Jahren beträgt das Vermögen im Mittel sogar nur noch 93% des bei Gründung der Stiftung vorhandenen Vermögensbestandes. Entsprechend schlecht sehen die Zahlen für das *reale* Vermögen aus, das nach fünf Jahren auf durchschnittlich 80,9% des Anfangswertes sinkt. Eine Geldmarktanlage ist somit bei einer 5%igen jährlichen Ausschüttungsquote auch nicht annähernd in der Lage, das Gebot der Erhaltung des Stiftungsvermögens einzuhalten.

Durch den Rückgang des Vermögens sinkt die anfängliche Ausschüttung von 5% nach fünf Jahren auf durchschnittlich 4,7% bezogen auf das Anfangsvermögen (siehe Tabelle 58). Auf Kosten der Erhaltung des Vermögens könnte eine Stiftung, die diese Anlagepolitik verfolgt, allerdings zwei oder drei Jahrzehnte lang relativ hohe prozentuale Ausschüttungen durchführen.

Tabelle 58: Ausschüttungen bei Geldmarktanlage (US-Regel: 5% p.a.)

	Statistische Basiskennzahlen						
	Mittel	Median	Std.	Min.	Max.	Schiefe	Kurt.
Anlagedauer 1 Jahr							
Nominal	5,000	5,000	0	5,000	5,000	–	–
Real	2,562	2,543	1,175	-2,742	7,108	0,093	0,082
Anlagedauer 5 Jahre							
Nominal	4,711	4,676	0,181	4,377	6,279	1,439	3,776
Real	1,569	1,528	2,396	-7,091	10,662	0,124	-0,086

Die folgenden Tabellen zeigen, wie sich die US-Ausschüttungsregel im Falle statischer Anlagestrategien auswirken würde. Wie zu erwarten war, sind die durchschnittlichen Vermögenswerte alle niedriger als bei Anwendung der geltenden deutschen Ausschüttungsregeln (vgl. Kapitel D.2.1). Bei einem reinen Anleiheportfolio wird im Durchschnitt nach einem Jahr gerade das *nominale* Anfangsvermögen erhalten. Wie Tabelle 60 zeigt, wird das Anfangsvermögen jedoch mit einer Häufigkeit von 49,4% unterschritten. Mit zunehmendem Aktienanteil sinkt diese Verlusthäufigkeit bis auf 35,8% bei einem reinen Aktienportfolio, im Vergleich zu 30,9% bei einer Ausschüttung von lediglich 2/3 der laufenden Erträge.

Das erhöhte Risiko, das *nominale* Anfangsvermögen zu unterschreiten, führt nun dazu, dass die optimale Portfoliostruktur einen vergleichsweise hohen Aktienanteil enthält, der entweder 60% (*Perf1* und *Perf3*) oder 100% (*Perf2*) beträgt. Nach der Sharpe-Ratio (*Perf4*) sollte die Aktienquote ebenfalls bei 100% liegen. Bei Anwendung der heute üblichen Ausschüttungsregel ergab sich dagegen eine optimale Aktienquote von lediglich 10% bezogen auf das Ziel der Erhaltung des nominalen Vermögens (vgl. Tabelle 11).

Die verminderten Werte der Performancekennzahlen für alle statischen Portfoliostrukturen bei Anwendung der US-Ausschüttungsregel belegen, dass die hohen Ausschüttungen – wie zu erwarten war – zulasten einer Steigerung des Stiftungsvermögens gehen. Allerdings führt eine Stiftung dabei auch deutlich höhere Ausschüttungen durch und kann damit das Stiftungsziel finanziell gesehen besser erfüllen.

Tabelle 59: Nominale Vermögensverteilung der statischen Anlagestrategie für deutsche Aktien bei Ausschüttung nach der US-Regel (= 5% p.a.), Anlagedauer 1 Jahr

Aktien-gewichtung	Statistische Basiskennzahlen						
	Mittel	Median	Std.	Min.	Max.	Schiefe	Kurt.
0%	100,08	100,06	4,07	84,73	117,98	0,08	0,16
10%	100,79	100,71	4,29	85,10	118,06	0,12	0,12
20%	101,50	101,41	5,54	80,18	124,76	0,08	0,10
30%	102,21	102,19	7,33	73,31	133,08	0,00	0,21
40%	102,93	103,07	9,38	66,37	141,79	-0,04	0,29
50%	103,65	103,90	11,57	59,87	150,90	-0,05	0,33
60%	104,37	104,79	13,85	53,80	160,41	-0,04	0,34
70%	105,10	105,60	16,20	48,14	170,33	-0,02	0,34
80%	105,83	106,38	18,61	42,69	180,90	0,01	0,34
90%	106,56	107,06	21,06	37,28	193,87	0,04	0,34
100%	107,30	107,84	23,57	32,29	207,48	0,07	0,35

Anmerkungen: „Mittel" = Mittelwert der Verteilung, „Std." = Standardabweichung, „Min." = Minimalwert, „Max." = Maximalwert, „Schiefe" = Schiefekoeffizient, „Kurt." = Kurtosiskoeffizient minus 3 (= Excess Kurtosis). Ein positiver Wert von „Kurt." gibt Leptokurtosis an. Anleihegewichtung = 100%-Aktiengewichtung.

Tabelle 60: Risiko und Performance der statischen Anlagestrategie für deutsche Aktien bei Ausschüttung nach der US-Regel (= 5% p.a.), Anlagedauer 1 Jahr, Benchmark = nominal

Aktien-gewichtung	Risikokennzahlen			Performancekennzahlen			
	Risk1	Risk2	Risk3	Perf1	Perf2	Perf3	Perf4
0%	0,494	1,575	2,806	1,051	0,590	0,028	-0,257
10%	0,432	1,337	2,561	1,588	0,829	0,307	-0,079
20%	0,399	1,523	3,078	1,982	0,981	0,486	0,067
30%	0,379	1,925	4,036	2,148	1,025	0,548	0,148
40%	0,369	2,428	5,180	2,205	1,034	0,565	0,192
50%	0,363	2,983	6,406	2,223	1,035	0,569	0,218
60%	0,360	3,569	7,672	2,225	1,035	0,570	0,234
70%	0,359	4,179	8,962	2,220	1,035	0,569	0,245
80%	0,358	4,807	10,267	2,213	1,036	0,568	0,253
90%	0,357	5,451	11,585	2,204	1,037	0,567	0,258
100%	0,358	6,109	12,914	2,195	1,039	0,565	0,262

Anmerkung: Anleihegewichtung = 100%-Aktiengewichtung.

Tabelle 61: Risiko und Performance der statischen Anlagestrategie für deutsche Aktien bei Ausschüttung nach der US-Regel (= 5% p.a.), Anlagedauer 1 Jahr, Benchmark = real

Aktien-gewichtung	Risikokennzahlen			Performancekennzahlen			
	Risk1	Risk2	Risk3	Perf1	Perf2	Perf3	Perf4
0%	0,691	3,176	4,598	0,300	0,207	-0,483	-0,217
10%	0,636	2,782	4,239	0,449	0,295	-0,362	-0,065
20%	0,571	2,788	4,552	0,698	0,428	-0,185	0,065
30%	0,515	3,046	5,324	0,952	0,545	-0,027	0,143
40%	0,479	3,445	6,336	1,161	0,631	0,087	0,188
50%	0,452	3,925	7,470	1,320	0,694	0,168	0,215
60%	0,434	4,458	8,668	1,440	0,741	0,226	0,232
70%	0,421	5,027	9,904	1,531	0,777	0,270	0,244
80%	0,412	5,621	11,165	1,602	0,806	0,303	0,252
90%	0,405	6,235	12,444	1,657	0,830	0,329	0,257
100%	0,399	6,869	13,738	1,702	0,851	0,351	0,261

Anmerkung: Anleihegewichtung = 100%-Aktiengewichtung.

Tabelle 62: Reale Vermögensverteilung der statischen Anlagestrategie für deutsche Aktien bei Ausschüttung nach der US-Regel (= 5% p.a.), Anlagedauer 1 Jahr

Aktien-gewichtung	Statistische Basiskennzahlen						
	Mittel	Median	Std.	Min.	Max.	Schiefe	Kurt.
0%	97,78	97,66	4,61	80,95	118,92	0,18	0,16
10%	98,47	98,32	4,78	81,31	119,30	0,20	0,17
20%	99,16	98,95	5,87	77,67	125,34	0,16	0,13
30%	99,85	99,68	7,50	71,64	133,70	0,08	0,20
40%	100,55	100,52	9,42	64,86	142,45	0,03	0,27
50%	101,26	101,37	11,51	58,51	151,60	0,00	0,31
60%	101,96	102,13	13,70	52,58	161,15	0,00	0,33
70%	102,67	102,95	15,96	47,05	171,12	0,01	0,34
80%	103,38	103,70	18,30	41,55	181,52	0,04	0,35
90%	104,10	104,50	20,68	36,28	192,36	0,06	0,35
100%	104,82	105,12	23,12	31,43	203,64	0,09	0,36

Anmerkungen: „Mittel" = Mittelwert der Verteilung, „Std." = Standardabweichung, „Min." = Minimalwert, „Max." = Maximalwert, „Schiefe" = Schiefekoeffizient, „Kurt." = Kurtosiskoeffizient minus 3 (= Excess Kurtosis). Ein positiver Wert von „Kurt." gibt Leptokurtosis an. Anleihegewichtung = 100%-Aktiengewichtung.

Das Ziel der Erhaltung des *realen* Vermögens kann eine Stiftung bei einer jährlichen Ausschüttungsquote von 5% am besten mit einem Aktienanteil von 100% erreichen: Alle vier Performancemaße erreichen für dieses Portfolio ihr Maximum. In diesem Fall beträgt das *reale* Vermögen nach einem Jahr Anlagedauer im Durchschnitt 104,82 (vgl. Tabelle 62).

Bis zu einem Aktienanteil von knapp unter 40% liegt das durchschnittliche reale Vermögen jedoch unterhalb von 100. Da die meisten deutschen Stiftungen eine relativ konservative Anlagepolitik mit einem nur geringen Anteil an Aktien verfolgen,[175] ergäbe sich bei unveränderter Anlagestruktur für die meisten Stiftungen dadurch ein realer Vermögensverlust.

Bei Betrachtung einer *Anlagedauer von fünf Jahren* verändern sich diese Resultate nur geringfügig. Die optimalen Portfolios für das Ziel der Erhaltung des *nominalen* Vermögens liegen entsprechend nun bei 70% (*Perf1*) bzw. 100% (*Perf2* und *Perf3*). Die Wahrscheinlichkeit für eine Unterschreitung des Anfangsvermögens ist auch nach fünf Jahren noch relativ hoch und liegt für die optimalen Portfolios zwischen 29,6% und 32,3%.

Tabelle 63: Risiko und Performance der statischen Anlagestrategie für deutsche Aktien bei Ausschüttung nach der US-Regel (= 5% p.a.), Anlagedauer 5 Jahre, Benchmark = nominal

Aktien-gewichtung	Risikokennzahlen			Performancekennzahlen			
	Risk1	*Risk2*	*Risk3*	*Perf1*	*Perf2*	*Perf3*	*Perf4*
0%	0,563	3,681	6,010	0,721	0,442	-0,171	-0,906
10%	0,402	2,473	4,880	2,077	1,052	0,546	-0,368
20%	0,324	2,443	5,415	3,649	1,646	1,195	0,031
30%	0,297	2,883	6,699	4,607	1,983	1,553	0,241
40%	0,288	3,515	8,278	5,112	2,171	1,746	0,352
50%	0,287	4,260	9,989	5,376	2,292	1,866	0,414
60%	0,291	5,091	11,774	5,510	2,382	1,950	0,449
70%	0,296	5,990	13,606	5,576	2,455	2,015	0,469
80%	0,304	6,953	15,475	5,603	2,518	2,068	0,479
90%	0,314	7,979	17,377	5,605	2,574	2,115	0,482
100%	0,323	9,071	19,310	5,590	2,626	2,156	0,481

Anmerkung: Anleihegewichtung = 100%-Aktiengewichtung.

Eine auf *Risikominimierung* ausgerichtete Anlagepolitik würde allerdings deutlich geringere Aktienquoten wählen, und zwar 50% bei Orientierung an *Risk1*, 20% entsprechend *Risk2* und bei noch größerer Risikoaversion (*Risk3*) nur 10%.

Immerhin erreicht das reine Aktienportfolio bei Ausschüttungen in Höhe von 5% pro Jahr noch einen Mittelwert von 141,64 nach fünf Jahren. Dieser Vermö-

---

175 Siehe hierzu die Ausführungen in Kapitel B.2.3.

genswert ist zwar deutlich geringer als bei Anwendung der gegenwärtigen Ausschüttungsregel, der 166,46 beträgt, aber er zeigt, dass auch bei einer relativ hohen jährlichen Ausschüttungsquote eine nicht unbeachtliche Zunahme des nominalen Stiftungsvermögens zu erwarten ist.

Tabelle 64: Nominale Vermögensverteilung der statischen Anlagestrategie für deutsche Aktien bei Ausschüttung nach der US-Regel (= 5% p.a.), Anlagedauer 5 Jahre

Aktien-gewichtung	Statistische Basiskennzahlen						
	Mittel	Median	Std.	Min.	Max.	Schiefe	Kurt.
0%	98,97	98,79	7,83	72,91	135,56	0,19	0,05
10%	102,66	102,29	9,26	70,31	148,79	0,25	0,13
20%	106,47	105,86	12,99	65,33	171,18	0,33	0,23
30%	110,40	109,41	18,00	57,71	202,08	0,41	0,40
40%	114,46	112,86	23,84	48,24	238,99	0,52	0,63
50%	118,64	115,95	30,38	39,82	290,64	0,65	0,93
60%	122,96	118,64	37,59	32,53	352,46	0,79	1,33
70%	127,41	121,21	45,50	26,27	426,24	0,94	1,85
80%	132,01	123,68	54,14	20,96	514,08	1,10	2,49
90%	136,75	125,66	63,59	16,49	618,40	1,27	3,29
100%	141,64	127,64	73,93	12,78	742,00	1,45	4,27

Anmerkungen: „Mittel" = Mittelwert der Verteilung, „Std." = Standardabweichung, „Min." = Minimalwert, „Max." = Maximalwert, „Schiefe" = Schiefekoeffizient, „Kurt." = Kurtosiskoeffizient minus 3 (= Excess Kurtosis). Ein positiver Wert von „Kurt." gibt Leptokurtosis an. Anleihegewichtung = 100%-Aktiengewichtung.

Interessant ist, dass die Vermögensverteilung bei 5%iger jährlicher Ausschüttung eine etwas geringere Standardabweichung aufweist. Sie beträgt bei einer Aktienquote von 100% 73,93 im Vergleich zu 86,14 bei Anwendung des heute vorherrschenden Ausschüttungsverhaltens. Der Grund hierfür ist einfach die geringere Höhe der in risikobehafteten Wertpapieren getätigten Investitionen, was wiederum durch die höheren Ausschüttungen bedingt ist. Dies darf jedoch nicht darüber hinwegtäuschen, dass alle drei Risikokennzahlen bei Anwendung der 5%-Regel spürbar höher sind, wie ein Vergleich mit Tabelle 15 zeigt. So steigt die Wahrscheinlichkeit einer Unterschreitung des Anfangsvermögens (*Risk1*) von 22,1% auf 32,3%. Auch der *Mean Excess Loss* nimmt zu, von 26,1 auf 28,1.

Abbildung 10 verdeutlicht, dass die Vermögensverteilungen bei Anwendung der beiden Ausschüttungsregeln prinzipiell sehr ähnlich aussehen und sich vor allem im Mittelwert und der Standardabweichung unterscheiden, während die höheren Momente der Verteilung, also Schiefe und Kurtosis praktisch gleich bleiben.

In Bezug auf die Entwicklung des *realen* Vermögens bestätigt sich für eine Anlagedauer von fünf Jahren das Ergebnis, dass eine reale Werterhaltung am besten mit einer vergleichsweise hohen Aktienquote möglich ist. Wie Tabelle 65 zeigt, nimmt der Mittelwert des *realen* Vermögens erst ab einem Aktienanteil von über 40% Werte oberhalb des Anfangsvermögens an.

Abbildung 10: Vergleich der nominalen Vermögensverteilung bei Anwendung entweder der deutschen oder der US-Ausschüttungsregel, Anlagedauer 5 Jahre

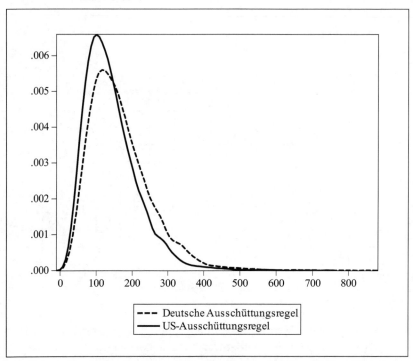

Anmerkungen: Kerndichteschätzungen unter Verwendung des Epanechnikov-Kernels.

Bei einem reinen Aktienportfolio beträgt der reale Wertzuwachs immerhin noch 23,34%. Er liegt damit allerdings um etwa 20 Prozentpunkte niedriger als bei Anwendung der geltenden Ausschüttungsregel von 2/3 der laufenden Erträge (vgl. hierzu Tabelle 18). Dieses Portfolio stellt auch das optimale Portfolio entsprechend den Performancekennziffern *Perf1* bis *Perf3* dar.

Das geringere Vermögenswachstum ist die negative Seite der hohen Ausschüttungsquote bei Anwendung der US-Regel. Die positive Seite wird entsprechend durch die finanziell gesehen bessere Erfüllung der Stiftungsziele wiedergegeben, die sich durch die relativ hohen Ausschüttungen ergeben.

Abbildung 11 verdeutlicht für ein reines Aktienportfolio die großen Unterschiede in der Ausschüttungshöhe, die aus der Anwendung der zwei unterschiedlichen Ausschüttungsregeln resultieren. Die Abbildung gibt die Verteilung der nominalen jährlichen Ausschüttungen bezogen auf das Anfangsvermögen von

100 an. Die Höhe der Ausschüttungen nach x Jahren lässt sich dabei konkret als 5%*(1.0+*Wachstumsrate des nominalen Vermögens im Zeitraum von x Jahren*) berechnen.

Tabelle 65: Reale Vermögensverteilung der statischen Anlagestrategie für deutsche Aktien bei Ausschüttung nach der US-Regel (= 5% p.a.), Anlagedauer 5 Jahre

Aktien-gewichtung	Statistische Basiskennzahlen						
	Mittel	Median	Std.	Min.	Max.	Schiefe	Kurt.
0%	86,61	85,69	12,47	50,01	150,99	0,43	0,25
10%	89,80	88,78	13,22	51,12	167,21	0,46	0,35
20%	93,08	91,80	15,46	49,11	184,75	0,52	0,50
30%	96,47	94,89	18,93	47,01	203,67	0,59	0,65
40%	99,97	97,52	23,37	40,30	236,92	0,67	0,85
50%	103,57	100,44	28,59	33,27	278,18	0,77	1,13
60%	107,29	103,03	34,52	27,18	325,80	0,89	1,51
70%	111,12	105,40	41,13	21,95	380,63	1,02	1,98
80%	115,07	107,44	48,43	17,51	455,48	1,16	2,58
90%	119,14	109,28	56,47	13,78	547,91	1,32	3,33
100%	123,34	110,87	65,30	10,68	657,43	1,49	4,24

Anmerkungen: „Mittel" = Mittelwert der Verteilung, „Std." = Standardabweichung, „Min." = Minimalwert, „Max." = Maximalwert, „Schiefe" = Schiefekoeffizient, „Kurt." = Kurtosiskoeffizient minus 3 (= Excess Kurtosis). Ein positiver Wert von „Kurt." gibt Leptokurtosis an. Anleihegewichtung = 100%-Aktiengewichtung.

Bei einem reinen Aktienportfolio betragen die Ausschüttungen im Durchschnitt 6,61% nach fünf Jahren, sie liegen damit um beachtliche 4,3 Prozentpunkte höher als bei Ausschüttung von 2/3 der laufenden Erträge der Stiftung.

Wie Tabelle 66 dokumentiert, ist das Risiko einer Ausschüttung unterhalb des Niveaus eines Geldmarktportfolios nach einer Anlagedauer von *fünf Jahren* recht gering. Die Wahrscheinlichkeit dafür liegt für alle Portfoliostrukturen unterhalb von 10%. Die Performancekennzahlen *Perf1* bis *Perf3*, angewandt auf die Verteilung der Ausschüttungen, zeigen, dass das optimale Portfolio in Bezug auf die Ausschüttungshöhe eine Aktienquote von 100% aufweist. Das optimale Portfolio bezüglich der Ausschüttungshöhe ist damit identisch mit demjenigen in Bezug auf die Vermögensentwicklung. Ein entsprechender Entscheidungskonflikt, wie er bei Anwendung der heute vorherrschenden Ausschüttungsregel auftritt (vgl. Kapitel D.4.1), kann bei Anwendung der US-Regel somit vermieden werden!

Bei Ausschüttung von lediglich 2/3 der laufenden Erträge ist der Mittelwert der *realen* Ausschüttungen bei einer Anlagedauer von einem oder fünf Jahren praktisch gleich null (vgl. Tabelle 51). Die nominalen Ausschüttungen reichen in diesem Fall somit gerade aus, um die Wertminderungen, die durch die Inflationsentwicklung entstehen, auszugleichen. Wie aus Tabelle 68 zu sehen ist, führt die

US-Regel dagegen für alle abgebildeten Portfoliostrukturen zu einer *realen* Ausschüttung pro Jahr, die zwischen 1,8% und 3,4% bezogen auf das Anfangsvermögen der Stiftung liegt. Eine entsprechend vorgehende Stiftung würde somit in jedem Jahr des Simulationszeitraums eine Ausschüttung durchführen, die in ihrer erwarteten Höhe die durchschnittliche Inflationsrate deutlich übertrifft.

Abbildung 11: Vergleich der Verteilung der nominalen jährlichen Ausschüttungen bei Anwendung der deutschen und der US-Ausschüttungsregel, Aktienanteil = 100%, Anlagedauer 5 Jahre

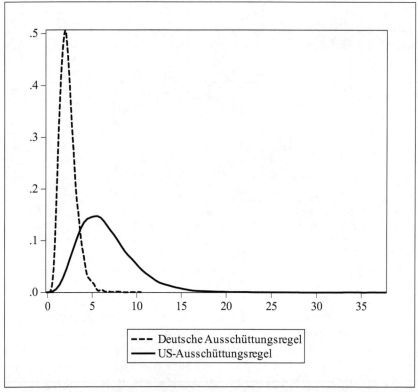

Anmerkungen: Kerndichteschätzungen unter Verwendung des Epanechnikov-Kernels. Die Ausschüttungshöhe bezieht sich jeweils auf das Anfangsvermögen der Stiftung.

Die US-Regel, 5% des Vermögens pro Jahr unabhängig von der Höhe der laufenden Erträge auszuschütten, hat sowohl Vorteile als auch Nachteile. Der entscheidende *Vorteil* im Vergleich zur in Deutschland vorherrschenden Ausschüttungspolitik besteht darin, dass die Ausschüttungen im Durchschnitt deutlich höher ausfallen und damit der Stiftungszweck besser erfüllt werden kann.

Tabelle 66: Risiko und Performance der Ausschüttungen bei Anleihe-Aktienportfolios und Anwendung der US-Regel (= 5% p.a.), Anlagedauer 5 Jahre, Benchmark = Ausschüttungen Geldmarktanlage

Aktien-gewichtung	Risikokennzahlen			Performancekennzahlen			
	Risk1	Risk2	Risk3	Perf1	Perf2	Perf3	Perf4
0%	0,095	0,161	0,754	15,690	3,360	6,585	6,623
10%	0,084	0,143	0,707	18,617	3,761	7,224	6,088
20%	0,073	0,128	0,665	21,821	4,203	7,906	4,664
30%	0,068	0,116	0,628	25,341	4,680	8,624	3,590
40%	0,063	0,106	0,595	29,086	5,187	9,364	2,883
50%	0,059	0,099	0,567	32,842	5,715	10,110	2,404
60%	0,058	0,094	0,544	36,364	6,252	10,842	2,062
70%	0,059	0,090	0,526	39,510	6,783	11,535	1,807
80%	0,062	0,089	0,514	42,116	7,281	12,148	1,609
90%	0,065	0,089	0,509	43,879	7,714	12,634	1,450
100%	0,071	0,093	0,510	44,433	8,062	12,964	1,320

Anmerkung: Anleihegewichtung = 100%-Aktiengewichtung.

Tabelle 67: Verteilung der *nominalen* Ausschüttungen bei einer statischen Anlagestrategie und Anwendung der US-Regel (= 5% p.a.), Anlagedauer 5 Jahre

Aktien-gewichtung	Statistische Basiskennzahlen						
	Mittel	Median	Std.	Min.	Max.	Schiefe	Kurt.
0%	4,96	4,95	0,36	3,75	6,57	0,19	-0,03
10%	5,11	5,09	0,41	3,76	7,25	0,23	0,04
20%	5,26	5,23	0,57	3,57	8,01	0,28	0,11
30%	5,41	5,37	0,79	3,10	9,40	0,34	0,22
40%	5,57	5,50	1,03	2,60	11,52	0,42	0,38
50%	5,73	5,63	1,31	2,17	14,09	0,52	0,60
60%	5,90	5,75	1,60	1,79	17,18	0,64	0,89
70%	6,07	5,85	1,93	1,47	20,88	0,76	1,27
80%	6,25	5,94	2,27	1,19	25,32	0,89	1,77
90%	6,43	6,03	2,64	0,95	30,62	1,02	2,39
100%	6,61	6,11	3,04	0,75	36,93	1,17	3,19

Anmerkungen: „Mittel" = Mittelwert der Verteilung, „Std." = Standardabweichung, „Min." = Minimalwert, „Max." = Maximalwert, „Schiefe" = Schiefekoeffizient, „Kurt." = Kurtosiskoeffizient minus 3 (= Excess Kurtosis). Ein positiver Wert von „Kurt." gibt Leptokurtosis an. Anleihegewichtung = 100%-Aktiengewichtung. Die Ausschüttungshöhe bezieht sich jeweils auf das Anfangsvermögen der Stiftung.

Tabelle 68: Verteilung der *realen* Ausschüttungen bei einer statischen Anlagestrategie und Anwendung der US-Regel (= 5% p.a.), Anlagedauer 5 Jahre

Aktien-gewichtung	Statistische Basiskennzahlen						
	Mittel	Median	Std.	Min.	Max.	Schiefe	Kurt.
0%	1,82	1,77	2,74	-8,28	12,05	0,13	-0,09
10%	1,96	1,92	2,72	-8,07	12,68	0,12	-0,09
20%	2,11	2,06	2,73	-7,85	13,36	0,12	-0,10
30%	2,26	2,19	2,75	-7,63	14,08	0,13	-0,09
40%	2,41	2,34	2,80	-7,42	14,86	0,15	-0,08
50%	2,57	2,49	2,87	-7,20	15,70	0,18	-0,05
60%	2,73	2,63	2,98	-6,98	16,59	0,22	0,01
70%	2,89	2,75	3,12	-6,77	17,55	0,29	0,10
80%	3,06	2,84	3,30	-6,66	18,57	0,38	0,26
90%	3,23	2,95	3,52	-6,84	20,55	0,49	0,51
100%	3,41	3,03	3,78	-7,02	26,32	0,63	0,90

Anmerkungen: „Mittel" = Mittelwert der Verteilung, „Std." = Standardabweichung, „Min." = Minimalwert, „Max." = Maximalwert, „Schiefe" = Schiefekoeffizient, „Kurt." = Kurtosiskoeffizient minus 3 (= Excess Kurtosis). Ein positiver Wert von „Kurt." gibt Leptokurtosis an. Anleihegewichtung = 100%-Aktiengewichtung. Die Ausschüttungshöhe bezieht sich jeweils auf das Anfangsvermögen der Stiftung.

Tabelle 69: Risiko und Performance der dynamischen Put-Optionsstrategie für deutsche Aktien bei Ausschüttung nach der US-Regel (= 5% p.a.), Anlagedauer 5 Jahre, Benchmark = nominal

Aktien-gewichtung	Risikokennzahlen			Performancekennzahlen			
	Risk1	Risk2	Risk3	Perf1	Perf2	Perf3	Perf4
0%	0,563	3,681	6,010	0,721	0,442	-0,171	-0,906
10%	0,356	1,862	3,924	2,763	1,311	0,837	-0,337
20%	0,230	1,117	2,943	7,751	2,942	2,562	0,147
30%	0,177	0,866	2,623	14,553	4,803	4,473	0,443
40%	0,158	0,835	2,689	19,974	6,205	5,894	0,599
50%	0,155	0,935	3,017	22,248	6,898	6,588	0,674
60%	0,161	1,132	3,560	22,033	7,002	6,685	0,704
70%	0,169	1,412	4,296	20,549	6,755	6,426	0,708
80%	0,182	1,783	5,211	18,548	6,346	6,004	0,697
90%	0,197	2,258	6,305	16,421	5,883	5,524	0,677
100%	0,216	2,846	7,582	14,430	5,417	5,041	0,652

Anmerkung: Anleihegewichtung = 100%-Aktiengewichtung.

Eine deutsche gemeinnützige Stiftung könnte auf freiwilliger Basis entsprechend der US-Regel ausschütten, sofern nach der Ausschüttung das reale oder zumindest das nominale Vermögen nicht geringer ist als das Anfangsvermögen. Der zentrale *Nachteil* der US-Ausschüttungspolitik besteht darin, dass die Stiftung ein größeres Risiko eingeht, das Gebot der Erhaltung des Stiftungsvermögens nicht einhalten zu können. Eine Möglichkeit, das Vermögensrisiko zu verringern, liegt in der Anwendung einer *Absicherungsstrategie mit At-the-money-*Put-Optionen. Ein Vergleich von Tabelle 69 mit der Situation ohne Absicherung (Tabelle 63) zeigt klar, dass das Risiko für alle Portfoliostrukturen, die Aktien enthalten, spürbar vermindert werden kann. Die Performancekennzahlen *Perf1* bis *Perf3* werden durch den Einsatz der Put-Optionen erheblich größer. Besonders wichtig ist aber, dass diese Anlagepolitik bei hohen Aktienanteilen besser ist als die statische Anlagestrategie (vgl. Tabelle 15): Ab einer Aktienquote von 50% sind alle drei Performancekennzahlen (*Perf1* bis *Perf3*) höher als ohne Anwendung von Absicherungsmaßnahmen und Ausschüttung von lediglich 2/3 der laufenden Erträge. Als optimal erweisen sich Portfolios mit einer Aktienquote von 50% (*Perf1*) bzw. 60% (*Perf2*, *Perf3*).

Ein Vergleich der Risikokennzahlen zeigt außerdem, dass ab Aktienquoten von 70% (*Risk1*), 40% (*Risk2*) bzw. 30% (*Risk3*) sogar trotz der relativ hohen Ausschüttungen geringere Vermögensrisiken relativ zum Anfangsvermögen bestehen als bei einer statischen Anlagepolitik ohne Portfoliosicherung.

Die Anwendung einer *Wertsicherungsstrategie* in Kombination mit einer Ausschüttung nach der US-Regel führt allerdings zu deutlich *schlechteren* Risiko- und Performancekennzahlen als der Einsatz von At-the-money-Put-Optionen und auch als die statische Anlagestrategie mit herkömmlicher Ausschüttungspolitik. Daher ist eine Wertsicherungsstrategie hier nicht sinnvoll.

Die Resultate für die US-Ausschüttungsregel mit Anwendung einer Protective-Put-Strategie zeigen, dass es im Vergleich zu den im Rahmen der Studie untersuchten statischen Anlagestrategien (ohne Absicherung) möglich ist, sowohl *höhere Ausschüttungen* durchzuführen, als auch eine *vorteilhaftere Vermögensentwicklung* mit geringerem Risiko und höherer Performance zu realisieren.

Zusammenfassend lässt sich die Anwendung der US-Regel für deutsche Stiftungen grundsätzlich als sehr sinnvoll bewerten. Insbesondere deshalb, weil dadurch zwei Zielkonflikte gelöst werden können: zum einen der Zielkonflikt zwischen den optimalen Portfolios bei Verfolgung der Ziele der Erhaltung des *nominalen* oder des *realen* Vermögens, zum anderen der Zielkonflikt zwischen den optimalen Portfolios bezüglich *Ausschüttungshöhe* bzw. *Vermögenswert*. In allen vier Fällen sollte das optimale Stiftungsportfolio eine sehr hohe Aktienquote enthalten.

Die Stiftung wird allerdings immer eine Wahlentscheidung treffen müssen, ob sie entweder höhere Ausschüttungen oder eine bessere Vermögensentwicklung aufweisen möchte. Im ersteren Fall sollte sie sich tendenziell an der US-Regel orientieren, unter Beachtung des Gebotes der Bestandserhaltung, im zweiten Fall an der derzeit vorherrschenden Ausschüttungspraxis.

E Portfolio-Management nachhaltiger Kapitalanlagen für Stiftungen

Kapitel E widmet sich Fragestellungen, die für das Portfolio-Management nachhaltiger Kapitalanlagen wichtig sind, wobei so weit als möglich ein besonderer Fokus auf die Vermögensverwaltung von Stiftungen gelegt wird.

Das zentrale Oberthema des Kapitels ist die Analyse der *Performance von nachhaltigen Kapitalanlagen*. Diese Untersuchung wird auf zwei Ebenen durchgeführt. Zum einen werden (in Kapitel E.1) die Zusammenhänge zwischen der Beurteilung der Nachhaltigkeit von Unternehmen und deren wirtschaftlichen Erfolg beleuchtet. Zum anderen wird (in Kapitel E.2) die Performance von SRI-Finanzanlagen direkt ermittelt, ergänzt um die Analyse weiterer Eigenschaften der Returnzeitreihen (Sensitivität auf makroökonomische Einflussfaktoren, Investmentstil), die für die Anlageentscheidungen von Stiftungen von Bedeutung sein können.

Kapitel E.1 dient dazu, die *fundamentalen ökonomischen Zusammenhänge* zwischen dem wirtschaftlichen Erfolg von Unternehmen und ihrer Nachhaltigkeitsperformance zu untersuchen. Dabei besteht eine große inhaltliche Nähe zwischen dieser Analyse des Unternehmenserfolges und der nachfolgenden Schätzung der Outperformance von nachhaltigen Kapitalanlagen gegenüber konventionellen Benchmarks. Die Ergebnisse beider Untersuchungen können einander gegenseitig bestätigen, wenn beide Analysen jeweils nur positive, neutrale oder negative Resultate finden. Bei gegenläufigen Ergebnissen schwächen sich die Resultate gegenseitig ab und es bestünde ein zusätzlicher Analysebedarf, um die Gründe der abweichenden empirischen Schätzungen zu finden.

Für die Anlageentscheidungen von Stiftungen geben die Untersuchungen der Kapitel E.1 und E.2 wichtige Hinweise zur Einschätzung der zukünftigen (relativen) Performance von nachhaltigen Kapitalanlagen und der Profitabilität der ausgewählten Unternehmen.

Den Abschluss von Kapitel E bildet in E.2.3 eine Simulationsanalyse von SRI-Indizes mit dem in Kapitel C.2 entwickelten ökonometrischen Modell. Dabei werden Anlagestrategien von Stiftungen mit *nachhaltigen* Aktienportfolios simuliert und hinsichtlich der Vorteilhaftigkeit der Vermögensverteilung bewertet.

Kapitel E hat somit kurz gefasst den folgenden Aufbau:

- Ermittlung der fundamentalen ökonomischen Zusammenhänge zwischen Unternehmensnachhaltigkeit und Unternehmenserfolg (E.1)
- Schätzung der Performance und weiterer Eigenschaften der Renditeverteilungen nachhaltiger Finanzanlagen und Vergleich mit konventionellen Anlagen (E.2.1 und E.2.2)
- Simulation der Anlagestrategien von Stiftungen mit nachhaltigen Kapitalanlagen (E.2.3)

E.1 Unternehmensnachhaltigkeit und wirtschaftlicher Erfolg: Eine empirische Untersuchung für europäische Unternehmen

Ist es für ein Unternehmen aus wirtschaftlicher Sicht sinnvoll, die Umweltbelastungen, die von der eigenen Produktion ausgehen, deutlich zu vermindern? Diese Fragestellung ist schon von einer ganzen Reihe von Studien unter der Bezeichnung „Does it pay to be green?" untersucht worden, beispielsweise von Hart und Ahuja (1996), King und Lenox (2001, 2002) sowie Telle (2006). Kenntnisse über die Wechselwirkungen zwischen der Umweltperformance von Unternehmen und ihrer ökonomischen Performance sind von zentraler Bedeutung für die Beantwortung der Frage, ob und inwieweit sich Unternehmen aus Eigeninteresse, das heißt motiviert durch ein gewinnmaximierendes Verhalten, für den Schutz der Umwelt einsetzen (vgl. King und Lenox, 2002).

Darüber hinaus ist ein besseres Verständnis dieser Zusammenhänge auch für die Umweltpolitik von Bedeutung: wenn es eine positive Beziehung zwischen ökologischer und wirtschaftlicher Unternehmensperformance geben sollte, dann hätten Unternehmen ein Eigeninteresse daran, Umweltschutz zu betreiben. Entsprechend könnten staatliche umweltpolitische Maßnahmen weniger restriktiv ausfallen und sollten sich stärker auf die Bereitstellung von Informationen zu diesen Wechselwirkungen beziehen (vgl. Telle, 2006). Da die Unternehmen typischerweise am besten in der Lage sind, entsprechende Maßnahmen kosteneffizient umzusetzen, könnte eine flexibler gestaltete Umweltpolitik auch zu einer gesamtwirtschaftlichen Senkung der Kosten von Umweltpolitik führen (vgl. Alberini und Segerson, 2002).

Diese Schlussfolgerungen sind möglicherweise auch für den umfassenderen Bereich der *Unternehmensnachhaltigkeit* (Corporate Social Responsibility, CSR) analog anwendbar. Entsprechend der üblichen Definition umfasst CSR neben dem Umweltschutz insbesondere soziale, ethische, aber auch ökonomische Aspekte der Aktivitäten von Unternehmen.[176]

Innerhalb des in der vorliegenden Studie behandelten Themas der Eignung nachhaltiger Kapitalanlagen für die Vermögensanlage von Stiftungen soll Kapitel E.1 die fundamentalen ökonomischen Zusammenhänge zwischen dem *wirtschaftlichen Erfolg von Unternehmen* und ihrer *Nachhaltigkeitsperformance* beleuchten. Dazu dienen einen ein umfasnder Überblick zu den bisherigen Resultaten der Literatur sowie eine eigene empirische Analyse, bei der Panelmodelle verwendet werden, um die entsprechenden Zusammenhänge für europäische Unternehmen zu schätzen.

Der Beitrag der eigenen empirischen Analyse zur bestehenden Literatur liegt vor allem in den folgenden *vier* Punkten: in der Fragestellung, in der Art der verwendeten Daten zur Abbildung von Unternehmensnachhaltigkeit, im geogra-

---

[176] Vgl. beispielsweise Schäfer (2003: 24f), Bassen et al. (2005: 235) und Renneboog et al. (2008a: 1723).

fischen Bezug der Analyse sowie in der angewandten Schätzmethodik. In allen vier Bereichen geht die Untersuchung über die bestehende Literatur hinaus und erweitert die bestehenden Studien durch die Anwendung moderner Panelverfahren auf ein europaweites Sample von Unternehmen.

Bislang gibt es kaum Studien, die speziell den Einfluss von nachhaltigem Wirtschaften auf den Erfolg eines Unternehmens untersuchen. Wie die Literaturübersicht in Kapitel E.1.1 zeigt, befassen sich die bisherigen empirischen Analysen mit der engeren Fragestellung, wie sich ein unterschiedliches Engagement im Bereich *Umweltschutz* auf die ökonomische Performance auswirkt. Die umfassendere Fragestellung, wie *Nachhaltigkeit* auf den wirtschaftlichen Erfolg wirkt, wurde bislang vorwiegend in theoretischen Studien erörtert und nur Bezug auf die Performance von *nachhaltigen Kapitalanlagen* empirisch untersucht (vgl. Kapitel E.2.1). Die Analyse des Zusammenhangs von wirtschaftlichem Erfolg und Unternehmensnachhaltigkeit ist eine wichtige Ergänzung der Performancestudien, da hierdurch die realwirtschaftlichen Wirkungsmechanismen erfasst werden können.

Die Unternehmensnachhaltigkeit wird im Rahmen der Analyse mit Hilfe der Dow-Jones-Sustainability-Indizes abgebildet, die auf den von SAM Group (Sustainable Asset Management) entwickelten SRI-Ratings basieren.[177] Diese Ratings werden von SAM aus drei Unterkategorien aufgebaut, die sich wiederum aus den Antworten zu zahlreichen einzelnen Fragen zusammensetzen. Die drei Unterkategorien sind ökonomische, ökologische und soziale Nachhaltigkeit. Damit orientiert sich die von SAM angewandte Definition von Unternehmensnachhaltigkeit weitgehend an derjenigen, die beispielsweise der Rat von Sachverständigen für Umweltfragen anwendet.[178]

Durch die hier verwendeten sehr umfassend definierten *Nachhaltigkeitsratings* von SAM unterscheidet sich diese Untersuchung von einigen anderen Studien, die in der Regel deutlich engere Fragestellungen verfolgen. So konzentrieren sich King und Lenox (2001, 2002), Konar und Cohen (2001), Telle (2006) und Wagner et al. (2002) auf die Analyse von ökologischen Maßnahmen und Unternehmenserfolg, während Orlitzky et al. (2003) und Waddock und Graves (1997) besonders die sozialen Aktivitäten von Unternehmen im Blick haben.

In geografischer Hinsicht unterscheidet sich die Untersuchung durch die Konzentration auf *europäische* Unternehmen, während in den meisten anderen Studien bevorzugt US-Unternehmen betrachtet werden. Die Ergebnisse dieser Untersuchung dienen daher auch der Überprüfung der Robustheit der für die USA bislang gefundenen Resultate.

---

[177] Siehe www.sam-group.com und www.sustainability-index.com sowie die Ausführungen in Kapitel E.1.3.
[178] Vgl. Rat von Sachverständigen für Umweltfragen (2002), dessen Definition auf dem Brundtland Report (World Commission on Environment and Development, 1987) basiert.

Im Hinblick auf die Methodik werden *Panelmodelle* angewandt, die prinzipiell eine unverzerrte Schätzung der Zusammenhänge erlauben. Bislang wurden Panelmodelle für die Untersuchung der hier zugrunde liegenden Fragestellungen nur vereinzelt eingesetzt.[179] Ältere Studien wie zum Beispiel Waddock und Graves (1997), Russo und Fouts (1997) oder Konar und Cohen (2001) verwenden häufig Schätzverfahren, die ungeeignet sind, unbeobachtbare firmenspezifische Besonderheiten[180] zu berücksichtigen, mit der Folge, dass die Parameterschätzungen verzerrt sein können.

E.1.1 Literaturüberblick

Es gibt inzwischen eine sehr große Anzahl von Studien, die sich theoretisch und empirisch der Fragestellung widmen, ob und wie sich Unternehmensnachhaltigkeit auf den wirtschaftlichen Erfolg des Unternehmens auswirkt.

In den letzten Jahren sind auch schon einige Bücher und Übersichtsartikel erschienen, die für die jeweils zurückliegenden Jahre die wichtigsten Veröffentlichungen zusammenfassen und bewerten. Ausführliche Überblicke finden sich in Margolis und Walsh (2001), Schäfer und Stederoth (2002) sowie Hay et al. (2005). Eine aktuelle, aber sehr kurze Zusammenfassung der Ergebnisse empirischer Untersuchungen gibt die Veröffentlichung von McWilliams et al. (2006), in der die wichtigsten Veröffentlichungen seit Ende der 1980er Jahre berücksichtigt werden.

Einen anderen Weg beschreiten Orlitzky et al. (2003), die in ihrer Studie eine quantitative *Meta-Analyse* durchführen und die Resultate von 52 empirischen Studien einbeziehen. Zahlreiche dieser Studien finden einen positiven Zusammenhang zwischen Umwelt- und Sozialvariablen und dem wirtschaftlichen Erfolg von Unternehmen. Auch die von Orlitzky et al. (2003) auf der Basis dieser Einzelstudien durchgeführte Meta-Studie kommt zu dem Ergebnis, dass sich soziale und ökologische Verantwortung von Unternehmen positiv auf den wirtschaftlichen Erfolg niederschlägt.

Literaturübersichten mit einem betont kritischen Fokus sind Ullmann (1985) sowie Griffin und Mahon (1997), die Vorschläge machen, wie Probleme bezüglich Schätzmethodik sowie Daten- und Variablenauswahl gelöst werden könnten. Aber auch eine ganze Reihe neuerer Studien wie beispielsweise McWilliams und Siegel (2000) und Telle (2006) widmen sich der Frage, wie robust die bisherigen ökonometrischen Analysen sind und ob nicht möglicherweise in früheren Studien häufig nur Scheinkorrelationen ausgewiesen sein könnten.

Aufgrund der Vielzahl an Literaturübersichten und Bewertungen soll dieses Kapitel den aktuellen Stand vor allem der *neuesten* theoretischen und empiri-

---

179 Andere Studien, die Panelmodelle verwenden, sind King und Lenox (2001, 2002), Elsayed und Payton (2005), Telle (2006) sowie Günster et al. (2006).
180 Die unbeobachtbaren firmenspezifischen Charakteristika werden auch als *latente Heterogenität* bezeichnet.

schen Forschung kurz zusammenfassen, um inhaltlich und methodisch die Grundlage für die Analysen der nachfolgenden Kapitel zu legen.

E.1.1.1 Überblick zur empirischen Literatur

Ein zentrales Ergebnis neuerer empirischer Studien (wie zum Beispiel McWilliams und Siegel, 2000; Elsayed und Paton, 2005, sowie Telle, 2006) ist die Vermutung, dass frühere Analysen, die keine Panelmodelle verwenden, sondern auf Querschnittsregressionen aufbauen, fehlspezifiziert sind und zu verzerrten Parameterschätzungen führen. Die häufig gefundenen positiven Zusammenhänge zwischen sozialem, ethischem und ökologischem Engagement von Unternehmen und ihrem ökonomischen Erfolg stehen unter dem Verdacht, Scheinkorrelationen zu sein.[181] Dies betrifft auch das Ergebnis der Meta-Studie von Orlitzky et al. (2003), da in dieser Studie viele methodisch durchaus zweifelhafte frühere Forschungsarbeiten zusammengefasst werden.

Die Verwendung von Panelmodellen ist besonders wichtig, um Verzerrungen der Schätzungen und damit fehlerhafte Interpretationen der Zusammenhänge zu vermeiden.[182] Frühere Studien, die sich der hier untersuchten Fragestellung widmen, basieren methodisch gesehen vor allem auf Querschnittsregressionen mit Unternehmensdaten. Viele dieser Studien finden positive Zusammenhänge zwischen Nachhaltigkeitsperformance und wirtschaftlichem Erfolg. Bei Verwendung von Querschnittsregressionen ist es insbesondere nicht möglich, sogenannte latente firmenspezifische Heterogenität bei den Schätzungen zu berücksichtigen. Darunter versteht man nicht beobachtbare Einflüsse beispielsweise auf den wirtschaftlichen Erfolg des Unternehmens wie etwa Eigenschaften des unternehmensspezifischen Marktes oder die besonderen Fähigkeiten des Managements. Die Folge der Vernachlässigung dieser Effekte können verzerrte Schätzungen durch die fehlende Berücksichtigung wichtiger Einflussgrößen (Omitted Variables Problem) sein.[183]

Neuere Studien verwenden daher zunehmend Panelmodelle, mit denen die latente Heterogenität der einbezogenen Unternehmen berücksichtigt werden kann.[184] Aber auch die fehlende Berücksichtigung wichtiger Kontrollvariablen, die den ökonomischen Erfolg von Unternehmen und insbesondere Unterschiede

---

181 Diese Kritik könnte zum Beispiel auf folgende Studien zutreffen: Aupperle et al. (1985), McGuire et al. (1988), Cormier et al. (1993), Hart und Ahuja (1996), Waddock und Graves (1997), Russo und Fouts (1997), Hillman und Keim (2001), Konar und Cohen (2001), Thomas (2001), Rennings et al. (2003), Filbeck und Gorman (2004), Salama (2005) sowie Ziegler et al. (2007).

182 In Greene (2008: Kapitel 9) werden Panelmodelle ausführlich beschrieben und ihre ökonometrischen Eigenschaften dargestellt.

183 Telle (2006) weist in seiner Studie nach, dass diese Verzerrungen bei seiner konkreten Anwendung sehr groß sind und dass die Vernachlässigung der latenten Heterogenität zu erheblich verzerrten Schätzergebnissen und als Folge davon zu falschen Schlussfolgerungen hinsichtlich der Wirkungszusammenhänge führt.

184 Vgl. beispielsweise Dowell et al. (2000), King und Lenox (2001, 2002), Elsayed und Paton (2005), Telle (2006), Günster et al. (2006).

zwischen Unternehmen erklären können, stellt einen wichtigen Kritikpunkt an älteren Studien dar.[185] McWilliams und Siegel (2000) zeigen, dass Forschungs- und Entwicklungsausgaben sowie die Werbeausgaben mit Nachhaltigkeitsvariablen positiv korrelieren. Die Vernachlässigung dieser erklärenden Variablen kann die Konsequenz haben, dass fälschlicherweise den Nachhaltigkeitsvariablen ein signifikanter Einfluss auf den ökonomischen Erfolg zugeschrieben wird. Konkret weisen dies McWilliams und Siegel für die Ergebnisse der Studie von Waddock und Graves (1997) nach.

Die wichtigsten Ergebnisse neuerer Studien, die Panelmodelle verwenden, werden im Folgenden kurz zusammengefasst.

Dowell et al. (2000) untersuchen den Zusammenhang zwischen der Höhe der Schadstoffemissionen und Tobin's Q für multinationale Unternehmen mit Sitz in den Vereinigten Staaten. Sie finden heraus, dass ein positiver Zusammenhang besteht, und schließen daraus, dass striktere Umweltstandards nicht zu einer Verschlechterung der ökonomischen Performance von Unternehmen führen müssen.

King und Lenox (2001) analysieren die Zusammenhänge zwischen der Umweltbelastung, die von Unternehmen ausgeht, und dem wirtschaftlichen Erfolg der entsprechenden Unternehmen. Sie beziehen sich dabei auf 652 US-Unternehmen aus dem Verarbeitenden Gewerbe und bilden die Umweltperformance durch die im Toxic Release Inventory (TRI) aufgeführten Schadstoffemissionen ab. Die Schätzergebnisse zeigen, dass Unternehmen mit niedrigeren Emissionen eine ceteris paribus höhere wirtschaftliche Performance, abgebildet durch Tobin's Q, aufweisen.

In ihrer Studie von 2002, die auf einer sehr ähnlichen Datengrundlage aufbaut, verwenden King und Lenox zusätzlich zu Tobin's Q auch den Return on Assets (ROA) als wirtschaftliche Erfolgskennziffer. Sie kommen genauso wie in der Studie von 2001 zu dem Resultat, dass es sich für Unternehmen lohnt, die Schadstoffemissionen zu vermindern. Dabei spielt vor allem die Vermeidung des Entstehens von Schadstoffen eine wichtige Rolle, dagegen nicht die nachträgliche Behandlung schon entstandener schädlicher Produktionsabfälle durch sogenannte End-of-pipe-Maßnahmen.

Elsayed und Paton (2005) konzentrieren sich auf die Analyse von britischen Unternehmen. Sie schätzen statische und dynamische Panelmodelle zur Quantifizierung der Zusammenhänge zwischen der Umweltperformance der Unternehmen und den Erfolgkennziffern Tobin's Q, Return on Assets (ROA) und Return on Sales (ROS). Die Ergebnisse zeigen kaum signifikante Effekte, die von der Umweltperformance auf den wirtschaftlichen Erfolg ausgehen. Nur bezüglich ROA besteht ein schwach signifikanter, aber negativer Parameter. Die Autoren untersuchen verschiedene Arten von Modellen und kommen zu dem Schluss, dass die Resultate sehr sensitiv in Bezug auf die korrekte Auswahl des Schätz-

---

[185] Auch dies stellt ein Omitted-Variables-Problem dar, das in diesen Fällen auf die unzureichende Modellierung der *beobachtbaren* Heterogenität zwischen den Unternehmen zurückzuführen ist.

modells sind. Für ihre Anwendung ist das sogenannte Fixed-Effects-Modell dem Random-Effects-Modell vorzuziehen. Beide Modelle erweisen sich einem gepoolten Modell, bei dem die nicht beobachtbaren firmenspezifischen Effekte nicht berücksichtigt werden, als eindeutig überlegen. Die Studie lässt auch Zweifel an den Resultaten von Dowell et al. (2000) aufkommen, die nur ein Random-Effects-Modell schätzen, aber nicht testen, ob möglicherweise ein Fixed-Effects-Modell die bessere Wahl wäre. Die Verwendung dynamischer Modelle verändert die Ergebnisse hinsichtlich des Einflusses der ökologischen auf die wirtschaftliche Performance hingegen nur unwesentlich, sodass der wesentliche Qualitätssprung in der Verwendung *statischer Panelmodelle* gegenüber Querschnittsschätzungen und gepoolten Modellen zu liegen scheint.

Telle (2006) hat ebenfalls das Ziel herauszufinden, wie verschiedene ökonometrische Ansätze die Schätzergebnisse beeinflussen. Er untersucht ein Panel von norwegischen Unternehmen und ermittelt auf der Ebene einzelner Produktionsstätten die Beziehungen zwischen Schadstoffemissionen und dem Return on Sales (ROS). Der Autor findet heraus, dass auf Basis des hier am besten geeigneten Panelmodells – dem Random-Effects-Modell – kein signifikanter Zusammenhang zwischen Umweltperformance und ökonomischem Erfolg besteht. Ebenso wie Elsayed und Paton (2005) zeigt die Studie, dass die Berücksichtigung nicht beobachtbarer Heterogenität durch die Anwendung eines Panelmodells essentiell ist. Ein gepooltes Modell, das nur beobachtbare Heterogenität berücksichtigt, führt hingegen zu verzerrten Resultaten. Die Verwendung von Panelmodellen ist damit nicht nur eine theoretisch sinnvolle Grundlage der ökonometrischen Analysen, sondern führt auch tatsächlich zu deutlich abweichenden Schätzwerten.

Günster et al. (2006) analysieren US-Unternehmen und verwenden als Maß für die ökologische Performance die Öko-Effizienz-Ratings von Innovest. Sie untersuchen konkret, ob diese Öko-Effizienz-Ratings einen signifikanten Einfluss auf Tobin's Q und den Return on Assets ausüben. Als Schätzverfahren verwenden sie die im Finanzmarktbereich etablierte Methode von Fama und MacBeth (1973). Die zu erklärenden Variablen Tobin's Q und ROA werden als Abweichung vom jeweiligen Branchenmedian verwendet. Dadurch werden latente branchenspezifische Unterschiede bei der Schätzung berücksichtigt. Ihre Ergebnisse zeigen, dass die Ratings von Innovest einen signifikant positiven Effekt sowohl auf ROA als auch auf Tobin's Q haben. Der Ansatz von Günster et al. (2006) könnte allerdings zu einer nach oben verzerrten Signifikanz der Innovest-Ratings führen, da die Autoren die latente firmenspezifische Heterogenität nicht umfassend bei ihrer Schätzung berücksichtigen und einige wichtige Kontrollfaktoren vernachlässigen[186] und sowohl die Kontrollvariablen als auch die Ökoeffi-

---

[186] In der Studie wird zum Beispiel der Leverage, also die Relation von Gesamtverschuldung zur Bilanzsumme, die sich in anderen Studien als wichtige Einflussgröße des Unternehmenserfolges erwiesen hat, nicht als Kontrollvariable verwendet.

zienz-Variablen ohne Lag in die Schätzgleichungen einfügen. Dadurch könnten in Bezug auf die Kontrollvariablen Endogenitätsprobleme bestehen, die zu verzerrten Schätzungen führen.[187] In Bezug auf die Ökoeffizienz-Variable ist die Richtung der Kausalität nicht interpretierbar, da nur eine *gleichzeitige* Beziehung modelliert wird.

Zusammenfassend lässt sich feststellen, dass neuere Untersuchungen eine positive oder eine neutrale Beziehung zwischen Unternehmenserfolg und Umweltperformance feststellen. Die Art der Modellierung hat einen entscheidenden Einfluss auf die Schätzergebnisse. Um eine möglichst unverzerrte Schätzung für die Parameter der Umweltvariablen zu erhalten, sind die Verwendung von Panelmodellen sowie eine geeignete Auswahl von Kontrollvariablen erforderlich. Diese Erkenntnisse hinsichtlich der Methodik werden in der hier durchgeführten eigenen Untersuchung umfassend berücksichtigt.

E.1.1.2 Überblick zur theoretischen Literatur

Ein wichtiger Unterschied zwischen den oben dargestellten Studien und der eigenen Analyse betrifft die konkrete Fragestellung. Die beschriebenen Studien untersuchen alle den Zusammenhang zwischen *Umweltperformance* und wirtschaftlichem Erfolg. Die in den folgenden Kapiteln dargestellte eigene Analyse bezieht sich hingegen auf eine umfassend definierte *Nachhaltigkeitsvariable*, die soziale, ökologische und ökonomische Aspekte von Unternehmensnachhaltigkeit berücksichtigt.

Eine wichtige, noch zu klärende Frage ist, welche möglichen Zusammenhänge es aus *theoretischer* Sicht zwischen Unternehmensnachhaltigkeit und Unternehmenserfolg geben kann und welche Hypothesen daraus für die empirische Analyse abgeleitet werden können.

Quazi und O´Brien (2000) teilen die betriebswirtschaftlichen Ansätze der akademischen Forschung zur gesellschaftlichen Verantwortlichkeit von Unternehmen (*Corporate Social Responsibility*, abgekürzt *CSR*) in vier Gruppen ein.[188]

Der älteste Ansatz, von Quazi und O´Brien als „Classic View" bezeichnet, geht davon aus, dass Gewinnmaximierung die alleinige Zielsetzung von Unternehmen sein soll. Alle sozialen Aktivitäten eines Unternehmens sind danach nur Nebenprodukte, die bei der Verfolgung dieses Zieles ungeplant anfallen. Weitergehende soziale Aktivitäten werden diesem Ansatz nach ausschließlich als Kostenfaktor betrachtet. Prototypisch für diese Auffassung ist Friedman (1970).

In einer etwas weniger engen Herangehensweise („Socioeconomic View") wird angenommen, dass die begrenzte Berücksichtigung ausgewählter sozialer Aktivitäten dem Unternehmen möglicherweise von Vorteil ist und zu einer Erhöhung des Gewinnes führen kann. Zu den besonders relevanten sozialen Aktivitäten

---

187 Dieser Kritikpunkt gilt auch für die weiter oben besprochene Studie von Dowell et al. (2000).
188 Einen Überblick zur *Entwicklung* der inhaltlichen Bestimmung von Corporate Social Responsibility von den 1950er Jahren bis 1999 gibt Carroll (1999).

zählen dabei beispielsweise der Aufbau guter Beziehungen zu Kunden und Lieferanten und die Einbindung des Unternehmens in geeignete Netzwerke.

Noch umfassender sieht der „Modern View" die Beziehungen von CSR und wirtschaftlichem Erfolg. Bei diesem Ansatz wird davon ausgegangen, dass auch sehr weitreichende soziale Aktivitäten des Unternehmens zu einer kurz- und langfristigen Gewinnsteigerung führen können.

Als vierten Ansatz nennen Quazi und O´Brien den „Philantropic View". Dabei stehen altruistische Aktivitäten des Unternehmens im Vordergrund, deren Durchführung selbst dann aus ethischen Gründen empfohlen wird, wenn sie zu einer Verminderung des Gewinnes führen. Solche Aktivitäten lassen sich allerdings nicht mehr ökonomisch motivieren.

Die Ansätze des „Socioeconomic" und des „Modern View" vereinen Gewinnstreben und soziale Aktivitäten des Unternehmens. Bei genauer Betrachtung besteht kein Widerspruch zwischen diesen beiden Ansätzen und der üblichen ökonomischen Annahme, dass Unternehmen bestrebt sind, ausschließlich ihre Gewinne zu maximieren („Classic View"). Im Gegenteil kann durch die mehr oder weniger umfassende Berücksichtigung gesellschaftlicher Aktivitäten möglicherweise das langfristige Gewinnpotenzial des Unternehmens erhöht werden. In diesem Fall könnte das soziale, ethische und ökologische Engagement von Unternehmen als ein weiterer nützlicher Inputfaktor angesehen werden, dessen Einsatz zu einer Gewinnsteigerung führt.

Einen Hinweis auf einen möglichen *negativen* Zusammenhang zwischen CSR und Gewinn liefert Tirole (2001: 26). Er argumentiert, dass das Management durch die schwer operationalisierbaren Wirkungen des CSR-Engagements des Unternehmens zusätzliche Freiräume erhält, welche sie zur Maximierung ihres eigenen Vorteils (und nicht des Unternehmensgewinns oder des Nutzens der Anspruchsberechtigten (Stakeholder)) einsetzt.

Im Folgenden werden noch einige weitergehende theoretische Überlegungen vorgestellt, die eine Begründung für einen *positiven* Zusammenhang zwischen CSR und Unternehmenserfolg liefern können. Übersichten zum aktuellen Stand der theoretischen Diskussion geben Heal (2005) und Reinhardt (2005).

Heal (2005), dessen Argumentation aufgrund der umfassenden und systematischen Zusammenstellung hier exemplarisch dargestellt werden soll, führt sechs verschiedene Ziele auf, die ein Unternehmen durch ein Engagement in CSR verfolgen kann. Diese Ziele sind:

(1) Verminderung des Risikos, in gesellschaftliche Konflikte verwickelt zu werden, die durch Verstöße gegen bestimmte gesellschaftliche Normen (zum Beispiel Verbot von Kinderarbeit, Vermeidung hoher Umweltbelastung, Artenschutz) verursacht werden. Eine nicht ausreichende Beachtung gesellschaftlicher Normen oder auch der Normen bestimmter besonders aktiver Gruppen (wie beispielsweise Umweltschutzverbände) kann zu einem beträchtlichen Imageverlust des Unternehmens und einem dadurch bedingten Umsatzrückgang führen. Auch strafrechtlich relevantes Fehlverhalten von Mitarbeitern, das zur Haftung des Un-

ternehmens und Strafzahlungen führen könnte, kann durch einen glaubhaften und gelebten Verhaltenskodex des Unternehmens vermieden werden. Die Bedeutung von CSR als Absicherung gegen Imageschäden betont auch Godfrey (2005). Seine Argumentationskette beginnt damit, dass durch CSR das „moralische Kapital" der Unternehmung gesteigert wird, dies stellt eine Absicherung gegen eine Verschlechterung des Unternehmensimages dar und führt als Folge zu einer Steigerung des Shareholder Value. Godfrey (2005) zeigt, dass die Unternehmung CSR strategisch einsetzen sollte, indem sie ihr „moralisches Kapital" bis zu einem optimalen Wert steigert.

(2) Reduzierung der in der Produktion erzeugten Abfallmengen und Schadstoffemissionen. Hier ist das Argument, dass Unternehmen durch höhere, von außen auferlegte Umweltrestriktionen letztlich das gesamte Ressourcenmanagement verbessern und auf diese Weise sogar insgesamt Kosten einsparen können. Das Management „entdeckt" entsprechend dieser Argumentation erst durch die exogenen umweltpolitischen Restriktionen ein Kostensenkungspotenzial auch in anderen Bereichen der Produktion.

(3) Verbesserung der Beziehungen zu Regulierungsbehörden durch vertrauensbildende Maßnahmen, die beispielsweise auf einer besonders wenig umweltbelastenden Produktionsweise beruhen. Dieses Argument trifft nur auf Branchen zu, die reguliert werden und bei denen ökologische oder soziale Aspekte den Ausschlag geben könnten, einem Unternehmen den Vorzug gegenüber Konkurrenten zu geben. Ein von Heal (2005) angeführtes Beispiel ist die Zulassung zur Exploration von neuen Ölfeldern in Gebieten, in denen das ökologische Gleichgewicht besonders gefährdet ist.

(4) Aufbau eines Firmenimages als besonders sozial, ethisch und ökologisch ausgerichtetes Unternehmen. Hierbei ist es das Ziel des Unternehmens, sich glaubhaft als besonders auf CSR ausgerichtet darzustellen und dadurch besondere Kundengruppen anzuziehen und an sich zu binden. Dadurch kann möglicherweise ein Wettbewerbsvorteil gegenüber Konkurrenten, die ein solches Image nicht oder nicht im gleichen Maße besitzen, erreicht werden. Es handelt sich um eine besondere Strategie der Produktdifferenzierung und Markenpolitik. Dieser theoretische Ansatz wird beispielsweise von McWilliams und Siegel (2001) vertreten.[189] Die wesentlichen Vorteile, die ein Unternehmen durch Investition in CSR nach McWilliams und Siegel erreichen kann, liegen im Bereich der Produktdifferenzierung, des Marketings und der Firmenreputation. Lundgren (2007) entwickelt statische und dynamische Gewinnmaximierungsansätze, bei denen das Engagement in CSR über eine Steigerung der Firmenreputation positiv auf die Entwicklung des Gewinnes wirkt.

---

[189] Das theoretische Fundament von McWilliams und Siegel (2001) ist der sogenannte Resource-based View of the Firm. Siehe hierzu auch die ausführlicheren Anmerkungen auf dieser und der folgenden Seite.

(5) Erhöhung der Produktivität der Mitarbeiter des Unternehmens. Dies ist ein zu (4) verwandtes Argument, bei dem sich ein besonders gutes soziales, ethisches oder ökologisches Image positiv auf Motivation und Arbeitsleistung der Beschäftigten sowie die Attraktivität für besonders produktive Bewerber auswirkt. Eine Hypothese, die McWilliams und Siegel (2001) aus ihren theoretischen Überlegungen ableiten, ist, dass Unternehmen, die sich mit einem Mangel an qualifiziertem Personal konfrontiert sehen, ein tendenziell höheres Engagement in CSR zeigen sollten. Auch eine Kostenersparnis durch ceteris paribus niedrigere Löhne ist ein mögliches Ergebnis (vgl. Lundgren, 2007).

(6) Das letzte von Heal (2005) angeführte Argument besagt, dass Unternehmen mit starkem Engagement in CSR die Kosten von Eigen- und Fremdkapital senken könnten. Dies ist ein relativ schwaches Argument. Denn die in Kapitel B.2 zitierten Studien wie zum Beispiel Heinkel et al. (2001) und von Arx (2007) zeigen zwar, dass unter bestimmten Bedingungen die Eigenkapitalkosten tatsächlich sinken können. Dazu ist jedoch eine relativ hohe Investitionsbereitschaft der Kapitalanleger in nachhaltigen Finanzanlagen notwendig, die in diesem Maße bislang noch bei Weitem nicht gegeben ist. Außerdem zeigen die meisten Studien zur Performance von nachhaltigen Aktienanlagen (siehe Kapitel E.2.1), dass sich ihre (risikoadjustierte) Wertentwicklung nicht signifikant von konventionellen Anlagen unterscheidet.

Die von Hart (1995) und Russo und Fouts (1997) vertretene Auffassung im Rahmen des „Resource-based View of the Firm" (abgekürzt RBV), dass der schonende Umgang mit *natürlichen* Ressourcen ebenfalls eine besondere Ressource des Unternehmens ist, die einen Wettbewerbsvorteil gegenüber Konkurrenten schaffen kann, ist ebenfalls mit den meisten der von Heal (2005) aufgeführten Punkten kompatibel. Hier sind insbesondere die Punkte (1), (3), (4) und (5) zu nennen, bei denen wichtige Stakeholder-Gruppen – die kritische Öffentlichkeit, Umweltschutzverbände, Regulierungsbehörden, Kunden, Mitarbeiter – positiv für das Unternehmen eingenommen werden. Punkt (2) weist direkt auf die mögliche Rolle von CSR als effizienzfördernden Faktor hin, der zu einer Verminderung der Produktionskosten führen kann.

In der wegweisenden theoretischen Arbeit von Hart (1995) wird zum ersten Mal der RBV auf strategische Entscheidungen von Unternehmen bezüglich Umweltschutz und nachhaltigem Wirtschaften angewandt. Nach dem auf Wernerfelt (1984) zurückgehenden RBV gründen sich Wettbewerbsvorteile von Unternehmen vor allem auf *schwer imitierbare* tangible und intangible Ressourcen. Beispiele hierfür umfassen etwa die Bereiche Technologie, Unternehmenskultur, Fähigkeiten und Motivation der Mitarbeiter, Organisationsstrukturen sowie die Reputation des Unternehmens.[190] Russo und Fouts (1997: 537ff) identifizieren zahlreiche mögliche spezifische Unternehmensressourcen im Gebiet des Umweltschutzes, die dem Unternehmen einen Wettbewerbsvorteil sichern könnten.

---

190 Siehe Wernerfelt (1984: 172) und Russo und Fouts (1997: 537).

Hierzu zählen sie etwa die Ausrichtung des gesamten Unternehmens auf einen geringen Verbrauch natürlicher Ressourcen und insbesondere auf die Vermeidung des Entstehens von Schadstoffen anstelle der Installation von End-of-pipe-Maßnahmen, die schon entstandene Schadstoffe zum Beispiel aus Luft und Wasser „herausfiltern". Durch die Einbettung der Schadstoffvermeidung in die Unternehmensprozesse wird nach Russo und Fouts spezifisches Know-how geschaffen, das einen Wettbewerbsvorsprung schaffen kann. Ebenso könnte eine gute Reputation im Bereich des Umweltschutzes dazu führen, dass einerseits qualifizierte Mitarbeiter durch ein gutes Firmenimage attrahiert werden und dass andererseits ein besonders ertragreiches Markenprofil aufgebaut wird.[191] Aus diesen Überlegungen leiten Russo und Fouts auf Basis des RBV ihre zentrale Hypothese ab, dass ein besseres ökologisches Rating zu einem größeren wirtschaftlichen Unternehmenserfolg führt.[192]

In den letzten Jahren sind zahlreiche weitere Publikationen zum Resource-based View und den Zusammenhängen mit ethischem, sozialem und ökologischem Verhalten von Unternehmen entstanden. Barney et al. (2001) geben einen Überblick über die Entwicklung des RBV bis 2001 und ordnen unter anderem auch die Forschung zu CSR, die auf dem RBV basiert, in den Gesamtzusammenhang der RBV-Forschung ein. Einen aktuellen Literaturüberblick zur theoretisch ausgerichteten CSR-Forschung aus der Perspektive des Resource-based View findet sich in Castelo Branco und Lima Rodrigues (2006). Sie betonen dabei besonders die Bedeutung von CSR für die Reputation des Unternehmens und für die Gewinnung und Motivation gut qualifizierter Mitarbeiter. Außerdem gibt es Ansatzpunkte für eine Verbesserung der Managementqualität durch CSR.

Insgesamt sind in der theoretischen Literatur zahlreiche Argumente entwickelt worden, die eine Verbesserung der Gewinnsituation des Unternehmens durch den gezielten Einsatz von CSR vermuten lassen. Ob und inwieweit tatsächlich ein positiver Einfluss von CSR auf den Unternehmensgewinn ausgeht, ist letztlich eine empirisch zu beantwortende Frage.

E.1.2 Methodik

Zur Ermittlung der quantitativen Zusammenhänge zwischen Unternehmensnachhaltigkeit und Unternehmenserfolg werden Panelmodelle geschätzt, welche die wesentlichen Einflussfaktoren zur Erklärung des wirtschaftlichen Erfolges als Kontrollvariablen berücksichtigen. Als weiterer Faktor kommt ein Maß für die Unternachhaltigkeit hinzu, dessen Einfluss auf den wirtschaftlichen Erfolg im Fokus der vorliegenden Untersuchung steht.

---

191 Vgl. Russo und Fouts (1997: 539f).
192 Siehe Russo und Fouts (1997: 549). Die Autoren finden tatsächlich einen signifikanten positiven Zusammenhang zwischen diesen Variablen. Zur empirischen Überprüfung verwenden sie allerdings ein gepooltes Modell und kein Panelmodell. Damit trifft die im vorangegangenen Abschnitt E.1.1.1 formulierte methodische Kritik bezüglich der mangelnden Berücksichtigung latenter Heterogenität und der daraus folgenden möglichen Verzerrung der Schätzergebnisse hier ebenfalls zu.

Für die Analyse werden Modelle, die einen linearen Zusammenhang zwischen den einbezogenen Variablen annehmen, verwendet. Die Schätzung erfolgt mit drei verschiedenen Methoden, die auf unterschiedliche Weise beobachtbare und nicht beobachtbare firmenspezifische Charakteristika berücksichtigen. Wie schon in der Literaturübersicht im vorangegangenen Kapitel E.1.1 dargelegt, ist die korrekte Abbildung nicht beobachtbarer Heterogenität mit Hilfe von Panelmodellen wichtig, um unverzerrte Schätzungen der Parameter zu erhalten.

Zunächst wird ein sogenanntes gepooltes Panelmodell geschätzt, das firmenspezifische *beobachtbare* Heterogenität über Länder- und Sektor-Dummy-Variablen berücksichtigt. In einem zweiten Schritt werden Random-Effects- und Fixed-Effects-Modelle verwendet, die auch *unbeobachtbare* firmenspezifische Heterogenität bei der Schätzung einbeziehen. Der Vergleich der Ergebnisse dieser drei Modelle gibt Aufschluss darüber, ob und inwieweit nicht beobachtbare Heterogenität in dem hier untersuchten Datensatz eine Rolle spielt und wie stark sich die Vernachlässigung dieser firmenspezifischen Eigenschaften auf die Schätzwerte auswirkt. Die drei Modelle sind folgendermaßen aufgebaut:

– Gepooltes Panelmodell:

$$X_{i,t} = \alpha + \lambda Sust_{i,t-1} + \beta' Control_{i,t-1} + \delta' Dummy_i + \gamma' Time_t + \varepsilon_{i,t} \qquad (14)$$

– Fixed-Effects-Modell:

$$X_{i,t} = \alpha_i + \lambda Sust_{i,t-1} + \beta' Control_{i,t-1} + \gamma' Time_t + \varepsilon_{i,t} \qquad (15)$$

– Random-Effects-Modell:

$$X_{i,t} = \alpha + \lambda Sust_{i,t-1} + \beta' Control_{i,t-1} + \delta' Dummy_i + \gamma' Time_t + v_{i,t}$$

mit $v_{i,t} = (\varepsilon_{i,t} + \tau_i)$ $\qquad (16)$

Die zu erklärende Variable wird in allen drei Modellen durch $X_{i,t}$ repräsentiert und bildet den ökonomischen Erfolg des Unternehmens ab. Für $X_{i,t}$ werden vier verschiedene Maße verwendet: Tobin´s Q, der Logarithmus von Tobin´s Q, die Gesamtkapitalrendite (Return on Assets, ROA) und die Rendite auf das eingesetzte Kapital (Return on Capital, ROC).

Die Modelle enthalten mehrere Kontrollvariablen (*Control*), die üblicherweise zur Erklärung des wirtschaftlichen Erfolges in empirischen Studien verwendet werden.[193] Außerdem werden drei verschiedene Arten von Dummy-Variablen verwendet, um spezifische Einflüsse auf X abzubilden. Im Einzelnen sind dies Länder-, Branchen- und Zeit-Dummy-Variablen. Die für diese Untersuchung wichtigste erklärende Variable ist *Sust*, die ein Maß für die Nachhaltigkeit des Unternehmens darstellt.

Die Kontrollvariablen und die Dummy-Variablen dienen dazu, die beobachtbaren firmenspezifischen Eigenschaften abzubilden. Die Dummy-Variablen spielen vor allem bei der gepoolten Schätzung sowie für das Random-Effects-Modell eine große Rolle. Entsprechend werden bei diesen Schätzungen sowohl Bran-

---

[193] Die ausführliche Beschreibung der Kontrollvariablen findet sich in Kapitel E.1.3.

chen-, Länder- als auch Zeit-Dummy-Variablen verwendet. Im Fixed-Effects-Modell kommen nur die Zeit-Dummy-Variablen zum Einsatz, da alle zeitkonstanten firmenspezifischen Effekte, zu denen auch Branchen- und Ländereinflüsse zählen, schon durch den Schätzansatz berücksichtigt werden.

Wie die Ergebnisse von McWilliams und Siegel (2000), Elsayed und Paton (2005) und Telle (2006) zeigen, scheinen branchenspezifische Unterschiede zwischen den Unternehmen eine große Rolle zu spielen und sollten entsprechend über Dummy-Variablen berücksichtigt werden. Viele frühere Studien, die diese Einflüsse vernachlässigen oder kein Fixed-Effects-Modell verwenden, kommen daher möglicherweise zu verzerrten Schätzergebnissen.

Ähnliches dürfte in internationalen Studien bezüglich der Vernachlässigung von spezifischen Ländereffekten gelten. Daher werden in den Schätzungen auch Dummy-Variablen aufgenommen, die länderspezifische Auswirkungen auf den Unternehmenserfolg abbilden.

Schließlich dienen Zeit-Dummy-Variablen dazu, solche Effekte zu berücksichtigen, die in einem bestimmten Jahr auf alle Unternehmen wirken, wie dies vor allem bei Veränderungen der makroökonomischen Rahmenbedingungen der Fall ist.

Alle *Kontrollvariablen* wie beispielsweise Leverage und Unternehmensgröße werden in den Schätzmodellen mit einem *Lag* von einer Periode verwendet. Dies dient dazu, mögliche Endogenitätsprobleme bei den Schätzungen zu vermeiden und wird in neueren empirischen Studien wie zum Beispiel King und Lenox (2001, 2002), Elsayed und Paton (2005) und Telle (2006) ebenfalls entsprechend durchgeführt.

Auch die Nachhaltigkeitsvariable *Sust* wird mit einem *Lag* von einer Periode in den oben dargestellten Schätzmodellen berücksichtigt. Dies soll Probleme mit der Interpretation des kausalen Effektes vermindern, da im Prinzip auch eine umgekehrte Kausalität von Unternehmenserfolg zu Nachhaltigkeitsengagement vorliegen könnte. Die gelaggte Berücksichtigung von *Sust* entspricht der üblichen Vorgehensweise zur Ermittlung der sogenannten Granger-Kausalität im Bereich der Zeitreihenanalyse.

In einem ersten Schritt wird ein *gepooltes Modell* (Gleichung 14) geschätzt. Bei diesem Modell werden die Zeitreihen der Unternehmen zu einer einzigen Zeitreihe zusammengepackt, sodass im Prinzip alle Unternehmen und alle Zeitpunkte gleich behandelt werden. Zur Differenzierung dienen die Kontrollvariablen und die Dummy-Variablen, die die beobachtbaren Unterschiede zwischen den Unternehmen abbilden. Dieses Modell führt nur dann zu unverzerrten Schätzungen, wenn keine unbeobachtbare Heterogenität vorliegt, also solche Effekte, die den wirtschaftlichen Erfolg der einzelnen Unternehmen beeinflussen (wie zum Beispiel die Qualität des Managements), aber nicht direkt messbar oder beobachtbar sind.[194]

---

194 Vgl. Börsch-Supan und Köke (2002).

Um diese nicht beobachtbaren firmenspezifischen Effekte bei den Schätzungen zu berücksichtigen, werden zwei Arten von Panelmodellen verwendet: *Fixed-Effects-* und *Random-Effects*-Modelle (Gleichungen 15 und 16). Ein *Hausman-Test* wird dazu verwendet zu entscheiden, welches der beiden Panelmodelle am besten geeignet ist.

Im Fixed-Effects-Modell (Gleichung 15) werden die individuellen Charakteristika der Unternehmen durch die firmenspezifische *Konstante* α_i abgebildet. Beim Random-Effects-Modell (Gleichung 16) wird hingegen angenommen, dass der firmenspezifische Effekt $v_{i,t} = (\varepsilon_{i,t} + \tau_i)$ aus dem Achsenabschnitt τ_i und dem idiosynkratischen Fehlerterm $\varepsilon_{i,t}$ besteht. Dabei ist τ_i eine für alle Unternehmen identisch verteilte *Zufallsvariable*, die über die Zeit für Unternehmen i konstant bleibt.[195]

Das Random-Effects-Modell liefert konsistente *und* effiziente Schätzer, sofern gilt, dass τ_i und die erklärenden Variablen des Modells miteinander *nicht korreliert* sind. Wenn diese Annahme jedoch nicht gilt, dann sind die Parameterschätzungen verzerrt und das Fixed-Effects-Modell sollte verwendet werden. Das Fixed Effect-Modell liefert in jedem Fall konsistente, aber *nicht* effiziente Schätzungen, stellt aber in denjenigen Fällen die geeignete Wahl dar, wenn die Schätzungen des Random-Effects-Modells verzerrt sind.

Um dies zu entscheiden wird ein sogenannter Hausman-Test verwendet.[196] Dabei wird untersucht, ob die Parameterschätzungen für das Random-Effects- und das Fixed-Effects-Modell gleich sind. Wenn sie gleich sind, dann ist das Random-Effects-Modell anzuwenden, da es zu konsistenten *und* effizienten Schätzungen führt, wenn die Nullhypothese hingegen verworfen wird, ist das Fixed-Effects-Modell zu bevorzugen.

Das gepoolte Modell (Gleichung 14) wird mit der Methode der kleinsten Quadrate geschätzt, wobei robuste Standardfehler nach Newey und West (1987) für die Parametertests verwendet werden. Damit sind die Standardfehler der Parameterschätzungen um mögliche Autokorrelation und Heteroskedastizität der Fehlerterme bereinigt.

Beim Fixed-Effects-Modell wird der sogenannte Within-Schätzer angewandt. Dabei werden alle Variablen mittelwertbereinigt, sodass nur die Zusammenhänge der Variablen in Bezug auf Abweichungen vom Mittelwert betrachtet werden. Dies ist das übliche Schätzverfahren für das Fixed-Effects-Modell. Da nur Abweichungen vom Mittelwert bei der Schätzung berücksichtigt werden, können weitere zeitkonstante firmenspezifische Effekte, die zusätzlich zu α_i geschätzt werden sollen, nicht identifiziert werden. Dies ist auch der Grund dafür, dass in Gleichung 15 keine Länder- und Branchen-Dummy-Variablen vorkommen.

---

195 Siehe zur Darstellung und Interpretation der Panelmodelle Greene (2008: Kapitel 9).
196 Vgl. Greene (2008: 208f).

Das Random-Effects-Modell schließlich wird mit der Methode der Generalized Least Squares (GLS) geschätzt.[197]

Neben dem schon erwähnten Hausman-Test zur Entscheidung, ob das Random-Effects- oder das Fixed-Effects-Modell gewählt werden soll, werden die Modelle auch daraufhin untersucht, ob die Modelle mit Fixed-Effects (α_i) bzw. Random-Effects (τ_i) einem gepoolten Modell vorzuziehen sind. Dabei wird getestet, ob alle Fixed-Effects (F-Test) oder alle Random-Effects (Breusch-Pagan-Test) zusammen gleich null sind. Wie die Ergebnisse in Kapitel E.1.4 zeigen, wird in allen Fällen die entsprechende Nullhypothese abgelehnt, sodass die Panelmodelle dem gepoolten Modell statistisch gesehen überlegen sind.

E.1.3 Beschreibung der Daten

Grundlage der Analyse sind die Daten von 611 europäischen Unternehmen, die im Zeitraum von 1999 bis 2003 für mindestens ein Jahr Teil des Dow-Jones-STOXX-600-Indexes waren.[198] Der STOXX-600-Index stellt die Grundgesamtheit für den Dow-Jones-Sustainability-STOXX-Index (DJSI STOXX) dar. Der DJ-STOXX-600-Index, der im Juni 1998 aufgelegt wurde, besteht gemessen an der Marktkapitalisierung aus den 600 größten europäischen Unternehmen.[199]

Die vorliegende empirische Analyse ist bezüglich der Länderauswahl damit wesentlich umfassender als die bisher zu europäischen Unternehmen durchgeführten Panel-Analysen. Diese konzentrierten sich jeweils auf ausgewählte Unternehmen einzelner europäischer Länder: Elsayed und Paton (2005) untersuchen britische Unternehmen und Telle (2006) norwegische. Die weitaus meisten Studien analysieren Zusammenhänge für US-Unternehmen wie etwa die in E.1.1.1 schon zitierten Dowell et al. (2000) und Günster et al. (2006). Die vorliegende Studie erweitert daher das Länderspektrum um die bislang im Kontext von Nachhaltigkeit und Unternehmensgewinn relativ wenig erforschten europäischen Unternehmen.

Die Ratingagentur SAM Group[200] mit Sitz in Zürich verschickt am Ende des ersten Quartals jedes Jahres einen umfangreichen Fragebogen zur Unternehmensnachhaltigkeit an alle Unternehmen, die zu diesem Zeitpunkt im DJ-STOXX-600-Index enthalten sind. Unter Verwendung der Informationen, die mittels des Fragebogens sowie eigener Recherchen und Analysen gewonnen werden, erstellt SAM ein differenziertes Nachhaltigkeitsrating. Dieses Rating

---

197   Eine ausführliche Darstellung der unterschiedlichen Schätzverfahren findet sich beispielsweise in Greene (2008: Kapitel 9).
198   Alle Daten entstammen der Datenbank von Bloomberg.
199   Weitere ausführliche Informationen finden sich unter www.stoxx.com.
200   SAM ist die Abkürzung für Sustainable Asset Management.

wird aus drei Sub-Ratings aufgebaut: einem ökonomischen, einem ökologischen und einem sozialen Sub-Rating.[201]

Wichtige Bestandteile des *ökonomischen* Sub-Ratings sind die Bereiche Risiko- und Krisenmanagement, Corporate Governance und Compliance. Das *ökologische* Sub-Rating umfasst vor allem Fragen der Öko-Effizienz sowie der Umweltberichterstattung, während sich das *soziale* Rating auf Personalentwicklung, Talentförderung, Arbeitsbedingungen und Corporate Citizenship konzentriert. Hinzu kommen bei allen drei Sub-Ratings auch branchenspezifische Kriterien.

Das von SAM entwickelte Rating wird für die Entscheidung verwendet, ein Unternehmen des DJ-STOXX-600-Indexes in den DJSI STOXX aufzunehmen. Der DJSI STOXX besteht aus den 20% am höchsten gerateten Unternehmen und ist analog der Sektorstruktur des DJ STOXX 600 aufgebaut, wobei auch die Gewichtung der einzelnen Sektoren in beiden Indizes ähnlich hoch ist.

Die Information, ob ein Unternehmen im DJSI STOXX enthalten ist, stellt somit eine Bewertung der Nachhaltigkeit der Unternehmen des DJ-STOXX 600-Index dar. Dieses Maß wird in den nachfolgenden ökonometrischen Analysen verwendet, um die Unternehmen des DJ STOXX 600 in zwei Gruppen einzuteilen: diejenigen mit hohem und solche mit niedrigem Nachhaltigkeitsrating. Die entsprechende Dummy-Variable ist so definiert:

$$Sust_{i,t} = \begin{cases} 1, & \text{falls Unternehmen } i \in \text{DJSI-Welt-Index zum Zeitpunkt } t \\ 0, & \text{in allen anderen Fällen.} \end{cases}$$

Da der DJSI STOXX erst seit Oktober 2001 offiziell erstellt wird, wird für Variable *Sust* der *DJSI-Welt*-Index verwendet, der schon seit Dezember 1998 existiert. Dieser Index wird auf Basis derselben Methodik erstellt und ist in Bezug auf die europäischen Unternehmen *identisch* aufgebaut wie der DJSI STOXX. Die Verwendung des DJSI-Welt-Indexes erlaubt es daher, das Sample schon mit dem Jahr 1999 beginnen zu lassen.

Die zu erklärenden Variablen dieser Untersuchung sind Tobin's Q, der Logarithmus von Tobin's Q und Return on Assets (ROA). Als ergänzende Erfolgskennzahl wird Return on Capital (ROC) verwendet.

Das hier verwendete Maß für *Tobin's Q* ist die Relation von Marktwert (inkl. Vorzugskapital) zuzüglich der gesamten Verbindlichkeiten dividiert durch den Buchwert des Unternehmens. Der Buchwert wird dabei durch die Bilanzsumme abgebildet, also der Summe aus den Buchwerten des Eigenkapitals und des Fremdkapitals. Zur Überprüfung der Robustheit wird Tobin's Q sowohl in der *direkten Form* als auch *logarithmisch* eingesetzt. Beide Varianten werden in der Literatur nebeneinander verwendet.[202] Entsprechend Chung und Pruitt (1994)

---

[201] Detaillierte Angaben zum Rating, den Sub-Ratings und dem Ablauf des Ratingprozesses finden sich auf http://www.sustainability-indexes.com, der website der Dow-Jones-Sustainability-Indexes sowie auf http://www.sam-group.com, der website von SAM Group.

[202] Nach Hirsch und Seaks (1993) ist die semi-logarithmische funktionale Form, bei der als zu erklärende Variable *log Q* verwendet wird und die erklärenden Variablen linear in das Modell eingehen,

sollte die hier gewählte Definition von Tobin's Q näherungsweise zu den gleichen Ergebnissen führen wie das korrekte Maß, das von Lindenberg und Ross (1981) untersucht wurde. Da das theoretisch korrekte Maß jedoch wesentlich schwieriger zu ermitteln ist, wird in empirischen Studien regelmäßig die hier verwendete Definition von Tobin's Q herangezogen.[203]

ROA ist gleich dem Gewinn *nach* Steuern und Zinsen relativ zur Bilanzsumme und stellt ein umfassendes Maß für die Unternehmensrentabilität dar. Auch ROA ist eine häufig verwendete Erfolgskennzahl, die in Studien zur Nachhaltigkeitsanalyse regelmäßig gewählt wird.[204] *ROC* enthält im Zähler hingegen die Erträge *vor* Steuern und Zinsen (EBIT). Dieser Wert wird in Relation gesetzt zum gesamten langfristig eingesetzten Kapital. Im Vergleich zu ROA ist der Zähler von ROC für die meisten Unternehmen größer, während der Nenner geringer ist. ROC sollte daher im Durchschnitt einen höheren Wert annehmen als ROA. Beide Bilanzkennzahlen – ROA und ROC – ergänzen einander und erlauben einen differenzierten Blick auf die Zusammenhänge zwischen dem Gewinn des Unternehmens und der Nachhaltigkeitsvariablen.

Im Gegensatz dazu berücksichtigt Tobin's Q nicht nur Angaben in der Bilanz, sondern enthält auch Erwartungen zur zukünftigen Gewinnsituation, die sich im Marktwert des Unternehmens niederschlagen.

Tabelle 70: Überblick zu den *Gewinnvariablen* ($X_{i,t}$)

	Log Q	*Tobin's Q*	*ROA*	*ROC*
Mittelwert	-0,037	1,330	0,064	0,069
Standardabweichung	0,765	1,588	0,076	0,167
Minimum	-2,912	0,054	-0,709	-2,070
Maximum	3,383	29,45	0,424	1,006

Anmerkungen: Anzahl der Beobachtungen = 1678, Anzahl der Unternehmen = 611, Zeitraum: 1999 bis 2003.

Tabelle 70 gibt einige Eigenschaften der Verteilung der Gewinnvariablen wieder. Dabei beziehen sich die Kennzahlen auf alle im Sample vorliegenden Beobachtungen. Die Anzahl der Unternehmen, für die die Analyse durchgeführt wird, beträgt 611. Die Gesamtzahl der Beobachtungen liegt bei 1678. Es handelt sich dabei um ein nichtbalanciertes (*unbalanced*) Panel, da die Anzahl der Beobachtungen je Unternehmen ungleich ist.

---

aus statistischen Gründen einem linearen Modell vorzuziehen. Hirsch und Seaks empfehlen, beide Varianten, Tobin's Q und log Q, in empirischen Untersuchungen zu verwenden, um die Robustheit der Schätzergebnisse zu testen.

203 In der empirischen Literatur zu Nachhaltigkeit sind dies zum Beispiel die Studien Dowell et al. (2000), King und Lenox (2001, 2002), Elsayed und Paton (2005) sowie Günster et al. (2006).

204 Beispiele hierfür sind King und Lenox (2001, 2002), Elsayed und Paton (2005), Günster et al. (2006). Ein weiteres Maß für den wirtschaftlichen Erfolg, das in einigen Studien verwendet wird, ist der Return on Sales (ROS), vgl. Telle (2006) und Elsayed und Paton (2005).

Wie Tabelle 70 zeigt, liegt bei den Gewinnvariablen eine recht breite Streuung vor. So befindet sich Tobin's Q zwischen den Extremwerten von 0,054 bis 29,45. Der Mittelwert liegt mit 1,33 deutlich über eins und zeigt damit an, dass im betrachteten Zeitraum der Marktwert des Eigenkapitals größer ist als der Buchwert. Entsprechend investitionstheoretischen Überlegungen besagt ein Durchschnittswert von Tobin's Q oberhalb von eins, dass die Unternehmen im betrachteten Zeitraum einen Anreiz haben, mehr zu investieren.[205] Allerdings kann der über eins liegende Wert von Tobin's Q auch branchenspezifische Gründe haben, die bei den ökonometrischen Schätzungen durch entsprechende Branchen-Dummy-Variablen berücksichtigt werden.

Der Mittelwert des Return on Assets (ROA) beträgt 6,4%, derjenige des Return on Capital (ROC) ist leicht höher und liegt bei 6,9%. Es fällt auf, dass die Streuung von ROC mehr als doppelt so groß wie diejenige des ROA.

Alle vier Erfolgskennzahlen sind recht hoch miteinander korreliert. Dies zeigen die bivariaten Korrelationen von Tabelle 72 auf Seite 213. ROA und ROC weisen einen Korrelationskoeffizienten von 0,60 auf, was die relativ große Ähnlichkeit zwischen den Ausprägungen der beiden Erfolgskennziffern unterstreicht. Entsprechend sollten die Resultate der Schätzungen auch einigermaßen ähnlich sein. Nicht überraschend ist, dass der Logarithmus von Tobin's Q mit der Originalvariablen Tobin's Q eine sehr hohe Korrelation aufweist. Da allerdings der Korrelationskoeffizient mit 0,76 noch deutlich unter eins liegt, könnten die Schätzergebnisse durchaus einige Abweichungen aufweisen. Aber auch ROA ist mit Log Q (0,52) und Tobin's Q (0,33) noch recht hoch korreliert, während dies jedoch nicht für die Kennzahl ROC gilt, die mit Tobin's Q (0,23) und Log Q (0,12) vergleichsweise geringe Korrelationen aufweist.

Die Kontrollvariablen (*Control*) zur Erklärung des wirtschaftlichen Erfolges sind:

- *Leverage* = Gesamtverschuldung / Bilanzsumme. Diese Variable ist ein Indikator der Finanzierungsstruktur des Unternehmens und stellt eine Proxy-Variable für die Risikoeinstellung des Managements dar.[206]
- *Kapitalintensität* = Investitionsaufwand / Bilanzsumme. Dies ist eine wichtige Variable zur näherungsweisen Abbildung des langfristigen Wachstums des Unternehmens und wird daher häufig als Kontrollvariable verwendet.[207] Der Investitionsaufwand stellt auch eine grobe Ersatzgröße für die Forschungs- und Entwicklungsaufwendungen dar, die ebenfalls als wichtiger Faktor der langfristigen Unternehmensentwicklung angesehen werden.[208] Da die Forschungs- und Entwicklungsaufwendungen allerdings für zahlreiche Unternehmen nicht verfügbar sind, wird der Investitionsaufwand als Ersatz ver-

---

205 Siehe beispielsweise Lindenberg und Ross (1981).
206 Vgl. Waddock und Graves (1997) sowie Elsayed und Paton (2005).
207 Vgl. King und Lenox (2001, 2002) sowie Elsayed und Paton (2005).
208 Siehe Konar und Cohen (2001), McWilliams und Siegel (2000) sowie King und Lenox (2001, 2002) und Elsayed und Paton (2005).

wendet, da sonst der verfügbare Unternehmensquerschnitt zu stark eingeschränkt würde.
- Die (logarithmierte) *Bilanzsumme* dient als Maß für die Unternehmensgröße. Zur Berücksichtigung eines nichtlinearen Einflusses der Unternehmensgröße wird auch das *Quadrat* der (logarithmierten) Bilanzsumme als zusätzliche erklärende Variable verwendet.[209]
- *Wachstum des Nettoumsatzes* = Jahresveränderungsrate der Nettoumsätze (= Bruttoumsätze abzüglich Nachlässe, Rückzahlungen und Rabatte) in %. Aufgrund dieser Definition ist es möglich, dass das Wachstum der Nettoumsätze das sonst übliche theoretische Minimum von -100% unterschreitet. Dies ist allerdings im verwendeten Sample nicht der Fall. In mehreren Studien wird das Wachstum des Nettoumsatzes verwendet, um die Dynamik des Unternehmens abzubilden.[210]

Tabelle 71: Überblick zu den *erklärenden Variablen*

	Leverage	*Kapital*	*Größe*	*Umsatz*	*Sust*
Mittelwert	0,277	0,049	9,441	0,127	0,188
Standardabweichung	0,171	0,057	2,041	0,500	0,391
Minimum	0	0	3,603	-0,858	0
Maximum	1,22	0,893	17,089	10,862	1

Anmerkungen: Anzahl der Beobachtungen = 1678, Anzahl der Unternehmen = 611, Zeitraum: 1999 bis 2003. Kapital = Kapitalintensität, Größe = Bilanzsumme (Logarithmus), Umsatz = Wachstum des Nettoumsatzes.

Tabelle 71 zeigt die wichtigsten Verteilungskennziffern der erklärenden Variablen. Die Anzahl der Beobachtungen beträgt 1678 und die Anzahl der Unternehmen 611.

Die Variable Leverage weist einen Mittelwert von 0,277 auf, im Durchschnitt beträgt die Gesamtverschuldung der betrachteten Unternehmen für die Jahre 1999 bis 2003 somit 27,7% der Bilanzsumme, wobei das Minimum bei null liegt und der Maximalwert bei 1,22. Bei einem Unternehmen mit einem Leverage von null liegt keine Verschuldung vor, ist der Leverage größer als eins ist das Eigenkapital zu diesem Zeitpunkt negativ. Diese Extremwerte kommen jedoch sehr selten vor.

Die Relation von Investitionsausgaben zur Bilanzsumme (Kapitalintensität) beträgt im Mittel 0,049. Im Durchschnitt beträgt die Höhe der Ausgaben für Investitionen somit 4,9% der Bilanzsumme. Auch hier ist die Streubreite recht hoch und reicht von einem Maximalwert von 0,893 bis zu null. Die Unternehmen wei-

---

[209] Alle Schätzungen wurden auch mit der *Anzahl der Beschäftigten* als alternativer Variable für die Unternehmensgröße durchgeführt. Die Schätzergebnisse erwiesen sich – insbesondere hinsichtlich der Nachhaltigkeitsvariablen Sust – als sehr robust.
[210] Siehe zum Beispiel Konar und Cohen (2001) sowie King und Lenox (2002).

sen somit eine sehr unterschiedliche (relative) Höhe der Investitionsaufwendungen auf.
Das Wachstum des Nettoumsatzes beträgt im Durchschnitt 12,7% zum Vorjahr. Die Extremwerte [-85,8%; +1086,2%] verdeutlichen die enorme Bandbreite der Veränderungen des Nettoumsatzes, die bei den im Sample vertretenen Unternehmen zwischen 1999 und 2003 auftraten.
Der Mittelwert der Nachhaltigkeitsvariablen *Sust* von 0,188 zeigt an, dass im Zeitraum von 1999 bis 2003 durchschnittlich 18,8% der Unternehmen der Grundgesamtheit (= DJ STOXX 600) im Nachhaltigkeitsindex von Dow Jones (= DJSI Welt) enthalten waren.

Tabelle 72: Bivariate Korrelationen zwischen den Variablen

	Log Q	Tobin's Q	ROA	ROC	Lev.	Kapital	Größe	Umsatz	Sust (t-1)
Log Q	1	X	X	X	X	X	X	X	X
Tobin's Q	0,76	1	X	X	X	X	X	X	X
ROA	0,52	0,33	1	X	X	X	X	X	X
ROC	0,23	0,12	0,60	1	X	X	X	X	X
Leverage	-0,18	-0,16	-0,09	-0,09	1	X	X	X	X
Kapital	-0,26	-0,16	-0,13	-0,07	-0,05	1	X	X	X
Größe	-0,46	-0,33	-0,25	-0,08	0,16	0,22	1	X	X
Umsatz	0,07	0,07	-0,04	-0,08	-0,04	0,06	-0,04	1	X
Sust (t-1)	-0,06	-0,06	0,03	0,02	0,03	0,06	0,30	-0,05	1
Sust (t)	*-0,05*	*-0,05*	*0,03*	*0,02*	*0,01*	*0,04*	*0,28*	*-0,08*	*0,74*

Anmerkungen: Anzahl der Beobachtungen = 1678, Anzahl der Unternehmen = 611, Zeitraum: 1999 bis 2003. Lev. = Leverage, Kapital = Kapitalintensität, Größe = Bilanzsumme (Logarithmus), Umsatz = Wachstum des Nettoumsatzes.

Wie Tabelle 72 ausweist, sind die Korrelationen der *erklärenden Variablen* untereinander recht gering. Es fällt allerdings auf, dass die Unternehmensgröße und die Kapitalintensität eine gewisse Tendenz haben, in die gleiche Richtung zu weisen. Dies zeigt der entsprechende Korrelationskoeffizient von 0,22.
Für die Interpretation der Schätzergebnisse können die bivariaten Korrelationen zwischen den Gewinnkennzahlen und den erklärenden Variablen einige Hinweise liefern. Allerdings sollten die *bivariaten* Korrelationen auch nicht überinterpretiert werden, da die Einflüsse der anderen erklärenden Variablen sowie diejenigen der Dummy-Variablen dabei nicht berücksichtigt sind.
Die Unternehmensgröße ist sowohl mit Tobin's Q als auch mit ROA deutlich negativ korreliert. Je größer das Unternehmen ist, desto geringer ist bei dieser bivariaten Betrachtung somit die Ausprägung der beiden Gewinnkennzahlen. Auch die Kapitalintensität sowie der Leverage weisen bezüglich Tobin's Q und ROA eine negative Korrelation auf.

Interessant ist, dass die Nachhaltigkeitsvariable *Sust* mit den Gewinnkennzahlen *nicht* korreliert ist. Nur zur Unternehmensgröße liegt eine vergleichsweise hohe Korrelation von 0,28 vor. Es kommt im vorliegenden Unternehmensdatensatz also relativ häufig vor, dass besonders große Unternehmen im Nachhaltigkeitsindex von Dow Jones enthalten sind. Dieses Ergebnis zwischen *Sust* und der Unternehmensgröße steht im Übrigen im Einklang mit der von McWilliams und Siegel (2001) aufgestellten Hypothese, dass es bei der Investition in CSR zu Skaleneffekten kommt, sodass Unternehmensgröße und CSR-Engagement positiv korreliert sein sollten.

Die mit 0,74 sehr hohe Autokorrelation zwischen *Sust (t)* und *Sust (t-1)* weist darauf hin, dass sich diese Variable nur sehr wenig im Zeitverlauf ändert. Ein Unternehmen, das in einem Jahr im DJSI enthalten ist, wird mit großer Wahrscheinlichkeit auch im darauf folgenden Jahr in diesem Index enthalten sein.

Zusätzlich zu den aufgeführten erklärenden Variablen umfassen die Schätzmodelle verschiedene *Dummy-Variablen*, die spezifische unternehmensexogene Einflüsse abbilden sollen. Die drei Zeit-Dummy-Variablen dienen dazu, Effekte aufzufangen, die einen gemeinsamen Einfluss auf alle Unternehmen ausüben, wie dies zum Beispiel bei Veränderungen der makroökonomischen Rahmenbedingungen der Fall ist. Die Länder- und die Branchen-Dummy-Variablen bilden entsprechend länder- oder branchenspezifische Einflüsse auf den wirtschaftlichen Erfolg der Unternehmen ab.

Die Branchen-Dummy-Variablen sind entsprechend der Industry Classification Benchmark (ICB) von Dow Jones und FTSE International konstruiert und umfassen insgesamt 10 Branchen.[211] Entsprechend werden 9 Dummy-Variablen in die Schätzungen mit dem gepoolten Modell sowie dem Random-Effects-Modell eingefügt.

Die analysierten Unternehmen stammen aus den folgenden 14 europäischen Ländern: Belgien, Dänemark, Deutschland, Finnland, Frankreich, Griechenland, Großbritannien, Irland, Italien, Niederlande, Norwegen, Österreich, Portugal, Schweden. Zur Abbildung der Ländereffekte werden 13 Länder-Dummy-Variablen einbezogen, wobei Großbritannien als Referenzland dient und daher nicht durch eine Dummy-Variable abgebildet wird.

Die Schätzergebnisse für die drei Arten von Dummy-Variablen sind in den Ergebnistabellen (siehe Kapitel E.1.4) nicht ausgewiesen, da diese nur der Verbesserung der Schätzungen für die anderen Variablen der Modelle dienen, aber ansonsten nicht weiter für die zu untersuchende Fragestellung interessant sind.

---

[211] Informationen zur Methodik der Brancheneinteilung sowie den einzelnen Sektoren finden sich in www.icbenchmark.com/docs/ICB_StructureSheet_120104.pdf. Die einzelnen Branchen sind Öl und Gas, Grundstoffe, Verarbeitendes Gewerbe, Konsumgüter, Gesundheit, Konsumnahe Dienstleistungen, Telekommunikation, Versorger, Finanzdienstleistungen sowie Technologie.

E.1.4 Empirische Ergebnisse und Schlussfolgerungen

In diesem Kapitel werden die mit den oben beschriebenen Modellen und Daten ermittelten Schätzergebnisse dargestellt und interpretiert. Die folgenden Tabellen 73 bis 76 zeigen die Schätzergebnisse für Log Tobin's Q, Tobin's Q, ROA und ROC. Die Tabellen sind identisch aufgebaut und enthalten in der zweiten Spalte die geschätzten Parameter für das gepoolte Modell, dann folgen die entsprechenden Schätzwerte für das Random-Effects- und das Fixed-Effects-Modell.

Zunächst ist erwähnenswert, dass für alle vier Gewinnkennziffern die Tests in Bezug auf die Irrelevanz der Fixed bzw. Random-Effects die Nullhypothese klar verwerfen können. Dies zeigen die Werte der Teststatistiken und die dazu gehörenden P-Values des Breusch-Pagan-Tests (Random-Effects) und des F-Tests (Fixed-Effects). Somit sind die *Panelmodelle* dem gepoolten Modell in jedem der hier untersuchten Fälle vorzuziehen.

Außerdem verwirft der *Hausman-Test* durchgehend die Hypothese, dass die Koeffizienten des Random-Effects- und des Fixed-Effects-Modells gleich sind. Daraus folgt, dass die Parameter der Random-Effects-Schätzungen verzerrt sind und für die Schätzungen für alle Gewinnkennziffern das *Fixed-Effects-Modell* zu verwenden ist.

Entsprechend diesen Testergebnissen ist es nicht überraschend, teilweise deutliche Unterschiede zwischen den Parameterschätzungen der drei Modelle zu finden, die sich sowohl auf den Einfluss von *Sust* als auch auf die Parameter der Kontrollvariablen beziehen.

Zunächst werden auf Basis der Ergebnisse für das Fixed-Effect-Modell die *Schätzwerte der Kontrollvariablen* interpretiert.

Die Resultate für *Tobin's Q* und *Log Q* sind in Bezug auf die Kontrollvariablen erwartungsgemäß sehr ähnlich (vgl. die Tabellen 73 und 74). Die Höhe der Kapitalintensität sowie das Umsatzwachstum haben einen positiv signifikanten Einfluss auf die Ausprägung dieser Gewinnkennzahlen, der Leverage hingegen nicht. Bezüglich Umsatzwachstum und Leverage kommen King und Lenox (2002) zum gleichen Ergebnis, nicht jedoch für die Kapitalintensität, die bei King und Lenox insignifikant ist. Günster et al. (2006) ermitteln ebenfalls einen signifikant positiven Einfluss des Umsatzwachstums auf Tobin's Q.

Der Einfluss der *Unternehmensgröße* wird durch zwei Parameter angegeben, die den Effekt der logarithmierten Bilanzsumme sowie des Quadrats der logarithmierten Bilanzsumme abbilden. Da der erste Parameter negativ und der zweite positiv ist, kann der Einfluss prinzipiell sowohl (abschnittsweise) positiv als auch negativ sein. Unter Berücksichtigung der konkreten Werte für die Verteilung der Bilanzsumme legen die Schätzwerte jedoch für praktisch alle Unternehmen einen klar *negativen* Zusammenhang fest.

Tabelle 73: Ergebnisse für Log Tobin's Q

	Gepoolte Schätzung	Random-Effects (GLS)	Fixed-Effects (Within)
Leverage (t-1)	0,726***	0,400***	0,140
Kapitalintens. (t-1)	0,573	0,784***	1,054***
Log. Bilanzsumme (t-1)	-0,487***	-0,603***	-0,992***
Log. Bilanzsumme quadriert (t-1)	0,014***	0,021***	0,036***
Wachstum Nettoumsatz (t-1)	-0,020	0,028**	0,041***
Sust (t-1)	0,20***	0,054**	0,010
R^2	0,52	0,58	0,29
Breusch-Pagan-Test (H_0: alle Random-Effects = 0): 1028,53 (P-Value: 0,000)			
F-Test (H_0: alle Fixed-Effects = 0): F (610, 1060): 18,96 (P-Value: 0,000)			
Hausman-Test (H_0: Unterschiede der Koeffizienten zwischen Random- und Fixed-Effects-Modell = 0): 40,9 (P-Value: 0,000)			
Beobachtungen = 1680, Anzahl Unternehmen = 611			

Anmerkungen zu den *Tabellen 73 bis 76*: Gepoolte Schätzung: Verwendung robuster Standardfehler. Zusätzliche Dummy-Variablen für gepoolte Schätzung und Random-Effects-Modell (nicht ausgewiesen): 13 für die EU-Länder, 9 für die Branchen, 3 Zeit-Dummy-Variablen; sowie eine Konstante. Zusätzliche Variablen für das Fixed-Effects-Modell (nicht ausgewiesen): 3 Zeit-Dummy-Variablen. R^2: für die gepoolte Schätzung = adjustiertes R^2, für Fixed und Random-Effects-Modelle = Gesamt-R^2. Signifikanzniveaus: *** = 1%, ** = 5%, * = 10%. Schätzzeitraum: 2000 bis 2003.

Tabelle 74: Ergebnisse für Tobin's Q

	Gepoolte Schätzung	Random-Effects (GLS)	Fixed-Effects (Within)
Leverage (t-1)	-0,412*	-0,653**	-0,503
Kapitalintens. (t-1)	1,580*	2,040***	2,634***
Log. Bilanzsumme (t-1)	-1,404***	-2,068***	-2,990***
Log. Bilanzsumme quadriert (t-1)	0,055**	0,085***	0,103***
Wachstum Nettoumsatz (t-1)	-0,056	0,062	0,099**
Sust (t-1)	0,265***	0,110	-0,019
R^2	0,31	0,29	0,18
Breusch-Pagan-Test (H_0: alle Random-Effects = 0): 261,43 (P-Value: 0,000)			
F-Test (H_0: alle Fixed-Effects = 0): F (610, 1060) = 7,70 (P-Value: 0,000)			
Hausman-Test (H_0: Unterschiede der Koeffizienten zwischen Random- und Fixed-Effects-Modell = 0): 57,91 (P-Value: 0,000)			
Beobachtungen = 1680, Anzahl Unternehmen = 611			

Tabelle 75: Ergebnisse für Return on Assets (ROA)

	Gepoolte Schätzung	Random-Effects (GLS)	Fixed-Effects (Within)
Leverage (t-1)	-0,019	-0,044***	-0,058***
Kapitalintens. (t-1)	0,018	0,012	0,025
Log. Bilanzsumme (t-1)	-0,011	-0,005	-0,088***
Log. Bilanzsumme quadriert (t-1)	-0,000	-0,000	0,003***
Wachstum Nettoumsatz (t-1)	-0,010*	0,003*	0,006***
Sust (t-1)	0,017***	0,008**	0,004
R^2	0,24	0,19	0,06
Breusch-Pagan-Test (H_0: alle Random-Effects = 0): 565,68 (P-Value: 0,000)			
F-Test (H_0: alle Fixed-Effects = 0): F (612, 1062): 17,10 (P-Value: 0,000)			
Hausman-Test (H_0: Unterschiede der Koeffizienten zwischen Random- und Fixed-Effects-Modell = 0): 18,58 (P-Value: 0,029)			
Beobachtungen = 1684, Anzahl Unternehmen = 613			

Tabelle 76: Ergebnisse für Return on Capital (ROC)

	Gepoolte Schätzung	Random-Effects (GLS)	Fixed-Effects (Within)
Leverage (t-1)	-11,200***	-12,158***	-14,338**
Kapitalintens. (t-1)	7,667	3,523	7,837
Log. Bilanzsumme (t-1)	-0,386	3,488*	23,138***
Log. Bilanzsumme quadriert (t-1)	-0,051	-0,227**	-1,157***
Wachstum Nettoumsatz (t-1)	-3,274	-2,599***	-2,897***
Sust (t-1)	1,800**	0,636	-0,074
R^2	0,14	0,14	0,014
Breusch-Pagan-Test (H_0: alle Random-Effects = 0): 116,36 (P-Value: 0,000)			
F-Test (H_0: alle Fixed-Effects = 0): F (612, 1060): 3,35 (P-Value: 0,000)			
Hausman-Test (H_0: Unterschiede der Koeffizienten zwischen Random- und Fixed-Effects-Modell = 0): 29,03 (P-Value: 0,001)			
Beobachtungen = 1682, Anzahl Unternehmen = 613			

Das heißt also, dass Tobin´s Q und Log Q im Durchschnitt umso höher sind, je kleiner das Unternehmen ist. Diese negative Beziehung zeigt sich auch in den Studien von King und Lenox (2001, 2002), Elsayed und Paton (2005) sowie Günster et al. (2006).

Die Schätzungen für die beiden *Bilanz-Gewinnkennzahlen*, ROA und ROC, zeigen einen negativ signifikanten Einfluss des Leverage, während die Kapitalintensität für beide Variablen neutral zu beurteilen ist (vgl. Tabelle 75 und 76). Bei den Parametern der Unternehmensgröße sowie des Nettoumsatzes treten für ROA und ROC jeweils die umgekehrten Vorzeichen auf. Bezüglich der Unternehmensgröße lässt sich allerdings sowohl für ROA als auch für ROC der gleiche Schluss ziehen, der schon für Tobin's Q und Log Q gezogen wurde: je *größer* das Unternehmen ist, desto *niedriger* sind im Durchschnitt die Gewinnkennzahlen. Der negative Einfluss der Unternehmensgröße auf ROA findet sich auch bei King und Lenox (2001, 2002) und Günster et al. (2006), während der Zusammenhang bei Elsayed und Paton (2005) nicht signifikant ist. Bezüglich der anderen Kontrollvariablen haben die Parameter für die ROA-Schätzungen in den anderen Studien wechselnde Vorzeichen.

Die Ergebnisse für die Kontrollvariablen sind insbesondere hinsichtlich des negativen Einflusses der Unternehmensgröße auf die Gewinnkennzahlen sehr robust und werden zu einem großen Teil auch von anderen Studien bestätigt.[212]

Die Resultate für die *Nachhaltigkeitsvariable Sust* sind im Rahmen der Studie natürlich besonders interessant (siehe Zeile 7 in den Tabellen 73 bis 76).

Das *gepoolte Schätzmodell* findet für alle vier Gewinnkennziffern einen hoch signifikanten Einfluss von *Sust (t-1)*. Da dieses Modell jedoch die nicht beobachtbaren firmenspezifischen Effekte vernachlässigt, sind die Parameterschätzungen als verzerrt anzusehen. Bei den Schätzungen des *Random-Effects*-Modells ergeben sich in Bezug auf Log Tobin's Q sowie ROA signifikante Parameterschätzungen für *Sust (t-1)*. Interessanterweise jedoch nicht für Tobin's Q, was darauf hinweist, dass die logarithmische Transformation der zu erklärenden Variablen hier das Schätzergebnis deutlich beeinflusst. Dies kann als Hinweis auf die fehlende Robustheit des Einflusses von *Sust (t-1)* angesehen werden.

Wie die Ergebnisse der Hausman-Tests gezeigt haben, ist jedoch auch das Random-Effects-Modell nicht die korrekte Wahl, vielmehr sollte das *Fixed-Effects*-Modell verwendet werden. Die Schätzresultate für dieses Modell ergeben für keine der vier Gewinnkennzahlen einen signifikanten Einfluss der Nachhaltigkeitsvariablen *Sust (t-1)*. Da das Fixed-Effects-Modell das am besten geeignete der hier untersuchten drei Modelle ist, kann auf Basis der Schätzungen dieses Modells die Schlussfolgerung gezogen werden, dass *Sust (t-1) keinen signifikanten Einfluss* auf den wirtschaftlichen Erfolg der Unternehmen ausübt.

Ein wichtiges *methodisches* Ergebnis der Analyse ist, dass die korrekte Wahl des verwendeten Schätzmodells einen erheblichen Einfluss auf die Parameterschätzungen hat. Zu dieser Schlussfolgerung bezüglich der Modellwahl kommt

---

212 Es ist allerdings anzumerken, dass die zitierten Studien, die methodisch und von der Fragestellung gesehen einen ähnlichen Ansatz verfolgen, teilweise eine etwas andere Gesamtmenge an Kontrollvariablen verwenden. Außerdem beziehen sich die anderen Studien nicht auf Europa, sondern in der Regel auf US-Unternehmen.

auch Telle (2006), der entsprechend die Ergebnisse älterer Studien in Zweifel zieht. Insbesondere die Verwendung von geeigneten Panelmodellen sowie die vollständige Einbeziehung relevanter Kontrollvariablen ist entscheidend dafür, unverzerrte Parameterschätzungen zu erhalten und damit die im Fokus stehenden Zusammenhänge zwischen CSR- bzw. Umweltvariablen und wirtschaftlichem Erfolg richtig ermitteln zu können.

Das wichtigste *inhaltliche* Ergebnis dieses Kapitels besteht darin, dass die Information, dass ein Unternehmen im Nachhaltigkeitsindex von Dow Jones enthalten ist, keinen Anhaltspunkt für eine abweichende Einschätzung des wirtschaftlichen Erfolges dieses Unternehmens im Vergleich mit denjenigen Unternehmen liefert, die diesem Index nicht angehören. Das Nachhaltigkeitsengagement eines Unternehmens scheint für die hier untersuchten europäischen Unternehmen keine signifikante Beziehung zum wirtschaftlichen Unternehmenserfolg aufzuweisen.

Wie schon in der Literaturübersicht dargestellt (vgl. Kapitel E.1.1.1), finden einige Studien einen positiven Zusammenhang zwischen Umweltvariablen und wirtschaftlichem Erfolg (King und Lenox, 2001, 2002; Günster et al., 2006), während andere – genauso wie die vorliegende eigene Untersuchung – keine signifikanten Effekte erkennen können (Elsayed und Paton, 2005; Telle, 2006). Da sich diese Studien aber auf Umweltvariablen beziehen und nicht auf die umfassender definierte Nachhaltigkeit von Unternehmen, sind die Ergebnisse nur bedingt vergleichbar. Interessant ist jedoch, dass immerhin die Hypothese eines *negativen* Einflusses auf den wirtschaftlichen Erfolg weder in der vorliegenden Untersuchung noch in den zitierten älteren Veröffentlichungen bestätigt wird.

Eine Stiftung, welche in die als besonders nachhaltig klassifizierten Unternehmen des DJSI STOXX investiert, muss daher nicht befürchten, dass diese Unternehmen im Durchschnitt einen geringeren (relativen) Gewinn erwirtschaften als die anderen Unternehmen des DJ STOXX 600.

E.2 Analyse der Renditeverteilungen von SRI-Aktienanlagen

Für Stiftungen, die ihr Vermögen in die Aktien besonders nachhaltig wirtschaftender Unternehmen investieren, ist das Resultat des vorangegangenen Kapitels eine nützliche Information: Die als nachhaltig ausgewählten Unternehmen werden mit großer Wahrscheinlichkeit im Mittel den gleichen wirtschaftlichen Erfolg erzielen wie die Grundgesamtheit aller Unternehmen. Für das Vermögensmanagement einer Stiftung ist allerdings die Beurteilung von Performanceunterschieden zwischen nachhaltigen und konventionellen Kapitalanlagen wichtiger, da dadurch noch genauer eingeschätzt werden kann, ob und in welchem Umfang Unterschiede in der (risikoadjustierten) Wertentwicklung auftreten können.

In diesem Kapitel stehen daher die Analyse der *Performance* und der *Renditeverteilungen* von SRI-Aktienanlagen im Mittelpunkt. Dabei werden neben einem ausführlichen Literaturüberblick verschiedene Analysen durchgeführt, die einen umfassenden Vergleich mit konventionellen Aktienindizes ermöglichen. In E.2.1 wird untersucht, ob die Performance von SRI-Aktienportfolios besser oder schlechter ist als diejenige von konventionellen Anlagen. Es werden auch spezielle Konstruktionen von Long-/Short-Portfoliokonstruktionen betrachtet, für die in der Literatur eine überdurchschnittliche Performance berichtet wird. Kapitel E.2.2 schließt daran an und vergleicht ausgewählte SRI-Indizes bezüglich der Sensitivität auf makroökonomische Faktoren wie Ölpreis und US-Zinsen sowie die sektorale Struktur der jeweiligen Indizes (*Investmentstil-Analyse*). In Kapitel E.2.3 schließen werden die Ergebnisse von Simulationen mit dem in Kapitel C.2 dargestellten ökonometrischen Modell beschrieben, bei denen nicht nur die Performance, sondern die gesamten Renditeverteilungen von ausgewählten SRI-Aktienindizes und deren Unterschiede zum MSCI-Weltindex, der als Benchmark dient, untersucht werden. Abschließend wird analysiert, wie Put-Optionsstrategien zur Risikoreduktion bei SRI-Indizes wirken.

E.2.1 Performancevergleich: Nachhaltige versus konventionelle Anlagen

Der Vergleich der Performance von SRI-Fonds mit konventionellen Fonds und Indizes begann schon Anfang der 1970er Jahre mit einer empirischen Studie von Moskowitz (1972). Seitdem wurden insbesondere in den 1990er Jahren sowie verstärkt seit etwa 2000 eine ganze Reihe neuer Analysen durchgeführt und veröffentlicht, die mit unterschiedlichen ökonometrischen Verfahren und methodischen Konzepten die Performanceunterschiede quantitativ erfassen.

Das Interesse aus finanzwirtschaftlicher Sicht erschließt sich vor allem aus der portfoliotheoretischen Überlegung, dass Einschränkungen des Anlageuniversums die Performance in der Regel verschlechtern sollten. Die Begründung dafür ist, dass jeder auf konventionelle Anlagen ausgerichtete Portfolio-Manager auch in der Lage sein sollte, Anlagen entsprechend den SRI-Ratings durchzuführen, während ein SRI-Portfolio-Manager in seinen Anlagemöglichkeiten eingeschränkt ist.

In einer Studie auf Basis von simulierten *optimalen* Portfolios kommen Geczy et al. (2005) entsprechend zu dem Ergebnis, dass Investoren, die in SRI anlegen, einen Preis in Form einer geringeren risikoadjustierten Rendite zu zahlen haben. Die Renditeeinbuße hängt allerdings stark von den verwendeten Modellannahmen und dem unterstellten Investorenverhalten ab. Im günstigsten Fall beträgt die Renditereduktion nur wenige Basispunkte pro Jahr.

Der weitaus größte Teil der empirischen Studien, die auf statistischen und ökonometrischen Schätzungen beruhen, kommt zu dem Ergebnis, dass es keinen nachweisbaren Unterschied in der risikoadjustierten Rendite zwischen *SRI-Fonds* und konventionellen Fonds gibt. In den älteren Studien (zum Beispiel Luther et al., 1992; Hamilton et al., 1993, und White, 1995) wird für die Analyse ein einfaches Marktmodell verwendet: $r_{SRI,t} = \alpha + \beta r_{Markt,t} + \varepsilon_t$, bei dem als erklärender

Faktor für die (Excess-)Renditen eines SRI-Fonds lediglich die (Excess-)Renditen eines passenden Marktportfolios verwendet werden. Luther und Matatko (1994) ist die erste Studie, bei der als zusätzlicher Faktor die Renditen eines Indexes für Unternehmen mit geringer Marktkapitalisierung („Small Cap"-Index) verwendet wird.

Methodisch fortgeschrittenere Untersuchungen verwenden entweder einen Matching-Ansatz oder synthetische Portfolios, häufig kombiniert mit Multifaktormodellen. Beim Matching-Ansatz (siehe Mallin et al., 1995; Gregory et al., 1997; Statman, 2000; Kreander et al., 2002, und Stone et al., 2001) werden SRI-Fonds mit solchen konventionellen Fonds verglichen, die ähnliche Charakteristika aufweisen. In der Regel wird das Matching anhand folgender Kriterien durchgeführt: Investmentuniversum sowie Größe und Alter der Fonds. Das Ziel ist es dabei, die Management- und Transaktionskosten der miteinander verglichenen Fonds korrekt zu berücksichtigen. Wie schon in den früheren Studien ist auch hier das Ergebnis, dass sich die Performance zwischen konventionellen und SRI-Fonds nicht signifikant unterscheidet.

Die Studie von Bauer et al. (2005) verwendet Multifaktormodelle in Kombination mit einem Matchingansatz zur Überprüfung der Performance von SRI-Fonds aus Großbritannien, Deutschland und den USA. Dabei werden die Faktoren des 4-Faktoren-Modells von Carhart (1997) eingesetzt. Diese Faktoren sind: das Marktportfolio; ein Portfolio, das die Renditeunterschiede zwischen Unternehmen mit hoher und geringer Marktkapitalisierung abbildet; ein drittes Portfolio, das die Renditeunterschiede zwischen Unternehmen mit niedriger und hoher Bewertung (Buchwert zu Marktwert) berücksichtigt, sowie ein vierter Faktor, der den sogenannten Momentumeffekt abbildet. Die wichtigsten Ergebnisse dieser Studie sind: Erstens haben SRI-Fonds aus Deutschland und den USA eine leicht geringere Performance als die Kombination der vier Faktoren und sind ebenfalls etwas schlechter als konventionelle Fonds; das Umgekehrte trifft für britische SRI-Fonds zu. Allerdings sind diese Unterschiede alle nicht signifikant. Zweitens weisen SRI-Fonds teilweise andere Investmentstile auf als konventionelle Fonds. Insbesondere zeigt sich, dass deutsche und britische SRI-Fonds stärker in Unternehmen mit geringer Marktkapitalisierung investieren, während US-SRI-Fonds relativ große Unternehmen zu bevorzugen scheinen, jeweils im Vergleich mit ausgewählten konventionellen Fonds.

Die aktuelle Untersuchung von Renneboog et al. (2008b) analysiert die Performance von weltweit 440 SRI-Aktienfonds und berücksichtigt dabei 17 Länder aus den Regionen Nordamerika, Europa und Asien. Der Vergleich der Performance der SRI-Fonds mit derjenigen konventionell ausgerichteter Fonds mit Hilfe des Carhart-4-Faktoren-Modells zeigt kaum signifikante Unterschiede. Für die Fonds aus Frankreich, Irland, Schweden und Japan ergibt sich jedoch eine signifikante negative Abweichung der SRI-Fonds von den Renditen der konventionellen Investmentfonds. Auch die Erweiterung des 4-Faktoren-Modells im Sinne des Modellansatzes von Ferson und Schadt (1996), bei dem die Parameter zeitvariabel sind und von zentralen makroökonomischen Einflussfaktoren des Aktienmarktes abhängen,[213] führt zu ganz ähnlichen Ergebnissen.

Derwall und Koedijk (2009) ist die einzige Performancestudie, die sich mit SRI-*Anleihefonds* befasst. Die Autoren beziehen in ihre Studie 15 Anleihefonds sowie 9 gemischte Fonds ein. Die Anleihefonds konzentrieren sich auf US-Anleihen, die gemischten Fonds investieren darüber hinaus auch in US-Aktien. Zur Durchführung der Performanceanalyse wird mittels eines Matchingverfahrens für jeden SRI-Fonds eine Kontrollgruppe von 5 konventionellen Fonds gebildet. Die dabei verwendeten Matchingkriterien sind Fondsalter, Fondsgröße sowie die Anlagepolitik. Die Performance der SRI-Fonds, der Kontrollgruppen sowie der Differenz der Portfolios wird mit Hilfe von Faktormodellen untersucht.[214] Die SRI-Anleihefonds haben keine von den konventionellen Fonds signifikant abweichende Performance. Allerdings zeigt sich für die gemischten SRI-Fonds eine Outperformance, die mit einer Irrtumswahrscheinlichkeit von 10% signifikant ist. Derwall und Koedijk interpretieren ihre Ergebnisse dahin gehend, dass Nachhaltigkeitskriterien bei Anleihefonds dem Investor keine Performanceminderung aufbürden.

Eine Reihe weiterer Studien untersucht die Performance von *SRI-Aktienindizes* oder konstruiert *synthetische Portfolios* auf der Basis von SRI-Ratings. Diese beiden Ansätze werden auch in eigenen Untersuchungen in diesem Kapitel weiter verwendet. Beide Ansätze erlauben es wesentlich leichter als die Matchingverfahren, die Kostenunterschiede zwischen nachhaltigen und konventionellen Kapitalanlagen korrekt zu berücksichtigen. Die Verwendung von SRI-Aktienindizes hat darüber hinaus den Vorteil, dass diese Indizes (zum Beispiel der DJ-Sustainability-Index Welt) von Investoren als Benchmark oder Anlagerichtlinie verwendet werden. In Form von Spezialfonds können sie institutionellen Investoren auch direkt als Anlageobjekt dienen. Außerdem sind die Ergebnisse für SRI-Aktienindizes auch auf entsprechende Fonds übertragbar, da sie auf den gleichen SRI-Ratings beruhen.

Die Verwendung synthetischer Portfolios ist vor allem aus methodischer Sicht interessant, da es dabei besonders gut möglich ist, die Performanceunterschiede zwischen Unternehmen mit gutem und schlechtem SRI-Rating herauszuarbeiten. Synthetische Portfolios können sich auch als Vorlage für innovative Anlagen, zum Beispiel Hedgefonds auf Basis von SRI-Ratings, eignen.

---

213 Renneboog et al. (2008b) verwenden als konditionierende Variablen den Geldmarktzins, die Dividendenrendite, die Steigung der Zinsstrukturkurve sowie den sogenannten Default Spread, der die Risikoprämie von Unternehmensanleihen gegenüber Staatsanleihen angibt.

214 Die Faktoren des Basismodells sind die Excess Returns eines breit ausgerichteten Anleiheindexes; der Return Spread zwischen einem Index, der Anleihen mit hoher Ausfallwahrscheinlichkeit umfasst, und einem Index für Staatsanleihen; der Return Spread zwischen einem einem Index für Hypothekenzinsen und einem Index für Staatsanleihen. Hinzu kommen die Returns eines Indexes, der den gesamten US-Aktienmarkt umfasst, da die gemischten Fonds auch einen signifikanten Anteil an Aktien enthalten. Sensitivitätsanalysen werden mit Modellen durchgeführt, die zusätzliche Faktoren enthalten.

Auf Basis von solchen *synthetischen Portfolios* gibt es derzeit zwei Studien, die Performanceanalysen für den US-Aktienmarkt durchführen. Derwall et al. (2005) verwenden die SRI-Ratings von Innovest und formen daraus Portfolios, die in Bezug auf SRI entweder aus gut oder aus schlecht bewerteten Unternehmen bestehen. Diese Portfolios sowie das Differenzportfolio („gutes" minus „schlechtes" SRI-Ratingportfolio) werden mit Hilfe eines Multifaktormodells analog Bauer et al. (2005) untersucht. Das Ergebnis zeigt, dass eine hohe und signifikante Outperformance des Differenzportfolios vorliegt: Die Outperformance beträgt ca. 5% pro Jahr. Bezogen auf die zwei Einzelportfolios zeigt sich, dass das Portfolio mit den „gut" gerateten Unternehmen eine signifikant positive Outperformance aufweist, während die Performance des Portfolios mit den „schlechten" Unternehmen zwar negativ, aber nicht signifikant ist.

Das Differenzportfolio stellt im Prinzip einen Hedgefonds dar, der die Aktienauswahl auf Basis von SRI-Ratings durchführt. Dieser Hedgefonds investiert in Unternehmen mit relativ hohem SRI-Rating und führt Leerverkäufe in Unternehmen mit relativ niedrigen SRI-Ratings durch. Durch diese Vorgehensweise ist der Hedgefonds weitestgehend gegen Marktschwankungen immunisiert und „wettet" vor allem auf die Unterschiede in den SRI-Ratings.

Kempf und Osthoff (2007) verwenden die SRI-Ratings von KLD für US-Unternehmen und führen ansonsten eine sehr ähnliche Untersuchung wie Derwall et al. (2005) durch. Auch sie finden eine signifikante und sehr hohe Outperformance für das Differenzportfolio aus „gut" und „schlecht" gerateten Unternehmen. Die höchste Outperformance mit 8,7% pro Jahr erzielen sie bei Anwendungen eines Best-in-Class-Screenings,[215] wobei in den Portfolios nur die 5% besonders gut bzw. besonders schlecht gerateten Unternehmen verwendet werden. Die Outperformance sinkt deutlich, wenn der Kreis der Unternehmen erweitert wird, zum Beispiel auf die 25% am besten bzw. am schlechtesten gerateten Unternehmen. Die Ergebnisse sind dann am besten, wenn alle sechs Ratingkategorien (Community, Diversity, Employee Relationships, Environment, Human Rights, Product) im Sinne eines Positiv-Filters angewandt werden. Analysiert auf Basis der einzelnen Ratingkategorien ergibt sich eine signifikante Outperformance nur für Community, Diversity und Employee Relationships, die Kombination aller sechs Kriterien übertrifft allerdings diese Einzelergebnisse. Genauso wie bei Derwall et al. (2005) ergeben sich signifikante Ergebnisse nur für die „gut" gerateten Unternehmen sowie das Differenzportfolio, nicht aber für die als „schlecht" im Sinne von SRI bewerteten Unternehmen.

---

215 Beim Best-in-Class-Ansatz orientiert sich die sektorale Struktur des SRI-Indexes an derjenigen eines konventionellen Benchmark-Indexes. Innerhalb des jeweiligen *Sektors* bestimmt die Höhe des SRI-Ratings das Gewicht der einzelnen Unternehmen. Die genaue Vorgehensweise kann allerdings von Index zu Index unterschiedlich sein. Auch der Ausschluss von Unternehmen oder ganzen Sektoren nach bestimmten Negativ-Kriterien ist möglich. Vgl. die Beschreibungen der drei SRI-Aktienindizes (DJSI Welt, FTSE4Good Global 100, Ethical Index Global) weiter unten in diesem Kapitel sowie beispielsweise Schäfer et al. (2004: 16f).

Die Studie von Galema et al. (2009) wirft allerdings einige Zweifel an der Nützlichkeit von SRI-Ratings in Bezug auf die Verbesserung der Performance auf. Galema et al. untersuchen, wie sich die Menge der effizienten Portfolios verändert, wenn die SRI-Ratings von KLD als Investmentkriterium verwendet werden. Sie bilden einerseits aus den „gut" bewerteten Unternehmen nach den Kriterien Community, Diversity und Employee Relationships ein „Social"-Portfolio. Andererseits werden die Ausschlusskriterien „Alcohol, Gambling, Firearms, Military, Nuclear Power and Tobacco" dazu verwendet, ein „Sin"-Portfolio aufzustellen. Das Ergebnis in Bezug auf die Performance fassen die Autoren prägnant so zusammen: Ein Investor, der die risikoadjustierte Performance erhöhen will, sollte in das „Sin"-Portfolio investieren und das „Social"-Portfolio leer verkaufen. Kempf und Osthoff (2007) finden zwar, dass die zusätzliche Verwendung eines Negativ-Filters bezogen auf die erwähnten Ausschlusskriterien in ihrer Studie die Outperformance des Long-/Short-Portfolios leicht verschlechtert, trotzdem kommen beide Studien doch zu sehr unterschiedlichen Resultaten.

Untersuchungen unter Verwendung von *SRI-Aktienindizes* hingegen liefern kaum Ergebnisse, die auf Performanceunterschiede relativ zu konventionellen Aktienindizes hinweisen. Die Studien von Kurtz und DiBartolomeo (1996), Sauer (1997), DiBartolomeo und Kurtz (1999) und Statman (2000) untersuchen den Domini-400-Social-Index, den ältesten SRI-Index für US-Aktien, der seit Mitte 1990 unter Verwendung der KLD-Ratings konstruiert wird. Als Benchmark dient der S&P500. Das Resultat zeigt keine signifikant unterschiedliche Performance der beiden Indizes. Garz et al. (2002) widmen sich der Analyse des Dow Jones Sustainability Index Europe und finden eine geringe, aber noch leicht signifikante Outperformance zum DJ-STOXX-600-Index.

Eine umfassende Analyse von insgesamt 29 SRI-Aktienindizes wird von M. Schröder (2007) durchgeführt. Unter Verwendung von Multifaktormodellen werden Einzelgleichungen und Systeme von Gleichungen geschätzt, um die Performance der SRI-Indizes zu quantifizieren. Dabei werden jeweils individuelle Benchmark-Indizes verwendet, die in etwa der Hälfte der Fälle von den SRI-Indexbetreibern auch als offizielle Benchmark angegeben werden. Das Ergebnis zeigt, dass sich die (risikoadjustierte) Performance der SRI-Indizes nicht signifikant von derjenigen der Benchmarkindizes unterscheidet. Allerdings ergibt sich, dass durch die spezielle SRI-Auswahl das Risiko der SRI-Indizes höher ist als dasjenige der Benchmarks.

Im Folgenden werden die Ergebnisse eigener Untersuchungen dargestellt, bei denen die Methodik der synthetischen Long-/Short-Portfolios von Derwall et al. (2005) sowie Kempf und Osthoff (2007) angewandt wird. Dabei wird die Performance von synthetischen Portfolios untersucht, die mit Hilfe der Nachhaltigkeitsratings der *Bank Sarasin* für USA und Europa konstruiert wurden.

Zunächst werden auf Basis der Ratings von Bank Sarasin Portfolios mit „gut" und „schlecht" gerateten Unternehmen in Europa und den USA erstellt und mit Multifaktormodellen ökonometrisch untersucht. Diese Analyse bietet eine zweifache Erweiterung der Studien von Derwall et al. (2005) und Kempf und Osthoff (2007). Zum einen wird für die USA die gleiche Analyse mit den Ratings von Bank Sarasin durchgeführt. Zum anderen werden die Sarasin-Ratings auch für europäische Unternehmen getestet. Auf diese Weise kann die Robustheit der bisherigen Studien, die die Ratings von Innovest bzw. KLD verwendeten, analysiert werden und außerdem werden Unterschiede in der Aussagekraft der Sarasin-Ratings zwischen den Regionen USA und Europa quantifiziert.

Bank Sarasin verwendet sowohl Ratings von Branchen als auch Unternehmensratings nach dem Best-in-Class-Verfahren.[216] Die Unternehmensratings werden dabei relativ zum jeweiligen Sektordurchschnitt definiert. Den Ratings liegt jeweils eine Skala von 1 (tief) bis 5 (hoch) zugrunde.

Bank Sarasin kombiniert die Branchen- und Unternehmensratings zu einem *investierbaren Universum* von Unternehmen, das in Abbildung 12 grau unterlegt dargestellt ist.[217] Das investierbare Unternehmensuniversum besteht in den Branchen mit relativ tiefem Nachhaltigkeitsrating aus den vergleichsweise hoch gerateten Unternehmen, während in Branchen mit hohem Rating auch Unternehmen mit mittlerem Rating, also der Ratingstufe (3), berücksichtigt werden.

Abbildung 12: Nachhaltigkeitsmatrix Bank Sarasin

		Nachhaltigkeit der Branche				
		Tief (1)	(2)	(3)	(4)	Hoch (5)
Nachhaltigkeit des Unternehmens	Hoch (5)					
	(4)					
	(3)					
	(2)					
	Tief (1)					

Anmerkung: Graue Fläche = investierbares Aktienuniversum.

Aus den Unternehmen des investierbaren Universums wird ein Long-Portfolio gebildet, während alle anderen Unternehmen zu einem Short-Portfolio zusammengefasst werden. Die Untersuchung bezieht sich auf den Zeitraum von Januar 1996 bis Juli 2006. Vor 1996 hat Bank Sarasin keine Ratings erstellt. Die Portfolios werden so zusammengesetzt, dass entsprechend dem Rhythmus der Rating-

---

[216] Siehe www.sarasin.ch. Weitere Informationen zum Rating von Bank Sarasin finden sich in Plinke (2006, 2007).
[217] Abbildung 12 ist analog der Sarasin Sustainability-Matrix® aufgebaut: www.sarasin.ch/internet/iech/en/institutional_clients_the_sarasin_sustainability_matrix_iech.htm/.

erstellung halbjährlich alle relevanten Unternehmen berücksichtigt werden, für die ein Rating vorliegt. Allerdings werden die Ratings pro Unternehmen nur in größeren zeitlichen Abständen neu erstellt.

Um die Anzahl der Unternehmen, die zu einem Zeitpunkt *t* für die Portfoliobildung verfügbar sind, zu erhöhen, werden auch solche Unternehmen berücksichtigt, für die ein Rating im Zeitintervall von {(t - 2) bis (t + 2)} Jahren vorliegt. Das Rückdatieren der Ratings, also die Verwendung von zukünftigen Ratings, könnte ein Problem darstellen, da es unter Umständen die Performance verbessert („Backfill bias"). Derwall et al. (2005), die dieses Verfahren ebenfalls anwenden, können allerdings für ihre Studie zeigen, dass diese Rückdatierung zu keiner Verfälschung der Performance führt. Dies liegt vor allem an der relativ geringen zeitlichen Variabilität der Ratings, die in der Regel über eine längere Periode unverändert bleiben.

Da die Anpassung der Ratings von Bank Sarasin jeweils halbjährlich vorgenommen wird, bleibt die Zusammensetzung der Portfolios in den Perioden Januar bis Juni sowie Juli bis Dezember unverändert. Die Long- und Short-Portfolios sind jeweils gleichgewichtet.

Tabelle 77 und Tabelle 78 zeigen die Ergebnisse der Performanceregressionen für die Einzelportfolios und die Differenzportfolios für USA und Europa. Diesen Regressionen liegt jeweils die folgende Gleichung zugrunde, die auch von Derwall et al. (2005) und Kempf und Osthoff (2007) verwendet wird:

$$r_{Portfolio,t} = \alpha + \beta_1 r_{Markt,t} + \beta_2 r_{SMB,t} + \beta_3 r_{HML,t} + \beta_4 r_{MOM,t} + \varepsilon_t. \qquad (17)$$

Die erklärenden Faktoren für die (Excess-)Returns des jeweiligen Portfolios sind die vier Faktoren des Carhart (1997)-Modells, also die drei Faktoren des Fama-French-Modells[218] sowie der Momentumfaktor. Die Fama-French-Faktoren sind der Marktfaktor; der SMH-Faktor, der die Returnunterschiede zwischen kleinen und großen Unternehmen sowie der HML-Faktor, der die Returnunterschiede zwischen Unternehmen mit hoher und niedriger Relation von Buch- zu Marktwert quantifiziert. Der Momentumfaktor ist der vierte Faktor, er bildet die Returnunterschiede zwischen Unternehmen mit hohen und geringen Kursveränderungen in den zurückliegenden 12 Monaten ab. Für die USA werden die Faktorzeitreihen verwendet, die Kenneth French auf seiner Homepage zum Download zur Verfügung stellt.[219] Die Zeitreihen für Europa sind nach der gleichen Methode wie diejenigen für die USA konstruiert und in US-Dollar umgerechnet.[220]

---

218 Siehe Fama und French (1993). Als risikoloser Zins für die Berechnung der Excess-Returns fungiert der US-$ 1-Monats-Libor, Quelle: Goldman Sachs.
219 http://mba.tuck.dartmouth.edu/pages/faculty/ken.french/data_library.html
220 Die Zeitreihen für die Risikofaktoren für Europa sowie die Portfolios auf Basis der Ratings von Bank Sarasin wurden von Frau Eveline Schwegler vom Zentrum für Nachhaltige Unternehmens- und Wirtschaftspolitik (CCRS) der Universität Zürich im Rahmen des gemeinsamen Projektes „Performance von nachhaltigem Investment" (siehe www.zew.de/de/forschung/projekte.php3?action=detail&nr=611&abt=fm sowie Plinke, 2008)

Die Regressionsgleichung (17) wird dazu verwendet, die Performance des zu untersuchenden Portfolios zu ermitteln. Der Parameter α gibt dabei die Über- oder Unterperformance an, die das Portfolio bei Berücksichtigung der vier Risikofaktoren des Carhart-Modells erreicht.

Tabelle 77: Investierbares versus nichtinvestierbares Aktienuniversum: USA

Portfolio	α	β_1	β_2	β_3	β_4	Adj. R^2
Inv	0,0065 (3,05)***	1,0797 (18,9)***	-0,1503 (-2,14)**	-0,2335 (-2,50)**	-0,1032 (-2,51)**	0,84
Nicht-Inv	-0,0009 (-0,38)	0,9948 (18,5)***	-0,0975 (-2,43)**	0,2642 (3,32)***	-0,0867 (-1,62)	0,82
Inv minus Nicht-Inv	0,0074 (2,46)**	0,0849 (1,03)	-0,0529 (-0,70)	-0,4977 (-5,1)***	-0,0165 (-0,34)	0,33

Anmerkungen. Inv = Portfolio auf Basis des investierbaren Aktienuniversums, Nicht-Inv = Portfolios auf Basis des nichtinvestierbaren Aktienuniversums von Bank Sarasin, Inv minus Nicht-Inv = Differenz der Portfoliorenditen von Inv und Nicht-Inv. Alle Zeitreihen in US-Dollar. Die Signifikanztests beruhen auf Standardfehlern entsprechend Newey und West (1987). Signifikanzniveaus: *** = 1%, ** = 5%, * = 10%. Robuste t-Werte in ( ). Ergebnisse unter Verwendung von Gleichung 17. Schätzzeitraum: Juni 1997 bis Dezember 2006.

Die Ergebnisse für die USA (siehe Tabelle 77) zeigen eine hoch signifikante Outperformance des Portfolios Inv, das die Aktien des investierbaren Universums von Bank Sarasin enthält.[221] Portfolio Nicht-Inv, welches das nichtinvestierbare Aktienuniversum abbildet, weist zwar einen negativen Wert für α auf, dieser ist jedoch nicht signifikant. Das aus diesen beiden Portfolios gebildete Differenzportfolio zeigt für den gesamten Zeitraum von Juli 1997 bis Dezember 2006 eine signifikante und mit etwa 9,0% pro Jahr auch sehr hohe Outperformance. Diese Outperformance des Differenzportfolios ist höher als die in Derwall et al. (2005) sowie Kempf und Osthoff (2007) dokumentierten Werte, allerdings ist die Größenordnung sehr ähnlich wie die unter bestimmten Spezifikationen maximal erreichten Outperformance-Werte in diesen beiden Publikationen.

Interessant ist, dass die Outperformance, genauso wie in Derwall et al. (2005) und Kempf und Osthoff (2007), im Wesentlichen aus der Performance von Portfolio Inv resultiert, also desjenigen Portfolios, das die Aktien mit hohem Nachhaltigkeitsrating umfasst.

Wie Tabelle 78 für die Europa-Portfolios zeigt, weist auch hier Portfolio Inv eine signifikante Outperformance auf. Allerdings ist Parameter α in Bezug auf das Differenzportfolio (Inv minus Nicht-Inv) nicht signifikant von null verschieden.

---

konstruiert und für diese Analysen bereitgestellt. Mein Dank gebührt daher ganz besonders Frau Schwegler vom CCRS für die zeitraubenden Vorarbeiten sowie Herrn Plinke von Bank Sarasin für das Zurverfügungstellen der Nachhaltigkeitsratings.

221 Vgl. hierzu auch Abbildung 12.

Ein Hedgefonds, der in *Inv* investiert und Portfolio *Nicht-Inv* leerverkauft, hätte somit im Gesamtzeitraum von Juli 1997 bis Juni 2006 keine von null verschiedene durchschnittliche Performance erwirtschaftet. Eine bemerkenswerte Übereinstimmung mit den Resultaten für die USA ist jedoch, dass auch für Europa das aus den hoch gerateten Aktien bestehende Portfolio *Inv* eine signifikante Outperformance erreicht.

Tabelle 78: Investierbares versus nichtinvestierbares Aktienuniversum: Europa

Portfolio	α	β_1	β_2	β_3	β_4	Adj. R^2
Inv	0,0040	1,0936	0,3718	0,0045	-0,0948	0,94
	(2,71)***	(29,8)***	(6,52)***	(0,07)	(-2,9)***	
Nicht-Inv	0,0021	0,9811	0,4090	0,2270	-0,0504	0,94
	(1,13)	(31,3)***	(7,81)***	(3,36)***	(-1,54)	
Inv minus Nicht-Inv	0,0018	0,1125	-0,0371	-0,2225	-0,0444	0,15
	(0,80)	(2,07)**	(-0,52)	(-4,1)***	(-0,85)	

Anmerkungen: *Inv* = Portfolio auf Basis des investierbaren Aktienuniversums, *Nicht-Inv* = Portfolios auf Basis des nicht-investierbaren Aktienuniversums von Bank Sarasin, *Inv minus Nicht-Inv* = Differenz der Portfoliorenditen von *Inv* und *Nicht-Inv*. Alle Zeitreihen in US-Dollar. Die Signifikanztests beruhen auf Standardfehlern entsprechend Newey und West (1987). Signifikanzniveaus: *** = 1%, ** = 5%, * = 10%. Robuste t-Werte in ( ). Ergebnisse unter Verwendung von Gleichung 17. Schätzzeitraum Juli 1997 bis Juni 2006.

Weitergehende Analysen geben Aufschluss darüber, welche Bestandteile der Nachhaltigkeitsmatrix von Bank Sarasin – die Branchenratings oder die Best-in-Class-Unternehmensratings – die Haupttreiber für die Performance darstellen. Hierzu werden Portfolios gebildet, die entweder nur auf den Branchenratings oder nur den Unternehmensratings aufbauen. Die Schätzergebnisse für diese Portfolios zeigen (siehe Tabelle 79), dass die Performance vor allem durch die *Branchenratings* zustande kommt und nicht durch die Best-in-Class-Unternehmensratings. Für USA weist das Branchenportfolio für die hohen Ratings eine signifikante Outperformance auf und ebenso das entsprechende Differenzportfolio. Bei den Portfolios auf Basis der Unternehmensratings sind die α-Parameter für das Portfolio mit den hohen Ratings und das Differenzportfolio hingegen insignifikant. Interessanterweise hat hingegen das Unternehmensportfolio für die *niedrigen* Ratings eine leicht signifikante Outperformance. Auch die Ergebnisse für die Europa-Portfolios weisen darauf hin, dass die *Branchenratings* die entscheidenden Performancetreiber sind.

Es besteht hierbei durchaus die Möglichkeit, dass die guten Ergebnisse des investierbaren Universums der Bank Sarasin nicht nur auf die Nachhaltigkeitsbewertung zurückzuführen sind, sondern darauf, dass durch die Ratings ein mittel- oder langfristiger *Branchentrend* abgebildet wird, der die Entwicklung der volkswirtschaftlichen Bedeutung der Wirtschaftssektoren erfasst.

Tabelle 79: α-Parameter für Branchen- und Unternehmensratings

Portfolio	Zeitraum	Hohes Rating (5) und (4)	Niedriges Rating (1) und (2)	Differenzportfolio
USA				
Branchen	07/1997– 12/2006	0,0064 (2,07)**	-0,0036 (-1,26)	0,0105 (2,16)**
Unternehmen	01/1998– 12/2006	0,0037 (1,40)	0,0044 (1,71)*	-0,0007 (-0,28)
Europa				
Branchen	07/1997– 06/2006	0,0072 (1,92)*	0,0013 (0,64)	0,0059 (1,19)
Unternehmen	07/1997– 06/2006	0,0019 (1,27)	0,0023 (1,28)	-0,0003 (-0,17)

Anmerkungen: Die Signifikanztests beruhen auf Standardfehlern entsprechend Newey und West (1987). Signifikanzniveaus: *** = 1%, ** = 5%, * = 10%. Robuste t-Werte in ( ). Alle Zeitreihen in US-Dollar.

In diesem Fall würde der Zusammenhang zwischen Nachhaltigkeit und guter Performance (zumindest teilweise) nur eine Scheinkorrelation darstellen. Einen Hinweis auf die Anwendbarkeit dieser Interpretation geben die Sarasin-Ratings der einzelnen Branchen. So haben die relativ jungen Sektoren Erneuerbare Energien, Software und Telekommunikation das beste Nachhaltigkeitsrating, gefolgt von Gesundheitsdienstleistungen, Medien und Kommunikation, Umwelttechnik, Versicherungen und Wasserversorgern. Die „alten" Branchen Automobil, Bauindustrie, Chemie, Energie, Energieversorger, Metallerzeuger und Transport erhalten hingegen die schlechteste Bewertung.[222]

Eine weitere wichtige Frage betrifft die *zeitliche Stabilität* der Resultate. Abbildung 13 zeigt die t-Werte der α-Parameter auf Basis des Carhart-Modells (vgl. Gleichung (17)) für rollierende 3-Jahres-Intervalle für das Differenzportfolio (*Inv minus Nicht-Inv*). Die t-Werte sind heteroskedatie- und autokorrelationskonsistent mit dem Verfahren von Newey und West (1987) geschätzt.

Der Verlauf der t-Werte zeigt erhebliche Veränderungen im Zeitverlauf. Für die USA sind die t-Werte am Anfang und am Ende des Beobachtungszeitraums positiv und auf dem 5%-Niveau signifikant, dazwischen – etwa in der Periode, in der die sogenannte Technologieblase entstand und platzte – jedoch nicht. Im Intervall von Januar 2000 bis Dezember 2002 ist der Schätzwert sogar negativ. Für die t-Werte des europäischen Differenzportfolios ergibt sich ein fallender Verlauf, wobei sie in keinem Intervall signifikant auf dem 5%-Niveau sind. Ab der Mitte des Beobachtungszeitraumes verlaufen die Schätzwerte deutlich im negativen Bereich.

---

[222] Siehe Plinke (2006: 15f).

Abbildung 13: t-Werte für α für rollierende 3-Jahres-Intervalle für das Differenzportfolio (*Inv minus Nicht-Inv*)

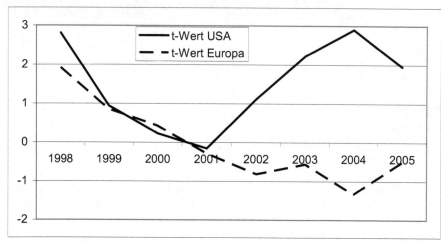

Anmerkungen: Robuste t-Werte auf Basis des Verfahrens von Newey und West (1987). Schätzung von Gleichung (17) für rollierende 3-Jahres-Intervalle. Die angegebenen t-Werte sind jeweils dem mittleren Jahr des Intervalls zugewiesen. Das erste Intervall für USA und Europa sowie das letzte Intervall für Europa enthalten aufgrund der Datenverfügbarkeit 30 Beobachtungen, alle anderen Intervalle jeweils 36 Beobachtungen. Der kritische Wert für das 5%-Signifikanzniveau bei 36 Beobachtungen ist gleich 2,028.

Die Ergebnisse für die rollierenden 3-Jahres-Intervalle relativieren die für den Gesamtzeitraum gefundene Outperformance. Betrachtet man die zweite Hälfte des Beobachtungszeitraumes (Jan. 2002 bis Dez. 2006), so ergibt sich für die USA nur noch eine Outperformance des Portfolios *Inv* von durchschnittlich 3,6% pro Jahr, also weniger als die Hälfte des Wertes, der für den Gesamtzeitraum ermittelt wurde (vgl. Tabelle 77). Die Outperformance des Differenzportfolios beträgt im Zeitraum ab 2002 im Durchschnitt etwa 6% pro Jahr im Vergleich zu 9% für die Gesamtperiode. Wie Abbildung 13 zeigt, unterliegt diese Outperformance erheblichen Schwankungen, sodass es schwer fällt, eine Prognose für die Zukunft zu erstellen. Für die Europa-Portfolios ergeben sich insgesamt deutlich schlechtere Ergebnisse als für die USA. Die für das Portfolio *Inv* für den Gesamtzeitraum gefundene Outperformance verschwindet in der zweiten Hälfte der Beobachtungsperiode und wird sogar leicht negativ.

Im Vergleich zu Derwall et al. (2005) und Kempf und Osthoff (2007) führen die Resultate auf Basis der Nachhaltigkeitsratings von Bank Sarasin zu einigen wichtigen Übereinstimmungen, aber auch einigen interessanten Unterschieden. Übereinstimmend mit diesen zwei Studien zeigen die Ergebnisse eine signifikante Outperformance für die *USA*, die durch die am besten gerateten Unternehmen bestimmt wird. Allerdings ergibt sich diese Outperformance nur für die *Branchenratings* von Bank Sarasin, nicht für die Best-in-Class-Ratings. Dies ist ein markanter Unterschied zu den beiden anderen Untersuchungen, die für die Best-in-Class-Unternehmensratings eine signifikante Outperformance feststellen.

Interessant ist, dass sich die signifikanten Resultate für die USA für *gleichgewichtete* Portfolios ergeben. Derwall et al. (2005) finden eine Outperformance nur für kapitalisierungsgewichtete Portfolios, jedoch nicht für gleichgewichtete. In der Studie von Kempf und Osthoff (2007) ergeben sich jedoch auch für gleichgewichtete Portfolios signifikante Überrenditen.

Für die Robustheit der Schätzresultate auf Basis der Ratings von Bank Sarasin spricht, dass nicht nur für die USA eine signifikante Outperformance gefunden wird, sondern auch für dasjenige Europa-Portfolio, das die Unternehmen mit den hohen Branchenratings enthält. Allerdings zeigen die Schätzungen für die rollierenden 3-Jahres-Intervalle, dass die *zeitliche Stabilität* der Performance ein erhebliches Problem darstellt.

Die meisten der existierenden SRI-Aktienindizes sind nach dem Best-in-Class Ansatz konstruiert, wobei die „gut" gerateten Unternehmen entsprechend mit einem besonders hohen Gewicht in die Indizes eingehen. Eine Überprüfung der Resultate von Derwall et al. sowie Kempf und Osthoff für Best-in-Class-Portfolios müsste daher auch mit Hilfe von *SRI-Aktienindizes* möglich sein. Da die meisten dieser Aktienindizes aber nicht nur wenige sehr gut geratete Unternehmen enthalten, sondern auch eine große Anzahl eher mittelmäßig eingestufter Unternehmen, könnten die Ergebnisse dadurch deutlich verwässert werden. Dies zeigen auch Analysen von Kempf und Osthoff (2007) unter Verwendung der Top-50%. In diesem Fall finden die Autoren keine signifikante Outperformance mehr. Nach den Resultaten von Kempf und Osthoff sind die ermittelten Überrenditen umso höher, je stärker sich die SRI-Portfolios auf die am höchsten gerateten Unternehmen konzentrieren.

Entsprechend bestätigen die Analysen von M. Schröder (2007) zu 29 internationalen SRI-Aktienindizes die Vermutung, dass durch die breite Streuung dieser Indizes und die Einbeziehung auch solcher Unternehmen, die nur ein mittelmäßiges SRI-Rating aufweisen, die Performance ungünstig beeinflusst wird. Die Anwendung des Best-in-Class-Ansatzes und die damit einhergehende breite Diversifizierung fast aller dieser Indizes führt außerdem dazu, dass sich ihre Performance zu einem ganz erheblichen Teil durch die konventionellen Benchmark-Indizes erklären lässt.[223] Die meisten der in M. Schröder (2007) untersuchten 29 SRI-Indizes weisen damit eine sehr große Ähnlichkeit mit den verwendeten Benchmark-Indizes auf.

Für die vier SRI-Indizes, die in Kapitel E.2.3 im Rahmen stochastischer Simulationen weiter untersucht werden – DJSI Welt, FTSE4Good Global 100, Ethical

---

223 Die Excess-Returns von 25 der untersuchten 29 SRI-Aktienindizes können mit dem Marktmodell, also unter Verwendung nur eines einzigen konventionellen Benchmark-Indexes als erklärende Variable, entsprechend dem adjustierten R^2 zu mehr als 90% erklärt werden. Vgl. M. Schröder (2007).

Index Global und Naturaktienindex (NAI) – werden einige Analysen aus M. Schröder (2007) mit aktualisierten Daten erneut durchgeführt, um die Eigenschaften der Excess Returns detaillierter zu bestimmen. Alle vier Indizes sind weltweit ausgerichtet. Der DJSI Welt, der FTSE4Good Global sowie der Ethical Index Global sind nach dem Best-in-Class-Ansatz aufgebaut. Der Naturaktienindex nimmt dagegen eine spezielle Aktienauswahl vor, die zu einer Struktur führt, welche von üblichen weltweiten Aktienindizes stark abweicht. Im Folgenden wird eine kurze Übersicht zu den vier SRI-Aktienindizes gegeben:

- *DJSI Welt*: Der Index ist Teil der Dow-Jones-Sustainability-Index-Familie (www.sustainability-indexes.com) und ist einer der bekanntesten SRI-Indizes überhaupt. Er wird unter Verwendung der SRI-Ratings von SAM Group (Sustainable Asset Management, Zürich, www.sam-group.com) erstellt. Auflegungsdatum: September 1999. Der Index enthält mehr als 300 Unternehmen (März 2009: 318) aus dem Dow-Jones-Weltindex und ist nach dem Best-in-Class-Ansatz aufgebaut. Es werden keine Sektoren aus dem DJ-Weltindex ausgeschlossen.
- *FTSE4Good Global 100*: Der Index ist Teil der FTSE4Good-Index-Familie (www.ftse.com/Indices/FTSE4Good_Index_Series/). Er enthält 100 Unternehmen aus dem FTSE-All-World-Developed-Index. Die Auswahl der Unternehmen erfolgt nach den von FTSE entwickelten SRI-Kriterien. Die Strukturierung orientiert sich am Best-in-Class-Ansatz. Bestimmte Sektoren und Unternehmen werden allerdings nicht in den Index aufgenommen: Tabakproduzenten, Kernenergie, Waffenproduktion. Der Index existiert seit Juli 2001.
- *Ethical Index Global*: Der Index gehört zur ECPI-Index-Familie, die von E.Capital Partners, Mailand, erstellt wird (www.e-cpartners.com). Der Index enthält 300 Unternehmen mit hoher Marktkapitalisierung. Die Auswahlkriterien wurden von E.Capital Partners entwickelt. Die Struktur des Indexes wird nach dem Best-in-Class-Ansatz vorgenommen. Bestimmte Sektoren werden ausgeschlossen: Pornografie, Rüstung, Kernenergie, Alkohol, Glücksspiel, Tabak. Außerdem werden Unternehmen ausgeschlossen, die gegen die Menschenrechte sowie das ILO-Protokoll verstoßen. Der Index wurde im Januar 2001 aufgelegt.
- *Naturaktienindex*: Der Index wird von Securvita (www.securvita.de), Hamburg, betrieben. Bei Auflegung (April 1997) bestand der Index zunächst aus 20 Aktien, Anfang 2003 wurde die Anzahl auf 25 erhöht und seit 1. Januar 2007 enthält der NAI 30 Aktien. Im Gegensatz zu den anderen drei SRI-Indizes besteht der NAI nur aus relativ wenigen, weltweit ausgewählten Aktien. Die im NAI enthaltenen Aktien werden gleichgewichtet. Die Auswahl der Unternehmen erfolgt nach den für den NAI entwickelten SRI-Kriterien (www.nai-index.com). Bestimmte Branchen werden nicht berücksichtigt, beispielsweise Atomenergie, Rüstungsproduktion, Anwendung von Gentechnologie. Ausschlusskriterien sind ebenso die Diskriminierung von Frauen, sozialen und ethnischen Minderheiten, Kinderarbeit, das Unterbinden

gewerkschaftlicher Aktivitäten etc. Der Index ist zwar kein Best-in-Class-Index, aber es wird eine Streuung nach Ländern und Branchen vorgenommen. Die Performanceschätzungen werden mit den Total-Return-Indizes in Euro durchgeführt. Diese Indizes enthalten im Gegensatz zu Preisindizes alle Ausschüttungen an die Anleger. Nur der NAI ist ein Preisindex und wird entsprechend verwendet. Der DJSI Welt, der FTSE4Good Global sowie der Ethical Index Global sind kapitalisierungsgewichtet, der NAI ist gleichgewichtet.

Der Zeitraum der Schätzungen beginnt mit dem jeweiligen offiziellen Auflegungsdatum des Indexes. Wie M. Schröder (2007) zeigt, weisen die SRI-Indizes bei Verwendung von Perioden vor dem offiziellen Auflegungsdatum eine höhere Performance auf als danach. Dies trifft etwa auf den DJSI Welt und den FTSE4Good-Global-100-Index zu. Eine auf diese Weise bedingte positive Verzerrung der Performance wird auch als „Backfill Bias" bezeichnet. Es ist daher wichtig, die Indexzeitreihen erst ab dem offiziellen Auflegungsdatum zu verwenden, um keine nach oben verzerrten Performanceschätzungen zu erhalten.

Für die Schätzungen werden zwei Modelle verwendet, das Marktmodell sowie ein 3-Faktoren-Modell:

Marktmodell: $r_{Portfolio,t} = \alpha + \beta_1 r_{Markt,t} + \varepsilon_t$ (18)

3-Faktoren-Modell: $r_{Portfolio,t} = \alpha + \beta_1 r_{Markt,t} + \beta_2 r_{Small,t} + \beta_3 r_{ValGrowth,t} + \varepsilon_t$. (19)

Die Portfoliorenditen des zu untersuchenden Portfolios sowie des Marktindexes sind Excess Returns.[224] Die Schätz- und Testergebnisse werden in Tabelle 80 zusammengefasst.

Für das 3-Faktoren-Modell werden folgende Indizes von MSCI verwendet: Marktfaktor = MSCI-Weltindex, Small = weltweiter MSCI-Small-Cap-Index, ValGrowth= Differenz zwischen den weltweit ausgerichteten Indizes MSCI Value und MSCI Growth. Die MSCI-Indizes für Small-Caps, Value- und Growth-Aktien dienen als Ersatz für die Faktoren SMB und HML des Fama-French-Modells, die auf Weltebene nicht verfügbar sind.

Während der DJSI- und der Ethical-Index weder im Marktmodell noch im Fama-French-Modell eine signifikant abweichende Performance aufweisen, ergibt sich eine Unterperformance für den FTSE-Index im Marktmodell (siehe Tabelle 80). Diese Unterperformance ist allerdings auf vernachlässigte Einflussfaktoren zurückzuführen, da α im 3-Faktoren-Modell nicht mehr signifikant von null verschieden ist.

---

224 Als risikoloser Zins fungiert bei dieser Analyse der 1-Monats-Fibor bzw. der 1-Monats-Euribor (ab 1.1.1999).

Tabelle 80: Performanceanalyse von SRI-Aktienindizes

	Zeitraum	α	β_1	β_2	β_3	Adj. R^2	Spanning-Tests (Teststatistik F-Test) $\alpha=0$, $\beta_1=1$	$\alpha=0$, $\beta_1+\beta_2+\beta_3=1$
DJSI	10/1999–06/2006	-0,0003 (-0,33)	1,042 (38,91)***	–	–	0,956	1,218	–
	10/1999–06/2006	0,0004 (0,53)	1,085 (18,15)***	-0,061 (-1,25)	-0,093 (-1,43)	0,958	–	0,680
Ethical	02/2001–06/2006	-0,0007 (-1,26)	1,004 (87,16)***	–	–	0,987	1,117	–
	02/2001–06/2006	-0,0008 (-1,45)	0,9944 (54,35)***	0,0098 (0,498)	0,018 (0,32)	0,986	–	1,056
FTSE	08/2001–06/2006	-0,0029 (-2,72)***	1,026 (25,91)***	–	–	0,958	7,566***	–
	08/2001–06/2006	-0,0010 (-1,10)	1,357 (18,23)***	-0,318 (-5,42)***	-0,042 (-0,89)	0,980	–	0,610
NAI	04/1997–06/2006	0,009 (2,38)**	0,775 (9,88)***	–	–	0,467	6,50***	–
	04/1997–06/2006	0,006 (1,73)*	0,236 (1,61)	0,648 (5,10)***	0,449 (4,27)***	0,467	–	4,56**

Anmerkungen: Signifikanzniveaus: * = 10%, ** = 5%, *** = 1%. Schätz- und Testergebnisse für die Gleichungen 18 und 19. T-Werte auf Basis robuster Newey-West-Standardfehler in ( ). DJSI, Ethical und FTSE: Total-Return-Indizes, NAI: Preisindex; die Benchmark-Indizes sind ebenfalls Total-Return- bzw. Preisindizes. Alle Indizes in Euro. Der Schätzzeitraum beginnt mit dem offiziellen Auflegungsdatum des Indexes. Risikoloser Zins: 1-Monats-Fibor bzw. 1-Monats-Euribor (ab 1.1.1999).

Der im 3-Faktoren-Modell hoch signifikant negative Parameter β_2 zeigt, dass der FTSE-Index stärker als der MSCI-Index in Unternehmen mit besonders hoher Marktkapitalisierung gewichtet ist.

Alle drei SRI-Indizes – DJSI, Ethical und FTSE – sind breit diversifiziert und verhalten sich ganz ähnlich wie die Benchmark-Indizes. Dies zeigen die hohen Werte für das adjustierte R^2 sowie die Ergebnisse der Spanning-Tests.

Die Spanning-Tests untersuchen die gemeinsame Hypothese $H_0: \alpha = 0$ und $\beta_1 = 1$ im Falle des Marktmodells und $H_0: \alpha = 0$ und $\sum \beta_i = 1$ im Falle des 3-Faktoren-Modells.[225] Wenn die Nullhypothese der Spanning-Tests nicht verworfen werden kann, dann bedeutet dies, dass das untersuchte Portfolio durch eine Linearkombination der Benchmarkfaktoren repliziert werden kann. Die Anlage in dem Replikationsportfolio erwirtschaftet dann im Durchschnitt das gleiche Ergebnis wie die Anlage im untersuchten SRI-Portfolio, ohne Unterschiede bei Rendite oder Risiko. Die Testergebnisse finden sich in den beiden letzten Spalten von Tabelle 80.

Für den DJSI Welt, den FTSE4Good Global 100 sowie den Ethical Index Global werden die Spanning-Tests nicht verworfen und daher können diese drei SRI-Indizes durch die mit den geschätzten Parametern gewichteten Benchmark-Faktoren repliziert werden. Für DJSI und Ethical ist diese Replizierung schon alleine mit dem Marktindex möglich, für den FTSE durch die drei Faktoren des entsprechend erweiterten Modells.

Die große Ähnlichkeit dieser drei SRI-Indizes mit den konventionellen Benchmarks ist vor allem auf die Anwendung des Best-in-Class-Ansatzes zurückzuführen. Der Best-in-Class-Ansatz bewirkt, dass die Branchenstruktur der SRI-Indizes im Wesentlichen derjenigen der Benchmarks entspricht.[226]

Ganz anders sehen dagegen die Resultate für den NAI aus. Mit beiden Modellen ergibt sich eine signifikante und recht hohe Outperformance des Naturaktienindexes. Die Ergebnisse der Spanning-Tests zeigen, dass sich dieser Index nicht hinreichend gut durch die Benchmark-Indizes replizieren lässt, sondern vielmehr eine ganz eigene Aktienauswahl repräsentiert. Das vergleichsweise geringe adjustierte R^2 von 46,7% bestätigt diese Schlussfolgerung. Auch die sehr geringe Anzahl der im Index enthaltenen Aktien dürfte hierbei eine große Rolle spielen.

Entsprechend der Schätzung des Fama-French-Modells weist der NAI im Untersuchungszeitraum eine signifikante Outperformance von 0,6% (Fama-French-Modell) bis 0,9% pro Monat (Marktmodell) gegenüber den Benchmark-Indizes

---

225   Zur Methodik der Spanning-Tests siehe Huberman und Kandel (1987).
226   Eine extreme Form eines Best-in-Class-Ansatzes stellt das Verfahren von Milevsky et al. (2006) dar. Dabei werden SRI-Auswahlkriterien auf einen konventionellen Aktienindex angewandt, wobei der Absolutwert des Tracking Errors, also die Differenz zwischen den Returns des konventionellen Indexes und des neu konstruierten SRI-Indexes, minimiert wird. Das Ergebnis ist ein SRI-Index, der möglichst gut den konventionellen Aktienindex nachbildet.

auf. Er ist auch in der Studie von M. Schröder (2007) der einzige SRI-Index, der eine statistisch signifikante Outperformance erzielt.

Interessant sind beim NAI auch die Schätzwerte für die Parameter β_2 und β_3. Der positive und hoch signifikante Wert für β_2 bedeutet, dass der NAI stärker als der MSCI-Index in Unternehmen mit geringer Marktkapitalisierung investiert ist. Der ebenfalls positive und hoch signifikante Schätzwert von β_3 zeigt, dass der NAI im Vergleich mit dem MSCI-Index außerdem ein höheres Gewicht auf sogenannte Value-Aktien legt, also Aktien solcher Unternehmen, bei denen eine relativ hohe Relation von Buchwert zu Marktwert vorliegt.

Die Untersuchung der vier SRI-Indizes bestätigt indirekt die Schlussfolgerungen von Kempf und Osthoff (2007), die auf Basis der Innovest-Ratings durchgeführt wurden: eine spezielle Aktienauswahl, die an Nachhaltigkeitskriterien ausgerichtet ist, ist in der Lage, die Performance konventioneller Aktienanlagen zu übertreffen. Dazu scheint es aber notwendig zu sein, die Aktienauswahl strikt nach diesen Kriterien auszurichten und nur die am besten gerateten Unternehmen aufzunehmen. Wenn auch Unternehmen mit mittelmäßigem SRI-Rating in die Indizes aufgenommen werden, dann vermindert sich die Performance. Sie ist aber im Durchschnitt immerhin nicht schlechter als diejenige konventioneller Indizes.

Unterstützung finden die Ergebnisse zur Outperformance von Aktien, die auf Basis von Nachhaltigkeitsratings ausgewählt wurden, durch Untersuchungen aus verwandten Bereichen. Für Long-/Short-Aktienportfolios, die nach Bewertungen der Corporate Governance zusammengesetzt werden, findet Gompers et al. (2003) eine signifikante Outperformance der besonders „gut" gegenüber den besonders „schlecht" bewerteten US-Unternehmen. Edmans (2008) kann zeigen, dass die 100 US-Unternehmen mit den besten Arbeitsbedingungen eine signifikante Outperformance im Vergleich mit einer Kontrollgruppe von Unternehmen aufweisen, die sehr ähnliche allgemeine Charakteristika haben, aber schlechter hinsichtlich der Arbeitsbedingungen eingeschätzt werden.

Für das Vermögensmanagement von Stiftungen bedeuten die Resultate dieses Kapitels, dass die Auswahl von nachhaltigen Kapitalanlagen im Vergleich zu konventionellen Anlagen in der Regel zu keiner schlechteren (risikoadjustierten) Performance führen dürfte. Ein Zielkonflikt zwischen Vermögensverwaltung und Verwirklichung der satzungsmäßigen Stiftungszwecke, wie er von Kritikern wie etwa Ernst & Young (2003) vermutet wird, scheint somit nicht vorzuliegen. Das in Kapitel B.2.1 angeführte wichtigste Ziel, das eine Stiftung mit nachhaltigen Kapitalanlagen verfolgen könnte – die Vermeidung von Widersprüchen zwischen Vermögensverwaltung und Stiftungszwecken – kann auf Basis der vorliegenden Forschungsergebnisse erreicht werden, ohne eine signifikante Verminderung der risikoadjustierten Rendite in Kauf nehmen zu müssen, möglicherweise lässt sich sogar eine *Steigerung* der Renditen erzielen.

Eine gewisse Vorsicht bezüglich der zu erwartenden zukünftigen Performance von SRI-Aktien ist trotzdem angebracht. Ein Grund liegt darin, dass es Studien mit gegenteiligen Ergebnissen gibt, wie zum Beispiel die oben zitierte aktuelle Untersuchung von Galema et al. (2009), die zur Steigerung der risikoadjustierten Rendite die Investition in ein „Sin"-Portfolio und den Leerverkauf eines „Social"-Portfolios empfiehlt. Ein zweiter Grund für eine vorsichtige Beurteilung ist das Fehlen eines klaren Wirkungsmechanismus, der die insbesondere für die Long-/Short-Portfolios für die USA sehr hohe Outperformance gegenüber konventionellen Anlagen befriedigend erklären könnte. Es kann daher nicht ausgeschlossen werden, dass es sich um eine Art Scheinkorrelation handelt, die den Einfluss eines im Rahmen der Analysen nicht identifizierten weiteren Faktors wie etwa die wechselnde gesamtwirtschaftliche Bedeutung der einzelnen Branchen abbildet.

Schließlich sollte auch nicht außer Acht gelassen werden, dass die verfügbaren Zeitreihen der Nachhaltigkeitsratings sowie der SRI-Aktienindizes und SRI-Fonds noch relativ kurz sind, wodurch die statistische Belastbarkeit von Performanceanalysen eingeschränkt ist.

E.2.2 Weitere Eigenschaften der Renditeverteilungen

In diesem Kapitel stehen weitere vertiefende Analysen der Renditeverteilungen der SRI-Aktienindizes sowie der Sarasin-Portfolios im Mittelpunkt. Während im vorangegangenen Kapitel E.2.1 die Performance untersucht wurde, werden hier spezielle Eigenschaften der Indexzeitreihen betrachtet: die Sensitivität bezüglich makroökonomischer Einflussfaktoren sowie die sektorale Ausrichtung der Indizes mit Hilfe einer Investmentstil-Analyse.

E.2.2.1 Sensitivität bezüglich makroökonomischer Faktoren

Die Analysen dieses Kapitels sollen zeigen, ob die SRI-Indizes und die Sarasin-Portfolios eine besondere Sensitivität hinsichtlich wichtiger makroökonomischer Faktoren aufweisen. Dies ist eine nützliche Information, um einschätzen zu können, inwieweit diese Indizes und Portfolios spezielle Risiken gegenüber makroökonomischen Entwicklungen aufweisen. Die dabei verwendeten Makrofaktoren sind: der Preis für Rohöl, die Industrieproduktion USA sowie langfristige und kurzfristige US-Zinsen.[227] Diese Faktoren wurden deshalb gewählt, weil für sie eine Wirkung vermutet werden kann, die sich nicht nur auf die Vereinigten Staaten, sondern auch auf Europa bezieht und insgesamt eine globale Ausstrahlung besitzt. Auch für die weltweit ausgerichteten SRI-Aktienindizes sollten diese Faktoren daher von Bedeutung sein.

---

227 Die makroökonomischen Faktoren sind: Rohölpreis (= Preis von Brent Oil) in US-Dollar; Industrieproduktion USA für das gesamte Verarbeitende Gewerbe, saisonbereinigt; US-Treasury-Renditen für eine Restlaufzeit von zehn Jahren, US-Treasury-Bill-Renditen für eine Laufzeit von drei Monaten.

Der Rohölpreis (*Oil*) soll zeigen, ob die SRI-Anlagepolitik möglicherweise von einem steigenden Ölpreis profitiert, beispielsweise durch eine Ausrichtung an Solarenergie und entsprechenden Vorprodukten. Da zu vermuten ist, dass die Nachfrage nach diesen Produkten mit höherem Ölpreis zunimmt und damit auch die Gewinnmargen dieser Sektoren, könnten die Kurse der Aktien aus dem Bereich der erneuerbaren Energien steigen, wenn der Ölpreis zunimmt.

Der Index der US-Industrieproduktion (*USIP*) repräsentiert die US-Konjunktur und damit einen wichtigen Einflussfaktor auf die Weltkonjunktur. Die beiden US-Zinsen mit Laufzeit zehn Jahre (*USZ10*) und drei Monate (*USZ3M*) sind zentrale Faktoren der weltweiten Zinsentwicklung.

Tabelle 81 zeigt die Schätzergebnisse für die Faktoren auf der Basis eines 3-Faktoren-Modells, das auch den Schätzergebnissen von Tabelle 80 zugrunde liegt. Gleichung (19) wird dabei um die aufgeführten vier makroökonomischen Faktoren erweitert:[228]

$$r_{Portfolio,t} = \alpha + \beta_1 r_{Markt,t} + \beta_2 r_{Small,t} + \beta_3 r_{ValGrowth,t} +$$
$$+ \beta_4 \Delta \log(Oil_t) + \beta_5 \Delta \log(USIP_t) + \beta_6 \Delta \log(1 + USZ10_t) + \quad (20)$$
$$+ \beta_7 \Delta \log(1 + USZ3M_t) + \varepsilon_t$$

Die makroökonomischen Faktoren werden in Form der logarithmischen Differenzen zum Vormonat verwendet.

Es zeigt sich, dass von den vier untersuchten SRI-Aktienindizes nur der FTSE4Good Global 100 eine signifikante Sensitivität aufweist, und zwar bezüglich des kurzfristigen US-Zinses (siehe den Schätzwert für β_7 in Tabelle 81).

Das negative Vorzeichen bedeutet, dass der FTSE bei einer Zinserhöhung deutlich stärker negativ reagiert als die im Modell berücksichtigten Benchmark-Indizes. Der FTSE weist somit – bedingt durch die spezielle Aktienauswahl dieses Indexes – im Beobachtungszeitraum ein besonderes Risiko in Bezug auf die US-Geldpolitik auf. Die anderen drei SRI-Indizes reagieren hingegen nicht signifikant anders auf Veränderungen der makroökonomischen Faktoren als die Benchmark-Indizes.

Die beiden folgenden Tabellen 82 und 83 zeigen die Schätzergebnisse für die Branchen- und Unternehmensportfolios USA und Europa, die unter Verwendung der Nachhaltigkeitsratings der Bank Sarasin erstellt worden sind. Die Portfoliokonstruktion entspricht der im vorangegangenen Kapitel E.2.1 dargestellten Vorgehensweise. Für die Schätzung der makroökonomischen Sensitivitäten wird das den Tabellen 77 und 78 zugrunde liegende Carhart-Modell (Gleichung (17)) um die vier makroökonomischen Faktoren ergänzt:

---

228 Für das 3-Faktor-Modell werden folgende Indizes von MSCI verwendet: Marktfaktor = MSCI-Weltindex, Small = MSCI-Small-Cap-Index, ValGrowth = Differenz zwischen dem MSCI-Value-Index und dem MSCI-Growth-Index. Die MSCI-Indizes für Small Caps, Value- und Growth-Aktien dienen als Ersatz für die Faktoren SMB und HML des Fama-French Modells, die auf Weltebene nicht verfügbar sind.

$$r_{Portfolio,t} = \alpha + \beta_1 r_{Markt,t} + \beta_2 r_{SMB,t} + \beta_3 r_{HML,t} + \beta_4 r_{MOM,t} +$$
$$+ \beta_5 \Delta \log(Oil_t) + \beta_6 \Delta \log(USIP_t) + \beta_7 \Delta \log(1 + USZ10_t) +$$ (21)
$$+ \beta_8 \Delta \log(1 + USZ3M_t) + \varepsilon_t$$

Tabelle 81: Makroökonomische Sensitivitäten von SRI-Indizes

	β_4	β_5	β_6	β_7
DJSI	-0,019 (-1,25)	-0,190 (-0,96)	-0,140 (-0,29)	-0,078 (-0,20)
Ethical	8,46E-05 (0,01)	0,136 (1,23)	0,386 (1,10)	-0,553 (-1,20)
FTSE	-0,004 (-0,44)	0,279 (1,27)	0,193 (0,66)	-0,993 (-2,83)***
NAI	0,006 (0,16)	0,400 (0,65)	1,680 (1,04)	2,714 (0,991)

Anmerkungen: Signifikanzniveaus: * = 10%, ** = 5%, *** = 1%. T-Werte auf Basis robuster-Newey-West-Standardfehler in ( ). DJSI, Ethical und FTSE: Total-Return-Indizes, NAI: Preisindex; die Benchmark-Faktoren sind entsprechend Total-Return- bzw. Preisindizes. Alle Indizes in Euro. Risikoloser Zins: 1-Monats-Fibor bzw. 1-Monats-Euribor (ab 1.1.1999). Schätzzeiträume siehe Tabelle 80. Alle Ergebnisse unter Verwendung von Gleichung 20.

Tabelle 82: Makroökonomische Sensitivitäten der Sarasin-Portfolios USA

	β_5	β_6	β_7	β_8
Branchenportfolios				
Hohes Rating, (5) und (4)	-0,040 (-1,35)	-0,570 (-0,82)	0,696 (0,56)	-1,302 (-0,61)
Niedriges Rating, (1) und (2)	0,041 (1,20)	-0,383 (-0,83)	0,984 (0,93)	1,089 (0,875)
Differenzportfolio	-0,100 (-1,79)*	-0,656 (-0,81)	-0,778 (-0,44)	-1,142 (-0,50)
Unternehmensportfolios				
Hohes Rating, (5) und (4)	-0,039 (-1,47)	0,090 (0,17)	1,657 (1,70)*	0,162 (0,08)
Niedriges Rating, (1) und (2)	-0,009 (-0,33)	-0,564 (-0,81)	0,648 (0,61)	0,340 (0,18)
Differenzportfolio	-0,003 (-0,09)	0,552 (0,98)	2,137 (1,61)	-1,344 (-0,67)

Anmerkungen: Signifikanzniveaus: * = 10%, ** = 5%, *** = 1%; T-Werte auf Basis robuster Newey-West-Standardfehler in ( ); Schätzzeiträume: für Branchenportfolios = Juli 1997 bis Dez. 2006, für Unternehmensportfolios: Jan. 1998 bis Dez. 2006. Alle Zeitreihen in US-Dollar. Alle Ergebnisse unter Verwendung von Gleichung 21.

Bei den Sarasin-Portfolios für die USA zeigen sich nur zwei schwach signifikante Einflüsse makroökonomischer Faktoren (vgl. Tabelle 82): das Differenzportfolio für die Branchen, aber nicht die entsprechenden Einzelportfolios, reagiert signifikant negativ auf eine Zunahme des Rohölpreises und das Portfolio für die hohen Best-in-Class-Unternehmensratings ist weniger sensitiv bezüglich des langfristigen US-Zinses als die Benchmarkfaktoren.

Für die Europa-Portfolios ergeben sich etwas zahlreichere signifikante Einflüsse der makroökonomischen Faktoren (siehe Tabelle 83). Das Differenzportfolio auf Basis der Branchenratings zeigt die gleiche negative Reagibilität bezüglich des Ölpreises wie das entsprechende Differenzportfolio für die USA. Interessanterweise weist das Differenzportfolio für die Unternehmensratings eine Sensitivität zum Ölpreis mit positivem und damit genau dem umgekehrten Vorzeichen auf.

Tabelle 83: Makroökonomische Sensitivitäten der Sarasin-Portfolios Europa

	β_5	β_6	β_7	β_8
Branchenportfolios				
Hohes Rating, (5) und (4)	-0,025 (-1,03)	0,342 (0,65)	1,128 (0,98)	1,248 (0,98)
Niedriges Rating, (1) und (2)	0,029 (1,75)*	-0,075 (-0,23)	-0,499 (-0,61)	-0,265 (-0,33)
Differenzportfolio	-0,054 (-1,79)*	0,418 (0,54)	1,627 (0,95)	1,513 (0,94)
Unternehmensportfolios				
Hohes Rating, (5) und (4)	0,0158 (0,77)	-0,150 (-0,62)	1,247 (2,00)**	0,343 (0,50)
Niedriges Rating, (1) und (2)	-0,026 (-1,683)*	0,530 (1,72)*	0,871 (1,41)	-0,804 (-0,87)
Differenzportfolio	0,042 (1,72)*	-0,680 (-2,32)**	0,376 (0,52)	1,147 (1,15)

Anmerkungen: Signifikanzniveaus: * = 10%, ** = 5%, *** = 1%; T-Werte auf Basis robuster Newey-West-Standardfehler in ( ); Schätzzeitraum: Juli 1997 bis Juni 2006. Alle Zeitreihen in US-Dollar. Alle Ergebnisse unter Verwendung von Gleichung 21.

Das Portfolio für Aktien mit hohen Unternehmensratings hat genauso wie das entsprechende US-Portfolio eine geringere Sensitivität zum langfristigen US-Zins als die Benchmarks. Außerdem scheint eine schwach signifikante Konjunkturreagibilität beim Europaportfolio (Unternehmensportfolio, niedriges Rating) und dem dazugehörigen Differenzportfolio vorzuliegen.

Insgesamt ergeben sich somit einige interessante Übereinstimmungen zwischen den Sarasin-Portfolios für Europa und USA, die auf einen gemeinsamen makroökonomischen Faktoreinfluss bei der Portfoliokonstruktion hindeuten. Die speziellen Sensitivitäten zeigen außerdem, bezüglich welcher makroökonomischen Faktoren ein besonderes Risikoexposure besteht, das von demjenigen der Benchmark-Indizes abweicht.

E.2.2.2 Investmentstil-Analyse

In diesem Kapitel wird eine Investmentstil-Analyse durchgeführt, das heißt, es wird untersucht, ob die vier SRI-Aktienindizes – DJSI Welt, FTSE4Good Global 100, Ethical Index Global und NAI – spezielle sektorale Strukturen aufweisen, die vom MSCI-Weltindex abweichen. Dies kann Aufschluss geben, ob die SRI-Aktienindizes eine spezielle sektoral ausgerichtete Anlagepolitik betreiben. In Kombination mit der Performanceanalyse und den Spanning-Tests (Kapitel E.2.1) sowie den Ergebnissen zu Sensitivitäten bezüglich makroökonomischer Faktoren (Kapitel E.2.1) ist die Investmentstil-Analyse ein weiterer wichtiger Baustein zur vergleichenden Beurteilung der SRI-Aktienindizes.

Als Verfahren zur Identifizierung der sektoralen Strukturen wird die von William Sharpe entwickelte Methode zur Analyse des Investmentstils („Style Analysis") verwendet.[229]

Die dabei eingesetzte Basisgleichung sieht folgendermaßen aus:

$$r_{SRI,t} = \sum_{i=1}^{10} \beta_i r_{i,t} + \varepsilon_t, \; mit \; \sum_i \beta_i = 1 \; und \; \beta_i \geq 0, \; \forall i.$$

Die Returns des zu untersuchenden SRI-Portfolios werden in unserem Falle in die *zehn* Returns der Investmentstil-Indizes aufgespalten. Dies geschieht durch Minimierung der Summe der quadrierten ε-Werte, die auch als „tracking error" bezeichnet werden: $\min_{\beta} \sum_t (\varepsilon_t^2)$.

Bei der Lösung des Minimierungsproblems sind zwei Nebenbedingungen einzuhalten: die Summe der β-Parameter der Investmentstil-Indizes muss gleich eins sein und jeder einzelne Parameter darf nicht negativ werden.

Die resultierenden zehn Parameter legen das am besten zum jeweiligen SRI-Index passende Portfolio als Linearkombination der zugrunde liegenden Investmentstil-Indizes $r_{i,t}$ fest. Die β-Parameter können unter den gegebenen Restriktionen direkt als Portfoliogewichte interpretiert werden.

DeRoon et al. (2002) zeigen, dass die von Sharpe entwickelte Methode sehr gut geeignet ist, den tatsächlichen Investmentstil zu ermitteln, sofern sich die untersuchten Portfolios durch ausschließlich nichtnegative Gewichte in Bezug auf die einzelnen Portfoliobestandteile auszeichnen. In diesem Fall liefert die Methode von Sharpe unverzerrte Schätzungen des Investmentstils, was sogar zu besseren Ergebnissen führt als die konkrete Aktienzusammensetzung, da die Korrelationen zwischen den einzelnen Benchmark-Indizes bei der Investmentstil-Analyse berücksichtigt werden.

Die in Tabelle 84 und 85 zusammengefassten Ergebnisse verwenden zehn MSCI-Welt-Sektorindizes, um den Investmentstil abzubilden. „Investmentstil" bezieht sich also auf die sektorale Zusammensetzung der SRI-Indizes. MSCI verwendet eine sehr differenzierte Klassifikation der Sektoren, die auf dem Glo-

---

[229] Vgl. Sharpe (1992) sowie DeRoon et al. (2002).

bal Industry Classification Standard (GICS) aufbaut. Eine detaillierte Darstellung findet sich unter www.mscibarra.com/products/gics/. Die Verwendung stärker disaggregierter Branchenstrukturen ist im Rahmen dieser Analyse nicht sinnvoll, da sonst zu wenige Daten für die Schätzungen vorliegen würden.

Für die Durchführung der Investmentstil-Analyse werden die zehn Sektoren der höchsten Aggregationsstufe verwendet. Es sind dies dies: (1) Energie, (2) Rohstoffe, (3) Verarbeitendes Gewerbe, (4) Konsumgüter, (5) Langlebige Konsumgüter, (6) Gesundheitswesen, (7) Finanzdienstleistungen, (8) Informationstechnologie, (9) Telekommunikation und (10) Versorger.

Für die drei SRI-Indizes DJSI Welt, FTSE4Good Global 100 sowie den Ethical Index Global werden die Sektorindizes in Form von Total-Return-Indizes verwendet, im Falle des Naturaktienindexes werden Preisindizes genutzt. Die mit der gleichen Methodik ermittelte Sektoraufteilung des MSCI-Weltindexes dient als Vergleichsmaßstab.

Die in Tabelle 84 dokumentierten Ergebnisse beruhen auf einem Schätzzeitraum, der jeweils den maximal möglichen Zeitraum nutzt, für den eine Analyse möglich ist. Da die MSCI-Sektorindizes erst ab Januar 1995 verfügbar sind, ist dieses Datum der frühestmögliche Beginn des Schätzzeitraums.

Die Resultate von Tabelle 85 zeigen die Schätzungen für den für alle Indizes gleichen Zeitraum von Februar 2001 bis Juni 2006. Diese zweite Analyse dient zum einen der besseren Vergleichbarkeit der Investmentstile und zum anderen der Überprüfung ihrer zeitlichen Variabilität.

Folgende Ergebnisse hinsichtlich der Sektorgewichtungen aus Tabelle 84 sind besonders bemerkenswert:

– Die Sektorstruktur des *Ethical-Index* hat insgesamt betrachtet die größte Ähnlichkeit mit derjenigen des MSCI-Weltindex. Die stärksten Untergewichtungen liegen beim Sektor (3) Verarbeitendes Gewerbe sowie bei (9) Telekommunikation und (10) Versorger vor, sehr hohe Investitionsquoten hingegen bei (5) Langlebige Konsumgüter und (7) Finanzdienstleistungen.

– Der *DJSI Welt* ist sehr stark untergewichtet in den Sektoren: (3) Verarbeitendes Gewerbe, (4) Konsumgüter (Verbrauchsgüter) und (10) Versorger, starke Übergewichtungen relativ zum MSCI Welt bestehen bezüglich (2) Rohstoffe, (5) Langlebige Konsumgüter, (7) Finanzdienstleistungen und (8) Informationstechnologie.

– Der *FTSE4Good Global 100*-Index weist noch etwas größere Abweichungen zum MSCI-Weltindex auf als der DJSI. So sind markante Untergewichtungen in folgenden Sektoren zu beobachten: (1) Energie, (2) Rohstoffe, (3) Verarbeitendes Gewerbe, (4) Konsumgüter (Verbrauchsgüter) und (10) Versorger, auffällig deutliche Übergewichtungen hingegen in (6) Gesundheitswesen, (7) Finanzdienstleistungen, (8) Informationstechnologie sowie (9) Telekommunikation.

Tabelle 84: Ergebnisse der Investmentstil-Analyse mit der Methode von Sharpe (1992) für den Gesamtzeitraum

Index	Zeitraum	β_1	β_2	β_3	β_4	β_5	β_6	β_7	β_8	β_9	β_{10}
DJSI	01/1995–06/2006	9,04%	11,64%	0,00%	7,84%	11,99%	4,62%	23,81%	19,73%	11,34%	0,00%
Ethical	02/2001–06/2006	6,79%	5,98%	0,00%	14,84%	14,48%	8,98%	25,99%	15,31%	5,24%	2,39%
FTSE	08/1996–06/2006	3,95%	0,00%	0,00%	11,75%	5,78%	15,68%	25,46%	19,08%	18,31%	0,00%
MSCI (TR)	01/1995–06/2006	6,44%	4,75%	11,31%	17,49%	7,53%	7,00%	16,53%	13,62%	9,27%	6,06%
NAI	04/1997–06/2006	6,22%	18,77%	35,90%	1,99%	1,30%	0,00%	14,38%	0,00%	0,00%	21,44%
MSCI (PI)	04/1997–06/2006	6,55%	5,13%	10,24%	16,13%	8,64%	7,33%	15,56%	15,09%	9,02%	6,32%

Anmerkungen: Der Zeitraum ist die maximal mögliche Periode, für die die MSCI-Sektorindizes Welt vorliegen. Sektoren: (1) Energie, (2) Rohstoffe, (3) Verarbeitendes Gewerbe, (4) Konsumgüter (Verbrauchsgüter), (5) Langlebige Konsumgüter, (6) Gesundheitswesen, (7) Finanzdienstleistungen, (8) Informationstechnologie, (9) Telekommunikation, (10) Versorger; die MSCI Total-Return (TR) und Preisindizes (PI) dienen als Vergleichsmaßstab für die Sektorgewichtungen der SRI-Indizes. DJSI, Ethical und FTSE sind Total-Return-Indizes, NAI ist ein Preisindex. Alle Indizes in Euro.

Tabelle 85: Ergebnisse der Investmentstil-Analyse mit der Methode von Sharpe (1992), Februar 2001 bis Juni 2006

Index	Zeitraum	β_1	β_2	β_3	β_4	β_5	β_6	β_7	β_8	β_9	β_{10}
DJSI	02/2001–06/2006	9,08%	8,48%	0,00%	4,86%	7,25%	11,29%	35,38%	14,32%	9,35%	0,00%
Ethical	02/2001–06/2006	6,79%	5,98%	0,00%	14,84%	14,48%	8,98%	25,99%	15,31%	5,24%	2,39%
FTSE	02/2001–06/2006	6,94%	0,00%	0,00%	12,38%	1,90%	19,52%	30,61%	13,12%	15,54%	0,00%
MSCI (TR)	02/2001–06/2006	8,69%	4,82%	7,84%	12,87%	9,95%	11,10%	20,38%	14,10%	6,48%	3,79%
NAI	02/2001–06/2006	14,54%	28,10%	5,61%	8,46%	17,29%	0,00%	26,00%	0,00%	0,00%	0,00%
MSCI (PI)	02/2001–06/2006	8,80%	4,78%	7,74%	12,88%	9,71%	11,29%	20,76%	14,04%	6,35%	3,64%

Anmerkungen: Sektoren: (1) Energie, (2) Rohstoffe, (3) Verarbeitendes Gewerbe, (4) Konsumgüter (Verbrauchsgüter), (5) Langlebige Konsumgüter, (6) Gesundheitswesen, (7) Finanzdienstleistungen, (8) Informationstechnologie, (9) Telekommunikation, (10) Versorger; die MSCI Total-Return (TR) und Preisindizes (PI) dienen als Vergleichsmaßstab für die Sektorgewichtungen der SRI-Indizes. DJSI, Ethical und FTSE sind Total-Return-Indizes, NAI ist ein Preisindex. Alle Indizes in Euro.

- *Alle drei SRI-Indizes* sind stark untergewichtet in (3) Verarbeitendes Gewerbe und (10) Versorger, sie haben hingegen besonders hohe Gewichte in (7) Finanzdienstleistungen und (8) Informationstechnologie, die beides Sektoren mit naturgemäß relativ geringen Schadstoffemissionen sind.
- Der *Naturaktienindex (NAI)* weist eine davon sehr stark abweichende Sektorgewichtung auf. Er hat sehr hohe Gewichte in den drei Sektoren, die von den anderen Indizes untergewichtet werden: (2) Rohstoffe, (3) Verarbeitendes Gewerbe und (10) Versorger, fünf Sektoren kommen hingegen so gut wie gar nicht im Index vor: (4) Konsumgüter (Verbrauchsgüter), (5) Langlebige Konsumgüter, (6) Gesundheitswesen, (8) Informationstechnologie und (9) Telekommunikation.
- Die Abweichung des NAI von den Sektorgewichten des MSCI ist sehr viel deutlicher ausgeprägt als bei den drei anderen SRI-Indizes.

Die Ergebnisse der Schätzungen aus Tabelle 84 ergeben somit ein sehr komplexes Bild. Am ehesten scheint es eine gewisse Ähnlichkeit zwischen den drei Best-in-Class-Indizes DJSI, Ethical und FTSE zu geben. Es gibt zwar einige markante Unterschiede zwischen diesen drei Indizes, aber besonders stark ist die Differenz der Sektorgewichtungen dieser drei SRI-Indizes gegenüber dem Naturaktienindex.

Die genaue Quantifizierung der Abweichungen zwischen der Sektorstruktur der SRI-Indizes und derjenigen des MSCI-Indexes wird in Tabelle 86 dokumentiert. Die Werte in der Tabelle ergeben sich als Summe der quadrierten Abweichungen der Sektorgewichte von denjenigen des MSCI-Indexes, dividiert durch die Anzahl der Sektoren (= 10). Es zeigt sich, dass für die Gesamtperiode (siehe Spalte 2, Tabelle 86) die Sektorabweichungen zum MSCI-Index für den Ethical-Index am geringsten sind und am größten für den NAI. Allerdings sind die drei Indizes DJSI, Ethical und FTSE im Hinblick auf die Höhe der gesamten Abweichungen doch recht ähnlich.

Die ergänzende Analyse für den Zeitraum ab Februar 2001 zeigt, dass der Investmentstil der einzelnen SRI-Indizes durchaus größeren zeitlichen Veränderungen unterworfen ist. Interessant ist zunächst, dass alle vier betrachteten SRI-Indizes in der Periode von Februar 2001 bis Juni 2006 eine geringere Abweichung in der Sektorstruktur relativ zum MSCI aufweisen als in der Gesamtperiode. Dies ergibt sich aus einem Vergleich der Spalten 2 und 3 von Tabelle 86. Allerdings ist die Abweichung beim NAI nach wie vor am stärksten ausgeprägt. Spalte 4 dieser Tabelle gibt Aufschluss darüber, wie sehr sich die Sektorstrukturen der SRI-Indizes und der MSCI-Indizes im Zeitverlauf geändert haben. Dabei wird die Differenz der Gewichte zwischen Gesamtperiode und der Unterperiode ab Februar 2001 für die Berechnung des Abweichungsmaßes verwendet.

Während die zeitlichen Veränderungen der MSCI-Indizes nur relativ geringfügig sind, weisen die SRI-Indizes deutlichere Veränderungen in der Gewichtung der Sektoren auf. Ganz besonders erheblich sind diese Verschiebungen beim NAI. Dies macht auch der direkte Vergleich der Sektorgewichte der Tabellen 84 und 85 deutlich: so wird das Gewicht von Sektor 10 (Versorger) im NAI von 21,44% auf null gesenkt und dasjenige des Verarbeitenden Gewerbes (Sektor 3) von 35,9% auf 5,61%.

Tabelle 86: Analyse der Sektorstruktur der SRI-Indizes

	Abweichungen Gesamtperiode (Benchmark: MSCI Welt)	*Abweichungen ab Febr. 2001 (Benchmark: MSCI Welt)*	*Änderungen im Zeitverlauf (Gesamtperiode vs. 2001M02–2006M06)*
DJSI	0,0043	0,0039	0,0025
Ethical	0,0031	0,0013	–
FTSE	0,0050	0,0043	0,0011
NAI	0,0169	0,0106	0,0197
MSCI (TR)	–	–	*0,0009*
MSCI (PI)	–	–	*0,0008*

Anmerkungen: Die Werte in der Tabelle ergeben sich als Summe der quadrierten Abweichungen der Sektorgewichte (Tabellen 84 und 85) von demjenigen des MSCI-Weltindexes (Spalten 2 und 3) bzw. (in Spalte 4) von den Gewichten zwischen Gesamtperiode und Zeitraum ab Februar 2001, dividiert durch die Anzahl der Sektoren (= 10). „Gesamtperiode" siehe Tabelle 84.

Allein schon diese zwei Beispiele machen deutlich, dass die Struktur des NAI im Zeitverlauf signifikanten Veränderungen ausgesetzt ist, die eine Einschätzung der zukünftigen Entwicklung wesentlich unsicherer machen, als dies für die drei anderen Indizes – DJSI, Ethical und FTSE – der Fall ist. Die größeren strukturellen Veränderungen des NAI sowie die ebenfalls deutlich höhere Volatilität der Indexreturns sind als Folge der relativ geringen Anzahl an Aktien zu sehen, aus denen sich der NAI zusammensetzt. Obwohl die risikoadjustierte Performance des NAI sowohl diejenige der anderen globalen SRI-Aktienindizes als auch – als einziger der in M. Schröder (2007) untersuchten 29 SRI-Aktienindizes – diejenige der konventionellen Benchmarks signifikant übertrifft, besteht bezüglich der zukünftigen Wertentwicklung eine durchaus große Unsicherheit. Eine Stiftung, die in nachhaltige Kapitalanlagen investiert, sollte sich daher bewusst sein, dass eine besonders starke Ausrichtung an Kriterien der Nachhaltigkeit zu erheblichen Abweichungen von herkömmlichen Benchmarks führen kann.

E.2.3 Simulationsanalysen von nachhaltigen Aktienanlagen

Im Folgenden werden die Ergebnisse von Simulationen mit dem in Kapitel C.2 dargestellten ökonometrischen Modell beschrieben. Dabei werden die gesamten Renditeverteilungen der vier ausgewählten SRI-Aktienindizes – DJSI Welt, FTSE4Good Global 100, Ethical Index Global und NAI – sowie deren Unterschiede zu dem als Benchmark dienenden MSCI-Weltindex untersucht (E.2.3.1). Anschließend wird in E.2.3.2 analysiert, wie Put-Optionsstrategien zur Risikoreduktion speziell bei SRI-Indizes wirken. Dies stellt eine inhaltliche Ergänzung von Kapitel D.3.1 dar und soll zeigen, ob und in welchem Ausmaß sich die Ergebnisse hinsichtlich der Vorteilhaftigkeit bestimmter Anlagestrategien zwischen konventionellen und nachhaltigen Kapitalanlagen unterscheiden.

Die Ergebnisse der vorangegangenen Kapitel E.1, E.2.1 und E.2.2 haben gezeigt, dass die (risikoadjustierte) Performance von nachhaltigen Kapitalanlagen im Allgemeinen ähnlich derjenigen von konventionellen Anlagen ist. Gleichwohl haben die Analysen auch auf deutliche Abweichungen hingewiesen: Diese finden sich vor allem bei speziellen Umsetzungen der SRI-Ratings in Long-/Short-Portfolios, bezüglich einer bestimmten Aktienauswahl (NAI) und im Hinblick auf die Sektorzusammensetzung der Aktienindizes. Für die Vermögensverwaltung von Stiftungen ist es wichtig zu bewerten, ob sich solche Unterschiede zu konventionellen Anlagen auch aus der Perspektive der Anlagestrategien und der speziellen Bewertungsmaßstäbe von Stiftungen ergeben.

Als methodische Grundlage der folgenden Untersuchungen dient das ökonometrische Simulationsmodell, mit dem schon in Kapitel D verschiedene Anlagestrategien für Stiftungen simuliert wurden. Zur Bewertung der Simulationsergebnisse werden wieder die speziell für Stiftungen ausgewählten und parametrisierten Risiko- und Performancemaße von Kapitel C.3 verwendet.

E.2.3.1 Simulation statischer Anlagestrategien

Die Simulationen werden so durchgeführt, dass immer ein SRI-Index mit dem MSCI-Weltindex verglichen wird. Dazu werden die Simulationen mit beiden Indizes jeweils für den Zeitraum ab dem *offiziellen* Auflegungsdatum des SRI-Indexes durchgeführt. Die den Simulationen zugrunde liegenden Zeiträume sind daher jeweils unterschiedlich.[230]

Die Vergleiche der Risiko- und Performancekennzahlen sowie der Verteilung des nominalen Vermögens (beides analog zu Kapitel D) dienen der Bewertung der SRI-Indizes relativ zum konventionell ausgerichteten MSCI-Weltindex. Zusätzlich zu den einzelnen Portfolios wird auch jeweils das Portfolio, das sich aus der Differenz der SRI- und MSCI-Portfolios ergibt, untersucht. Dieses Differenzportfolio entspricht einem Hedgefonds, bei dem in das SRI-Portfolio investiert und das MSCI-Portfolio leerverkauft wird.

Für die Simulationen werden die Returns der SRI-Aktienindizes, also die Differenz der logarithmierten Indizes zum Vorquartal, als Random Walk mit Drift modelliert. Dies entspricht der Vorgehensweise, die im Rahmen des Simulationsmodells auch für Aktien Deutschland und Aktien Welt angewandt wird (vgl. Kapitel C.2.2).

---

[230] Für einige SRI-Indizes, zum Beispiel DJSI Welt und FTSE4Good Global 100, liegen auch Indexdaten vor dem offiziellen Auflegungsdatum vor. Diese Indexwerte wurden unter Verwendung der Zusammensetzung am Tag der Auflegung für frühere Zeiträume zurückgerechnet. Wie M. Schröder (2007) zeigt, weisen die entsprechenden Indizes *vor* dem Auflegungsdatum eine signifikante Verzerrung der Performance nach oben auf (sogenannter „Backfill Bias"), sodass es nicht sinnvoll ist, die zurückgerechneten Perioden bei den Simulationen zu verwenden.

Die Schätzgleichungen für die *Dividendenrenditen* der SRI-Indizes sind identisch mit denjenigen für den MSCI-Weltindex. Da die Zeitreihen für die SRI-Aktienindizes relativ kurz sind, werden diese Gleichungen auch unter Verwendung der Daten des MSCI-Aktienindexes Welt (anstelle der Dividendenrenditezeitreihen der SRI-Indizes) geschätzt. Die Mittelwerte der Dividendenrenditen unterscheiden sich jedoch, sodass eine entsprechende Korrektur bei den Simulationen vorgenommen werden muss. Für die Simulationen bedeutet dies, dass die *Mittelwerte* der Dividendenrenditen für die SRI-Indizes korrekt berücksichtigt werden, aber die Parameter der Schätzungen, welche die Dynamik der Zeitreihe abbilden, denjenigen für die Dividendenrenditen des MSCI-Weltindexes entsprechen.

In Tabelle 87 werden die Mittelwerte und Mediane der Dividendenrenditen der SRI-Indizes mit denjenigen des MSCI-Weltindexes für den jeweiligen Zeitraum der Simulationen miteinander verglichen.[231] Mit Ausnahme des NAI sind die Abweichungen zwischen SRI- und MSCI-Index sehr gering. Der DJSI- und der FTSE4Good-Index weisen eine geringfügig höhere Dividendenrendite auf als der konventionelle MSCI-Index, der Ethical-Index und der NAI eine geringere. Die gleiche Aussage trifft auch für den Vergleich der Mediane zu. Allerdings zeigen Tests der Mittelwerte bzw. der Mediane, dass die Nullhypothese *gleicher Werte* für den jeweiligen SRI-Index und den MSCI-Weltindex in keinem einzigen Fall verworfen werden kann.[232]

Tabelle 87: Vergleich der Dividendenrenditen

Bezeichnung	*Zeitraum*	*Mittelwert*	*Median*
DJSI Welt	Q1 2000 bis	1,97%	2,17%
MSCI Welt	Q2 2006	1,91%	2,10%
FTSE4Good Global 100	Q1 2002 bis	2,18%	2,23%
MSCI Welt	Q2 2006	2,11%	2,18%
Ethical Index Global	Q2 2002 bis	2,03%	2,07%
MSCI Welt	Q2 2006	2,14%	2,19%
Naturaktienindex (NAI)	Q2 1998 bis	1,44%	1,54%
MSCI Welt	Q2 2006	1,84%	1,70%

Tabelle 88 und Tabelle 89 geben die Simulationsergebnisse für den Vergleich zwischen den SRI-Indizes und dem MSCI Welt wieder. In der ersten Tabelle

---

[231] Die Zeitreihen der Dividendenrenditen werden jeweils aus Total-Return- und Preisindizes berechnet. Für den Naturaktienindex (NAI) musste hierfür ein Total-Return-Index aus den Angaben zur monatlichen Zusammensetzung des Indexes, die der Indexanbieter zur Verfügung gestellt hat, berechnet werden. Zur genauen Berechnungsmethode der Dividendenrenditen siehe Kapitel C.2.1.
[232] Der Test auf Gleichheit der Mittelwerte wurde mit dem Satterthwaite-Welch-t-Test durchgeführt, der Test auf Gleichheit der Mediane mit dem Wilcoxon-Mann-Whitney-Test.

werden die wichtigsten Kennzahlen für die nominale Vermögensverteilung abgebildet, die zweite weist die Risiko- und Performancekennzahlen aus.
Wie schon die Performanceregressionen in Kapitel E.2.1 gezeigt haben, kann nur der NAI die Benchmark signifikant übertreffen. Im direkten Vergleich mit dem MSCI-Weltindex weist der NAI eine Outperformance von 13 Prozentpunkten über einen Zeitraum von acht Jahren auf. Die Performance der anderen drei SRI-Indizes ist hingegen etwas schlechter als diejenige des MSCI-Weltindex. Der FTSE4Good Global 100 schneidet bei diesem direkten Performancevergleich besonders schlecht ab.

Tabelle 88: Nominale Vermögensverteilung statischer Anlagestrategien mit SRI-Indizes, Anlagedauer 1 Jahr

100% Aktien	Statistische Basiskennzahlen						
	Mittel	Median	Std.	Min.	Max.	Schiefe	Kurt.
DJSI vs. MSCI Welt (Q1 2000 bis Q2 2006)							
DJSI	96,81	97,01	17,50	41,00	155,70	-0,05	-0,36
MSCI Welt	97,58	97,67	17,72	41,12	146,93	-0,12	-0,52
DJSI – MSCI Welt	-0,78	-0,33	3,53	-19,65	10,71	-0,80	1,33
Ethical vs. MSCI Welt (Q2 2002 bis Q2 2006)							
Ethical	98,56	99,22	16,43	43,48	146,08	-0,24	-0,53
MSCI Welt	99,55	100,49	17,01	41,34	150,46	-0,25	-0,53
Ethical – MSCI Welt	-1,00	-0,98	1,32	-5,65	3,55	-0,12	-0,09
FTSE vs. MSCI Welt (Q1 2002 bis Q2 2006)							
FTSE	96,21	97,72	16,21	44,51	138,49	-0,33	-0,50
MSCI Welt	100,10	101,28	16,61	47,65	145,56	-0,30	-0,51
FTSE – MSCI Welt	-3,89	-3,87	2,64	-15,01	7,35	0,03	0,54
NAI vs. MSCI Welt (Q2 1998 bis Q2 2006)							
NAI	116,34	114,07	30,08	34,15	256,68	0,44	0,10
MSCI Welt	103,26	101,98	21,67	43,11	195,19	0,31	-0,01
NAI – MSCI Welt	13,08	10,74	19,91	-62,12	129,31	0,71	1,34

Anmerkungen: „Mittel" = Mittelwert der Verteilung, „Std." = Standardabweichung, „Min." = Minimalwert, „Max." = Maximalwert, „Schiefe" = Schiefekoeffizient, „Kurt." = Kurtosiskoeffizient minus 3 (= Excess Kurtosis). Ein positiver Wert von „Kurt." gibt Leptokurtosis an. Anleihegewichtung = 100%-Aktiengewichtung.

Anders als bei den Performanceregressionen von Tabelle 80 fehlen bei den Ergebnissen der Simulationen allerdings weitere Einflussfaktoren, sodass die Ergebnisse dieses Kapitels vor allem zur Einschätzung der Beurteilung der gesamten Renditeverteilung genutzt werden können und weniger zum ausschließlichen Vergleich der Performance.

Der NAI weist zwar die beste absolute und relative Performance auf, allerdings ist auch die Standardabweichung des nominalen Vermögens besonders hoch. Dies zeigt sich beispielsweise auch daran, dass das nach einer Anlagedauer von einem Jahr realisierte *Minimum* des Vermögens kleiner ist als dasjenige des MSCI-Weltindex, während das *Maximum* des NAI das des MSCI-Indexes übertrifft. Wie die Performancekennzahlen in Kapitel E.2.1 gezeigt haben, überkompensiert der Mehrertrag dieses Indexes das zusätzliche Risiko im Beobachtungszeitraum deutlich.

Tabelle 89: Risiko und Performance statischer Anlagestrategien mit SRI-Indizes, Anlagedauer 1 Jahr, Benchmark = nominale Werterhaltung

100% Aktien	Risikokennzahlen			Performancekennzahlen			
	Risk1	Risk2	Risk3	Perf1	Perf2	Perf3	Perf4
DJSI vs. MSCI Welt (Q1 2000 bis Q2 2006)							
DJSI	0,558	8,833	14,363	0,638	0,393	-0,222	-0,247
MSCI Welt	0,543	8,558	14,143	0,718	0,434	-0,171	-0,200
DJSI – MSCI Welt	0,549	1,727	3,148	0,549	0,301	-0,247	-0,220
Ethical vs. MSCI Welt (Q2 2002 bis Q2 2006)							
Ethical	0,516	7,541	12,837	0,808	0,475	-0,113	-0,156
MSCI Welt	0,491	7,297	12,718	0,939	0,539	-0,035	-0,093
Ethical – MSCI Welt	0,768	1,166	1,594	0,145	0,106	-0,625	-0,753
FTSE vs. MSCI Welt (Q1 2002 bis Q2 2006)							
FTSE	0,542	8,704	14,247	0,564	0,345	-0,266	-0,303
MSCI Welt	0,478	6,878	12,203	1,015	0,572	0,008	-0,062
FTSE – MSCI Welt	0,931	3,988	4,677	0,023	0,020	-0,833	-1,478
NAI vs. MSCI Welt (Q2 1998 bis Q2 2006)							
NAI	0,317	5,141	11,265	4,178	1,907	1,450	0,506
MSCI Welt	0,466	7,132	12,796	1,457	0,812	0,255	0,099
NAI – MSCI Welt	0,254	2,393	6,269	6,464	2,468	2,086	0,657

Anmerkung: Die Risiko- und Performancekennzahlen für die Differenzportfolios verwenden den Zielwert null.

Die Angaben für *Risk1* für die Differenzportfolios (*SRI-Index minus MSCI Welt*) liegen für alle SRI-Indizes mit Ausnahme des NAI über 50% (siehe Tabelle 89). Die Differenzportfolios bezogen auf den DJSI, den FTSE sowie den

Ethical-Index nehmen somit in mehr als der Hälfte der Fälle Werte unterhalb von null an. Besonders hoch ist diese Verlustwahrscheinlichkeit mit 76,8% für den Ethical-Index sowie mit 93,1% für den FTSE.

Das Differenzportfolio für den NAI liegt nur in 25,4% aller Perioden im Verlustbereich. Wenn jedoch ein Verlust eintritt, dann fällt er besonders hoch aus. Dies ergibt sich durch Berechnung des *Mean Excess Loss (MEL)*, also der Relation von *Risk2* zu *Risk1*, die für das Differenzportfolio *NAI minus MSCI* Welt 9,42% beträgt.[233] Für die anderen drei Differenzportfolios ist der *MEL* dagegen deutlich geringer und liegt zwischen 1,5% und 4,3%. Für den NAI lässt sich damit feststellen, dass die Wertentwicklung zwar in etwa drei Viertel aller Perioden besser war als diejenige des MSCI-Indexes. Im Falle eines Verlustes *relativ* zum MSCI weicht die Performance des NAI besonders stark negativ von derjenigen des Benchmark-Indexes ab.

Abbildung 14: Vergleich der nominalen Vermögensverteilungen von DJSI Weltindex und MSCI Welt, Anlagedauer: 1 Jahr

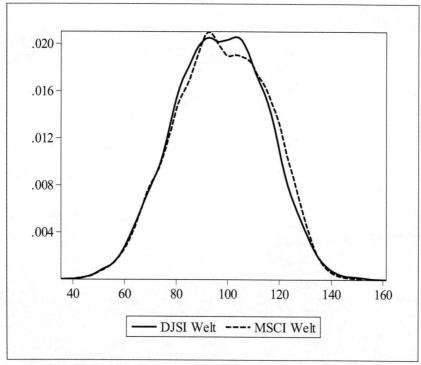

Anmerkung: Kerndichteschätzungen unter Verwendung des Epanechnikov-Kernels.

Auch *absolut* betrachtet ist der *MEL* des Naturaktienindexes mit 16,2% erheblich größer als der entsprechende Wert für den MSCI, der 15,3% beträgt. Im Fal-

---

[233] Vgl. zum *Mean Excess Loss* auch die Angaben in Kapitel D.2.1.

le eines Verlustes bezogen auf das nominale Vermögen beträgt die durchschnittliche Höhe des Verlustes für den NAI somit 16,2% und für den MSCI 15,3% im Zeitraum Q2 1998 bis Q2 2006. Vom Standpunkt eines *Worst Case* betrachtet, ist der NAI somit riskanter. Wie die hohen Werte für die Performancekennzahlen zeigen, scheint der NAI für einen langfristig ausgerichteten Anleger jedoch eine überdurchschnittliche Kompensation für das eingegangene Risiko zu bieten.

Einen interessanten Einblick in die Unterschiede zwischen SRI-Indizes und MSCI-Weltindex geben die beiden Abbildungen 14 und 15. Repräsentativ für die Gruppe bestehend aus DJSI, FTSE und Ethical wird die Vermögensverteilung für den erstgenannten SRI-Index mit derjenigen des MSCI-Index grafisch verglichen. Wie aus Abbildung 14 ersichtlich ist, weichen beide Verteilungen praktisch so gut wie nicht voneinander ab. Sehr geringe Abweichungen von der jeweiligen Benchmark sind charakteristisch für die meisten SRI-Indizes, wie die Ergebnisse von M. Schröder (2007) zeigen. Dies bestätigen auch die Resultate der Performanceregressionen von Kapitel F.2.1.

Abbildung 15: Vergleich der nominalen Vermögensverteilungen von NAI-Index und MSCI Welt, Anlagedauer: 1 Jahr

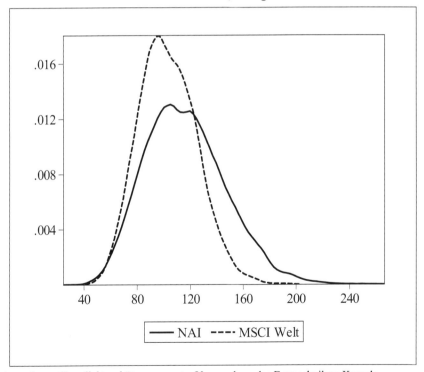

Anmerkung: Kerndichteschätzungen unter Verwendung des Epanechnikov-Kernels.

Ganz anders fällt dagegen der in Abbildung 15 dargestellte Vergleich zwischen NAI und MSCI aus. Gut zu erkennen ist, dass die Vermögensverteilung des NAI-

Portfolios deutlich breiter ist als die des MSCI Welt und dass Mittelwert und Median weiter rechts liegen. Es besteht beim NAI eine wesentlich höhere Wahrscheinlichkeit dafür, sehr hohe Vermögenswerte zu erreichen, als beim MSCI Welt. Am linken Teil der Verteilung zeigt sich allerdings – wie schon weiter oben anhand der Risikokennzahlen ausgeführt, dass im Extremfall die Verluste des NAI etwas größer sein können als bei einer Anlage im MSCI-Index.

E.2.3.2 Simulation von Absicherungsstrategien mit Put-Optionen

Genauso wie bei konventionellen Aktienanlagen kann auch bei Aktieninvestments im Bereich nachhaltiger Kapitalanlagen für Stiftungen der Einsatz von Put-Optionen zur Reduktion des Risikos sinnvoll sein.

In den zwei Tabellen 90 und 91 werden die Ergebnisse einer Protective-Put-Strategie für die vier betrachteten SRI-Aktienindizes dokumentiert. Die Vorgehensweise bei dieser Strategie ist identisch mit derjenigen, die in Kapitel D.3.1 beschrieben und angewandt wurde.

Der Vergleich mit den Resultaten für den MSCI-Weltindex bestätigt die in den vorangegangenen Kapiteln erzielten Ergebnisse. Interessant ist bei den Simulationen mit Put-Optionen vor allem der Unterschied zwischen einer *optimal* passenden Put-Option für die SRI-Indizes und der Verwendung einer Put-Option auf den MSCI-Weltindex als *Ersatzlösung*.

Eine optimale Put-Option ist dabei so definiert, dass diese Option speziell auf den jeweiligen SRI-Index abgestimmt ist. Für die SRI-Indizes gibt es derzeit allerdings noch keine Put-Optionen, sodass ein Investor zur Durchführung von Absicherungsmaßnahmen auf andere geeignete Put-Optionen zurückgreifen muss.

Im Folgenden werden daher als Alternative auch Optionen auf den MSCI-Weltindex verwendet.[234] Der Unterschied in der Definition zwischen optimaler Option und der Ersatzlösung besteht ausschließlich darin, dass sich der *Ausübungskurs* im einen Fall am SRI-Index (Optimallösung) und im anderen Fall am MSCI-Weltindex orientiert. Die anderen Parameter, die zur Ermittlung des Put-Optionspreises benötigt werden – risikoloser Zins und Volatilität – sind identisch. Zur Abbildung der Volatilität wird die entsprechende Zeitreihe des MSCI-Weltindexes verwendet (siehe Kapitel C.2), da die aus den SRI-Indizes berechenbaren Volatilitätszeitreihen zu kurz sind, um sie in das ökonometrische Simulationsmodell einzubauen und damit Prognosen der zukünftigen Volatilität vorzunehmen.

Die Ergebnisse zeigen genauso wie diejenigen von Kapitel D.3.1, dass sich der Einsatz von Put-Optionen bei allen betrachteten Indizes in einer Erhöhung der Performancekennziffern *Perf1* bis *Perf3* niederschlägt (vgl. Tabelle 91).

---

234 Mangels einer langen Historie für die Volatilität der SRI-Indizes wird zur Bewertung im Rahmen der Simulationen dabei die für den MSCI-Index abgeleitete Volatilitätszeitreihe verwendet.

Tabelle 90: Nominale Vermögensverteilung einer statischen Put-Strategie mit SRI-Indizes, Anlagedauer 1 Jahr

100% Aktien	Statistische Basiskennzahlen						
	Mittel	Median	Std.	Min.	Max.	Schiefe	Kurt.
DJSI vs. MSCI Welt (Q1 2000 bis Q2 2006)							
DJSI	102,86	100,15	8,92	84,23	151,49	1,37	2,02
DJSI optimal	103,15	98,05	8,37	97,74	151,49	1,78	2,86
MSCI Welt	103,62	98,04	8,57	97,74	142,96	1,47	1,31
Ethical vs. MSCI Welt (Q2 2002 bis Q2 2006)							
Ethical	103,29	99,12	8,15	93,42	142,13	1,19	0,48
Ethical optimal	103,58	98,10	7,89	97,79	142,13	1,28	0,66
MSCI Welt	104,27	98,12	8,51	97,76	146,38	1,18	0,40
FTSE vs. MSCI Welt (Q1 2002 bis Q2 2006)							
FTSE	100,46	97,35	8,35	86,90	134,91	0,92	0,04
FTSE optimal	102,41	98,00	6,65	97,75	134,74	1,44	1,33
MSCI Welt	104,40	98,54	8,36	97,76	141,62	1,10	0,20
NAI vs. MSCI Welt (Q2 1998 bis Q2 2006)							
NAI	121,24	117,80	23,49	65,10	249,76	0,81	0,88
NAI optimal	118,26	110,99	23,45	97,43	249,76	1,21	1,17
MSCI Welt	107,71	99,22	13,83	97,73	189,91	1,63	2,64

Anmerkungen: „Mittel" = Mittelwert der Verteilung, „Std." = Standardabweichung, „Min." = Minimalwert, „Max." = Maximalwert, „Schiefe" = Schiefekoeffizient, „Kurt." = Kurtosiskoeffizient minus 3 (= Excess Kurtosis). Ein positiver Wert von „Kurt." gibt Leptokurtosis an. Anleihegewichtung = 100%-Aktiengewichtung.

Dies trifft auch dann zu, wenn nur Optionen auf den MSCI-Weltindex als Ersatz zur Verfügung stehen. Ebenfalls wird, gemessen an den Risikokennzahlen *Risk2* und *Risk3*, eine deutliche Reduktion des Risikos erreicht. Die Absicherung der SRI-Portfolios mit Hilfe der verwendeten Hedgingstrategie ist damit aus Sicht einer Stiftung einer Anlage in den SRI-Indizes ohne Portfoliosicherung vorzuziehen.

Beim Vergleich der Ergebnisse zwischen dem Einsatz optimaler Put-Optionen und der beschriebenen Ersatzlösung zeigt sich jedoch, dass die optimalen Put-Optionen die risikoadjustierte Performance wesentlich stärker verbessern. Absicherungsmaßnahmen unter Verwendung von Optionen auf den MSCI-Weltindex führen hingegen selbst für den Naturaktienindex zu einer so starken Reduktion der risikoadjustierten Performance, dass der MSCI-Weltindex entsprechend den Performancemaßen *Perf2* und *Perf3* die bessere Investitionsalternative darstellt.

Aus der Perspektive der hier betrachteten Stiftung ist es somit wünschenswert, Put-Optionen auf die SRI-Indizes einzuführen, da sich andernfalls – bei Verwendung von Put-Optionen auf den MSCI-Weltindex – deutlich schlechtere Werte für die Performance ergeben.

Tabelle 91: Risiko und Performance einer statischen Put-Strategie mit SRI-Indizes, Anlagedauer 1 Jahr, Benchmark = nominale Werterhaltung

100% Aktien	Risikokennzahlen			Performancekennzahlen			
	Risk1	Risk2	Risk3	Perf1	Perf2	Perf3	Perf4
DJSI vs. MSCI Welt (Q1 2000 bis Q2 2006)							
DJSI	0,488	1,724	3,104	2,660	1,477	0,922	0,194
DJSI optimal	0,616	1,221	1,574	3,581	2,779	2,003	0,242
MSCI Welt	0,597	1,189	1,557	4,048	3,091	2,328	0,292
Ethical vs. MSCI Welt (Q2 2002 bis Q2 2006)							
Ethical	0,551	1,409	2,101	3,337	2,237	1,567	0,266
Ethical optimal	0,569	1,114	1,497	4,210	3,135	2,390	0,310
MSCI Welt	0,542	1,081	1,486	4,953	3,603	2,876	0,370
FTSE vs. MSCI Welt (Q1 2002 bis Q2 2006)							
FTSE	0,594	3,228	4,605	1,143	0,801	0,100	-0,080
FTSE optimal	0,602	1,213	1,584	2,988	2,287	1,522	0,193
MSCI Welt	0,528	1,046	1,459	5,206	3,731	3,015	0,391
NAI vs. MSCI Welt (Q2 1998 bis Q2 2006)							
NAI	0,181	1,431	4,241	15,841	5,345	5,008	0,856
NAI optimal	0,357	0,849	1,447	22,497	13,205	12,619	0,730
MSCI Welt	0,515	1,023	1,444	8,534	6,047	5,338	0,476

Anmerkung: Die Risiko- und Performancekennzahlen für die Differenzportfolios verwenden den Zielwert null.

Eine *alternative Vorgehensweise* zur Absicherung eines SRI-Aktienportfolios besteht in der Verwendung von Put-Optionen für die *einzelnen*, im Index enthaltenen Aktien anstelle einer Option auf den Index selbst. Auf diese Weise ist es prinzipiell möglich, die oben definierte optimale Absicherungsstrategie mit Put-Optionen nachzubilden. Dabei ist jedoch ein wesentlich höherer Aufwand als bei einer Indexoption notwendig, da die SRI-Indizes aus einer großen Anzahl an Einzelaktien bestehen: der DJSI enthält mehr als 300 Aktien, der FTSE besteht aus 100 Aktien, der Ethical-Index aus 300 und der NAI aus 30 Aktien. Eine Nachbildung der optimalen Put-Optionsstrategie könnte daher noch am ehesten für den NAI durchführbar sein. Allerdings sind im Gegensatz zu den anderen drei SRI-Indizes nicht für alle Aktien des NAI Put-Optionen verfügbar.[235]

Auch die Durchführung einer Constant Proportion Portfolios Insurance (CPPI) könnte eine geeignete alternative Absicherungsstrategie für die SRI-Indizes sein, solange keine indexbezogenen Put-Optionen verfügbar sind. Die Simulation einer CPPI-Strategie für den NAI mit einem Multiplikator von $m = 10$ bestätigt allerdings die schon in Kapitel D.3.2 gefundene relativ schlechte Performance dieser Absicherungsstrategie. Die CPPI-Methode führt zwar zu leicht höheren Werten für die Performance gemessen an *Perf1* bis *Perf3* verglichen mit einer Anlage im NAI ohne Portfoliosicherung. Allerdings erzielt selbst die Verwendung von Put-Optionen auf den MSCI-Weltindex deutlich bessere Ergebnisse.

Die Verwendung von Put-Optionen bezogen auf den MSCI-Weltindex ist somit eine geeignete *second best*-Lösung, um die risikoadjustierte Performance gegenüber einer rein statischen Anlage in SRI-Indizes zu verbessern. Jedoch verschlechtert sich dadurch die relative Performance im Vergleich zum MSCI-Weltindex erheblich. Selbst die risikoadjustierte Performance des NAI ist dann (für *Perf2* und *Perf3*) geringer als diejenige des MSCI-Index. Die Auflage von speziellen Put-Optionen für die SRI-Indizes würde daher – wie die obigen Ergebnisse zeigen – eine nützliche Innovation für Stiftungen darstellen.

---

235 Beispielsweise sind keine Optionen verfügbar für die in Hongkong ansässige Bio-Treat Technology Ltd. sowie die Anteile am Triodos Groenfonds, einem geschlossenen Fonds der Triodos Bank, Niederlande.

F Zusammenfassung, Schlussfolgerungen und Ausblick

Die Studie widmet sich der Fragestellung, ob sich nachhaltige Kapitalanlagen für die Vermögensverwaltung von Stiftungen eignen. Die Analysen konzentrieren sich auf gemeinnützige Stiftungen in Deutschland. Im Zentrum stehen *ökonomische* und *ökonometrische* Untersuchungen von Anlagestrategien und deren Bewertung aus der Perspektive von Stiftungen.

Als Ausgangspunkt der Studie dient die Darstellung der stiftungs- und steuerrechtlichen Bestimmungen für die Vermögensanlage von Stiftungen sowie eine betriebswirtschaftliche Bewertung dieser rechtlichen Rahmenbedingungen. Es zeigt sich, dass gemeinnützige Stiftungen nur wenige Restriktionen bei der Vermögensanlage zu beachten haben.

Besonders wichtig ist das *Gebot der Vermögenserhaltung*, das entweder bezogen auf den *realen* oder den *nominalen* Anfangsbestand des Vermögens interpretiert werden kann. In Bezug auf das Steuerrecht sind vor allem Einschränkungen bei der Thesaurierung zu beachten, um den Status der Gemeinnützigkeit nicht zu gefährden. Die rechtlichen Restriktionen sind die Basis für die weitere Analyse im Rahmen stochastischer Simulationen und spielen insbesondere bei der Auswahl der Anlagestrategien sowie der geeigneten Bewertungsverfahren eine entscheidende Rolle.

Nachhaltige Kapitalanlagen, definiert als Anlageobjekte, die einen Auswahlprozess nach ökologischen, ethischen und sozialen Kriterien durchlaufen haben, können für Stiftungen vor allem aus *zwei Gründen* sehr interessant sein. Zum einen lassen sich mit nachhaltigen Kapitalanlagen mögliche Konflikte zwischen Stiftungssatzung und Vermögensverwaltung vermeiden, zum anderen kann möglicherweise die Erreichung der Ziele der Stiftung sogar verbessert werden. Wie in Kapitel B.2.1 ausgeführt wird, gibt es keine grundsätzlichen stiftungsrechtlichen oder betriebswirtschaftlichen Gründe, die gegen ein Engagement in nachhaltigen Kapitalanlagen sprechen. Kritisch zu sehen wäre es, wenn durch die Investition in nachhaltige Kapitalanlagen stark unterdurchschnittliche Vermögenszuwächse erwirtschaftet würden. In diesem Fall müsste geprüft werden, ob die entgangenen Gewinne durch die Investition in SRI-Anlagen durch eine bessere Verwirklichung der Stiftungsziele kompensiert werden. Da nachhaltige Kapitalanlagen im Durchschnitt allerdings keine schlechteren (risikoadjustierten) Renditen erzielen als konventionelle Kapitalanlagen, ist dieser Einwand im Allgemeinen nicht stichhaltig.

Darüber hinaus kann eine Stiftung durch die Ausübung von Aktionärsstimmrechten versuchen, das Verhalten von Unternehmen in Richtung einer stärkeren Orientierung an einer nachhaltigen Wirtschaftsweise zu beeinflussen. Eine solche potenzielle Einflussnahme kann eine weitere Motivation für Stiftungen darstellen, sich über das Vehikel der Vermögensanlage für Nachhaltigkeit zu engagieren.

Ein wichtiges Ergebnis von Kapitel B.2.2 ist, dass durch die auf den Finanzmärkten wirksame Nachfrage der Investoren bezüglich nachhaltiger Kapitalanlagen prinzipiell auch ein erwünschter Einfluss auf die Eigen- und Fremdkapitalkosten von Unternehmen möglich ist, der die Unternehmen zu verstärktem Engagement für eine nachhaltige Wirtschaftsweise veranlassen kann. Hierzu bedarf es allerdings eines relativ großen Anteils an entsprechend ausgerichteten Investoren, der zumindest derzeit nicht gegeben ist, wie die verfügbaren Informationen zur Höhe und Struktur der Vermögensanlagen von Stiftungen belegen. Stiftungen, die in nachhaltige Kapitalanlagen investieren, können daher nicht davon ausgehen, dass sie das Unternehmensverhalten durch ihre Anlageentscheidung spürbar beeinflussen.

In Kapitel C werden verschiedene allgemeine Strategien für die Vermögensanlage von Stiftungen vorgestellt sowie das für die Simulationen und die Bewertung dieser Strategien verwendete quantitative Instrumentarium entwickelt. Wie die Ergebnisse von C.1 zeigen, hängen die für Stiftungen optimalen intertemporalen Anlagestrategien vor allem davon ab, ob die Stiftung zukünftige Zahlungsverpflichtungen hat. Wenn sie *keine Zahlungsverpflichtungen* eingegangen ist und die Höhe der satzungsmäßigen Ausgaben nur an der Höhe der laufenden Erträge bemisst, dann sollte die Stiftung ausschließlich in das optimale Marktportfolio und den risikolosen Zins investieren. Die zusätzliche Investition in ein Hedgeportfolio kann dazu dienen, die Stiftung gegen Inflationsrisiken abzusichern.

Im Falle von *Zahlungsverpflichtungen* ergibt sich als optimale intertemporale Strategie eine prozyklische Vorgehensweise, bei der die Stiftung immer dann die Investitionsquote in das Marktportfolio erhöht (vermindert), wenn der Wert des Marktportfolios steigt (fällt). Diese Vorgehensweise ist ähnlich derjenigen einer sogenannten Constant Proportion Portfolio Insurance (CPPI) und ergibt sich als Optimum aus verschiedenen Ansätzen zur intertemporalen Portfoliooptimierung, bei denen die Absicherung zukünftiger Zahlungsverpflichtungen angestrebt wird.

Aufgrund des Gebotes der Bestandserhaltung im Stiftungsrecht ist es für eine Stiftung auch *ohne* Zahlungsverpflichtungen theoretisch sinnvoll, eine Absicherung des Portfolios vorzunehmen, um die Vermögensverteilung rechtsschief zu machen und so das Verlustpotenzial zu reduzieren. Relativ einfache Möglichkeiten zur Portfoliosicherung bestehen in der Verwendung von Put-Optionen. In den Simulationen werden *zwei Absicherungsmethoden mit Put-Optionen* untersucht: eine statische Strategie, bei der das gesamte Aktienvermögen am Anfang des Jahres mit At-the-money-Put-Optionen bis zum Ende des Jahres abgesichert wird, sowie eine Wertsicherungsstrategie, bei welcher der Ausübungskurs so gewählt wird, dass am Ende des Jahres das Aktienvermögen *inklusive* des anfänglichen Wertes der Put-Optionen vollständig abgesichert ist.

Die Resultate dieser Absicherungsmethoden werden mit denjenigen mehrerer Benchmarkanlagen verglichen: einem reinen Geldmarktportfolio, gemischten Aktien-Anleihe-Portfolios mit festen Gewichten sowie Buy-and-Hold-Portfolios aus Aktien und Anleihen.

Die Simulationen werden mit einem speziell für das Anlageuniversum von Stiftungen entwickelten *ökonometrischen Modell* durchgeführt. Die schrittweise Konstruktion und Beschreibung dieses Modells erfolgt in Kapitel C.2. Nach der Untersuchung der Eigenschaften der verwendeten Zeitreihen werden die Herleitung des ökonometrischen Simulationsmodells sowie dessen Eigenschaften in allen Einzelheiten dargestellt.

Das Simulationsmodell ist ein *Vector Error Correction*-Modell mit drei Kointegrationsbeziehungen und insgesamt 10 Gleichungen für die Kurzfristdynamik. Dieses Modell bildet die stochastischen Eigenschaften von Aktien- und Anleihekursen, Zinsen, Dividendenrenditen, Aktienindexvolatilitäten und der Inflationsentwicklung ab. In Bezug auf Aktien erfolgt eine Differenzierung nach einer auf Deutschland konzentrierten und einer weltweiten Aktienanlage.

Das Modell dient dazu, *stochastische Simulationen* für die Bewertung der verschiedenen Anlagestrategien durchzuführen. Die aus diesen Simulationen resultierenden Verteilungen für Stiftungsvermögen und Ausschüttungen werden anschließend mit speziell für Stiftungen ausgewählten Risiko- und Performancemaßen bewertet. Die Herleitung dieses statistischen Instrumentariums, das für die Bewertung der Anlagestrategien dient, ist Gegenstand von Kapitel C.3. Es zeigt sich, dass für Stiftungen aufgrund der stiftungsrechtlichen Restriktionen sogenannte *Downside-Risk-Maße* besonders geeignet sind, um Risiko und Performance von Anlagestrategien zu evaluieren. Der wesentliche Grund hierfür ist, dass für Stiftungen das Portfoliorisiko *asymmetrisch* definiert ist und in der Unterschreitung des Anfangswertes des (nominalen oder realen) Vermögens besteht.

Aus der Vielzahl möglicher Risiko- und Performancemaße werden auf Basis theoretischer Überlegungen sowie der Vorgaben des Stiftungsrechts drei Risiko- und vier Performancemaße definiert, die für die anschließende Analyse und Bewertung der Anlagestrategien eingesetzt werden. Die Unterschiede zwischen den einzelnen Risiko- und Performancemaßen liegen vor allem in der Gewichtung der Abweichungen von dem Anfangswert des Vermögens, der für Stiftungen die Trennlinie zwischen Risiko (linke Seite der Verteilung) und Chancen (rechte Seite der Verteilung) festlegt. Die Höhe der Gewichtung, mit der das Risiko quantifiziert wird, hat einen Bezug zu den implizit zugrunde liegenden Klassen von Nutzenfunktionen, für die das entsprechende Downside-Risk-Maß zur Bewertung von Renditeverteilungen im Sinne der stochastischen Dominanz verwendet werden kann: Je höher die Gewichtung des Risikos (also die Unterschreitung des Anfangsvermögens) gewählt wird, desto ausgeprägter ist die Risikoaversion der Nutzenfunktion.

In Kapitel D werden die Ergebnisse der Simulationen der verschiedenen Anlagestrategien dargestellt und hinsichtlich ihrer Vorteilhaftigkeit für die Vermögensverwaltung von Stiftungen bewertet. Zunächst stehen in den Kapiteln D.1 und D.2 verschiedene *statische Anlagestrategien* im Mittelpunkt. Neben einer reinen Geldmarktanlage werden Kombinationen aus Aktien und Anleihen mit festen Gewichten sowie Buy-and-Hold-Portfolios untersucht. Diese Portfolios dienen zum einen als Benchmark für die Bewertung von Anlagestrategien, bei denen eine Absicherung des Portfoliowertes durchgeführt wird und zum anderen der Bestimmung der für Stiftungen optimalen Portfoliostruktur mit Aktien und Anleihen. Darüber hinaus wird ein Vergleich zwischen einer nur auf Deutschland ausgerichteten und einer weltweiten Aktienanlage durchgeführt, um die Vorteile einer *weltweiten* Diversifikation aus der Stiftungsperspektive zu quantifizieren.

Bei der Bewertung dieser Anlagestrategien zeigt sich, dass es wesentlich darauf ankommt, ob die Stiftung das Gebot „Erhaltung des Stiftungsvermögens" auf das nominale oder das reale Vermögen ausrichtet. Bei Orientierung am *nominalen* Vermögen erweist sich eine reine Geldmarktanlage als vergleichsweise gut geeignet, das Vermögen zu erhalten und einen gewissen Vermögenszuwachs zu erreichen. Wenn eine Portfoliostruktur bestehend aus Anlagen in Aktien und Anleihen gewählt wird, dann sollte die Aktienquote im Stiftungsportfolio mit 10% relativ gering sein, damit das Risiko einer Unterschreitung des *nominalen* Anfangsvermögens niedrig gehalten wird.

Ganz anders sieht das Ergebnis bei Ausrichtung auf das *reale* Stiftungsvermögen aus. In diesem Fall ist die Geldmarktanlage für Stiftungen eine hochriskante Strategie, da sie nicht in der Lage ist, den inflationsbedingten Schwund des realen Vermögens auszugleichen. Bei einem aus Aktien und Anleihen zusammengesetzten Stiftungsportfolio sollte der Vermögensmanager zur Erhaltung des realen Vermögens – je nach verwendetem Performancemaß – eine sehr hohe Aktienquote von 80% bis 100% wählen.

Generell ist entsprechend den bekannten Resultaten der Finanzmarktforschung eine möglichst breite Streuung, repräsentiert durch eine weltweite Aktienanlage, einer nur auf Deutschland bezogenen Anlagepolitik überlegen.

Kapitel D.3 widmet sich der empirischen Analyse von *Absicherungsstrategien*. Dabei werden Absicherungsmaßnahmen unter Verwendung von Put-Optionen sowie die Methode der Constant Proportion Portfolio Insurance (CPPI) untersucht.

Die *empirischen Resultate* der Simulationen zeigen, dass die Portfoliosicherung mit Hilfe von At-the-money-Put-Optionen zu einer erheblichen Zunahme der risikoadjustierten Performance im Vergleich zu Anlagestrategien ohne Portfoliosicherung führt. Dies trifft sowohl bezogen auf das *nominale* als auch das *reale* Vermögen zu. Die Anwendung dieser Absicherungsmethode führt bezogen auf das *reale* Stiftungsvermögen auch zu besseren Ergebnissen für die risikoadjustierte Performance als die beiden anderen Absicherungsmethoden CPPI und Wertsicherung. Eine Wertsicherungsstrategie, die per Konstruktion keine Unterschreitung des nominalen Anfangsvermögens zulässt, erzielt allerdings bei Ausrichtung auf den Erhalt des *nominalen* Vermögens die beste Performance der untersuchten Anlagestrategien.

Die Anwendung der CPPI-Methode ergibt im Vergleich zu Anleihe-Aktien-Portfolios mit festen Portfoliogewichten teilweise eine höhere risikoadjustierte Performance für das Stiftungsvermögen. Die CPPI-Methode ist einer Absicherung mit Put-Optionen (at the money, Wertsicherung) im Rahmen der hier untersuchten Verfahren zur Portfoliosicherung jedoch eindeutig unterlegen.

Kapitel D.4 untersucht schließlich, welche Auswirkungen die verschiedenen Anlagestrategien auf die Höhe und die Verteilung der *Ausschüttungen der Stiftungen* haben. Da das Ausmaß der Zielerreichung von Kapitalstiftungen vor allem durch die Ausschüttungen bestimmt wird, ist für die Bewertung einer Anlagestrategie nicht nur das Vermögen relevant, sondern auch die *Ausschüttungshöhe*. Bei der Bewertung der Verteilung der Ausschüttungen, die sich aus den verschiedenen Anlagestrategien ergeben, wird zunächst angenommen, dass die nach dem Steuerrecht maximal mögliche Thesaurierung in Höhe von einem Drittel der laufenden Erträge von der Stiftung durchgeführt wird. Dies entspricht dem Standardfall deutscher Stiftungen. Zusätzlich wird untersucht, wie sich eine Ausschüttung in Höhe von 5% des Vermögens, entsprechend der in den USA geltenden Regel, auf die Verteilung des Vermögens und der Ausschüttungen auswirken würde.

Gemessen an der Ausschüttungshöhe sind *reine Anleiheportfolios* sowohl gemischten Portfolios mit Aktien und Anleihen als auch einer reinen Geldmarktanlage vorzuziehen. Da in der Vergangenheit die Dividendenrenditen von Aktien im Durchschnitt deutlich geringer waren als die Kuponzahlungen von Anleihen, haben Aktienportfolios in Bezug auf die Ausschüttungshöhe einen systematischen Nachteil. Dieser kann nur durch eine höhere durchschnittliche *Wertentwicklung* von Aktienportfolios nach Ablauf einer längeren Anlagedauer ausgeglichen werden. In den durchgeführten Simulationen mit einer Anlagedauer von bis zu fünf Jahren wies ein reines Anleiheportfolio eindeutig die bessere Performance hinsichtlich der *nominalen* sowie der *realen Ausschüttungen* im Vergleich zu einem reinen Aktienportfolio. Dieses Ergebnis steht in deutlichem Kontrast zu der in Bezug auf die *reale Vermögensentwicklung* zu präferierenden hohen Aktienquote.

Der sich hier zeigende Konflikt zwischen den optimalen Portfolios, die sich bei Orientierung entweder an der realen Vermögensentwicklung oder der Ausschüttungshöhe ergeben, hat seinen Grund vor allem darin, dass sich die Ausschüttungshöhe deutscher Stiftung bislang hauptsächlich an den *laufenden Erträgen* orientiert. Die *Wertsteigerungen* des Vermögens werden hingegen von deutschen Stiftungen nur in seltenen Fällen für die Steigerung der Ausschüttungen verwendet.

Die Anwendung der *US-Regel, 5% des Vermögens* auszuschütten, löst diesen Zielkonflikt hingegen auf und führt zu deutlich höheren Ausschüttungen und damit zu einer wesentlich besseren Zielerreichung für Stiftungen. Bei Anwendung der US-Regel sollte eine Stiftung aus der Perspektive der *Vermögenserhaltung* relativ hohe Aktienquoten von 60% bis 100% wählen, und zwar sowohl in Bezug auf die Erhaltung des *nominalen* als auch des *realen* Vermögens. Auch die Analyse der nominalen oder realen *Ausschüttungen* führt zu dem Resultat, dass eine hohe Aktienquote zu wählen ist. Somit ließen sich bei Anwendung der US-Regel zwei Zielkonflikte lösen: zum einen der Zielkonflikt zwischen den optimalen Portfolios bei Verfolgung der Ziele der Erhaltung des *nominalen* oder des *realen* Vermögens und zum anderen der Zielkonflikt zwischen den optimalen Portfolios bezüglich *Ausschüttungshöhe* bzw. *Vermögenswert*. In allen vier Fällen sollte das optimale Portfolio eine sehr hohe Aktienquote enthalten.

Die Verwendung von At-the-money-Put-Optionen zur Absicherung des Portfolios ist auch bei Anwendung der US-Ausschüttungsregel geeignet, die risikoadjustierte Performance im Vergleich zu einer statischen Anlagepolitik ohne Portfoliosicherung deutlich zu erhöhen. Zudem sind die Ausschüttungen weiterhin deutlich höher als bei der gegenwärtigen deutschen Ausschüttungsregel.

Eine Orientierung der Ausschüttungen an der Höhe des Vermögens hat daher einige Vorteile im Vergleich zu der heute vorherrschenden Situation, bei der sich die Stiftung auf die Ausschüttung von 2/3 der laufenden Erträge beschränken kann. Ein Nachteil, den eine Stiftung bei Anwendung der US-Regel allerdings in Kauf nehmen müsste, ist eine deutlich geringere Wertentwicklung des Vermögens.

In Kapitel E werden Fragestellungen des Portfolio-Managements nachhaltiger Kapitalanlagen für Stiftungen untersucht. Das Oberthema des Kapitels ist die Analyse der *Performance von nachhaltigen Kapitalanlagen*. Diese Untersuchung wird auf zwei Ebenen durchgeführt. Zum einen werden die Zusammenhänge zwischen der Nachhaltigkeit von Unternehmen und deren wirtschaftlichen Erfolg beleuchtet. Zum anderen wird die Performance von SRI-Finanzanlagen direkt ermittelt, ergänzt um die Analyse weiterer Eigenschaften der Returnzeitreihen (Sensitivität auf makroökonomische Einflussfaktoren, Investmentstil), die für die Anlageentscheidungen von Stiftungen von Bedeutung sein können. Bezüglich der Anlageentscheidungen von Stiftungen geben die Untersuchungen der Kapitel E.1 und E.2 wichtige Hinweise zur Einschätzung der zukünftigen (relativen) Performance von nachhaltigen Kapitalanlagen und der Profitabilität der ausgewählten Unternehmen.

Die in E.1 durchgeführte Untersuchung widmet sich den Zusammenhängen zwischen dem wirtschaftlichen Erfolg und dem Nachhaltigkeitsengagement von Unternehmen. Neben einer umfassenden Darstellung und Bewertung der theoretischen und empirischen Literatur wird eine *Panelanalyse* für 611 europäische Unternehmen durchgeführt. Zunächst lässt sich feststellen, dass neuere Untersuchungen entweder eine positive oder eine neutrale Beziehung zwischen Unternehmenserfolg und Nachhaltigkeitsperformance finden. Die Art der Modellierung hat einen entscheidenden Einfluss auf die Schätzergebnisse. Um eine möglichst unverzerrte Schätzung für die Parameter der Nachhaltigkeitsvariablen zu erhalten, sind die Verwendung von *Panelmodellen* sowie eine geeignete Auswahl von Kontrollvariablen erforderlich.

Die für europäische Unternehmen durchgeführte Panelanalyse führt zu dem Ergebnis, dass ein sogenanntes Fixed-Effects-Panelmodell zu verwenden ist. Ein Random-Effects-Modell oder gar die Verwendung eines gepoolten Modells, das die *latente* Heterogenität zwischen den einbezogenen Unternehmen nicht berücksichtigt, würde hingegen zu verzerrten Schätzungen führen.

Zur Messung der Nachhaltigkeit wird die Information verwendet, ob das entsprechende Unternehmen im Untersuchungszeitraum im weltweiten Nachhaltigkeitsindex von Dow Jones (DJSI World) enthalten war.

Die Schätzungen ergeben *keinen* systematischen Zusammenhang zwischen dieser Nachhaltigkeitsvariablen und dem wirtschaftlichen Erfolg. Besonders interessant ist, dass immerhin die Hypothese eines *negativen* Einflusses auf den wirtschaftlichen Erfolg weder in dieser eigenen Untersuchung noch in anderen Studien, die in der Literatur dokumentiert sind, gefunden wird.

Kapitel E.2 befasst sich mit der quantitativen Analyse der Renditeverteilungen von nachhaltigen Aktienanlagen und dabei insbesondere mit der Frage, ob und inwieweit die Performance nachhaltiger Kapitalanlagen von derjenigen konventioneller Anlagen abweicht.

Die Mehrzahl der Studien zur *Performance* nachhaltiger Aktienanlagen kommt zu dem Ergebnis, dass keine signifikanten Unterschiede im Vergleich zu konventionellen Aktienanlagen bestehen. Einige wenige Untersuchungen finden jedoch eine signifikante Outperformance von Nachhaltigkeitsportfolios. Bei diesen Analysen werden aus SRI-Ratings Hedgeportfolios konstruiert, wobei in Unternehmen mit hohem SRI-Rating investiert wird, während Unternehmen mit niedrigem SRI-Rating leerverkauft werden. Untersuchungen mit dieser Methodik führten für US-Portfolios auf Basis der Nachhaltigkeitsratings der Ratingagenturen Innovest und KLD zu einer signifikanten Überperformance der als besonders nachhaltig eingestuften Unternehmen. Eigene Analysen mit den Ratings der *Bank Sarasin* konnten diese Ergebnisse für die USA und teilweise auch für Europa bestätigen. Es zeigt sich allerdings, dass die Höhe der Performance der SRI-Hedgeportfolios starken zeitlichen Schwankungen unterliegt. Außerdem bleibt unklar, wie sich dieses Ergebnis einer Outperformance auf Basis von Nachhaltigkeitsratings theoretisch begründen lässt. Daher ist noch nicht erwiesen, ob die für die Vergangenheit ermittelte Performance in ähnlicher Größenordnung auch auf die Zukunft übertragbar ist.

Die Analyse des *Investmentstils* von vier ausgewählten nachhaltigen Aktienindizes – Dow Jones Sustainability World, FTSE4Good Global 100, Ethical Index Global sowie Naturaktienindex (NAI) – sowie die Analyse von Sensitivitäten bezüglich makroökonomischer Einflussfaktoren geben weitere Einblicke in die Gemeinsamkeiten und Unterschiede zwischen diesen Indizes. Der NAI zeigt besonders große Abweichungen zur sektoralen Struktur des Benchmark-Index

(MSCI Welt), während die drei anderen untersuchten Nachhaltigkeitsindizes vergleichsweise geringe Unterschiede sowohl untereinander als auch im Vergleich mit dem Benchmark-Index aufweisen.

Den Abschluss von Kapitel E bilden Simulationen mit diesen vier SRI-Aktienindizes, wobei verschiedene Anlagestrategien für Stiftungen mit und ohne Absicherung des Portfoliowertes durchgeführt werden. Besonders interessant ist dabei die Bewertung der *Absicherungsstrategien*. Bislang sind Put-Optionen bezogen auf Nachhaltigkeitsindizes nicht verfügbar. Die mögliche *Ersatzlösung*, Put-Optionen auf den MSCI-Weltindex zu verwenden, führt zu einem deutlich schlechteren Ergebnis hinsichtlich der risikoadjustierten Performance verglichen mit den (nicht verfügbaren) optimal passenden Put-Optionen auf die Nachhaltigkeitsindizes. Allerdings kann mit dieser *second best*-Lösung immerhin noch ein besseres Ergebnis erzielt werden als bei Durchführung einer Anlage in Nachhaltigkeitsindizes *ohne* Portfoliosicherung. Die Auflage von speziellen Put-Optionen mit einem SRI-Index als Basiswert würde nach den empirischen Ergebnissen von Kapitel E.2.3.2 eine nützliche Erweiterung der Anlagemöglichkeiten für Stiftungen darstellen.

Insgesamt zeigen die Resultate bezüglich nachhaltiger Kapitalanlagen, dass Stiftungen nach dem Stiftungsrecht in diese Anlagekategorie investieren dürfen und durch die Anwendung von Nachhaltigkeitskriterien mögliche Konflikte zwischen Vermögensanlage und Stiftungszielen vermeiden können. Die Ergebnisse des Kapitels E belegen außerdem, dass sich zum einen besonders nachhaltig wirtschaftende Unternehmen hinsichtlich ihres wirtschaftlichen Erfolges nicht signifikant von der Grundgesamtheit der Unternehmen unterscheiden und dass zum anderen die Performance nachhaltiger Kapitalanlagen nicht signifikant schlechter ist als diejenige konventioneller Anlagen. Stiftungen müssen durch eine Entscheidung für nachhaltige Kapitalanlagen somit nicht von einer schlechteren Wertentwicklung ihrer Kapitalanlagen ausgehen. Entsprechend den Ergebnissen der Simulationen ist eine *weltweite* Diversifikation des Aktienengagements einer rein deutschen Anlage vorzuziehen.

Die Simulationsanalysen der verschiedenen Absicherungsstrategien ergeben, dass Stiftungen die risikoadjustierte Performance durch relativ einfache Put-Optionsstrategien auf den Aktienanteil gegenüber Portfolios ohne Absicherung deutlich steigern können. Dieses Resultat trifft sowohl für konventionelle als auch für nachhaltige Kapitalanlagen zu. Die relativ große Ähnlichkeit des Rendite-Risiko-Profils zwischen nachhaltigen und konventionellen Kapitalanlagen führt dazu, dass Aussagen zur Vorteilhaftigkeit bestimmter Anlagestrategien in der Regel für beide Arten von Anlageobjekten gleichermaßen gelten. Für das Vermögensmanagement von Stiftungen besteht dadurch die Möglichkeit, eine optimale Anlagepolitik auf Basis konventioneller Anlagen zu bestimmen, für welche die vorhandenen Zeitreihen über wesentlich längere Perioden verfügbar sind, als dies bei nachhaltigen Anlagen der Fall ist. Auf diese Weise erhalten die empirischen Analysen zur Anlagepolitik von Stiftungen eine höhere statistische Aussagekraft.

Bislang noch nicht abschließend beantwortet ist die Frage nach den ökonomischen Wirkungsmechanismen zwischen Unternehmensnachhaltigkeit und Unternehmenserfolg. Die bisherigen Studien, und dazu zählen auch die Ergebnisse der vorliegenden Untersuchung in Kapitel E.1, finden entweder keinen oder einen positiven Zusammenhang. Für den Fall eines positiven Zusammenhangs ist jedoch noch weitgehend unklar, ob Nachhaltigkeit einen kausalen Einfluss auf den wirtschaftlichen Erfolg hat oder ob die Kausalität in der umgekehrten Richtung verläuft.

Ein ähnliches Interpretationsproblem trifft für die empirischen Untersuchungen zur Performance nachhaltiger Kapitalanlagen zu: Es ist nicht klar, ob es tatsächlich einen Nachhaltigkeitsfaktor gibt, der die Performance positiv beeinflusst (siehe Kapitel E.2). Eine Stiftung, die in breit diversifizierte nachhaltige Kapitalanlagen investiert, kann jedoch mit großer Wahrscheinlichkeit davon ausgehen, dass zum einen der wirtschaftliche Erfolg der ausgewählten Unternehmen ähnlich sein wird wie derjenige der Grundgesamtheit aller Unternehmen und dass zum anderen die Performance des Stiftungsportfolios sich nicht signifikant von relevanten Benchmark-Portfolios unterscheiden wird.

Literaturverzeichnis

Alberini, A. und K. Segerson (2002), Assessing Voluntary Programs to Improve Environmental Quality, *Environmental and Resource Economics* 22, 157–184.

Albrecht, P. und T. Klett (2004), *Referenzpunktbezogene risikoadjustierte Performancemaße: Theoretische Grundlagen*, Mannheimer Manuskripte zu Risikotheorie, Portfolio-Management und Versichungswirtschaft Nr. 158.

Albrecht, P., R. Maurer und M. Möller (1998), Shortfall-Risiko / Excess-Chance-Entscheidungskalküle, *Zeitschrift für Wirtschafts- und Sozialwissenschaften* 118, 249–274.

Albrecht, P., R. Maurer und U. Ruckpaul (2001), Shortfall-Risks of Stocks in the Long Run, *Financial Markets and Portfolio-Management* 15, 481–499.

Anheier, H. (2003), Das Stiftungswesen in Deutschland: Eine Bestandsaufnahme in Zahlen, in: Bertelsmann-Stiftung (Hrsg.), *Handbuch Stiftungen*, 2. Auflage, Wiesbaden, 43–85.

Augsten, U. und O. Schmidt (2003), Änderung des Anwendungserlasses zur Abgabenordnung, *Stiftung & Sponsoring*, Rote Seiten 4/2003.

Aupperle, K., A. Carroll und J. Hatfield (1985), An Empirical Examination of the Relationship between Corporate Social Responsibility and Profitability, *Academy of Management Journal* 28, 446–463.

Avanzi (2006), *Green, Social and Ethical Funds in Europe, 2006 Review*, www.avanzi-sri.org/pdf/complete_report_2006_final.pdf.

Bajeux-Besnainou, I. und K. Ogunc (2006), Spending Rules for Endowment Funds, *Review of Quantitative Finance and Accounting* 27, 93–107.

Balder, S., M. Brandl und A. Mahayni (2009), Effectiveness of CPPI Strategies under Discrete-Time Trading, *Journal of Economic Dynamics and Control* 33, 204–220.

Barney, J., M. Wright und D. Ketchen (2001), The Resource-based View of the Firm: Ten Years after 1991, *Journal of Management* 27, 625–641.

Barnea, A., R. Heinkel und A. Kraus (2005), Green Investors and Corporate Investment, *Structural Change and Economic Dynamics* 16, 332–346.

Bassen, A., S. Jastram und K. Meyer (2005): Corporate Social Responsibility – Eine Begriffserläuterung, *Zeitschrift für Wirtschafts- und Unternehmensethik* 6, 231–236.

Bauer, R., N. Günster und R. Otten (2004), Empirical Evidence on Corporate Governance in Europe, *Journal of Asset Management* 5, 91–104.

Bauer, R., K. Koedijk und R. Otten (2005), International Evidence on Ethical Mutual Fund Performance and Investment Style, *Journal of Banking and Finance* 29, 1751–1767.

Bawa, V. (1978), Safety-First, Stochastic Dominance, and Optimal Portfolio Choice, *Journal of Financial and Quantitative Analysis* 13, 255–271.

Bawa, V. und E. Lindenberg (1977), Capital Market Equilibrium in a Mean-Lower Partial Moment Framework, *Journal of Financial Economics* 5, 189–200.

Beltratti, A. (2003), *Socially Responsible Investment in General Equilibrium*, FEEM Working Paper 93, http://ssrn.com/abstract=467240.

Beltratti, A. (2005a), Capital Market Equilibrium with Externalities, Production and Heterogeneous Agents, *Journal of Banking and Finance* 29, 3061–3073.

Beltratti, A. (2005b), The Complementarity between Corporate Governance and Corporate Social Responsibility, *The Geneva Papers* 30, 373–386.

Benninga, S. (1990), Comparing Portfolio Insurance Strategies, *Finanzmarkt und Portfolio-Management* 4, 20–30.

Bernardo, A. und O. Ledoit (2000), Gain, Loss, and Asset Pricing, *Journal of Political Economy* 108, 144–172.

Bertelsmann-Stiftung (2003), *Handbuch Stiftungen*, 2. Auflage, Wiesbaden.

Bertrand, P., und J. Prigent (2005), Portfolio Insurance Strategies: OBPI versus CPPI, *Finance* 26, 5–32.

Bertrand, P. und J. Prigent (2006), *Omega Performance Measure and Portfolio Insurance*, Diskussionspapier Nr. 2006-52, GREQAM, Universität Aix-Marseille, Marseille.
Black, F. und A. Perold (1992), Theory of Constant Proportion Portfolio Insurance, *Journal of Economic Dynamics and Control* 16, 403–426.
Blake, Ch., E. Elton und M. Gruber (1993), The Performance of Bond Mutual Funds, *Journal of Business* 66, 371–403.
Blum, P. und M. Dacorogna (2004), DFA – Dynamic Financial Analysis, in: Teugels, J. und B. Sundt (Hrsg.), *Encyclopedia of Actuarial Science*, Chicester, 505–519.
Börsch-Supan, A. und J. Köke (2002), An Applied Econometricians' View of Empirical Corporate Governance Studies, *German Economic Review* 3, 295–326.
Brogan, A. und S. Stidham (2005), A Note on Separation in Mean-Lower-Partial-Moment Portfolio Optimization with Fixed and Moving Targets, *IIE Transactions* 37, 901–906.
Brogan, A. und S. Stidham (2008), Non-Separation in the Mean-Lower-Partial-Moment Portfolio Optimization Problem, *European Journal of Operational Research* 184, 701–710.
Bundesbank (2007), *Vermögensbildung und Finanzierung im Jahr 2006, Monatsbericht Juni 2007*, Deutsche Bundesbank, Frankfurt a.M., 17–33.
Bundesverband Deutscher Stiftungen (2005), *Verzeichnis deutscher Stiftungen*, Berlin.
Bundesverband Deutscher Stiftungen (2001), *Zahlen, Daten, Fakten zum deutschen Stiftungswesen*, Berlin.
Bundesverband Deutscher Stiftungen (2008a), *Stiftungs-Report 2008/09*, Berlin.
Bundesverband Deutscher Stiftungen (2008b), *Die größten Stiftungen*, www.stiftungen.org, Bereich Service, Unterbereich Zahlen, Daten, Fakten.
Carhart, M. (1997), On Persistence in Mutual Fund Performance, *Journal of Finance* 52, 57–82.
Carroll, A. (1999), Corporate Social Responsibility: Evolution of a Definitional Construct, *Business & Society* 38, 268–295.
Carstensen, C. (1996a), *Vermögensverwaltung, Vermögenserhaltung und Rechnungslegung gemeinnütziger Stiftungen*, 2. Auflage (unveränderter Nachdruck der 1. Auflage von 1994), Frankfurt a.M.
Carstensen, C. (1996b), Die ungeschmälerte Erhaltung des Stiftungsvermögens, *Die Wirtschaftsprüfung* 49(22), 781–793.
Carstensen, C. (2003), Vermögensverwaltung, in: Bertelsmann-Stiftung (Hrsg.), *Handbuch Stiftungen*, 2. Auflage, Wiesbaden, 535–563.
Carstensen, C. (2005), Vorgaben für die Vermögensverwaltung der Stiftung nach Gesetz, Satzung und Rechtsprechung, *Zeitschrift zum Stiftungswesen (ZSt)* 04–05/2005, 90–98.
Castelo Branco, M. und L. Lima Rodrigues (2006), Corporate Social Responsibility and Resource-based Perspectives, *Journal of Business Ethics* 69, 111–132.
Chung, K. und S. Pruitt (1994), A Simple Approximation of Tobin's Q, *Financial Management* 23, 70–74.
Conniffe, D.(2007), The Flexible Three Parameter Utility Function, *Annals of Economics and Finance* 8, 57–63.
Cooch, S., M. Kramer, F. Cheng, A. Mahmud, B. Marx und M. Rehrig (2007), *Compounding Impact: Mission Investing by US Foundations*, Foundation Strategy Group, Boston.
Cormier, D., M. Magnan und B. Morard (1993), The Impact of Corporate Pollution on Market Valuation: Some Empirical Evidence, *Ecological Economics* 8, 135–155.
Daniel, K., M. Grinblatt, S. Titman und R. Wermers (1997), Measuring Mutual Fund Performance with Characteristic-based Benchmarks, *Journal of Finance* 52, 1035–1058.
Derman, E. und I. Kani (1994), *The Volatility Smile and Its Implied Tree*, Quantitative Strategies Research Notes, Goldman Sachs, New York.
DeRoon, F., T. Nijman und J. ter Horst (2002), *Evaluating Style Analysis*, CEPR Discussion Paper No. 3181, London.
Derwall J., N. Günster, R. Bauer und K. Koedijk (2005), The Eco-Efficiency Premium Puzzle, *Financial Analysts Journal* 61, 51–63.

Derwall, J. und K. Koedijk (2009), Socially Responsible Fixed-Income Funds, *Journal of Business Finance & Accounting* 36, 210–229.

Deutsche Bundesbank (1997), *Schätzung von Zinsstrukturkurven, Monatsbericht Oktober 1997*, Frankfurt a.M., 61–66.

DiBartolomeo, D. and L. Kurtz (1999), *Managing Risk Exposures of Socially Screened Portfolios*, Northfield Information Services, Boston, www.northinfo.com.

Dieckmann, R. (2008), *Mikrofinanz-Investments – Eine sozial verantwortliche Anlage mit großem Potenzial*, Deutsche Bank Research, Frankfurt am Main.

Dittrich, M. (2009), Motivation, Erfahrungen und Herausforderungen im Management von SRI-Anlagen, in: Schäfer, H. und Schröder, M. (Hrsg.), *Nachhaltige Kapitalanlagen für Stiftungen: Aktuelle Entwicklungen*, Baden-Baden, 19–31.

Do, B. (2002), Relative Performance of Dynamic Portfolio Insurance Strategies: Australian Evidence, *Accounting and Finance* 42, 279–296.

Doppstadt, J. (2005), Rücklagen, Rückstellungen, Verbindlichkeiten, Wertberichtigungen, in: Strachwitz, R. und F. Mercker (Hrsg.), *Stiftungen in Theorie, Recht und Praxis – Handbuch für ein modernes Stiftungswesen*, Berlin, 568–579.

Dowell, G., S. Hart und B. Yeung (2000), Do Corporate Global Environmental Standards Create or Destroy Market Value?, *Management Science* 46, 1059–1074.

Dybvig, P. (1995), Duesenberry´s Ratcheting of Consumption: Optimal Dynamic Consumption and Investment Given Intolerance for any Decline in Standard of Living, *Review of Economic Studies* 62, 287–313.

Dybvig, P. (1999), Using Asset Allocation to Protect Spending, *Financial Analysts Journal* January/February 1999, 49–62.

Edmans, A. (2008), *Does the Stock Market fully value Intangibles? Employee Satisfaction and Equity Prices*, Discussion Paper, Wharton School, University of Pennsylvania, Philadelphia, http://ssrn.com/abstract=985735.

Efama (2006), *Trends in the European Investment Fund Industry in the Fourth Quarter of 2006 and Results for the Full-Year 2006*, Quarterly Statistical Release, März 2006, Nr. 28, www.efama.org.

Eling, M. und T. Parnitzke (2007), Dynamic Financial Analysis: Classification, Conception, and Implementation, *Risk Management and Insurance Review* 10, 33–50.

Elsayed, K. und D. Paton (2005), The Impact of Environmental Performance on firm Performance: Static and Dynamic Panel Data Evidence, *Structural Change and Economic Dynamics* 16, 395–412.

Elton, E., M. Gruber, S. Brown und W. Goetzmann (2006), *Modern Portfolio Theory and Investment Analysis*, 7. Auflage, New York.

Emerson, J., T. Freundlich und S. Berenbach (2004), *The Investor´s Toolkit – Generating multiple Returns through a unified Investment Strategy*, www.blendedvalue.org/media/pdf-investors-toolkit.pdf.

Ernst & Young, Luther Menold Rechtsanwaltsgesellschaft und F.A.Z. Institut für Management-, Markt- und Medieninformationen (2003), *Stiftungen – Wirtschaftliche und rechtliche Aspekte unterschiedlicher Stiftungsformen in Deutschland*, Stuttgart.

ethos (2007), *Charta*, Genf, www.ethosfund.ch/upload/publication/p146d_020830_Charta.pdf.

Eurosif und Bellagio Forum (2006), *PRIME Toolkit: Primer for Responsible Investment Management of Endowments*, European Social Investment Forum und Bellagio Forum for Sustainable Development und European Foundation Centre, www.eurosif.org/publications/prime_primer_for_responsible_investment_management_of_endowments.

Eurosif (2006), *Active Share Ownership in Europe: 2006 European Handbook*, European Social Investment Forum, www.eurosif.org/publications/active_share_ownership_handbook.

Eurosif (2008), *European SRI Study 2008*, European Social Investment Forum, www.eurosif.org/publications/sri_studies.

F.B. Heron Foundation (2004), *New Frontiers in Mission-Related Investing*, New York.

Fama, E. und J. MacBeth (1973), Risk, Return, and Equilibrium: Empirical Tests, *Journal of Political Economy* 81, 607–636.

Fama, E. und K. French (1993), Common Risk Factors in the Returns on Stocks and Bonds, *Journal of Financial Economics* 33, 3–56.

Ferson, W. und R. Schadt (1996), Measuring Fund Strategy and Performance in Changing Economic Conditions, *Journal of Finance* 51, 425–462.

Filbeck, G. and R. Gorman (2004), The Relationship between the Environmental and Financial Performance of Public Utilities, *Environmental and Resource Economics* 29, 137–157.

Fishburn, P. (1977), Mean-Risk Analysis with Risk associated with Below-Target Returns, *American Economic Review* 67, 116–126.

Foundation Center (2006), *Foundation Yearbook*, New York.

Friedman, M. (1970), The Social Responsibility of Business is to Increase its Profit, *The New York Times Magazine*, 13. September 1970.

Galema, R., A. Plantinga und B. Scholtens (2009), *Diversification of Socially Responsible Portfolios: Testing for Mean-Variance Spanning*, Working Paper, University of Groningen, Groningen, http://ssrn.com/abstract=1086560.

Garratt, A., K. Lee, M. H. Pesaran und Y. Shin (2006), *Global and Macroeconometric Modelling: A Long-Run Structural Approach*, Oxford.

Garz, H., C. Volk and M. Gilles (2002), *More Gain than Pain – SRI: Sustainability Pays Off*, WestLB Panmure, www.westlbpanmure.com/sri/pdf/sri_nov2002.pdf.

Geczy, C., R. Stambaugh and D. Levin (2005), *Investing in Socially Responsible Mutual Funds*, University of Pennsylvania, Wharton School Working Paper, Philadelphia, SSRN: http://ssrn.com/abstract=416380.

Godfrey, P. (2005), The Relationship between Corporate Philanthropy and Shareholder Wealth: A Risk Management Perspective, *Academy of Management Review* 30, 777–798.

Gompers, P., J. Ishii und A. Metrick (2003), Corporate Governance and Equity Prices, *Quarterly Journal of Economics* 118, 107–155.

Grantcraft (2006), *Program-Related Investing*, New York.

Greene, W. (2008), *Econometric Analysis*, 6. Auflage, New Jersey.

Greenwich (2006), *Summary of Endowment and Foundation Investment Trends*, A Presentation to Greenwich Research Partners, April 2006, Greenwich Associates, Greenwich, USA.

Gregory, A., J. Matatko and R. Luther (1997), Ethical Unit Trust Financial Performance: Small Company Effects and Fund Size Effects, *Journal of Business Finance & Accounting* 24, 705–725.

Griffin, J. und J. Mahon (1997), The Corporate Social Performance and Corporate Financial Performance Debate, *Business & Society* 36, 5–13.

Günster, N., J. Derwall, R. Bauer und K. Koedijk (2006), *The Economic Value of Corporate Eco-Efficiency*, LIFE Working Paper 06–15, Department of Finance, Maastricht University, Maastricht.

Hamilton, S., H. Jo and M. Statman (1993), Doing Well While Doing Good? The Investment Performance of Socially Responsible Mutual Funds, *Financial Analysts Journal*, November/December 1993, 62–66.

Hansen, G. (1993), *Quantitative Wirtschaftsforschung*, München.

Harlow, W. und R. Rao (1989), Asset Pricing in a Generalized Mean-Lower Partial Moment Framework: Theory and Evidence, *Journal of Financial an Quantitative Analysis* 24, 285–311.

Hart, S. (1995), A Natural-Resource-Based View of the Firm, *Academy of Management Review* 20, 986–1014.

Hart, S. und G. Ahuja (1996), Does it Pay to be Green? An Empirical Examination of the Relationship Between Emission Reduction and Firm Performance, *Business Strategy and the Environment* 5, 30–37.

Hartmann, M. (2005a), Die gemeinnützige Stiftung, in: Strachwitz, R. und F. Mercker (Hrsg.) *Stiftungen in Theorie, Recht und Praxis – Handbuch für ein modernes Stiftungswesen*, Berlin, 381–399.

Hartmann, M. (2005b), Steuerfreie oder -pflichtige Einkommenserzielung bei gemeinnützigen Stiftungen, in: Strachwitz, R. und F. Mercker (Hrsg.), *Stiftungen in Theorie, Recht und Praxis – Handbuch für ein modernes Stiftungswesen*, Berlin, 475–492.

Hay, B., R. Stavins und R. Vietor (Hrsg.) (2005), *Environmental Protection and the Social Responsibility of Firms*, Washington, D.C.

Heal, G. (2005), Corporate Social Responsibility – An Economic and Financial Framework, *The Geneva Papers* 30, 387–409.

Heinkel, R., A. Kraus und J. Zechner (2001), The Effect of Green Investment on Corporate Behavior, *Journal of Financial and Quantitative Analysis* 36, 431–449.

Heissmann (2004), *Planung, Anlage und Kontrolle von Stiftungsvermögen bei deutschen Stiftungen, Heissmann Stiftungs-Studie 2004*, Wiesbaden.

Heissmann (2005), *Planung, Anlage und Kontrolle von Stiftungsvermögen bei deutschen Stiftungen, Heissmann Stiftungs-Studie 2005*, Wiesbaden.

Hopt, K. und D. Reuter (2001), *Stiftungsrecht in Europa*, Köln.

Hillman, A. und G. Keim (2001), Shareholder Value, Stakeholder Management, and Social Issues: What's the Bottom Line?, *Strategic Management Journal* 22, 125–139.

Hirsch, B. und T. Seaks (1993), Functional Form in Regression Models of Tobin's q, *Review of Economics and Statistics* 75, 381–385.

Huberman, G. und S. Kandel (1987), Mean-Variance Spanning, *Journal of Finance* 42, 873–888.

Hüttemann, R. (1998), Der Grundsatz der Vermögenserhaltung im Stiftungsrecht, in: Jakobs, H., E. Picker und J. Wilhelm (Hrsg.), *Festgabe für Werner Flume zum 90. Geburtstag*, Berlin, 61–98.

Hüttemann, R. (1999), Steuerbegünstigte Vermögensverwaltung, *Stiftung & Sponsoring, Rote Seiten* 6/1999.

Hüttemann, R. (2002), Der neue Anwendungserlass zum Gemeinnützigkeitsrecht (§§ 51 bis 68 AO), *FR Finanz-Rundschau* Jg. 2002 (24), 1337–1347.

Hüttemann, R. und W. Schön (2007), *Vermögensverwaltung und Vermögenserhaltung im Stiftung- und Gemeinnützigkeitsrecht*, Köln.

Hull, J. (2005), *Options, Futures and Other Derivatives*, 6. Auflage, New Jersey.

Institute for Responsible Investment (2007), *Handbook on Responsible Investment across Asset Classes*, Boston College Center for Social Citizenship, Boston.

Jackwerth, J. und M. Rubinstein (1996), Recovering Probability Distributions from Option Prices, *Journal of Finance* 51, 1611–1631.

Jarrow, R. und F. Zhao (2006), Downside Loss Aversion and Portfolio-Management, *Management Science* 52, 558–566.

Johansen, S. (1995), *Likelihood-based Inference in Cointegrated Vector Autoregressive Models*, Oxford.

Juselius, K. (2006), *The Cointegrated VAR Model: Methodology and Applications*, Oxford.

Kaduff, J. (1996), *Shortfall-Risk-basierte Portfolio-Strategien*, Bern.

Kayser, J., A. Richter und J. Steinmüller (2004), Alternative Investments für Stiftungen, *Stiftung & Sponsoring, Rote Seiten* 4/2004.

Keating, C. und W. Shadwick (2002), A Universal Performance Measure, *Journal of Performance Measurement* 6, 59–84.

Kempf, A. und P. Osthoff (2007), The Effect of Socially Responsible Investing on Financial Performance, *European Financial Management* 13, 908–922.

Kempf, A. und P. Osthoff (2008), SRI Funds: Nomen est Omen, *Journal of Business Finance & Accounting* 35, 1276–1294.

King, A. und M. Lenox (2001), Does Really Pay to be Green?, *Journal of Industrial Ecology* 5, 105–116.

King, A. und M. Lenox (2002), Exploring the Locus of Profitable Pollution Reduction, *Management Science* 48, 289–299.

Kirchgässner, G. und J. Wolters (2007), *Introduction to Modern Time Series Analysis*, Berlin.

Knüppel, M. und K.-H. Tödter (2007), *Quantifying Risk and Uncertainty in Macroeconomic Forecasts*, Discussion Paper No. 25/2007, Deutsche Bundesbank.

Konar, S. und M. Cohen (2001), Does the Market Value Environmental Performance, *Review of Economics and Statistics* 83, 281–289.

Kreander, N., R. Gray, D. Power and C. Sinclair (2002), The Financial Performance of European Ethical Funds 1996–1998, *Journal of Accounting and Finance* 1, 3–22.

Kurtz, L. and D. DiBartolomeo (1996), Socially Screened Portfolios: An Attribution Analysis of Relative Performance, *Journal of Investing*, Fall 1996, 35–41.

Lewis, J. und R. Wexler (2007), *Mission Investing in Microfinance – A Program Related Investment (PRI) Primer and Toolkit*, microcredit enterprises, Fountain Hills, Arizona.

Lindenberg, E. und S. Ross (1981), Tobin´s q Ratio and Industrial Organization, *Journal of Business* 54, 1–32.

Lütkepohl, H. (2005), *New Introduction to Multiple Time Series Analysis*, Berlin.

Lundgren, T. (2007), *On the Economics of Corporate Social Responsibility*, Sustainable Investment and Corporate Governance Working Papers, No. 2007/3, http://ideas.repec.org/s/hhb/sicgwp/2007_003.html.

Luther, R., J. Matatko und D. Corner (1992), The Investment Performance of UK "Ethical" Unit Trusts, *Accounting Auditing & Accountability Journal* 5, 57–70.

Luther, R. and J. Matatko (1994), The Performance of Ethical Unit Trusts: Choosing an Appropriate Benchmark, *British Accounting Review* 26, 77–89.

Mackey, A., T. Mackey und J. Barney (2007), Corporate Social Responsibility and Firm Performance: Investor Preferences and Corporate Strategies, *Academy of Management Review* 32, 817–835.

Mallin, C., B. Saadouni and R. Briston (1995), The Financial Performance of Ethical Investment Trusts, *Journal of Business Finance & Accounting* 22, 483–496.

Margolis, J. und J. Walsh (2001), *People and Profits? – The Search for a Link Between a Company´s Social and Financial Performance*, Mahwah, New Jersey.

Markowitz, H. (1959), *Portfolio Selection*, New Haven, CT.

McGuire, J., A. Sundgren und T. Schneeweis (1988), Corporate Social Responsibility and Firm Financial Performance, *Academy of Management Journal* 31, 854–872.

McWilliams, A. und D. Siegel (2000), Corporate Social Responsibility and Financial Performance: Correlation or Misspecification?, *Strategic Management Journal* 21, 603–609.

McWilliams, A. und D. Siegel (2001), Corporate Social Responsibility: A Theory from the Firm Perspective, *Academy of Management Review* 26, 117–127.

McWilliams, A., D. Siegel und P. Wright (2006), Corporate Social Responsibility: Strategic Implications, *Journal of Management Studies* 43, 1–18.

Merton, R. (1969), Lifetime Portfolio Selection under Uncertainty: The Continuous-Time Case, *Review of Economics and Statistics* 51, 247–257.

Merton, R. (1973), An Intertemporal Capital Asset Pricing Model, *Econometrica* 41, 867–887.

Merton R. (1993), Optimal Investment Strategies for University Endowment Funds, in: Clotfelter, C. und M. Rothschild (Hrsg.), *Studies of Supply and Demand in Higher Education*, Chicago, wiederabgedruckt in: Ziemba, W. und J. Mulvey (Hrsg.), *Worldwide Asset and Liability Modeling*, Cambridge, 371–396.

Milevsky, M., A. Aziz, A. Goss, J. Comeault und D. Wheeler (2006), Cleaning a Passive Index, *Journal of Portfolio-Management*, Spring 2006, 110–118.

Moskowitz, M. (1972), Choosing Socially Responsible Stocks, *Business and Society Review*, 71–75.

Müller, T. (2004), Vermögensverwaltung gemeinnütziger Stiftungen, *Der Erbschaft-Steuer-Berater* (ERBSTB) 7/2004, 212–217.

Neuhoff, K. (2005), Stiftungsmittel, in: Strachwitz, R. und. F. Mercker (Hrsg.), *Stiftungen in Theorie, Recht und Praxis – Handbuch für ein modernes Stiftungswesen*, Berlin, 457–474.

Newey, W. und K. West (1987), A Simple, Positive Semi-definite, Heteroskedasticity and Autocorrelation Consistent Covariance Matrix, *Econometrica* 55, 703–708.

Newey, W. und K. West (1994), Automatic Lag Selection in Covariance Matrix Estimation, *Review of Economic Studies* 61, 631–653.

Oehri, O., H. Schäfer und J. Fausch (2009), Microfinance Investment Fonds – eine portfoliotheoretische Betrachtung, in: Schäfer, H. und M. Schröder (Hrsg.), *Nachhaltige Kapitalanlagen für Stiftungen: Aktuelle Entwicklungen*, Baden-Baden, 157–165.

Orlitzky, M., F. Schmidt und S. Rynes (2003), Corporate Social and Financial Performance: A Meta-Analysis, *Organization Studies* 24, 403–441.

Perold, A. und W. Sharpe (1988), Dynamic Strategies for Asset Allocation, *Financial Analysts Journal* January/February, 16–27.

Plinke, E. (2006), *Das Sarasin-Branchenrating*, Hintergrund-Papier zu Sustainable Investment, Basel, www.sarasin.ch/internet/iech/sarasin_branchenrating_2006.pdf.

Plinke, E. (2007), *Nachhaltigkeit von Unternehmen im Vergleich*, Hintergrund-Papier zu Sustainable Investment, Basel, www.sarasin.ch/internet/iech/hintergrund-papier_-_das_sarasin_unternehmensrating.pdf.

Plinke, E. (2008), *Nachhaltigkeit und Aktienperformance – alte und neue Erkenntnisse zu einem Dauerbrenner*, Hintergrund-Papier zu Sustainable Investment, Basel, www.sarasin.ch/internet/iech/performancestudie_2008-2.pdf.

Quazi, A. und D. O'Brien (2000), An Empirical Test of a Cross-National Model of Corporate Social Responsibility, *Journal of Business Ethics* 25, 3–51.

Rat von Sachverständigen für Umweltfragen (2002), *Umweltgutachten 2002 – Für eine neue Vorreiterrolle*, Stuttgart.

Reinhardt, F. (2005), Environmental Protection and the Social Responsibility of Firms, in: Hay et al. (Hrsg.), *Environmental Protection and the Social Responsibility of Firms*, Washington, D.C., 151–183.

Rendleman, R. und R. McEnally (1987), Assessing the Costs of Portfolio Insurance, *Financial Analysts Journal* May/June, 27–37.

Renneboog, L, J. ter Horst und C. Zhang (2008a), Socially Responsible Investments: Institutional Aspects, Performance, and Investor Behavior, *Journal of Banking and Finance* 32, 1723–1742.

Renneboog, L., J. terHorst und C. Zhang (2008b), The Price of Ethics and Stakeholder Governance: The Performance of Socially Responsible Mutual Funds, *Journal of Corporate Finance* 14, 302–322.

Rennings, K., M. Schröder und A. Ziegler (2003), The Economic Performance of European Stock Corporations. Does Sustainability Matter?, *Greener Management International* 44, 33–43.

Reuter, D. (2005), Stiftungsrechtliche Vorgaben für die Verwaltung des Stiftungsvermögens, *Neue Zeitschrift für Gesellschaftsrecht (NZG)* 16/2005, 649–654.

Richter, A. (2003), Die wirtschaftliche Betätigung gemeinnütziger Stiftungen und ihre ertragsteuerliche Behandlung in Deutschland, Großbritannien und den USA, in: Bertelsmann-Stiftung (Hrsg.), *Handbuch Stiftungen*, 2. Auflage, Wiesbaden, 955–981.

Richter, A. (2004), Die Vermögensanlage von rechtsfähigen Stiftungen, *Berater-Brief Vermögen* 9/2004, 11–16.

Richter, A., A. K. Eichler und H. Fischer (2008), Unternehmensteuerreform, Erbschaftsteuerreform, Abgeltungsteuer, *Stiftung & Sponsoring*, Rote Seiten 2/2008.

Richter, A. und S. Sturm (2005), Grenzen der Vermögensanlage rechtsfähiger Stiftungen am Beispiel von Hedgefonds-Investment, *Finanzbetrieb* 1/2005, 592–600.

Rodin, A., A. Veith und U. Bärenz (2004), Einkommensteuerliche Behandlung von Venture Capital und Private Equity Fonds – Abgrenzung der privaten Vermögensverwaltung vom Gewerbebetrieb, *Der Betrieb* Heft 3/2004, 103–110.

Rödel, T. (2004), Rechtsfolgen einer verlustbringenden Anlage des Stiftungsvermögens in Aktien, *Neue Zeitschrift für Gesellschaftsrecht (NZG)* 16/2004, 754–759.

Rubinstein, M. (1994), Implied Binomial Trees, *Journal of Finance* 49, 771–818.

Rudolf, M. und W. Ziemba (2004), Intertemporal Surplus Management, *Journal of Economic Dynamics and Control* 28, 975–990.

Russo, M. und P. Fouts (1997), A Resource-Based Perspective on Corporate Environmental Performance and Profitability, *Academy of Management Journal* 40, 534–559.

Salama, A. (2005), A Note on the Impact of Environmental Performance on Financial Performance, *Structural Change and Economic Dynamics* 16, 413–421.

Sauer, D. (1997), The Impact of Social-Responsibility Screens on Investment Performance: Evidence from the Domini 400 Social Index and Domini Equity Fund, *Review of Financial Economics* 6, 23–35.

Schäfer, H., A. Gülle, A. Ramp und M. Redel (2002), *Das Anlageverhalten von Stiftungen im Umfeld ethisch-ökologischer Determinanten – Eine empirische Untersuchung*, Stuttgart.

Schäfer, H. und R. Stederoth (2002), Portfolioselektion und Anlagepolitik mittels Ethik-Filtern – Ein Überblick zum Stand der empirischen Kapitalmarktforschung, *Kredit und Kapital* 35(1), 101–148.

Schäfer, H. (2003), *Sozial-ökologische Ratings am Kapitalmarkt*, edition der Hans-Böckler-Stiftung, Nr. 84, Düsseldorf.

Schäfer, H. (2004), Ethical Investment of German Non-Profit Organizations – Conceptual Outline and Empirical Results, *Business Ethics: A European Review* 13 (4), 269–287.

Schäfer, H. und P. Lindenmayer (2004), *Sozialkriterien im Nachhaltigkeitsrating – Vergleichende Analyse der Kriteriensysteme und Prozesse von Konzepten der Nachhaltigkeitsbewertung unter besonderer Berücksichtigung des Sozialbereichs und von für den deutschsprachigen Raum relevanten Konzepten*, edition der Hans-Böckler-Stiftung, Nr. 104, Düsseldorf.

Schäfer, H., A. Hauser-Ditz und E. Preller (2004), *Transparenzstudie zur Beschreibung ausgewählter international verbreiteter Rating-Systeme zur Erfassung von Corporate Social Responsibility*, Gütersloh, www.bertelsmann-stiftung.de/bst/de/media/xcms_bst_dms_11393__2.pdf.

Schäfer, H. (2005), Corporate Social Responsibility Rating – Technologie und Marktverbreitung, *Finanzbetrieb* 7(4), 251–259.

Schäfer, H. und P. Lindenmayer (2005), *Unternehmenserfolge erzielen und verantworten: Ein finanzmarktgesteuertes Beurteilungs- und Steuerungsmodell von Corporate Responsibility*, Gütersloh, www.bertelsmann-stiftung.de/bst/de/media/Studie_ShareholderValue_CSR.pdf.

Schäfer, H., J. Beer, J. Zenker und P. Fernandes (2006), *Who is Who in Corporate Social Responsibility Rating?*, Gütersloh, www.bertelsmann-stiftung.de/bst/de/media/xcms_bst_dms_18175_18176_2.pdf.

Schäfer, H. und M. Schröder (Hrsg.) (2009a), *Nachhaltige Kapitalanlagen für Stiftungen: Aktuelle Entwicklungen*, Baden-Baden.

Schäfer, H. und M. Schröder (2009b), Nachhaltige Vermögensanlagen für Stiftungen, in: Schäfer, H. und M. Schröder (Hrsg.), *Nachhaltige Kapitalanlagen für Stiftungen: Aktuelle Entwicklungen*, Baden-Baden, 33–156.

Schindler, A. (2003), Vermögensanlage von Stiftungen im Zielkonflikt zwischen Rendite, Risiko und Erhaltung der Leistungskraft, *Der Betrieb* 56. Jg. (6), 297–302.

Schlüter, A. (2005), Die Stiftung als Unternehmenseigentümerin, in: R. Strachwitz und F. Mercker (Hrsg.), *Stiftungen in Theorie, Recht und Praxis – Handbuch für ein modernes Stiftungswesen*, Berlin, 315–327.

Schröder, F. (2007), Rücklagen nach § 58 AO und zeitnahe Mittelverwendung, *Stiftung & Sponsoring, Rote Seiten* 3/1998 *Stiftung & Sponsoring, Rote Seiten* 6/2007.
Schröder, M. (2004), The Performance of Socially Responsible Investments: Investment Funds and Indices, *Financial Markets and Portfolio-Management* 18 (2), 122–142.
Schröder, M. (2007), Is there a Difference? The Performance Characteristics of SRI Equity Indices, *Journal of Business Finance and Accounting* 34 (1) & (2), 331–348.
Seifart, W. und A. von Campenhausen (2009), *Stiftungsrechts-Handbuch*, 3. Auf-lage, München.
Sharpe, W. (1966), Mutual Fund Performance, *Journal of Business* 39, 119–138.
Sharpe, W. (1992), Asset Allocation: Management Style and Performance Measurement, *Journal of Portfolio-Management* Winter 1992, 7–19.
Sharpe, W. (1994), The Sharpe-Ratio, *Journal of Portfolio-Management* Fall 1994, 49–58.
Sims, Ch. (1980), Macroeconomics and Reality, *Econometrica* 48, 1–48.
Social Investment Forum (2007), *Report on Socially Responsible Investing Trends in the United States – Executive Summary*, Washington D.C., www.socialinvest.org/resources/pubs/documents/FINALExecSummary_2007_SIF_Trends_wlinks.pdf.
Sortino, F. und R. van der Meer (1991), Downside Risk, *Journal of Portfolio-Management* 18, 27–31.
Sprengel, R. (2001), *Statistiken zum deutschen Stiftungswesen 2001, Ein Forschungsbericht*, Berlin.
Statman, M. (2000), Socially Responsible Mutual Funds, *Financial Analysts Journal* Mai/Juni 2000, 30–39.
Steiner, M. und Chr. Bruns (2007), *Wertpapiermanagement*, Stuttgart.
Stone, B., J. Guerard, M. Gultekin und G. Adams (2001), *Socially Responsible Investment Screening: Strong Evidence of no Significant Cost for Actively Managed Portfolios*, Working Paper, www.institutionalshareowner.com/presentations/Socially-Responsible-Investment-actively-managed-value.pdf.
Strachwitz, R. und F. Mercker (Hrsg.) (2005), *Stiftungen in Theorie, Recht und Praxis – Handbuch für ein modernes Stiftungswesen*, Berlin.
Svensson, L. (194), Estimating and Interpreting Forward Interest Rates, Sweden 1992–94, IMF Working Paper 94/114, Washington D.C.
Telle, K. (2006), "It Pays to be Green" – a Premature Conclusion?, *Environmental and Resource Economics* 35, 195–220.
Thiel, J. (1998), Mittelverwendung, *Stiftung & Sponsoring, Rote Seiten* 3/1998.
Thomas, A. (2001), Corporate Environmental Policy and Abnormal Stock Price Returns: An Empirical Investigation, *Business Strategy and the Environment* 10, 125–134.
Tirole, J. (2001), Corporate Governance, *Econometrica* 69, 1–35.
Tobin, J. (1958), Liquidity Preference as Behaviour towards Risk, *Review of Economic Studies* 25, 65–86.
Toepler, S. (2002a), Bewertung von Stiftungsvermögen in den USA im Vergleich zu Deutschland, in: Doppstadt, J., C. Koss und S. Toepler (Hrsg.), *Vermögen von Stiftungen*, Gütersloh, 99–125.
Toepler, S. (2002b), New Money, New Criticism, *Wirtschaftspolitische Blätter* 49 (1), 16–23.
Ullmann, A. (1985), Data in Search of a Theory: A Critical Examination of the Relationships among Social Performance, Social Disclosure, and Economic Performance of U.S. Firms, *Academy of Management Review* 10, 540–557.
von Arx, U. (2007), Principle guided Investing: The Use of Negative Screens and its Implications for Green Investors, *Swiss Journal of Economics and Statistics* 143, 3–30.
Wachter, T. (2002), Rechtliche Fragen bei der Anlage von Stiftungsvermögen, *Stiftung & Sponsoring, Rote Seiten* 6/2002.

Waddock, S. und S. Graves (1997), The Corporate Social Performance – Financial Performance Link, *Strategic Management Journal* 18, 303–319.

Wagner, M., P. Nguyen, T. Azomahou und W. Wehrmeyer (2002), The Relationship between the Environmental and Economic Performance of Firms. An Empirical Analysis of the European Paper Industry, *Corporate Social Responsibility and Environmental Management* 9, 133–146.

Wernerfelt, B. (1984), A Resource-Based View of the Firm, *Strategic Management Journal* 5, 171–180.

White, M. (1995), The Performance of Environmental Mutual Funds in the United States and Germany: Is there Economic Hope for "Green" Investors?, *Research in Corporate Social Performance and Policy*, Supplement 1, 323–344.

Wilkens, M. und H. Scholz (1999a), Systematik grundlegender Performancemaße, *Finanzbetrieb* 9/1999, 250–254.

Wilkens, M. und H. Scholz (1999b), Von der Treynor-Ratio zur Market Risk-Adjusted Performance, *Finanzbetrieb* 10/1999, 308–315.

Wittrock, C. (1996), *Messung und Analyse der Performance von Wertpapierportfolios*, 2. Auflage, Bad Soden/Ts.

World Commission on Environment and Development (1987), *Our Common Future*, Oxford.

World Economic Forum (2006), *Blended Value Investing: Capital Opportunities for Social and Environmental Impact*, Genf.

Ziegler, A., M. Schröder und K. Rennings (2007), The Effect of Environmental and Social Performance on the Stock Performance of European Corporations, *Environmental and Resource Economics* 37, 661–680.

Zimmerer, Th. (2006), Constant Proportion Portfolio Insurance: Wertsicherungs- oder Absolute Return-Konzept?, *Finanzbetrieb* 2/2006, 97–106.

Zimmerer, Th. und H. Meyer (2006), Constant Proportion Portfolio Insurance: Optimierung der Strategieparameter, *Finanzbetrieb* 3/2006, 163–171.

Anhang: Vorschriften zur Vermögensverwaltung in den Landesstiftungsgesetzen

Im Folgenden werden diejenigen Teile der Landesstiftungsgesetze dokumentiert, die sich direkt auf die Vermögensverwaltung von Stiftungen beziehen. Diese Informationen stellen eine Ergänzung des Kapitels B.1.1 dar, in dem die stiftungsrechtlichen Bestimmungen zur Vermögensanlage ausführlich diskutiert werden. Die gesamten Texte der Landesstiftungsgesetze in der jeweils aktuellen Fassung finden sich auf der Homepage des Bundesverbandes der Deutschen Stiftungen: www.stiftungen.org im Abschnitt „Stifter & Stiftungen", Unterabschnitt „Recht und Steuern" jeweils als PDF-Datei.

Weitere Informationen, beispielsweise zur Entstehungsgeschichte und älteren Fassungen der Landesstiftungsgesetze, finden sich auf der Homepage der Bucerius Law School: www.law-school.de/landesstiftungsgesetze.html/.

Stiftungsgesetz für Baden-Württemberg (in der Fassung vom 16.12.2003)
§ 7 Stiftungsverwaltung, Stiftungsvermögen
(1) Die Stiftung ist nach den Gesetzen, dem Stiftungsgeschäft und der Stiftungssatzung sparsam und wirtschaftlich zu verwalten. Die Verwaltung dient der dauernden und nachhaltigen Erfüllung des Stiftungszwecks.
(2) Das Stiftungsvermögen ist in seinem Bestand zu erhalten, es sei denn, dass die Satzung eine Ausnahme zulässt oder der Stifterwille nicht anders zu verwirklichen ist; der Bestand der Stiftung muss auch in diesen Fällen für angemessene Zeit gewährleistet sein. Das Stiftungsvermögen ist von anderen Vermögen getrennt zu halten.

Bayerisches Stiftungsgesetz (in der Fassung vom 26.9.2008)
Artikel 6
(1) Das Vermögen der Stiftung ist sicher und wirtschaftlich zu verwalten. Es ist vom Vermögen anderer Rechtsträger getrennt zu halten. Es darf unter keinem Vorwand dem Vermögen des Staates, einer Gemeinde, eines Gemeindeverbands oder einer sonstigen Körperschaft oder Anstalt des öffentlichen Rechts einverleibt werden. Der Anfall des Vermögens aufgehobener Stiftungen wird dadurch nicht berührt.
(2) Das Vermögen, das der Stiftung zugewendet wurde, um aus seiner Nutzung den Stiftungszweck dauernd und nachhaltig zu erfüllen (Grundstockvermögen), ist ungeschmälert zu erhalten.
(3) Erträge des Vermögens der Stiftung und zum Verbrauch bestimmte Zuwendungen dürfen nur zur Erfüllung des Stiftungszwecks verwendet werden. Die Zuführung von Erträgen zum Grundstockvermögen, um dieses in seinem Wert zu erhalten, bleibt hiervon unberührt.

Artikel 7
Die Mitglieder der Stiftungsorgane sind zur gewissenhaften und sparsamen Verwaltung der Stiftung verpflichtet. Soweit nicht die Stiftungssatzung ein anderes bestimmt, sind ehrenamtlich tätige Organmitglieder nur bei vorsätzlicher oder grob fahrlässiger Verletzung ihrer Obliegenheiten der Stiftung zum Schadensersatz verpflichtet. Sind für den entstehenden Schaden mehrere Organmitglieder nebeneinander verantwortlich, so haften sie als Gesamtschuldner.

Artikel 17
Ist das Vermögen einer Stiftung so erheblich geschwächt, dass die nachhaltige Erfüllung des Stiftungszwecks beeinträchtigt wird, so kann die Stiftungsaufsichtsbehörde anordnen, dass der Ertrag des Stiftungsvermögens ganz oder teilweise so lange anzusammeln ist, bis die Stiftung wieder leistungsfähig geworden ist.

Berliner Stiftungsgesetz (in der Fassung vom 22.7.2003)
§ 3
Das Stiftungsvermögen ist in seinem Bestand ungeschmälert zu erhalten. Das Stiftungsgeschäft oder die Satzung kann Ausnahmen zulassen.

Stiftungsgesetz für das Land Brandenburg (in der Fassung vom 22.4.2004)
Das Stiftungsgesetz enthält keine expliziten Vorschriften zur Vermögensverwaltung.

Bremisches Stiftungsgesetz (in der Fassung vom 27.2.2007)
§ 6 Verwaltung der Stiftung.
(1) Die Stiftungsorgane haben für die dauernde und nachhaltige Erfüllung des Stiftungszwecks zu sorgen. Sie sind insbesondere zur ordnungsmäßigen Verwaltung des Stiftungsvermögens verpflichtet. Die Haftung der Mitglieder der Stiftungsorgane gegenüber der Stiftung kann auf Vorsatz und grobe Fahrlässigkeit beschränkt werden.
(2) Die Verwaltungskosten sind so gering wie möglich zu halten. Die Mitglieder der Stiftungsorgane haben Anspruch auf Ersatz angemessener Auslagen. Bei entgeltlicher Tätigkeit von Organmitgliedern sind Art und Umfang der Dienstleistungen und der Vergütung vor Aufnahme der Tätigkeit schriftlich zu regeln.

§ 7 Stiftungsvermögen und Erträge
(1) Das Stiftungsvermögen ist in seinem Bestand ungeschmälert zu erhalten. Die Stiftungsbehörde kann Ausnahmen zulassen, wenn der Stifterwille anders nicht zu verwirklichen ist und der Bestand der Stiftung für angemessene Zeit gewährleistet ist.
(2) Das Stiftungsvermögen ist von anderem Vermögen getrennt zu halten.
(3) Die Erträge des Stiftungsvermögens und Zuwendungen an die Stiftung sind ausschließlich für den Stiftungszweck und zur Deckung der notwendigen Verwaltungskosten der Stiftung zu verwenden; die Verwendung für den Stiftungszweck schließt die Bildung angemessener Rücklagen ein. Sie können dem Stiftungsvermögen zugeführt werden, soweit es die Satzung vorsieht oder zur

Erhaltung des Stiftungsvermögens in seinem Wert angezeigt ist. Zuwendungen sind dem Stiftungsvermögen zuzuführen, wenn der Zuwendende es bestimmt.

(4) Reichen Stiftungserträge und Zuwendungen zur Erfüllung des Stiftungszwecks nicht aus, so sollen sie dem Stiftungsvermögen zugeführt werden, sofern erwartet werden kann, daß aus den Erträgen des vergrößerten Stiftungsvermögens in absehbarer Zeit der Stiftungszweck nachhaltig erfüllt werden kann.

Hamburgisches Stiftungsgesetz (in der Fassung vom 14.12.2005)
§ 4 Vermögen und Verwaltung der Stiftung
(1) Die Stiftungsorgane haben nach Maßgabe des Stifterwillens für die dauernde und nachhaltige Verwirklichung des Stiftungszwecks zu sorgen.

(2) Das Stiftungsvermögen ist von anderen Vermögen getrennt zu halten. Es ist sicher und ertragbringend anzulegen; Umschichtungen sind in diesem Rahmen zulässig. Soweit nicht in der Satzung etwas anderes bestimmt ist, ist das Stiftungsvermögen möglichst ungeschmälert zu erhalten, es sei denn, der Stifterwille kann auf diese Weise nicht verwirklicht werden.

(3) Soweit nicht in der Satzung etwas anderes bestimmt ist, sind die Erträge des Stiftungsvermögens und die nicht ausdrücklich zum Vermögen gewidmeten Zuwendungen Dritter nach Abzug der notwendigen Verwaltungskosten zur Verwirklichung des Stiftungszwecks zu verwenden. Rücklagen können gebildet werden, soweit dies der nachhaltigen Verwirklichung des Stiftungszwecks dient und die Satzung nicht entgegensteht.

(4) Die Stiftung hat jährlich eine Jahresrechnung mit einer Vermögensübersicht und einem Bericht über die Erfüllung des Stiftungszwecks zu erstellen; die Grundsätze ordnungsmäßiger Buchführung sind entsprechend anzuwenden.

Hessisches Stiftungsgesetz (in der Fassung vom 6.9.2007)
§ 5 Verwaltung der Stiftung
Die Stiftungsorgane haben die Stiftung so zu verwalten, dass eine Verwirklichung des Stiftungszwecks unter Berücksichtigung des erkennbaren oder mutmaßlichen Willens des Stifters auf die Dauer nachhaltig gewährleistet erscheint.
§ 6 Stiftungsvermögen
(1) Das Stiftungsvermögen ist in seinem Bestand ungeschmälert zu erhalten. Die Aufsichtsbehörde kann Ausnahmen zulassen, wenn der Stifterwille anders nicht zu verwirklichen und der Bestand der Stiftung für angemessene Zeit gewährleistet ist.

(2) Das Stiftungsvermögen ist von anderem Vermögen getrennt zu halten.

(3) Der Ertrag des Stiftungsvermögens und Zuwendungen dürfen nur entsprechend dem Stiftungszweck verwendet werden. Das gleiche gilt im Falle des Abs. 1 Satz 2 für das Stiftungsvermögen.
§ 8 Haftung der Stiftungsorgane
Die Mitglieder der Stiftungsorgane sind zur ordnungsmäßigen Verwaltung des Stiftungsvermögens verpflichtet. Bei einer vorsätzlichen oder grobfahrlässigen

Verletzung ihrer Obliegenheiten sind sie unbeschadet von Haftungsvorschriften in anderen Gesetzen der Stiftung gegenüber zum Schadensersatz verpflichtet.

Stiftungsgesetz des Landes Mecklenburg-Vorpommern (in der Fassung vom 7.6.2006)
Das Stiftungsgesetz enthält keine expliziten Vorschriften zur Vermögensverwaltung.

Niedersächsisches Stiftungsgesetz (in der Fassung vom 23.11.2004)
§ 6 Verwaltung der Stiftung
(1) Das Stiftungsvermögen ist in seinem Bestand ungeschmälert zu erhalten. Die Stiftungsbehörde kann Ausnahmen zulassen, wenn der Stifterwille anders nicht zu verwirklichen und der Bestand der Stiftung für angemessene Zeit gewährleistet ist. Das Stiftungsvermögen ist von anderem Vermögen getrennt zu halten.

(2) Die Erträge des Stiftungsvermögens sind ausschließlich für den Stiftungszweck zu verwenden. Sie dürfen dem Stiftungsvermögen zugeführt werden, wenn es die Satzung vorsieht oder wenn es zum Ausgleich von Vermögensverlusten erforderlich ist. Zuwendungen an die Stiftung sind für den Stiftungszweck zu verwenden, soweit sie nicht ausdrücklich dem Stiftungsvermögen zugeführt werden sollen.

(3) Die Mitglieder der Stiftungsorgane sind zur ordnungsmäßigen Verwaltung der Stiftung verpflichtet. Organmitglieder, die ihre Pflichten schuldhaft verletzen, sind der Stiftung zum Ersatz des daraus entstehenden Schadens verpflichtet. Die Haftung wegen grober Fahrlässigkeit kann nicht ausgeschlossen werden.

(4) Die Verwaltungskosten sind auf ein Mindestmaß zu beschränken. Die Mitglieder der Stiftungsorgane haben Anspruch auf Ersatz angemessener Auslagen. Bei entgeltlicher Tätigkeit von Organmitgliedern sind Art und Umfang der Dienstleistungen und der Vergütung vor Aufnahme der Tätigkeit schriftlich zu regeln. Ist eine Behörde Stiftungsorgan, so hat die Stiftung im Zweifel nur die Auslagen zu ersetzen.

Stiftungsgesetz für das Land Nordrhein-Westfalen (in der Fassung vom 15.2.2005)
§ 4 Grundsätze
(1) Die Stiftungsorgane haben die Stiftung so zu verwalten, wie es die nachhaltige Verwirklichung des Stiftungszwecks im Sinne der Stiftungssatzung oder des mutmaßlichen Willens der Stifterin oder des Stifters erfordert.

(2) Soweit nicht in der Satzung etwas anderes bestimmt ist oder der Wille der Stifterin oder des Stifters auf andere Weise nicht verwirklicht werden kann, ist das Stiftungsvermögen ungeschmälert zu erhalten. Vermögensumschichtungen sind nach den Regeln ordentlicher Wirtschaftsführung zulässig.

(3) Soweit nicht in der Satzung etwas anderes bestimmt ist, sind die Erträge des Stiftungsvermögens sowie Zuwendungen Dritter, die nicht ausdrücklich zur Er-

höhung des Stiftungsvermögens bestimmt sind, zur Verwirklichung des Stiftungszwecks und zur Deckung der Verwaltungskosten zu verwenden.

Landesstiftungsgesetz Rheinland-Pfalz (in der Fassung vom 19.7.2004)
§ 7 Verwaltung der Stiftung
(1) Die Stiftungsorgane haben nach Maßgabe des Stifterwillens für die dauernde und nachhaltige Verwirklichung des Stiftungszwecks zu sorgen.
(2) Soweit nicht in der Satzung etwas anderes bestimmt ist oder der Stifterwille auf andere Weise nicht verwirklicht werden kann, ist das Stiftungsvermögen möglichst ungeschmälert zu erhalten; Umschichtungen des Stiftungsvermögens sind nach den Regeln ordentlicher Wirtschaftsführung zulässig. Das Stiftungsvermögen ist von anderem Vermögen getrennt zu halten.
(3) Soweit nicht in der Satzung etwas anderes bestimmt ist, sind die Erträge des Stiftungsvermögens und die nicht zu seiner Erhöhung bestimmten Zuwendungen Dritter zur Verwirklichung des Stiftungszwecks und zur Deckung der Verwaltungskosten zu verwenden. Die Erträge können auch dem Stiftungsvermögen zugeführt werden, soweit dies der nachhaltigen Verwirklichung des Stiftungszwecks dient.

Saarländisches Stiftungsgesetz (in der Fassung vom 9.8.2004)
§ 5 Stiftungsverwaltung
(1) Die Stiftungsorgane haben gemäß dem Stifterwillen für die Erfüllung des Stiftungszweckes zu sorgen. Sie sind zur ordnungsgemäßen und wirtschaftlichen Verwaltung der Stiftung verpflichtet. Für jedes Jahr ist nach den Grundsätzen einer ordnungsgemäßen Buchführung eine Jahresrechnung aufzustellen.
(2) Den Mitgliedern der Stiftungsorgane kann Anspruch auf Ersatz angemessener Auslagen gewährt werden. Bei entgeltlicher Tätigkeit von Organmitgliedern sind Art und Umfang der Leistungen und Vergütungen vor Aufnahme der Tätigkeit schriftlich zu regeln. Die Haftung der Mitglieder der Stiftungsorgane gegenüber der Stiftung kann auf Vorsatz und grobe Fahrlässigkeit beschränkt werden.
§ 6 Stiftungsvermögen
(1) Das Stiftungsvermögen ist in seinem Bestand ungeschmälert zu erhalten. Die Stiftungsbehörde kann Ausnahmen zulassen, wenn der Stifterwille anders nicht zu verwirklichen und der Bestand der Stiftung für angemessene Zeit gewährleistet ist. Das Stiftungsvermögen ist von anderem Vermögen getrennt zu halten.
(2) Die Erträge des Stiftungsvermögens und Zuwendungen an die Stiftung sind ausschließlich für den Stiftungszweck und zur Deckung der Verwaltungskosten der Stiftung sowie zur Bildung angemessener Rücklagen zu verwenden. Sie können dem Stiftungsvermögen zugeführt werden, wenn es in der Satzung vorgesehen oder im Einzelfalle notwendig ist, um die Ertragskraft des Vermögens auch in Zukunft sicherzustellen. Zuwendungen müssen dem Stiftungsvermögen zugeführt werden, wenn Zuwendende es bestimmen (Zustiftung).

Sächsisches Stiftungsgesetz (in der Fassung vom 7.8.2004)
§ 4 Stiftungsverwaltung
(1) Die Stiftung ist zur dauernden und nachhaltigen Erfüllung des Stiftungszwecks sparsam und wirtschaftlich zu verwalten.
(2) Die Stiftung hat nach den Grundsätzen ordnungsmäßiger Buchführung Rechnung zu führen.
(3) Das Stiftungsvermögen ist wertmäßig in seinem Bestand und seiner Ertragskraft zu erhalten, es sei denn, dass die Satzung oder die Stiftungsbehörde eine Ausnahme zulässt und der Stiftungszweck nicht anders zu verwirklichen ist. Das Stiftungsvermögen ist von anderem Vermögen getrennt zu halten.

Stiftungsgesetz Sachsen-Anhalt (in der Fassung vom 2.1.1997)
§ 13 Stiftungsvermögen
(1) In eine Stiftung können alle Arten von Vermögenswerten und Gegenstände eingebracht werden. Insbesondere können finanzielle Mittel, Rechte an beweglichen und unbeweglichen Sachen, Forderungen, Kunstwerke und Beteiligungen an Wirtschaftsunternehmen Stiftungseigentum darstellen.
(2) Die Erträgnisse der Stiftungen können sich aus den Anlagen des Stiftungsvermögens, daneben aus Spenden, Zuwendungen sowie aus Leistungsentgelten ergeben.
§ 14 Vermögensverwaltung
(1) Die Stiftung ist nach den Gesetzen, dem Stiftungsgeschäft und der Stiftungssatzung sparsam und wirtschaftlich zu verwalten. Die Verwaltung dient der dauernden und nachhaltigen Erfüllung des Stiftungszwecks.
(2) Das Stiftungsvermögen ist in seinem Bestand zu erhalten; es sei denn, daß die Satzung eine Ausnahme zuläßt und der Stiftungszweck nicht anders zu verwirklichen ist. Das Stiftungsvermögen ist von anderem Vermögen getrennt zu halten.
(3) Bei der Verwaltung von Stiftungen sind die Regeln ordentlicher Wirtschaftsführung einzuhalten.

Stiftungsgesetz Schleswig-Holstein (in der Fassung vom 12.10.2005)
§ 4 Verwaltung der Stiftung
(1) Die zur Verwaltung der Stiftung berufenen Organe haben für die dauernde und nachhaltige Erfüllung des Stiftungszwecks zu sorgen.
(2) Das der Stiftung zur dauernden und nachhaltigen Erfüllung des Stiftungszwecks zugewandte Vermögen (Stiftungsvermögen) ist in seinem Bestand zu erhalten, es sei denn, dass die Satzung eine Ausnahme zulässt oder der Stifterwille anders nicht zu verwirklichen ist. Das Stiftungsvermögen ist von anderem Vermögen getrennt zu halten.
(3) Die Erträge des Stiftungsvermögens sowie die Zuwendungen von Dritten sind für den Stiftungszweck und die notwendigen Verwaltungskosten der Stiftung zu verwenden. Dies gilt jedoch nicht für Zuwendungen von Dritten, die nach dem Willen der oder des Zuwendenden dazu bestimmt sind, dem Stiftungs-

vermögen zugeführt zu werden (Zustiftungen). Diese werden Bestandteil des Stiftungsvermögens nach Absatz 2 Satz 1.

(4) Die Stiftungsorgane können Erträge dem Stiftungsvermögen zuführen, sofern dies notwendig ist, um die Ertragskraft des Stiftungsvermögens auch in Zukunft sicherzustellen, oder soweit sie im Einzelfall zur Erfüllung des Stiftungszwecks keine Verwendung finden. Dies gilt auch für Zuwendungen von Dritten, sofern dies nicht deren erklärtem Willen widerspricht.

(5) Ist das Stiftungsvermögen einer Stiftung derart geschwächt, dass die nachhaltige Erfüllung des Stiftungszwecks nicht mehr gewährleistet erscheint, so kann die zuständige Behörde schriftlich anordnen, dass die Erträge des Stiftungsvermögens ganz oder teilweise so lange anzusammeln und dem Stiftungsvermögen zuzuführen sind, bis die Stiftung wieder leistungsfähig ist.

(6) Sind die Mitglieder der Stiftungsorgane nicht hauptamtlich zur Verwaltung der Stiftung berufen, kann die Satzung 1. den Ersatz ihrer notwendigen Auslagen und ihres entgangenen Arbeitsverdienstes oder 2. die Gewährung einer angemessenen Aufwandsentschädigung vorsehen.

(7) Über den Bestand und die Veränderungen des Stiftungsvermögens sowie alle Einnahmen und Ausgaben der Stiftung ist ordnungsgemäß Buch zu führen.

Stiftungsgesetz Thüringen (in der Fassung vom 2.10.1998)
§ 13 Stiftungsvermögen
(1) In eine Stiftung können alle Arten von Vermögenswerten und Gegenstände eingebracht werden. Insbesondere können finanzielle Mittel, Rechte an beweglichen und unbeweglichen Sachen, Forderungen, Kunstwerke und Beteiligungen an Wirtschaftsunternehmen Stiftungseigentum darstellen.

(2) Die Erträgnisse der Stiftungen können sich aus den Anlagen des Stiftungsvermögens, daneben aus Spenden, Zuwendungen sowie aus Leistungsentgelten ergeben.

§ 14 Vermögensverwaltung
(1) Die Stiftung ist nach den Gesetzen, dem Stiftungsgeschäft und der Stiftungssatzung sparsam und wirtschaftlich zu verwalten. Die Verwaltung dient der dauernden und nachhaltigen Erfüllung des Stiftungszwecks.

(2) Das Stiftungsvermögen ist in seinem Bestand zu erhalten; es sei denn, daß die Satzung eine Ausnahme zuläßt und der Stiftungszweck nicht anders zu verwirklichen ist. Das Stiftungsvermögen ist von anderem Vermögen getrennt zu halten.

(3) Bei der Verwaltung von Stiftungen sind die Regeln ordentlicher Wirtschaftsführung einzuhalten.

Entwurf der Landesregierung zu einem neuen Stiftungsgesetz für Thüringen vom 31.3.2008

§ 8 Verwaltung und Rechnungslegung der Stiftung

(1) Die Stiftungsorgane haben die Stiftung sparsam und nach den Regeln ordentlicher Wirtschaftsführung zu verwalten. Die Verwaltung dient der dauernden und nachhaltigen Verwirklichung des Stiftungszwecks.

(2) Das Stiftungsvermögen ist in seinem Bestand zu erhalten, es sei denn, dass die Satzung eine Ausnahme zulässt, der Stiftungszweck anders nicht zu verwirklichen ist und die Dauerhaftigkeit der Stiftung gewährleistet bleibt. Das Stiftungsvermögen sowie Veränderungen in seinem Bestand sind getrennt von anderen Vermögensmassen gesondert nachzuweisen.

(3) Die Erträge des Stiftungsvermögens sind zur Verwirklichung des Stiftungszwecks sowie für die entstehenden Verwaltungskosten zu verwenden. Gleiches gilt für Zuwendungen Dritter, die nicht ausdrücklich zur Erhöhung des Stiftungsvermögens bestimmt sind, soweit in der Satzung nicht etwas anderes bestimmt ist.